全国高等职业教育道路与桥梁专业“十二五”规划教材

道路建筑材料

主　编　张思梅　郑　华　葛　军
副主编　张　志　张冬梅　尹　斌
　　　　朱维伟　倪桂玲　龙丽丽
主　审　张建隽

黄河水利出版社
·郑州·

内 容 提 要

本教材是全国高等职业教育道路与桥梁专业“十二五”规划教材之一，是按照道路建筑材料课程的教学基本要求及最新的有关国家规范和行业标准编写的，介绍了常用道路桥梁工程材料的原料及生产工艺、技术性质、应用、性能检测等基本理论及应用技术。全书共分九章，内容包括：砂石材料，石灰和水泥，水泥混凝土与砂浆，沥青材料，沥青混合料，建筑钢材，石灰、水泥无机结合料及钢材实训、水泥混凝土和砂浆试验、沥青及沥青混合料试验等。本书注重理论与实际相结合，加大了实践运用力度。其具体内容具有针对性、实用性，满足专业的特点和要求。

本书可作为高职高专院校道路桥梁工程技术、市政工程技术等专业的教学用书，也可供从事土建工程有关专业的技术人员与相关人员参考使用。

图书在版编目(CIP)数据

道路建筑材料/张思梅，郑华，葛军主编. —郑州：黄河水利出版社，2012.8

全国高等职业教育道路与桥梁专业“十二五”规划教材

ISBN 978-7-5509-0248-0

Ⅰ.①道… Ⅱ.①张… ②郑… ③葛… Ⅲ.道路工程-建筑材料-高等职业教育-教材 Ⅳ.①U414

中国版本图书馆 CIP 数据核字(2012)第 094126 号

组稿编辑：贾会珍　电话：0371-66028027　E-mail：xiao jia619@126.com

出 版 社：黄河水利出版社

地址：河南省郑州市顺河路黄委会综合楼 14 层　邮政编码：450003

发行单位：黄河水利出版社

发行部电话：0371-66026940、66020550、66028024、66022620(传真)

E-mail：hhslcbs@126.com

承印单位：河南省瑞光印务股份有限公司

开本：787 mm×1 092 mm　1/16

印张：17.5

字数：426 千字　印数：1—4 000

版次：2012 年 8 月第 1 版　印次：2012 年 8 月第 1 次印刷

定价：37.00 元

前　言

随着我国经济社会的快速发展,我国的公路交通建设将仍然保持高速发展的趋势。在这种新形势下,国家对公路桥梁建设和道路建筑材料的技术标准和技术要求也越来越高,对公路工程人才培养和培训的高职教育也提出了更高、更明确的要求。

本书是全国高等职业教育道路与桥梁专业“十二五”规划教材之一,是根据教育部对高职高专人才培养目标、培养规格、培养模式以及与之相适应的基本知识、关键技能和素质结构的要求;同时,也结合了编者多年从事教学、科研和参加校企合作的实践经验而进行编写的。在编写中力求做到理论联系实际,注重科学性、实用性和针对性,为此,特邀请企业一线工程技术人员参与编写,因此本书更能及时反映道路建筑材料的新技术、新标准,并能紧密结合工程实际,突出学生应用能力的培养。

本书具体编写分工如下:安徽水利水电职业技术学院张思梅编写绪论;安徽水利水电职业技术学院张志编写第一章、第四章;长江工程职业技术学院张冬梅编写第二章;合肥市滨湖新区建设投资有限公司葛军编写第三章第一节;安徽水利水电职业技术学院倪桂玲编写第三章第二节、第三节;许昌职业技术学院朱维伟编写第五章;周口职业技术学院郑华编写第六章、第七章;山东交通职业技术学院尹斌编写第八章;安徽水利水电职业技术学院龙丽丽编写第九章。本书由张思梅、郑华、葛军担任主编,并由张思梅负责全书的统稿工作;由张志、张冬梅、尹斌、朱维伟、倪桂玲、龙丽丽担任副主编。

全书由太原城市职业技术学院张建隽副教授主审。在本书的编写过程中得到了编者所在单位的大力支持,在此一并表示感谢。

限于编者水平,不足之处在所难免,敬请读者提出宝贵意见。

编　者

2012 年 4 月

目　录

绪 论

学习目标 理解道路建筑材料质量的标准化和技术标准，了解道路建筑材料的发展。

道路建筑材料是研究道路与桥梁建筑用各种材料组成、生产、性能和应用的一门课程。随着道路与桥梁工程技术的发展，用于道路与桥梁工程建筑的材料不仅在品种上日益增多，同时对其性能和质量也不断提出更高的要求。

一、道路建筑材料与路桥工程的关系

任何建筑物、构筑物都是由各种建筑材料组成的，材料是工程结构物的物质基础，道路建筑材料是道路、桥梁等工程结构物的物质基础。材料质量的优劣、配制是否合理、选用是否适当等，均直接影响结构物的质量。路桥工程结构物裸露于大自然中，承受瞬时、反复动荷载的作用，材料的性能和质量将会对结构物的使用性能产生很大的影响。近年来，由于交通量的快速增长和车辆行驶的渠化，许多高等级路面、桥面出现较严重的波浪、车辙等现象，与材料的性质都有一定的关系。

道路建筑材料和路桥的结构、施工之间存在着相互依存、相互促进的密切关系。新型建筑材料的出现，必将促进路桥结构设计及施工技术的革新与发展。

二、道路建筑材料的主要内容

(1)砂石材料。可以是自然风化得到的天然砂砾，也可以是人工开采或再经轧制得到的碎石和石屑。它可以直接用于铺筑路面或砌筑各种结构物，更重要的是，可作为配制水泥混凝土或沥青混合料的矿质集料。

(2)无机胶结料及其制品。在道路与桥梁建筑中最常用到的无机结合料主要是石灰和水泥。水泥是路桥建筑中水泥混凝土和预应力混凝土结构的主要材料。石灰广泛应用于路面基层，成为半刚性基层的重要组成材料。另外，水泥砂浆是砌筑各种桥梁构筑物、圬工结构的重要结合料。

(3)有机结合料及其混合料。有机结合料主要是指沥青类材料，如石油沥青、煤沥青等。这些材料与不同粒径的集料搭配，可以铺筑成各种类型的沥青路面。现代高速公路和重型交通的路面，绝大部分是采用沥青混合料铺筑的，所以沥青混合料是现代路面建筑中极为重要的一种材料。

(4)建筑钢材。建筑钢材是桥梁钢结构及钢筋混凝土结构或预应力钢筋混凝土结构的重要材料。

(5)复合材料。除上述这些常用材料外，随着现代科学技术的进步，又研发了许多新型的复合材料，它们可以克服单一材料的弱点，而发挥其综合的性能。

三、道路建筑材料应具备的工程性质

道路与桥梁建筑物，既受到车辆荷载的机械作用，又受到各种复杂的自然因素的影响。故用于路桥结构物的材料，不仅要具备一定的力学性能，还应具备抵抗各种环境因素作用的能力。为了保证路桥建筑用建筑材料的综合力学强度和稳定性，要求道路建筑材料具备以下方面的性质。

（1）物理性质。常用的物理性能指标有物理参数（密度、毛体积密度、孔隙率、空隙率）和与水、温度有关的力学性质。这些物理常数与力学性质之间有一定的相关性，可以一定程度地用于推断材料的力学性能。

（2）力学性质。力学性质是指材料抵抗车辆荷载复杂力系综合作用的能力。目前，对道路建筑材料力学性能的测定主要是测定各种静态的强度，如抗压、拉、弯、剪等强度，还可通过磨耗、磨光、冲击韧性等经验指标来反映。

（3）化学性质。化学性质是指材料抵抗各种周围环境对其化学作用的能力。道路与桥梁用材料除受到周围介质或者其他物质侵蚀外，通常还受到大气因素的综合作用，引起材料的“老化”，尤其是各种有机材料（如沥青材料等）对此表现更为显著。

（4）工艺性质。工艺性质是指材料适于按照一定工艺流程加工的性能。如水泥混凝土在成形之前应具有一定的流动性，以便制作一定形状的构件。

四、道路建筑材料质量的标准化与技术标准

材料的技术标准是产品质量的技术依据。对于生产部门，必须按标准生产合格的产品，同时它可促进企业改善管理、提高生产率、实现生产过程合理化。对于使用部门，则应按标准选用材料，可使设计和施工标准化，从而可加速施工进度，降低工程造价。同时，技术标准又是供需双方对产品质量验收的依据，是保证工程质量的先决条件。

道路建筑材料的技术标准可分为国家标准、行业标准、地方标准和企业标准，各级标准分别由相应的标准化管理部门批准并颁布。对需要在全国范围内统一的技术要求，应当制定国家标准，国家标准由国务院标准化行政部门制定。对没有国家标准而又需要在全国某行业范围内统一的技术要求，可以制定行业标准。此外，对没有国家标准和行业标准，又需在省、自治区、直辖市范围内统一要求的，可以制定地方标准。企业生产的产品没有国家标准和行业标准的，应当制定企业标准，作为组织生产的依据。

国家标准和行业标准表示方法如下：

（1）国家标准的表示方法。国家标准由国家标准代号、编号、制定或修订年份、标准名称等四个部分组成，现以普通硅酸盐水泥为例，其表示方法如图 0-1 所示。

强制性国家标准代号为 GB，推荐性国家标准在 GB 后加“T”。例如：GB/T 50080—2002 普通混凝土拌和物性能试验方法标准。

（2）行业标准表示方法。行业标准由行业标准代号、编号、制定或修订年份、标准名称等部分组成。其表示方法如图 0-2 所示。

推荐性行业标准，同样在行业标准后加“T”。

我国国家标准及与建筑材料有关的几个行业标准代号有：GB—国家标准、GBJ—建筑工程国家标准、JC—国家建材行业标准、JT—国家交通行业标准，等等。

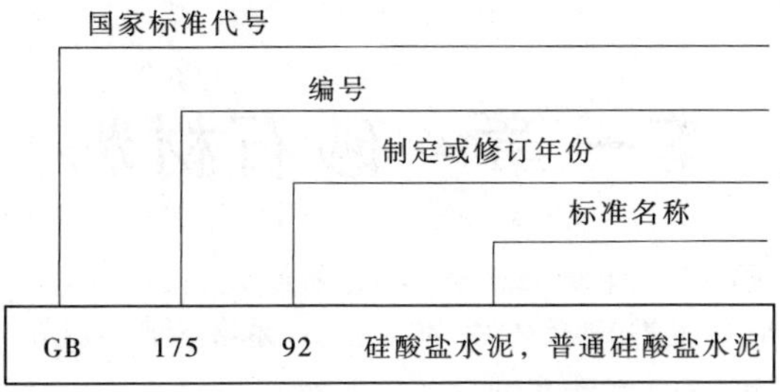

图 0-1　国家标准的表示方法

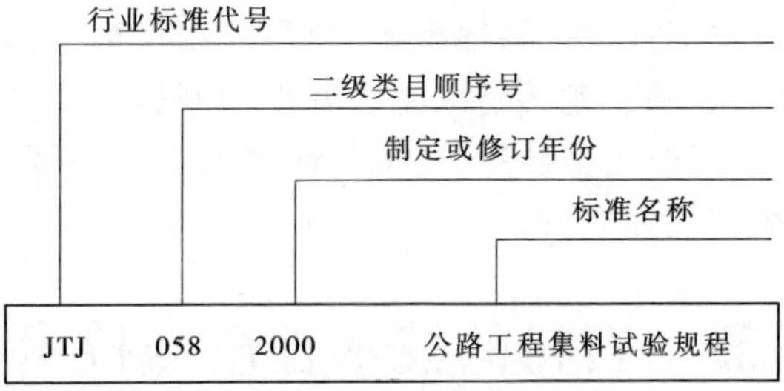

图 0-2　行业标准的表示方法

五、道路建筑材料的发展趋势

目前，路桥工程中的许多技术问题的突破，往往依赖于建筑材料问题的解决。同时，由于新型材料的出现，又促使结构设计及施工技术的革新。因此，新型建筑材料的研制与应用具有十分重要的意义。为了适应我国经济建设的发展需要、建筑工程的功能需要，今后建筑材料的发展将具有以下一些趋势：

(1)综合性能材料的研制。轻质、高强、耐久、高效等具有优良综合性能的建筑材料，是今后研制和发展的主要方向。

(2)节约能源。优先开发、生产低能耗的建筑材料。

(3)充分利用地方材料。随着人们环境保护意识的增强，合理开发利用工业废料，也是建筑材料的一种发展趋势。

(4)发展合成材料。

六、学习本课程的目的和方法

道路建筑材料是路桥、市政类专业的一门重要的专业基础课，又是一门实践性很强的应用型学科；它为学习建筑、结构、施工等专业课程提供必要的建材知识，同时为今后从事工程实践打下重要的基础。学习本课程的目的是让学生掌握常用道路建筑材料的基本性能和特点，能够根据工程实际条件合理选用各种材料；掌握主要材料的验收、储存、保管等方面的基本知识与方法，并具备独立地进行材料性能检验和质量评定的基本技能。

除基本理论知识的学习外，实验课是本课程的重要教学环节。通过试验，一方面要学会主要道路建筑材料的性能检验方法，能进行合格性判断与验收；另一方面要提高试验技能和动手能力，能对试验数据、试验结果进行正确的分析和判别，培养认真的学习态度和严谨的工作作风。

第一章　砂石材料

学习目标　掌握石料和集料的技术性质与技术标准，理解级配理论和组成设计方法，了解岩石制品、矿粉和工业废渣的主要性能。

砂石材料是道路与桥梁工程中一种很重要的材料，用量最大。它是形成道路与桥梁工程圬工材料的主要骨架结构物质，尤其是水泥混凝土和沥青混合料的主要组成材料。它包括岩石、人工轧制的集料和工业冶金矿渣等，也是矿粉的主要来源。所以，砂石材料的技术性质直接影响道路与桥梁工程的质量。

第一节　石料的技术性质与技术标准

在路桥、建筑结构工程中，所使用的石料通常指由天然岩石经机械加工制成的，或者由直接开采得到的具有一定形状和尺寸的石料制品。

岩石是在各种地质作用下按一定的方式结合而成的矿质集合体，不同岩石的矿物成分和组成方式均不相同，从而它们的性质也存在很大差异。为保证工程质量，在使用前必须对其进行检验。

一、石料的技术性质

石料的技术性质包括物理性质、力学性质和化学性质三个方面。

（一）石料的物理性质

石料的物理性质包括物理参数（如密度、毛体积密度和孔隙率等）、吸水性（如吸水率、饱和吸水率和含水率）和耐候性（如抗冻性、坚固性）。

1. 物理参数

石料的物理参数是石料的矿物组成结构状态的反映，由于石料在组成结构上存在着一定的孔隙，而孔隙又分为与外界连通的开口孔隙和与外界不连通的闭口孔隙（见图1-1），所以石料（包括集料）的密度就有数种不同形式。最常用的物理参数主要是密度、毛体积密度和孔隙率。

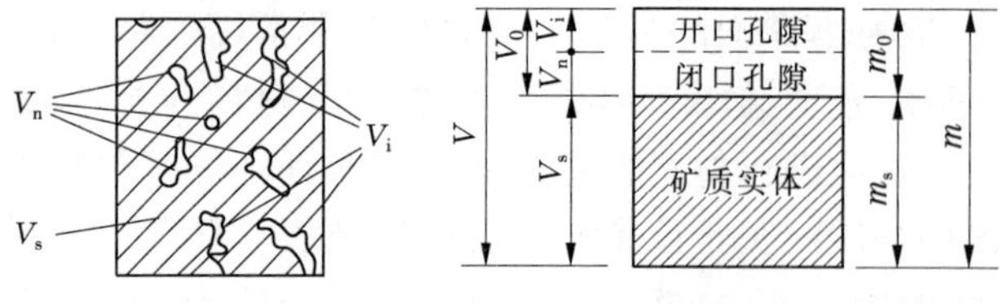

(a)石料结构剖面图　　(b)石料的体积与质量的关系

图1-1　石料组成部分的质量与体积关系示意图

1）密度（真实密度）

密度定义为在规定条件（（105±5）℃烘干至恒重）下，石料矿质实体（不含孔隙）单位体积的质量。按照式（1-1）计算：

$$\rho_t = \frac{m_s}{V_s} \tag{1-1}$$

式中 ρ_t——石料的密度，g/cm^3；

m_s——石料矿质实体的质量，g；

V_s——石料矿质实体的体积，cm^3。

按照《公路工程岩石试验规程》（JTG E41—2005）规定，石料的密度用密度瓶法测定。将石料粉碎磨细后，在105～110 ℃下烘干至恒重，称得其质量。然后在密度瓶中加水经煮沸后，使水分进入闭口孔隙中，通过"置换法"测定其真实体积。

2）毛体积密度

毛体积密度是指在规定条件下，烘干石料矿质实体包括孔隙（闭口、开口孔隙）体积在内的单位毛体积的质量，由式（1-2）计算：

$$\rho_d = \frac{m_s}{V_s + V_n + V_i} \tag{1-2}$$

式中 ρ_d——石料的毛体积密度，g/cm^3；

m_s——石料矿质实体的质量，g；

V_s——石料矿质实体的体积，cm^3；

V_n——石料矿质实体中闭口孔隙的体积，cm^3；

V_i——石料矿质实体中开口孔隙的体积，cm^3。

按照《公路工程岩石试验规程》（JTG E41—2005）规定，石料毛体积密度的测定可以采用量积法、水中称重法和蜡封法。量积法适用于能制备成规则试件的各类岩石，水中称重法适用于除遇水崩解、溶解和干缩湿胀外的其他各类石料，蜡封法适用于不能用前两者进行试验的石料。

3）孔隙率

孔隙率是指石料孔隙体积占石料总体积（包括开口孔隙和闭口孔隙体积）的百分率，由式（1-3）计算：

$$n = \frac{V_0}{V} \tag{1-3}$$

式中 n——石料的孔隙率（%）；

V_0——石料孔隙体积（包括开口孔隙和闭口孔隙），cm^3；

V——石料的毛体积（含矿质实体体积、开口孔隙体积和闭口孔隙体积），cm^3。

将式（1-1）和式（1-2）代入式（1-3），即可得到采用石料的密度、毛体积密度计算孔隙率的公式（1-4）。

$$n = \left(1 - \frac{\rho_d}{\rho_t}\right) \times 100\% \tag{1-4}$$

石料的孔隙率大小以及密度、毛体积密度等指标是石料孔隙特征的真实反映，它们直接影响石料的物理性能（吸水状态、抗冻性等）和力学性能（相同矿物组成的石料，孔隙率越大，强度越低）。

2. 吸水性

石料遇水后，会很快湿润，随着环境水分的增加，继而达到含水饱和。在这个过程中，由于石料的矿物组成、孔隙结构等的不同，会表现出不同的性能。表征石料含水状态的指标分为吸水率和饱和吸水率。

1）吸水率

吸水率是指在室温(20 ±2)℃和 1 个标准大气压条件下，石料最大吸水质量占烘干质量((105 ±5)℃烘干至恒重)的百分率，按式(1-5)计算：

$$\omega_a = \frac{m_1 - m}{m} \times 100\% \tag{1-5}$$

式中 ω_a——石料试样的吸水率或饱水率(%)；

m——烘至恒重时的试样质量，g；

m_1——吸水(或饱水)至恒重时的试样质量，g。

2）饱和吸水率

饱和吸水率是石料在强制饱水条件下，最大吸水质量占干燥试样质量的百分率，计算式同式(1-5)。显然饱和吸水率往往要大于吸水率。

吸水率与饱和吸水率之比称为饱水系数，是评价岩石抗冻性的一种指标。饱水系数越大，说明常压下吸水后留余的空间有限，石料越容易冻胀破坏，因而其抗冻性越差。

3）含水率

含水率是石料在自然状态下与空气湿度达到干湿平衡时含水量的大小，计算式同式(1-5)。

3. 耐候性

道桥工程因受到干湿交替、冷热交替、冻融循环等外界条件的影响，会逐渐出现强度降低、外观变化，这个过程会因为材料的矿物组成和结构状态不同而不同。耐候性就是指材料抵抗这些自然因素作用的性能。对于石料主要承受的一是温度升降引起的温度应力，二是冻融循环作用引起的冻胀破坏。这两种因素究竟何者为主，需根据气候条件决定，大多数地区后者占主导地位。

目前，已列入我国试验规程《公路工程岩石试验规程》(JTG E41—2005)的方法有：抗冻性和坚固性。

1）抗冻性

抗冻性是指石料在饱水状态下，能够经受反复冻结和融化而不破坏，并不严重降低强度的能力。利用低温时结冰产生的冻胀来考验石料的抗冻性。

按照《公路工程岩石试验规程》(JTG E41—2005)规定，采用直接冻融法测定岩石抗冻性。该方法是加工为规则的块状试件，进行烘干，然后在室温(20 ±2)℃下使开口孔隙饱水，取出试件擦去表面水分，再置于 -15 ℃的冰箱中冻结 4 h，取出试件，放入(20 ±5)℃的水中溶解 4 h，如此为一个循环，反复冻融直至规定次数。达规定冻融循环次数后，详细检查试件有无脱落、裂缝、分层与掉角等现象，并记录检查情况。

石料在经受一定的冻融循环后，主要从抗压强度和质量损失两方面来衡量石料的抗冻性。质量损失率(见式(1-6))小于 2%、冻融系数(见式(1-7))大于 75% 为抗冻性合格。

质量损失率按式(1-6)计算：

$$L = \frac{m_s - m_f}{m_s} \times 100\% \quad (1\text{-}6)$$

式中 L——抗冻质量损失率(%)；

m_s——试验前烘干试件的质量，g；

m_f——试验后烘干试件的质量，g。

冻融系数按式(1-7)计算：

$$K_f = \frac{R_f}{R_s} \quad (1\text{-}7)$$

式中 K_f——冻融系数；

R_f——经若干次冻融循环试验后的岩石试件饱水抗压强度，MPa；

R_s——未经冻融循环试验的岩石试件饱水抗压强度，MPa。

对于桥涵建筑用岩石，对1月份平均气温低于-10 ℃的地区(除气候干旱地区的不受冰冻部位外)，应符合抗冻性要求，见表1-1。

表1-1 桥涵建筑用岩石抗冻性指标

结构物部位	大、中桥	小桥及涵洞
	冻融循环次数	
镶面的或表面的岩石	50	25

2)坚固性

按照《公路工程岩石试验规程》(JTG E41—2005)规定，岩石的坚固性采用“硫酸钠侵蚀法”来测定。利用饱和硫酸钠溶液进入石料孔隙后从液态离子状态转变为固体结晶状态产生的晶胀来考验石料的抗冻性，反复浸烘5次，用蒸馏水煮沸洗净，计算其质量损失。这种方法比冻融循环更为显著一些，是测定石料耐候性的一种简易、快捷的方法，但有设备条件的单位应尽量采用直接冻融法试验。

(二)石料的力学性质

所谓石料的力学性质，是指石料在工程应用中，所表现出的抗压、抗剪、抗弯拉强度的能力，以及抵抗荷载冲击、剪切和摩擦作用的能力，常用力学指标如抗磨光性、抗冲击性、抗磨耗性等来表示。由于道路用岩石多轧制成集料用，所以下面介绍石料的(单轴)抗压强度，其他力学指标将在集料的力学性质中进行讨论。

按照《公路工程岩石试验规程》(JTG E41—2005)规定，道路建筑用试件采用边长为70 mm ±2 mm的立方体(或直径和高度均为50 mm的圆柱体或直径为50 mm、高径比为2∶1的圆柱体)经吸水饱和后，在规定的加载条件下单轴受压，达到极限破坏时的强度，按式(1-8)计算：

$$R = \frac{P}{A} \quad (1\text{-}8)$$

式中 R——石料的抗压强度，MPa；

P——试件破坏时的荷载，N；

A——试件的截面面积，mm^2。

石料的(单轴)抗压强度受多种因素的影响,其中包括矿物组成、结构及其孔隙构造,以及石料试件的尺寸、加载速度、温度和湿度等。如石料结构疏松及孔隙率较大,其质点间的联系较弱,有效面积较小,故强度值较低;当试件尺寸较小时,强度值较高;当岩石的孔隙裂隙较大、含较多亲水矿物或较多可溶矿物时,饱水时的强度会有明显的降低。石料饱水状态下的单轴抗压强度与其干燥状态下的单轴抗压强度之比称为软化系数,软化系数可用来评定岩石的抗冻性。通常吸水率小于0.5%、软化系数大于0.75以及饱水系数小于0.8的岩石,具有较强的抗冻能力。

(三)石料的化学性质

在道路与桥梁建筑中,各种矿质集料是与结合料(水泥或沥青)组成混合料而用于结构物中。早年的研究认为,矿质集料是一种惰性材料,它在混合料中只起物理作用。随着近代研究的发展,认为矿质集料在混合料中与结合料起着复杂的物理-化学作用,矿质集料的化学性质很大程度地影响着混合料的物理-化学性质。特别是在沥青混合料中,在其他条件完全相同的情况下,岩石的酸碱性不同将直接影响它与沥青的黏附性。在沥青混合料中,当选择与沥青结合的岩石时,因碱性岩石与沥青的黏附性好,所以应尽量选用碱性岩石,若当地缺乏碱性岩石,可掺加各种抗剥离剂,以提高其黏附性。

根据试验研究,按 SiO_2 质量分数的多少将石料分为酸性、碱性和中性:当 $SiO_2(\%)>65\%$ 时,属酸性石料;当 $SiO_2(\%)<52\%$ 时,属碱性石料;当 $SiO_2(\%)$ 为 52% ~65% 时,属中性石料。岩石化学成分的确定较麻烦,在道路工程中常用简易的"水煮(水浸)法"来确定石料和沥青的黏附性。

二、石料的技术标准

道路建筑中所采用的石料必须满足一定的技术要求,该要求就是石料的技术标准。

根据石料所属岩石类型,将石料分成四大类——岩浆岩、石灰岩、砂岩或片麻岩以及砾岩;再依据石料抗压强度的高低和磨耗率的大小,将每种类型岩石划分成四个等级。Ⅰ级——最坚强的岩石,Ⅱ级——坚强的岩石,Ⅲ级——中等强度的岩石,Ⅳ级——较软的岩石。

三、道路与桥梁建筑用石料制品

(一)道路建筑用石料制品

道路建筑用石料制品包括直接铺砌路面面层用的整齐块石、半整齐块石和不整齐块石三类,用做路面基层用的锥形块石、片石等。各种石料制品的技术要求和规格简述如下。

1. 高级铺砌用整齐块石

整齐块石由高强、硬质、耐磨的岩石经精凿加工而成,其加工费用昂贵。用于特重交通以及履带车行驶的路面使用。

整齐块石的尺寸一般可按设计要求确定,大方块石为 300 mm×300 mm×(120~150) mm,小方块石为 120 mm×120 mm×250 mm。单轴抗压强度不低于 100 MPa。

2. 路面铺砌用半整齐块石

半整齐块石是经过粗凿而成的方块石或长方体条石。顶面与底面平行,顶面积与底面积之比不小于40%。半整齐块石通常顶面不加工,因此顶面平整性较差,一般只在特殊路段，如土基尚未沉实稳定的桥头引道及干道、铁轮履带车辆经常通过的地段等使用。

3. 铺砌用不整齐块石

不整齐块石又称为拳石、大块石，是由粗打加工而得到的块石，要求顶面为一平面，底面与顶面基本平行，顶面积与底面积之比大于40%。优点是造价不高，可晴雨行车，经久耐用；缺点是不平整，行车振动大，故目前应用较少，只有富产石料的地区因地制宜地选用。

（二）桥梁建筑用石料制品

桥梁建筑用石料制品有片石、块石、方块石、粗料石、细料石、镶面石等。

1. 片石

片石是指由打眼放炮采得的石料，其形状不受限制，但薄片者不得使用。除为节约砌筑砂浆配搭使用部分小片石外，一般片石的中部最小尺寸不小于15 mm，体积不小于0.01 m^3，每块质量一般在30 kg以上。用于圬工结构主体的片石，其单轴抗压强度应不小于30 MPa；用于附属圬工结构的片石，其单轴抗压强度应不小于20 MPa，当附近有较好石料时，应尽量优先采用较坚硬的石料。

2. 块石

块石是由成层岩中打眼放炮开采获得，或用楔子打入成层岩的明缝或暗缝中劈出的石料。块石形状大致方正、无尖角，有两个较大的平行面，边角可不加工。其厚度应不小于20 cm，宽度为厚度的1.5~2.0倍，长度为厚度的1.5~3.0倍。砌缝宽度一般不大于20 mm，个别边角砌缝宽度可达30~35 cm。石料单轴抗压强度应符合设计文件的规定。

3. 方块石

在块石中选择形状比较整齐者稍加修正，使石料大致方正，厚度不小于20 cm，宽度为厚度的1.5~2.0倍，长度为厚度的1.5~4.0倍。砌缝宽度不大于20 mm。石料单轴抗压强度应符合设计文件的规定。

4. 粗料石

形状尺寸和单轴抗压强度应符合设计文件的规定，其表面凹凸相差不大于10 mm，砌缝宽度小于20 mm。

5. 细料石

形状尺寸和单轴抗压强度应符合设计文件的规定，其表面凹凸相差不大于5 mm，砌缝宽度小于15 mm。

6. 镶面石

镶面石受气候因素——晴、雨、冻融的影响，损坏较快，一般应选用较好的、较坚硬的石料。如仅限于石料来源，也可用墩台本体一样的石料。石料的外露面可沿四周琢成2 cm的边，中间部分仍保持原来的天然石面。石料上下和两侧均加工粗琢成剁口，剁口的宽度不小于10 cm，琢面应垂直于外露面。

第二节　集料的技术性质

简单来说，集料就是粒状石质材料，在混合料中起骨架和填充作用，包括石屑、自然风化而成的砾石（卵石）、砂及经人工轧制的各种尺寸的碎石，另外还有工业冶金矿渣。

根据粒径大小的不同，集料分为粗集料和细集料。在沥青混合料中，粒径大于2.36 mm

者称为粗集料，粒径小于 2.36 mm 者称为细集料。在水泥混凝土中，粒径大于 4.75 mm 者称为粗集料，粒径小于 4.75 mm 者称为细集料。

集料的技术性质对沥青混合料和水泥混凝土影响很大，现分述如下。

一、粗集料的技术性质

(一)粗集料的物理性质

1. 物理参数

集料的物理参数计算时，不仅要考虑集料的孔隙(开口孔隙和闭口孔隙)，还要考虑颗粒之间的空隙。集料的体积和质量的关系如图 1-2 所示。考虑到集料颗粒自身的孔隙和颗粒之间的空隙，集料的密度也有几种不同形式。

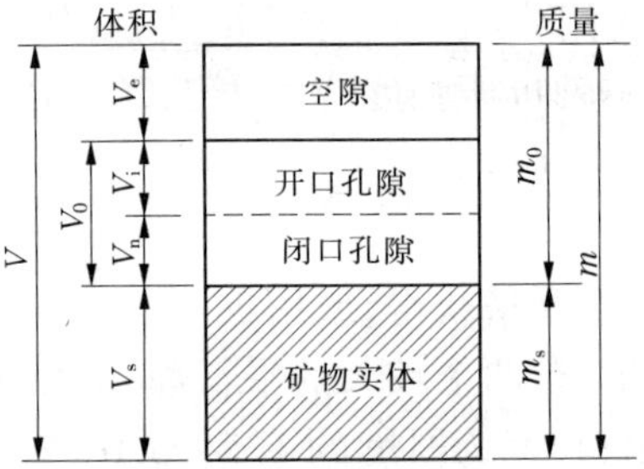

图 1-2　集料的体积与质量关系示意图

1)粗集料的密度

(1)表观密度(视密度)。

表观密度是指在规定条件下((105 ±5)℃烘干至恒重)，单位体积(包括矿质实体和闭口孔隙)的质量。

由图 1-2 可知，集料的表观密度为

$$\rho_a = \frac{m_s}{V_s + V_n} \tag{1-9}$$

式中　ρ_a——集料的表观密度，g/cm^3；

m_s——集料矿质实体质量，g；

V_s——集料矿质实体体积，cm^3；

V_n——集料实体中闭口孔隙体积，cm^3。

按照《公路工程岩石试验规程》(JTG E41—2005)规定，粗集料表观密度的测定方法采用网篮法。将已知质量的干燥粗集料装在金属吊篮中浸水 24 h，使开口孔隙吸水饱和，然后在静水天平上称出饱水后的粗集料在水中的质量，按排水法可以计算出包括闭口孔隙在内的体积，从而可以计算出集料的表观密度。

(2)毛体积密度。

集料毛体积密度与石料相应密度在概念上相同(同前)，仅在实际的密度测定方法上有所区别。按照《公路工程岩石试验规程》(JTG E41—2005)规定，粗集料毛体积密度的测定方法采用网篮法。将已知质量浸水饱和面干集料放入静水天平中，称出饱和面干集料在水中的质量，按排水法可计算出包括闭口孔隙、开口孔隙和矿质实体在内的总体积，从而可以计算集料的毛体积密度。

(3)堆积密度。

集料堆积状态单位体积(含矿质实体、开口孔隙、闭口孔隙和空隙)的质量,可按式(1-10)计算:

$$\rho = \frac{m_s}{V_s + V_n + V_i + V_e} \tag{1-10}$$

式中 ρ——矿质集料的堆积密度,g/cm³;

V_i——集料颗粒矿质实体中开口孔隙的体积,cm³;

V_e——集料颗粒间的空隙体积,cm³。

集料根据装样方法的不同可分为自然堆积状态、振实堆积状态和捣实堆积状态。

集料的堆积密度的测定按照《公路工程岩石试验规程》(JTG E41—2005)的规定进行。

(4)空隙率。

空隙率是指集料在某种堆积状态下的空隙体积(含开口孔隙)占装填总体积的百分率,按式(1-11)计算:

$$V_c = \frac{V_e}{V} \times 100\% = \left(1 - \frac{\rho}{\rho_a}\right) \times 100\% \tag{1-11}$$

式中 V_c——集料的空隙率(%);

V——集料颗粒的装填体积,cm³;

其他符号意义同前。

2)粗集料的级配

粗集料中各组成颗粒的分级和搭配称为级配,级配的好坏是通过筛分试验确定的。水泥混凝土用粗集料,可采用干筛法筛分试验;对沥青混合料及基层用粗集料,必须采用水洗法筛分试验。其标准筛的孔径为 2. 36 mm、4. 75 mm、9. 50 mm、13. 2 mm、16 mm、19 mm、26. 5 mm、31. 5 mm、37. 5 mm、53 mm、63 mm、75 mm、90 mm 等,测出存留在各个筛上的集料质量,根据集料试样的质量与存留在各筛孔上的集料质量,就可求得一系列与集料级配有关的参数:①分计筛余百分率;②累计筛余百分率;③通过百分率。粗集料的这些参数计算方法与细集料相同。详见“细集料的技术性质”内容,通过计算可判断级配是否符合要求。

粗集料级配有连续级配和间断级配两种。连续级配是从最大粒径开始,由大到小各粒级相连,每一粒级都占有适当的比例,这种级配可以最大限度地发挥集料的骨架作用与稳定作用,减少水泥用量,在实际工程中被广泛采用。间断级配是由单粒级组成的颗粒级配,它是用小颗粒的粒级直接和大颗粒的粒级相互搭配组成的粗集料,由于缺少中间粒级而为不连续的级配,间断级配能减小集料的空隙率,故能节约水泥,但却容易使混凝土拌和物产生离析现象,所以工程中较少采用。

选择集料级配时,应从实际出发,将试验所选的最优级配与料场中集料的天然级配结合起来考虑,对各级集料用量进行必要的调整与平衡,确定出实际使用的级配。这样做的目的是减少弃料,避免浪费。

2. 粗集料针片状颗粒含量

理想的集料颗粒形状是球状或立方体,而扁平、薄片、细长状的颗粒不仅增加集料的空隙率,还对混凝土施工和易性和强度造成不利影响。沥青混合料中的针片状颗粒是指最大长度与厚度之比大于 3 的颗粒,用游标卡尺测定;水泥混凝土中针状颗粒是指长度大于平均粒径 2.4 倍的颗粒，片状颗粒是指颗粒厚度小于平均粒径 0.4 倍的颗粒（平均粒径指该粒级上下粒径的平均值），针片状颗粒用规准仪测定。

3. 坚固性

对于已经轧制的碎石或天然卵石，像石料一样，也可用规定级配的各粒级集料，选取规定数量，分别装在金属网篮中按《公路工程集料试验规程》（JTG E42—2005）规定浸入饱和硫酸钠溶液中进行干湿循环试验。经一定的循环次数后，观察其表面破坏状况，并用质量损失百分率来计算其坚固性。

4. 含泥量和泥块含量

存在于集料中或包裹在集料颗粒表面的泥土会降低水泥的水化反应速度，也会妨碍集料与水泥浆（或沥青）间的黏结能力，显著影响混合料的整体强度与耐久性，应对其含量加以限制。泥是指砂中粒径小于 0.075 mm 的颗粒，泥块是指粗集料原尺寸大于 4.75 mm（或细集料大于 1.18 mm），但经水浸洗、手捏后小于 2.36 mm（细集料小于 0.6 mm）的颗粒含量。

（二）粗集料的力学性质

在结构层或混合料中，粗集料起骨架作用，应具备一定的强度、耐磨、抗磨耗和抗冲击性能等，这些性能用压碎值、磨光值、冲击值和磨耗值等指标来表示。

1. 压碎值

压碎值是指按规定的方法测得石料抵抗压碎的能力，也是集料强度的相对指标，用以鉴定集料的品质。

《公路工程集料试验规程》（JTG E42—2005）规定，压碎值是将 9.5～13.2 mm 集料试样 3 000 g 装入压碎值测定仪的钢制圆筒内，放在压力机上，在 10 min 左右的时间内加荷至 400 kN，稳压 5 s，卸载，称其通过 2.36 mm 筛的筛余量。压碎值按式（1-12）计算：

$$Q'_a = \frac{m_1}{m_0} \times 100\% \tag{1-12}$$

式中 Q'_a——压碎值（%）；

m_0——试验前试样质量，g；

m_1——试验后通过 2.36 mm 筛孔的试样质量，g。

2. 磨光值（*PSV*）

现代高速交通的行车条件对路面的抗滑性提出了更高的要求。磨光值是反映石料抵抗轮胎磨光作用能力的指标，用高磨光值的石料来铺筑道路路面表层，可以提高路表的抗滑能力，保障车辆的安全行驶。试验测出的磨光值用 *PSV* 来表示，该值越大，表明集料的抗磨光性能越好。

《公路工程集料试验规程》（JTG E42—2005）规定，集料磨光值的测定方法是：选取 9.5～13.2 mm集料试样，密排于试模中，先用砂填密集料间空隙，然后用环氧树脂砂浆固结，经养护后制成试件。将制备好的试件安装于加速磨光机的道路轮上加以磨耗，再用摆式摩擦系数仪测定试件的摩擦系数值，确定集料的磨光值。

3. 冲击值（*AIV*）

冲击值反映石料抵抗冲击荷载的能力。由于路表集料直接承受车轮荷载的冲击作用，这一指标对道路表层用集料非常重要。试验测出的冲击值用 *AIV* 来表示，该值越小，表明集料的抗冲击性能越好。

《公路工程集料试验规程》(JTG E42—2005)规定,集料冲击值的测定方法是:选取9.5~13.2 mm集料试样,用金属筒分三次捣实,确定试验用集料数量。将集料装入冲击值试验仪的盛样器中,用捣实杆捣实25次,使其初步压实;然后用质量为(13.62±0.05)kg的冲击锤,沿捣杆自(380±5)mm处自由落下锤击集料,连续锤击25次,每次锤击时间间隔不少于1 s,将试验后的集料过筛,称其通过2.36 mm筛的筛余量。冲击值按式(1-13)计算:

$$AIV = \frac{m_2}{m_1} \times 100\% \tag{1-13}$$

式中 AIV——集料的冲击值;

m_1——试样总质量,g;

m_2——试验后通过2.36 mm筛孔的试样质量,g。

4. 磨耗值

磨耗值用于确定石料抵抗表面磨损的能力,适用于对路面抗滑表层所用集料抵抗车轮磨耗的能力。

1)道瑞磨耗值(AAV)

《公路工程集料试验规程》(JTG E42—2005)规定,采用道瑞磨耗试验机来测定集料磨耗值。试验测出的磨耗值用AAV来表示,该值越小,表明集料的抗磨耗能力越好。

道瑞磨耗值测定方法是:选取9.5~13.2 mm的洗净、烘干的集料试样,单层紧排于两个试模内(不少于24粒),然后排砂并用环氧树脂砂浆填充密实,养护24 h后拆模,取出试件,刷清残砂,称其质量m_0,然后将试件安装于道瑞磨耗机上,以28~30 r/min的转速加以磨耗,磨500圈后,取出试件,刷净残砂,准确称取试件质量m_1。每块试件的磨耗值为:

$$AAV = \frac{3(m_1 - m_2)}{\rho_s} \tag{1-14}$$

式中 AAV——集料的道瑞磨耗值;

m_1——磨耗前试件的质量,g;

m_2——磨耗后试件的质量,g;

ρ_s——集料的表观密度,g/cm^3。

集料磨耗值越高,表示耐磨性越差。高速公路、一级公路抗滑层用的AAV值应不大于14。

2)洛杉矶式磨耗

洛杉矶式磨耗又称为搁板式磨耗。试验机由一个圆鼓和鼓中的一个搁板所组成。试验用的试样是按一定规格组成的石材,总质量为5 000 g。当试样加入磨耗鼓中的同时,加入12个钢球,钢球总质量为5 000 g。磨耗鼓以30~33 r/min的转速旋转。在旋转时,由于搁板的作用,可将集料和铜球带到高处落下。经旋转500次后,将集料试样取出,用1.7 mm筛筛去石屑,洗净烘干,称其质量。洛杉矶磨耗损失按式(1-15)进行处理:

$$Q = \frac{m_1 - m_2}{m_1} \times 100\% \tag{1-15}$$

式中 Q——洛杉矶磨耗损失(%);

m_1——装入圆筒中试样质量,g;

m_2——试验后在1.7 mm筛上洗净烘干的试样质量,g。

粗集料的洛杉矶磨耗损失是集料性能的重要指标,尤其是沥青路面各层用集料,它与沥青路面的抗车辙能力、耐磨性、耐久性密切相关,一般磨耗损失小的集料坚硬、耐久。洛杉矶磨耗是优选石料的一个重要的手段。

二、细集料的技术性质

细集料的技术性质和粗集料的基本相同,但由于颗粒细度不同,也有不同之处。

(一)细集料的物理性质

1.表观密度(视密度)

细集料表观密度的定义和粗集料的完全相同,依据《公路工程集料试验规程》(JTG E42—2005)的规定,采用容量瓶法进行检验。细集料的表观密度与其矿物成分有关系,一般为2.6~2.7 g/cm^3。

2.堆积密度

细集料堆积密度的定义与粗集料的基本相同,是反映细集料棱角性的主要指标。依据《公路工程集料试验规程》(JTG E42—2005)的规定,采用容量筒法进行检验。细集料在自然状态下的松散堆积密度为1 350~1 650 kg/m^3。

3.空隙率

细集料空隙率的含义与粗集料的完全相同。其值与细集料颗粒形状、颗粒级配、湿度以及堆积密实程度有关。细集料在干燥松散状态下的空隙率为35%~45%,级配好的可减至35%~37%。

4.含水率

细集料含水率的含义、测定方法与岩石的完全相同。

(二)级配与粗度

1.级配

级配是指集料中各种粒径颗粒的分级和搭配。集料的级配可通过筛分试验确定。按照《公路工程岩石试验规程》(JTG E41—2005)的规定,将集料通过一系列规定尺寸的标准筛,测定出存留在各个筛上的集料质量,根据集料试验的总质量与各个筛上的存留质量,就可求得一系列与级配有关的参数。

细集料的级配可通过砂的筛分试验确定,取试样500 g,在一整套标准筛上进行筛分,分别求出试样存留在各筛上的质量,然后可计算与级配有关的参数。

1)集料的最大粒径

集料的最大粒径指集料100%都要求通过的最小标准筛筛孔尺寸。

2)集料公称最大粒径

集料公称最大粒径指集料可能全部通过或允许有少量不通过(一般容许筛余不超过10%)的最小标准筛筛孔尺寸。

3)标准筛

对颗粒材料进行筛分试验应用符合标准形状和尺寸规格要求的系列样品筛。标准筛(方孔)筛孔尺寸依次为9.5 mm、4.75 mm、2.36 mm 、1.18 mm、0.6 mm、0.3 mm、0.15 mm。

4)分计筛余百分率

分计筛余百分率就是在某号筛上的筛余质量占试样总质量的百分率,按式(1-16)计算:

$$a_i = \frac{m_i}{M} \times 100\% \tag{1-16}$$

式中 a_i——各号筛的分计筛余百分率(%);

m_i——存留在某号筛上的试样质量,g;

M——集料风干试样的总质量,g。

5)累计筛余百分率

累计筛余百分率是指某号筛的分计筛余百分率和大于该号筛的各号筛的分计筛余百分率的总和,可按式(1-17)进行计算:

$$A_i = a_1 + a_2 + \cdots + a_i \tag{1-17}$$

式中 a_i——各号筛的分计筛余百分率(%);

A_i——各号筛的累计筛余百分率(%)。

6)通过百分率

通过百分率是指通过某筛的试样质量占试样总质量的百分率,可按式(1-18)进行计算:

$$P_i = 100 - A_i \tag{1-18}$$

式中 A_i——各号筛的累计筛余百分率(%);

P_i——各号筛的通过百分率(%)。

综上所述,分计筛余百分率、累计筛余百分率和通过百分率三者的关系如表1-2所示。

表1-2 分计筛余百分率、累计筛余百分率和通过百分率的关系

筛孔尺寸(mm)	分计筛余百分率(%)	累计筛余百分率(%)	通过百分率(%)
4.75	a_1	$A_1 = a_1$	$100\% - A_1$
2.36	a_2	$A_2 = a_1 + a_2$	$100\% - A_2$
1.18	a_3	$A_3 = a_1 + a_2 + a_3$	$100\% - A_3$
0.6	a_4	$A_4 = a_1 + a_2 + a_3 + a_4$	$100\% - A_4$
0.3	a_5	$A_5 = a_1 + a_2 + a_3 + a_4 + a_5$	$100\% - A_5$
0.15	a_6	$A_6 = a_1 + a_2 + a_3 + a_4 + a_5 + a_6$	$100\% - A_6$

2.粗度

粗度是评价砂粗细程度的指标,用细度模数表示,可按式(1-19)进行计算:

$$M_x = \frac{A_{0.15} + A_{0.3} + A_{0.6} + A_{1.18} + A_{2.36} - 5A_{4.75}}{100 - A_{4.75}} \tag{1-19}$$

式中 M_x——砂的细度模数;

$A_{4.75}$、$A_{2.36}$、$A_{1.18}$、…、$A_{0.15}$——4.75 mm、2.36 mm、1.18 mm、…、0.15 mm 各号筛的累计筛余百分率(%)。

细度模数越大,表示细集料越粗,砂的粗度按细度模数一般可分为三级:$M_x = 3.7 \sim 3.1$ 为粗砂,$M_x = 3.0 \sim 2.3$ 为中砂,$M_x = 2.2 \sim 1.6$ 为细砂。

细度模数虽能表示砂的粗细程度,但不能完全反映出砂的颗粒级配情况,因为相同细度模数的砂可能有不同的颗粒级配。因此,要全面反映砂的颗粒性质,应同时使用细度模数和颗粒级配两个指标。

【例 1-1】 从工地取回烘干砂样 500 g 做筛析试验，列于表 1-3 中，求该砂样的分计筛余百分率、累计筛余百分率、通过百分率并确定该砂样的粗度，同时判定其级配是否符合技术要求。

表 1-3　砂样的筛分结果

筛孔尺寸(mm)	9.5	4.75	2.36	1.18	0.6	0.3	0.15	<0.15
各筛存留量(g)	0	25	35	90	125	125	75	25
要求通过范围(%)	100	90～100	75～100	50～90	30～59	8～30	0～10	—

解:

(1)按题目所给的筛分结果分别计算分计筛余百分率、累计筛余百分率和通过百分率，见表 1-4。

表 1-4

筛孔尺寸(mm)	9.5	4.75	2.36	1.18	0.6	0.3	0.15	<0.15
分计筛余百分率(%)	0	5	7	18	25	25	15	5
累计筛余百分率(%)	0	5	12	30	55	80	95	100
通过百分率(%)	100	95	88	70	45	20	5	0

(2)计算细度模数。

将计算结果代入式(1-19)中，得

$$M_x = \frac{(12 + 30 + 55 + 80 + 95) - 5 \times 5}{100 - 5} = 2.6$$

介于 2.3～3.0 之间，属于中砂。

(3)级配评定。

根据各筛孔尺寸通过百分率的计算结果，都落在要求通过的范围之间，说明该砂的级配是良好的。也可依据砂的颗粒级配区范围(详见本书第三章)进行评定，结论是相同的。

第三节　工业废渣

工业废渣包括粉煤灰、煤渣、粒化高炉矿渣、钢渣、冶金矿渣及煤矸石等，其中粉煤灰、粒化高炉矿渣、煤矸石合称为三大工业废渣。目前，公路工程中常用的是粉煤灰、粒化高炉矿渣和煤矸石等。

一、粉煤灰

(一)化学成分

粉煤灰是燃烧煤粉后收集到的灰粒，亦称为飞灰，是灰色或浅灰色粉末。主要成分是活性 SiO_2、Al_2O_3，还含有少量的 Fe_2O_3、CaO 和 MgO 等氧化物。

SiO_2、Al_2O_3、Fe_2O_3 的含量是评定粉煤灰技术性质的主要指标，它们三者占总量的 70% 以上。它们与氢氧化钙在常温下发生反应生成稳定的水化硅酸钙、水化铝酸钙等，这些成分决定了混合料硬化以后的强度。因此,粉煤灰的活性越强,组成混合料的抗压强度越大。

(二)技术性质和技术要求

1. 细度

粉煤灰细度对强度的形成有一定的影响,细度越大,比表面积越大,活性越大,强度越高。细度一般用45 μm方孔筛的筛余量来表示。

2. 需水量比

需水量比是指在相同流动度下,粉煤灰的需水量和硅酸盐水泥的需水量之比。需水量小的粉煤灰掺入混凝土中,可增加其流动性,改善工作性,提高强度。

3. 烧失量

烧失量是指粉煤灰中未烧尽的炭粉含量。未烧尽的炭粉含量大,活性 SiO_2、Al_2O_3 等有效成分含量少,所形成混合料强度较低,粉煤灰需水量也会增加。因此,烧失量越小越好。

4. 密度

粉煤灰密度越大,质量越好。粉煤灰的密度与其颗粒形状、化学成分有关系。球形颗粒含量越多,粉煤灰密度越大,成分中氧化镁含量越多,密度越大;炭粒含量越多,密度越小。粉煤灰的密度比相同成分的其他矿物要小,一般为1.77~2.43 g/cm^3。

粉煤灰依其品质可分为Ⅰ级、Ⅱ级、Ⅲ级3个等级,见表1-5。

表1-5 粉煤灰的分级及质量等级

序号	指标	Ⅰ级	Ⅱ级	Ⅲ级
1	细度(0.045 mm方孔筛筛余)(%),不大于	12	20	45
2	需水量比(%),不大于	95	105	115
3	烧失量(%),不大于	5	8	15
4	含水量(%),不大于	1	1	不规定
5	三氧化硫(%),不大于	3	3	3

注:含量均指质量分数。

(三)粉煤灰的工程应用

粉煤灰可以用在路面的底基层、基层、面层,还可以填筑路堤。主要应用如下:

(1)在硅酸盐水泥中加入适量的粉煤灰可以制成粉煤灰硅酸盐水泥;

(2)用做水泥混凝土的掺合料,可以节约水泥,改善混凝土的工作性;

(3)用做沥青混凝土的填料;

(4)用粉煤灰加水泥或石灰稳定土做路面基层、底基层或垫层;

(5)代替部分石灰拌制建筑砂浆,效果较好;

(6)代替部分黏土烧结粉煤灰砖可节省黏土资源;

(7)适用于化学侵蚀环境中的水泥混凝土、灌浆、泵送混凝土等工程中。

二、冶金矿渣集料

冶金矿渣是在冶金生产过程中由矿石、燃料及助熔剂中易熔硅酸盐化合而成的副产物。这些冶金矿渣从熔炉排出后,在空气中自然冷却,形成坚硬的材料,是一种很好的路用人工石材。它既可作为基层材料,又可作为修筑水泥混凝土或沥青混凝土路面的集料。

(一)矿渣的化学成分和矿物成分

矿渣化学成分随矿物成分、燃烧、助熔剂及熔化金属的化学成分的不同而异,大部分矿渣成分中基本上包含着 SiO_2、Al_2O_3、CaO,并混有 MgO、CaS、FeO、MnO 等。

矿渣中常见的矿物成分有:黄长石、假硅灰石、辉石、橄榄石及少量的硫化物。在氧化钙含量最高的重矿渣中,还含有一定的硅酸二钙。

(二)矿渣的物理、力学性质

矿渣的相对密度与其矿物成分有关。矿渣的相对密度一般较岩石的大,为 2.97 ~ 3.32。矿渣堆积密度约为 1 900 kg/m^3 以上,空隙率大多在 35% 以下,矿渣的耐冻性(或坚固性)通常均能符合路用要求。

矿渣的力学强度一般均较高,其强度与孔隙率有关,通常极限抗压强度在 50 MPa 以上,高者可达 150 MPa,相当于石灰岩、花岗岩的强度。其他性能,如压碎值、磨光值和磨耗值等均能符合筑路石材的要求。因此,冶金矿渣只要稳定性合格,其力学性能均能满足路用要求。但是,对新料源的矿渣必须通过试验使用。

三、煤矸石

煤矸石是采煤和洗煤的副产品,是无机质和少量有机质的混合物。主要以硅、铝为主,其次是硫、铁、钙、镁、钠、磷、钛等元素,成分类似于黏土。

我国不仅是世界产煤大国,也是煤炭消费大国。年排矸量近 2 亿 t,今后煤炭产量还将逐年增长,排矸量也在逐年增加,加上以往积存的煤矸石,其数量相当巨大。

煤矸石宜用碱性材料(如火山灰质材料)加以稳定,通常可做二级及二级以下公路的基层和底基层。

第四节　矿质混合料的组成设计

所谓的矿质混合料,是指能够满足级配要求的各种粒径材料的集合体,简称矿料。

在水泥混凝土或沥青混合料中,所用集料颗粒的粒径尺寸范围较大,而天然或人工轧制的一种集料往往仅由几种粒径尺寸的颗粒组成,难以满足工程对某一混合料的目标设计级配范围的要求,因此需要将两种或两种以上的集料配合使用。确定几种集料混合时各自比例的过程就是矿料的组成设计,进行矿质混合料组成设计,必须首先明确目标级配范围,为此应掌握级配组成对矿料技术性能的影响。

矿质混合料的组成设计应使所配制的矿质混合料满足最小空隙率和最大摩擦力两大基本要求。为了实现这两大要求,对矿质混合料必须进行组成设计,其内容包括级配理论和级配范围的确定、基本组成的设计方法。

一、矿料的级配理论和级配组成范围

(一)集料的级配曲线

1. 级配曲线的绘制

为了直观形象地表示矿料各粒径的颗粒分布状况,常常采用级配曲线的方式来描述矿料级配。具体做法是:以通过量的百分率为纵坐标,筛孔尺寸(也表示矿料不同颗粒的粒

径)为横坐标,将各筛上的通过量绘制在坐标图中,然后用曲线将各点连接起来,成为所谓的级配曲线。

由于标准套筛的筛孔分布是按 1/2 递减的方式设置的,在描绘横坐标的筛孔位置时,造成曲线出现前疏后密的问题,以致到小孔径时很难清楚地将其位置确定,所以在绘制级配曲线的横坐标时采用对数坐标(而相应纵坐标上的通过量仍采用常数坐标),以方便级配曲线图的绘制,如图 1-3 所示。

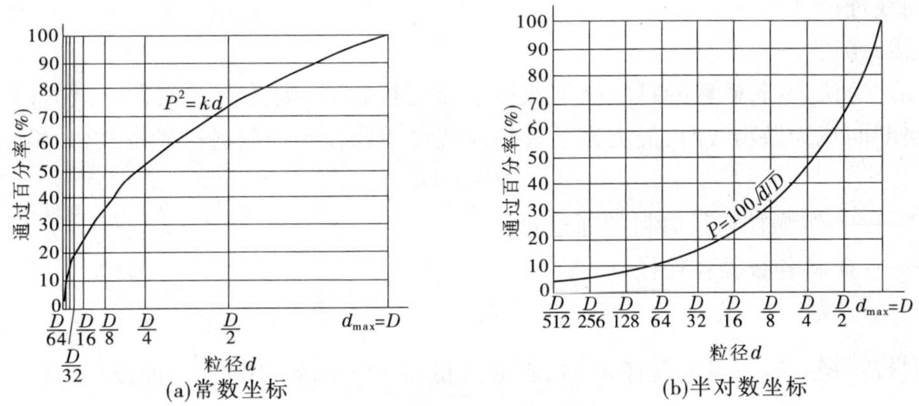

图 1-3　集料级配曲线示意图

2. 级配曲线类型

粗细不同的粒径按照一定的比例组合搭配在一起,以达到较高的密实程度,根据搭配组成的结果,可得到以下几种不同的级配形式。

(1)连续级配。连续级配是某一矿料在标准套筛中进行筛分后,矿料的颗粒由大到小连续分布,每一级都占有适当的比例。这种由大到小逐级粒径都有,并按比例互相搭配组成的矿质混合料,称为连续级配混合料。

(2)间断级配。在矿料颗粒分布的整个区间里,从中间剔除一个或连续几个粒级,形成一种不连续的级配,成为所谓的间断级配。

不同级配类型的级配曲线如图 1-4 所示。

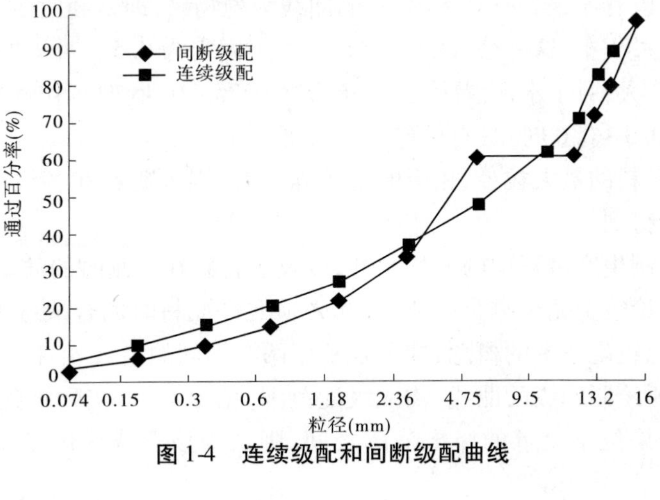

图 1-4　连续级配和间断级配曲线

(二) 级配理论

矿料的级配组成直接决定矿料的两大特点:矿料密实度和矿料颗粒间内摩阻力,从而影响到水泥混凝土或沥青混合料的强度、耐久性和施工和易性。当各粒级集料颗粒在相互排列时,能够互相嵌锁又不互相干涉,形成紧密多级嵌挤的空间骨架结构,则集料颗粒间将具有最大的内摩阻力。目前,常用的级配理论主要有最大密度曲线理论和粒子干涉理论。实践中针对连续级配各级粒径矿料数量的计算大多采用最大密度曲线理论,本节主要介绍最大密度曲线理论。

1. 富勒理论

富勒理论认为:若矿料的颗粒级配曲线愈接近抛物线,则其密度愈大。根据该理论,当矿料的级配曲线为抛物线时,最大密度理想曲线可用颗粒粒径与通过量按式(1-20)表示:

$$P^2 = kd \tag{1-20}$$

式中 P——各级颗粒粒径集料的通过量(%);

d——矿料各级颗粒粒径,mm;

k——常数。

当颗粒粒径 d 等于最大粒径 D 时,则通过量为 100%,$k = 100^2 \dfrac{1}{D}$,所以:

$$P = 100\left(\frac{d}{D}\right)^{0.5} \tag{1-21}$$

式(1-21)是最大密度理想曲线的级配组成计算公式,根据此公式可以计算出某矿料达到最大密度时各级颗粒粒径的通过量。

2. 泰波公式

泰波认为,富勒曲线是一种理想曲线,实际矿料应允许有一定的波动范围,故将富勒的最大密度曲线改为 n 次幂的通式,即

$$P = 100\left(\frac{d}{D}\right)^{n} \tag{1-22}$$

式中 n——试验指数。

从式(1-21)可以看出,当 $n = 0.5$ 时,P 的曲线为抛物线,即富勒曲线。

但在实际应用过程中,这一公式的指数并不一定固定为 0.5。对于沥青混合料,当指数是 0.45 时的密度最大;对于水泥混凝土,当指数在 0.25 ~ 0.45 时工作性更好。泰波根据试验认为,当指数为 0.3 ~ 0.6 时,具有较好的密实度。

所以,当某一矿料的最大粒径、相应的指数确定时,则该矿料在各级上的颗粒数量就可通过式(1-22)计算得到。

由于矿料在轧制生产过程中的不均匀性,以及混合料在配制时的波动误差等,使所配制的混合料难以与理论级配完全吻合一致,因此必须允许配料时的合成级配可以在一定的范围内波动,从而提出级配范围的概念,即分别根据两个不同的指数 n_1 和 n_2 所确定的级配结果,以及由各级配所绘制的级配曲线,构成级配范围,见图 1-5。实际级配合成操作时,只要得出的合成级配结果位于要求的级配范围之间,则认为该合成级配基本满足设计级配的要求。

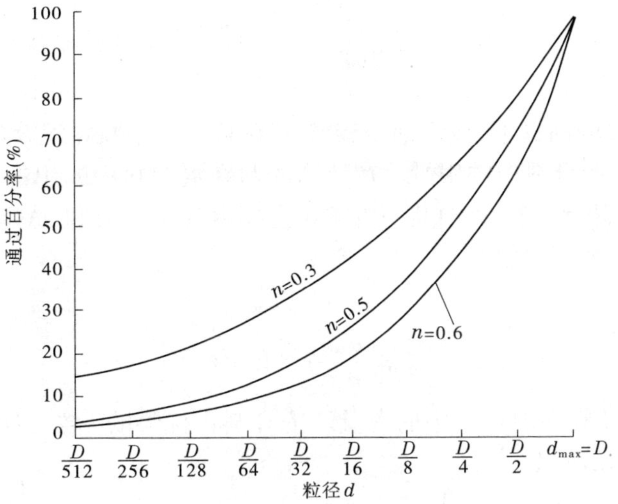

图 1-5　级配范围曲线

二、矿料配合比设计方法

天然或人工轧制的一种集料的级配往往很难完全符合某一级配范围的要求，必须用两种或两种以上的集料配合起来才能符合级配范围的要求。矿料配合比设计就是根据实际工程中现有各种集料的级配参数（即筛分结果），针对设计要求或技术规范要求，采用一定的方法确定各规格集料在合成矿料中所占有比例的操作过程。

常用的设计方法有试算法和图解法。两种方法各有特点，前者操作简便、快捷，但要熟练掌握级配参数的含义，对三种以内的矿料设计较适宜；后者简单、易掌握，适合多种矿料操作，但操作稍嫌麻烦。

（一）试算法

1. 基本原理

设有几种集料在某一筛孔上均有分计筛余百分率，预配制矿质混合料有目标配合比，混合料在相应筛孔上的分计筛余百分率即为三种集料按一定比例混合筛余的结果，利用加权平均的方法可得到各种集料的比例，即为所求配合比。

在确定各组成集料在混合料中的比例时，先假定混合料中某种粒径的颗粒是由某一种对该粒径占优势的集料所组成，而其他集料不含这种粒径。如此，根据各个主要粒径去试算各种集料在混合料中的大致比例。如果比例不合适，则稍加调整，逐步渐进，最终达到符合混合料级配要求的各集料配合比例。

2. 计算方法

设有 A、B、C 三种集料，欲配制成为级配为 M 的矿质混合料，求出 A、B、C 三种集料在混合料中的比例即为配合比。

1）假设条件

（1）设 A、B、C 三种集料在混合料 M 中的用量比例为 x、y、z，则

$$x + y + z = 100 \tag{1-23}$$

（2）设混合料 M 中某一粒径要求含量为 $a_{M(i)}$，A、B、C 三种集料在该粒径的含量为

$a_{A(i)}$、$a_{B(i)}$、$a_{C(i)}$，则

$$a_{A(i)}x + a_{B(i)}y + a_{C(i)}z = a_{M(i)} \tag{1-24}$$

2）计算步骤

在上述两点假设的前提下，按下列步骤求 A、B、C 三种集料在混合料 M 中的用量比例。

（1）计算 A 料在混合料中的用量。在计算 A 料在混合料中的用量时，按 A 料占优势含量的某一粒径计算（即混合料 M 中某一级粒径主要由 A 集料提供，A 料占优势），而忽略其他集料在此粒径中的含量，所以

$$a_{A(i)}x = a_{M(i)} \tag{1-25}$$

则

$$x = \frac{a_{M(i)}}{a_{A(i)}} \times 100\%$$

（2）同理，计算 C 料在混合料中的含量。按 C 料占优势的 j 粒径计算，此时忽略其他集料在此粒径中的含量，所以

$$a_{C(j)}z = a_{M(j)} \tag{1-26}$$

则

$$z = \frac{a_{M(j)}}{a_{C(j)}} \times 100\%$$

（3）计算 B 料在混合料中的含量。

$$y = 100 - x - z \tag{1-27}$$

如果有四种集料，则其他集料同样可以按其占优势粒径用试算法确定。

（4）校核调整。按以上计算的配合比，经校核若不在要求的级配范围内，应调整配合比重新计算和复核，经几次调整，逐步渐进，直到符合要求。若经计算确实不能满足级配要求，则可掺加某些单粒级集料，或调换其他原始集料。

【例 1-2】 用试算法确定各种矿质集料的配合比。

解：1. 原始资料

现有粗砂、细砂、矿粉三种集料，经筛分的分计筛余百分率见表 1-6。标准级配范围也列于表 1-6 中。

表 1-6　原有集料的分计筛余和混合料要求的级配范围

筛孔尺寸（mm）	粗砂分计筛余（%）	细砂分计筛余（%）	矿粉分计筛余	标准级配范围 通过百分率（%）
4.75	—	—	—	100～95
2.36	42	—	—	85～65
1.18	35	—	—	45～65
0.6	18	5	—	30～52
0.3	5	50	—	17～37
0.15	—	20	—	11～28
0.075	—	25	20	8～12
<0.075	—	—	80	—
合计	100	100	100	—

2. 计算要求

(1)用试算法确定粗砂、细砂、矿粉三种矿质集料在混合料中所占的比例。

(2)按给出的级配要求校核矿质混合料的计算结果,确定其是否符合级配范围标准,最终确定配合比。

3. 计算步骤

(1)先将矿质混合料要求级配范围的通过百分率换算为分计筛余百分率,计算结果列于表1-7。

表1-7 原有集料和要求级配范围分计筛余百分率计算

筛孔尺寸(mm)	粗砂分计筛余(%)	细砂分计筛余(%)	矿粉分计筛余	要求级配范围通过百分率(%)	要求级配范围通过百分率中值(%)	要求级配范围累计筛余百分率(%)	要求级配范围分计筛余百分率(%)
4.75	—	—	—	100~95	97.5	2.5	2.5
2.36	42	—	—	85~65	75	25	22.5
1.18	35	—	—	45~65	55	45	20
0.6	18	5	—	30~52	41	59	14
0.3	5	50	—	17~37	27	73	14
0.15	—	20	—	11~28	19.5	80.5	7.5
0.075	—	25	20	8~12	10	90	9.5
<0.075	—	—	80	—	—	100	10

(2)计算粗砂在矿质混合料中的用量比例。由表1-7可知,粗砂在2.36 mm筛网上存留的分计筛余百分率达到42%,它在粗砂中占优势。同时,在2.36 mm筛网上细砂和矿粉分计筛余百分率均为0,所以可假定混合料中2.36 mm的颗粒全部由粗砂组成,设粗砂在矿质混合料中的用量比例为x,则

$$a_{A(2.36)}x = a_{M(2.36)}$$

即

$$42x = 22.5$$

所以

$$x = 53.6\%$$

(3)计算矿粉在矿质混合料中的比例。由表1-7可知,矿粉在<0.075 mm粒径的颗粒中占优势,并且其余两种集料在此筛网上筛余百分率为0,所以可以认为要求级配范围<0.075 mm筛网上粒径均由矿粉组成。设矿粉在矿质混合料中的用量比例为z,则

$$a_{C(<0.075)}z = a_{M(<0.075)}$$

即

$$80z = 10$$

所以

$$z = 12.5\%$$

(4)计算细砂在矿质混合料中的用量比例。

$$y = 100 - x - z = (100 - 53.6 - 12.5)\% = 33.9\%$$

(5)校核。根据以上计算,得到矿质混合料的组成配合比(百分率)为

粗砂　　$x = 53.6\%$

细砂　　$y = 33.9\%$

矿粉　　$z = 12.5\%$

将这些百分率乘以各自的筛分结果,进行加权平均,可得到设计矿质混合料级配,见表1-8。

表1-8　矿质混合料组成计算和校核

筛孔尺寸(mm)	粗砂			细砂			矿粉			矿质混合料			规范要求级配范围通过量(%)
	原来级配分计筛余 $a_{A(i)}$(%)	用量比例 x(%)	占混合料百分率 $a_{AM}(i)$(%)	原来级配分计筛余 $a_{B(i)}$(%)	用量比例 y(%)	占混合料百分率 $a_{BM}(i)$(%)	原来级配分计筛余 $a_{C(i)}$(%)	用量比例 z(%)	占混合料百分率 $a_{CM(i)}$(%)	分计筛余 $a_{M(i)}$(%)	累计筛余 $A_{M(i)}$(%)	通过百分率 $P_{M(i)}$(%)	
(1)	(2)	(3)	(4)=(2)×(3)	(5)	(6)	(7)=(5)×(6)	(8)	(9)	(10)=(8)×(9)	(11)	(12)	(13)	(14)
4.75												100	100~95
2.36	42		22.5							22.5	22.5	77.5	85~65
1.18	35		18.8							18.8	41.3	58.7	45~65
0.6	18	53.6	9.6	5	33.9	1.7		12.5		11.3	52.6	47.4	30~52
0.3	5		2.7	50		16.9				19.6	72.2	27.8	17~37
0.15				20		6.8				6.8	79.0	21	11~28
0.075				25		8.5	20		2.5	11.0	90.0	10	8~12
<0.075							80		10	10	100	0	
校核	Σ=100		Σ=53.6	Σ=100		Σ=33.9	Σ=100		Σ=12.5	Σ=100			

通过校核,结果符合级配范围要求。若不符合要求,应进行配合比调整,直到达到要求。如经过几次调整确实不能符合级配要求,应调整或增加集料品种。

(二)图解法

图解法中较为常用的是修正平衡面积法,目前我国技术规范中推荐的矿质混合料组成设计均采用这种方法。

1. 图解法的准备工作

对所使用的各集料进行筛分,并计算出各自的通过百分率。明确设计级配要求的级配范围,并计算出该要求级配范围的中值。

2. 绘制框图

按比例(通常纵横边各为10 cm和15 cm)绘制一矩形框图,从左下向右上引对角线OO'作为合成级配的中值,见图1-6。按算术标尺在纵坐标上标出通过百分率刻度,横坐标

则表示筛孔位置，各筛孔的具体位置根据合成级配要求的通过百分率中值(参见表1-9)，在纵坐标上找出该值的位置，然后从纵坐标引平行线与对角线相交，再从交点处向下作垂线，垂线与横坐标的相交点即为各筛孔相应位置。

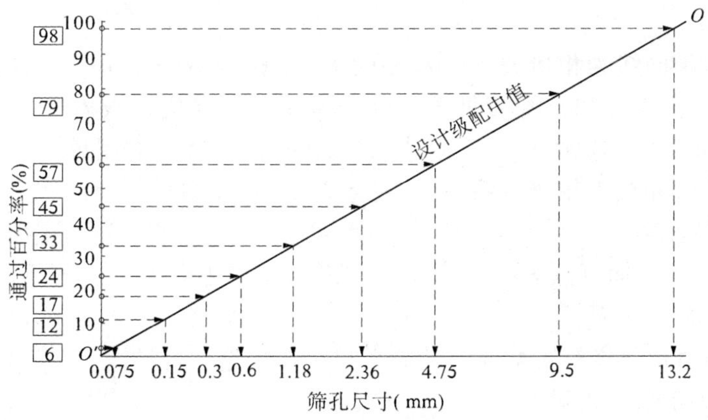

图1-6　设计级配范围

表1-9　细粒式沥青混合料用矿质混合料级配范围

筛孔尺寸(mm)	16.0	13.2	9.5	4.75	2.36	1.18	0.6	0.3	0.15	0.075
级配范围 P(%)	100	95～100	70～88	48～68	36～53	24～41	18～30	12～22	8～16	4～8
级配中值	100	98	79	57	45	33	24	17	12	6

3. 确定各集料用量

将参与级配合成的各集料的通过量绘制在框图中，用折线的形式连成级配曲线。假设以四种集料进行级配合成为例，见图1-7。根据框图中相邻两条曲线的关系，确定各集料在混合料中的掺配比例。

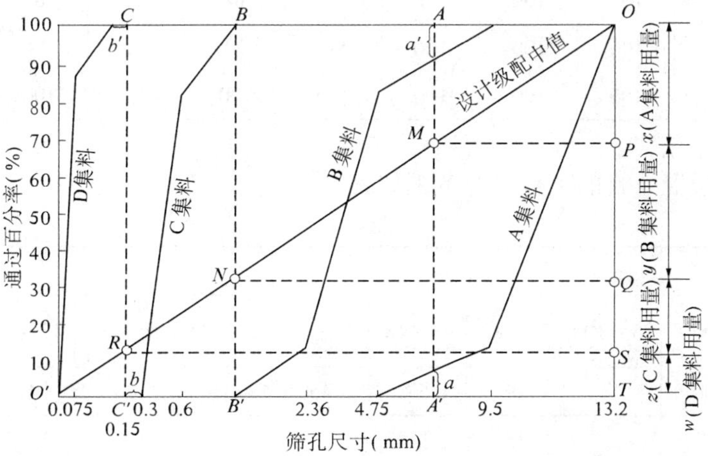

图1-7　图解法用图

(1)两相邻级配曲线为重叠关系：相邻两条曲线相互重叠(如A集料曲线下部和B集料曲线上部)时，在两级配曲线之间引一根垂直于横坐标的直线 AA'，保证与两曲线截距相等(即 $a = a'$)。AA' 与对角线交于点 M，通过点 M 作一水平线与纵坐标交于 P 点，则 OP 即为集料A的用量。

(2)两相邻级配曲线为相接关系：相邻两条曲线首尾相接(如B集料曲线末端和C集料曲线首端正好在一垂线上)时，将两曲线连接首尾(如直线 BB')，找 BB' 与对角线的交点 N，通过 N 点作出一水平线与纵坐标交于 Q 点，则 PQ 即为集料B的用量。

(3)两相邻级配曲线为相离关系：相邻两条曲线相离(如C集料曲线末端和D集料曲线首端在水平方向彼此离开一段距离)时，作一垂线垂直平分相离开的距离(即 $b = b'$)，垂线 CC' 与对角线交于点 R，通过点 R 引一水平线与纵坐标交于点 S，则 QS 即为C集料的用量，剩余 ST 即为D集料的含量。

可以说，框图中相邻集料级配曲线的关系只可能是这三种情况，但实际操作过程中以第一种关系即重叠关系最为常见。

4. 合成级配的计算与校核

与试算法相同，根据图解过程求得的各集料用量比例，计算出合成级配的结果。当合成级配超出级配范围时，说明图解法得到的比例不很合适，所以要调整各集料的用量，直到满足设计级配的要求。若经数次调整仍不能达到要求，可掺加单粒级集料或调换其他集料。

【例1-3】 试采用图解法设计某高速公路用细粒式沥青混凝土的矿质混合料配合比。

解：1. 原始资料

(1)现有碎石、石屑、砂和矿粉四种矿质集料，现场取样进行筛分如表1-10所示。

表1-10

材料名称	筛孔尺寸(方筛孔)(mm)									
	16.0	13.2	9.5	4.75	2.36	1.18	0.6	0.3	0.15	0.075
	通过百分率(%)									
碎石	100	94	26	0	0	0	0	0	0	0
石屑	100	100	100	80	40	17	0	0	0	0
砂	100	100	100	100	94	90	76	38	17	0
矿粉	100	100	100	100	100	100	100	100	100	83

(2)确定矿质混合料的工程级配范围如表1-11所示。

表1-11

筛孔尺寸(mm)	16.0	13.2	9.5	4.75	2.36	1.18	0.6	0.3	0.15	0.075
级配范围 P(%)	100	95~100	70~88	48~68	36~53	24~41	18~30	12~22	8~16	4~8
级配中值(%)	100	98	79	57	45	33	24	17	12	6

2. 设计步骤

(1)绘制级配曲线图，在纵坐标上按算术坐标绘出通过百分率 P_i，如图1-8所示。

(2)连对角线 OO'作为级配范围通过率中值。在纵坐标上找出各个筛孔通过率中值作水平线,通过与对角线 OO'的交点作垂线,与横坐标的交点,即为相应的筛孔在横坐标上的位置。

(3)将碎石、石屑、砂和矿粉四种集料的级配曲线绘于图 1-8。

(4)对碎石、石屑、砂和矿粉四条级配曲线依次分析,均为重叠的位置关系。在其重叠部分分别作垂线 AA'、BB'、CC'与对角线 OO'依次相交于 M、N、R;过 M、N、R 分别引水平线,可以确定

$$碎石:石屑:砂:矿粉 = 36\%:31\%:25\%:8\%$$

3. 校核

(1)计算得合成级配结果,见表 1-12,并绘制合成级配曲线,见图 1-8。

表 1-12　合成级配计算

材料名称		筛孔尺寸(mm)									
		16.0	13.2	9.5	4.75	2.36	1.18	0.6	0.3	0.15	0.075
		通过百分率(%)									
原材料级配	碎石 100%	100	94	26	0	0	0	0	0	0	0
	石屑 100%	100	100	100	80	40	17	0	0	0	0
	砂 100%	100	100	100	100	94	90	76	38	17	0
	矿粉 100%	100	100	100	100	100	100	100	100	100	83
各种矿料在混合料中的级配	碎石 36% (41%)	36.0 (41.0)	33.8 (38.5)	9.4 (10.7)	9.4 (10.7)	0 (0)	0 (0)	0 (0)	0 (0)	0 (0)	0 (0)
	石屑 31% (36%)	31.0 (36.0)	31.0 (36.0)	31.0 (36.0)	24.8 (28.8)	12.4 (14.4)	4.3 (6.1)	0 (0)	0 (0)	0 (0)	0 (0)
	砂 25% (15%)	25.0 (15.0)	25.0 (15.0)	25.0 (15.0)	25.0 (15.0)	23.5 (14.1)	23.0 (13.5)	19.0 (11.4)	9.5 (5.7)	4.3 (2.6)	0 (0)
	矿粉 8% (8%)	8.0 (8.0)	8.0 (8.0)	8.0 (8.0)	8.0 (8.0)	8.0 (8.0)	8.0 (8.0)	8.0 (8.0)	8.0 (8.0)	8.0 (8.0)	6.6 (6.6)
合成级配		100 (100)	97.5 (97.5)	73.0 (69.7)	57.8 (51.8)	43.9 (36.5)	35.3 (27.6)	27.0 (19.4)	17.5 (13.7)	12.3 (10.6)	6.6 (6.6)
AC-13 级配范围		100	95~100	70~88	48~68	36~53	24~41	18~30	12~22	8~16	4~8
级配中值		100	98	79	58	45	33	24	17	12	6

(2)调整配合比。

配合比调整原则:

对高速公路和一级公路,宜在工程设计级配范围内计算 1~3 组粗细不同的配合比,绘制设计级配曲线,分别位于工程设计级配范围的上方、中值及下方。设计合成级配不得有太多的锯齿形交错,且在 0.3~0.6 mm 范围内不出现"驼峰"。当反复调整不能满意时,宜更换材料设计。

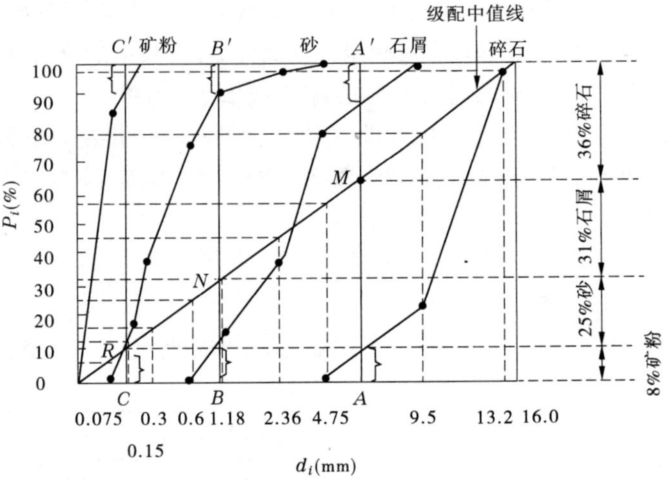

图 1-8 级配曲线

计算合成级配结果见表 1-12。

(3)绘制级配曲线,并调整配合比。

从图 1-9 中可以看出,计算的合成级配曲线接近级配范围中值。由于高速公路交通量大、轴载重,为使沥青混合料具有较高的高温稳定性,合成级配曲线应偏向级配曲线范围的下限,因此需要调整。

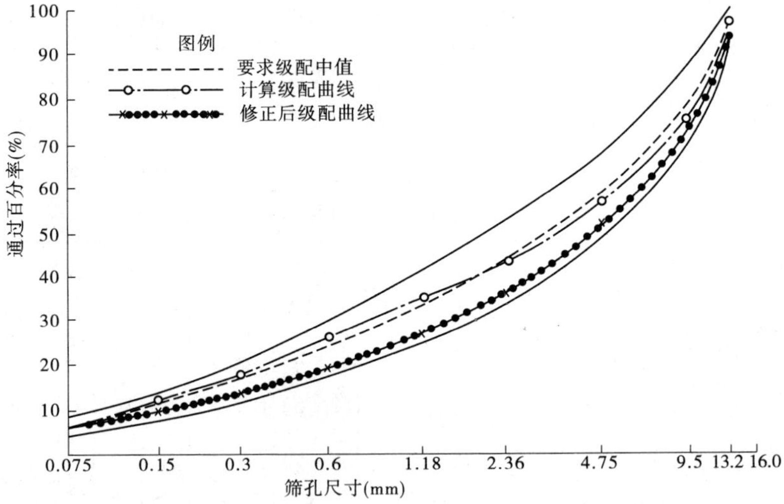

图 1-9

4. 结论

经调整,各种材料用量为碎石: 石屑: 砂: 矿粉 =41%:36%:15%:8%。按此结果重新计算合成级配,计算结果如表 1-12 所示(表中括号部分)并绘图,可见调整后的合成级配曲线光滑、平顺,且接近级配曲线的下限。

本章小结

(1)砂石材料是道路与桥梁工程中一种很重要的材料，是形成道路与桥梁工程圬工材料的主要骨架结构物质，尤其是水泥混凝土和沥青混合料的主要组成材料。砂石材料的技术性质直接影响道路与桥梁工程的质量。

(2)石料的物理性质包括物理参数(如密度、毛体积密度和孔隙率等)、吸水性(如吸水率、饱和吸水率和含水率)和耐候性(如抗冻性、坚固性)。

(3)石料的力学性质是指石料在工程应用中，所表现出的抗压、抗剪、抗弯拉强度的能力，以及抵抗荷载冲击、剪切和摩擦作用的能力，常用力学指标如抗磨光性、抗冲击性、抗磨耗性等来表示。

(4)石料的化学性质主要表现为与沥青的黏附性，一般碱性石料与沥青的黏附性好。

(5)集料的物理性质包括物理参数(如表观密度、毛体积密度、堆积密度和孔隙率)、级配(连续级配和间断级配)和坚固性。

(6)集料的力学性质包括强度、耐磨、抗磨耗和抗冲击性能等，这些性能一般用压碎值、磨光值、磨耗值和冲击值等指标来表示。

(7)工业废渣包括粉煤灰、煤渣、粒化高炉矿渣、钢渣、冶金矿渣及煤矸石等，常用的工业废渣包括粉煤灰、粒化高炉矿渣、煤矸石三大工业废渣。

(8)矿质混合料就是指满足级配要求的各种粒径材料的集合体，其组成设计应满足最小空隙率和最大摩擦力两大基本要求。为了实现这两大要求，对矿质混合料必须进行组成设计，其内容包括级配理论和级配范围的确定、基本组成的设计方法。

复习思考题

1. 石料的主要物理参数与集料的主要物理参数有哪几项？它们之间有何异同？

2. 石料应具备哪些力学性质？采用什么指标来反映这些性质？

3. 简述道路工程用石料的分类和分级方法。

4. 什么是集料的堆积密度？

5. 压碎值、磨耗值、磨光值及冲击值分别表征粗集料的什么性质？对路面工程有何实用意义？

6. 什么是集料的级配？如何确定集料的级配？用哪几项参数表示集料的级配？

7. 为什么研究集料的级配？连续级配类型与间断级配类型有何差别？

8. 简述最大密度级配范围计算公式的意义。

9. 常用矿质混合料配合比设计方法有几种？简述设计过程的主要步骤。

习　题

1. 某道路工程沥青混合料用细集料的筛分试验结果见表1-13。请计算该细集料的分计筛余百分率、累计筛余百分率、通过百分率及其细度模数，绘制该细集料的级配曲线图，判断该细集料的粗细程度并分析其级配是否符合设计级配范围的要求。

表 1-13 细集料的筛分试验结果

筛孔尺寸 d_i(mm)	4.75	2.36	1.18	0.6	0.3	0.15	<0.15
筛余质量 m_i(g)	25	35	90	125	125	75	25
要求通过级配范围(%)	100~90	100~75	90~50	59~30	30~8	10~0	—

2. 采用"试算法"确定某矿质混合料的配合比。

设计资料如下:碎石、石屑和矿粉的筛分试验结果以累计筛余百分率和设计级配范围要求值列于表 1-14 中。

表 1-14 原有集料的分计筛余和混合料要求的级配范围

筛孔尺寸(mm)	碎石累计筛余百分率(%)	石屑累计筛余百分率(%)	矿粉累计筛余百分率(%)	设计级配范围累计筛余百分率(%)
16.0	5			0~5
9.5	55			20~30
4.75	85	18		45~50
2.36	90	38		50~65
1.18	92	47		60~75
0.6	94	65		70~82
0.3	96	82		79~87
0.15	98	90	3	86~92
0.075	100	99	12	91~96
<0.075		100	100	100

设计要求:用试算法确定碎石、石屑和矿粉在混合料中的用量;计算出混合料的合成级配,并校核该合成级配是否在要求的级配范围中,若有超出,应进行调整。

3. 某工程用石灰岩石料,经饱水抗压强度检验,平均极限荷载分别为 179 kN、182 kN、174 kN、178 kN、189 kN 和 185 kN(ϕ50 mm×50 mm 圆柱体试件);洛杉矶磨耗值为 33%。试确定该石料的技术等级。

4. 按照泰波公式,取级配指数 n=0.3、0.5 和 0.7,计算最大粒径 D=19 mm 集料的通过百分率,并将这些级配绘制在同一张图上。(建议筛孔尺寸:16.0 mm、13.2 mm、9.5 mm、4.75 mm、2.36 mm、1.18 mm、0.6 mm、0.3 mm、0.15 mm)

5. 采用修正平衡面积法确定矿质混合料的配合比。

设计资料如下:三种集料的筛分结果及混合料要求级配范围见表 1-15。

设计要求如下:

(1)用求修正平衡面积法求出各种材料在混合料中的用量,并计算合成级配(保留作图痕迹)。

(2)校核合成级配，如合成级配曲线不在级配范围内或曲线呈锯齿形，应调整各材料用量，使曲线平顺光滑。

表 1-15　原材料筛分结果及混合料要求级配范围

材料名称	筛孔尺寸(mm)									
	16.0	13.2	9.5	4.75	2.36	1.18	0.6	0.3	0.15	0.075
	通过百分率(%)									
碎石	100	95	53.3	2.8	2.8	0	0	0	0	0
石屑	100	100	100	97	70	36	16	0	0	0
砂	100	100	100	100	100	90	80	60	20	0
矿粉	100	100	100	100	100	100	100	100	100	80
级配范围	100	90～100	68～85	38～68	24～50	15～38	10～28	7～20	5～15	4～8

第二章　石灰和水泥

学习目标　掌握石灰的熟化、硬化过程,技术性质及应用,掌握硅酸盐水泥熟料的矿物组成与特性、技术性质及应用,水泥石侵蚀的类型及防止措施;理解硅酸盐水泥凝结硬化机理,掺混合材料的硅酸盐水泥的性质及应用;了解胶凝材料的概念和分类,石灰、水泥的生产过程,其他品种水泥的特点及应用。

道路建筑材料中,凡是经过一系列物理、化学作用,能将散粒材料或块状材料黏结成整体的材料,统称为胶凝材料。

胶凝材料按其化学成分可分为无机胶凝材料和有机胶凝材料,无机胶凝材料按其凝结硬化条件又分为气硬性胶凝材料和水硬性胶凝材料两大类。气硬性胶凝材料只能在空气中凝结硬化,并保持和提高其强度,如石膏、石灰等;水硬性胶凝材料不仅能在空气中凝结硬化,而且能更好地在水中硬化,保持和提高其强度,如水泥。

第一节　石　灰

石灰是土木工程中使用较早的无机胶凝材料之一。因为石灰的原料分布很广,生产工艺简单,成本低廉,使用方便,所以得到了广泛的应用。

一、石灰的原料和生产

生产石灰的原料是石灰岩、白垩或白云质石灰岩等天然岩石,其化学成分主要是碳酸钙。原料经高温煅烧而得到的白色或灰白色的块状材料即为石灰,也称为生石灰,主要成分是氧化钙。其化学反应式为:

$$CaCO_3 \xrightarrow{900\ ℃} CaO + CO_2\uparrow$$

为了加速分解过程,煅烧温度常提高至1 000～1 100 ℃,煅烧时温度的高低及时间长短对石灰质量有很大的影响。根据煅烧程度可分为欠火石灰、正火石灰、过火石灰,若温度过高或时间过长,产品中常含有少量的过火石灰,过火石灰呈灰黑色,有玻璃体的外壳,块体容重大,熟化慢;若温度过低或时间过短,碳酸钙不能完全分解,则产生欠火石灰;煅烧良好的石灰,为正火石灰,其质轻色匀,表观密度为800～1 000 kg/m^3,呈白色或灰白色,性能优良。

石灰的原料中常含有少量的碳酸镁,故生石灰中还含有次要成分氧化镁,生石灰中氧化镁含量 $>5\%$ 的称为镁质石灰,$\leq 5\%$ 的称为钙质石灰。镁质石灰具有熟化较慢但硬化后强度较高的特点。

二、石灰的熟化

石灰的熟化又称为消化或消解,是指生石灰与水作用生成氢氧化钙的过程。其化学反应式为：

$$CaO + H_2O \longrightarrow Ca(OH)_2 + 64.9\ kJ$$

氢氧化钙俗称为熟石灰（又称消石灰），石灰在熟化过程中放出大量的热，同时体积膨胀 1.0 ~ 2.5 倍。根据熟化时加水量的不同，可将熟石灰制成熟石灰粉和熟石灰浆。

过火石灰熟化很慢，当石灰已经硬化后，过火石灰仍能继续熟化，以致引起成型的结构体积膨胀，导致结构表面产生隆起和开裂。为了消除过火石灰的危害，石灰浆应在储灰坑中"陈伏"两周以上，"陈伏"期间，石灰浆表面应有一层水分，与空气隔绝，以防止碳化。

三、石灰的硬化

石灰的硬化是干燥结晶硬化和碳化硬化两个同时进行的过程。

（一）干燥结晶硬化

石灰浆体中的水分逐渐蒸发，或被周围的砌体吸收，固体颗粒互相靠拢粘紧，氢氧化钙从饱和溶液中结晶析出，并产生强度。

（二）碳化硬化

氢氧化钙与空气中的二氧化碳作用生成碳酸钙，并释放出水分，称为碳化。其化学反应式如下：

$$Ca(OH)_2 + CO_2 + nH_2O \longrightarrow CaCO_3 + (n+1)H_2O$$

生成的碳酸钙和氢氧化钙两种晶体在浆体中交叉共生，构成较紧密的结晶网，使硬化浆体的强度进一步提高。碳化作用主要发生在与空气接触的表面，当浆体表面生成一层碳酸钙薄膜后，碳化速度减慢，同时内部的水分不易蒸发出来，因此石灰浆的硬化是一个较缓慢的过程。又因为氢氧化钙易溶于水，故石灰不能用于潮湿环境及水下的建筑物中。

四、石灰的技术性质

根据我国建材行业标准，将石灰产品划分为三个质量等级：优等品、一等品和合格品。其技术指标分别见表 2-1 ~ 表 2-3。

表 2-1　生石灰的技术指标（JC/T 479—1992）

项目	钙质生石灰			镁质生石灰		
	优等品	一等品	合格品	优等品	一等品	合格品
$CaO + MgO$ 含量，不小于（%）	90	85	80	85	80	75
CO_2 含量，不大于（%）	5	7	9	6	8	10
未消化残渣含量（5 mm 圆孔筛筛余，不大于（%））	5	10	15	5	10	15
产浆量，不小于（L/kg）	2.8	2.3	2.0	2.8	2.3	2.0

表 2-2　生石灰粉的技术指标(JC/T 480—1992)

项目		钙质生石灰			镁质生石灰		
		优等品	一等品	合格品	优等品	一等品	合格品
CaO + MgO 含量,不小于(%)		85	80	75	80	75	70
CO_2含量,不大于(%)		7	9	11	8	10	12
细度	0.9 mm 筛筛余,不大于(%)	0.2	0.5	1.5	0.2	0.5	1.5
	0.125 mm 筛筛余,不大于(%)	7	12	18	7	12	18

表 2-3　消石灰粉的技术指标(JC/T 481—1992)

项目		钙质生石灰			镁质生石灰			白云石消石灰粉		
		优等品	一等品	合格品	优等品	一等品	合格品	优等品	一等品	合格品
CaO + MgO 含量,不小于(%)		70	65	60	65	60	55	65	60	55
游离水(%)		0.4 ~ 2	0.4 ~ 2	0.4 ~ 2	0.4 ~ 2	0.4 ~ 2	0.4 ~ 2	0.4 ~ 2	0.4 ~ 2	0.4 ~ 2
体积安定性		合格	合格	—	合格	合格	—	合格	合格	—
细度	0.9 mm 筛筛余,不大于(%)	0	0	0.5	0	0	0.5	0	0	0.5
	0.125 mm 筛筛余,不大于(%)	3	10	15	3	10	15	3	10	15

注:优等品、一等品适用于饰面层和中间涂层,合格品仅用于砌筑。

五、石灰的特性

(一)凝结硬化慢,强度低

因为空气中的二氧化碳浓度低,且浆体表面生成一层碳酸钙薄膜后,阻止了二氧化碳向内部渗透,同时妨碍了内部水分向外蒸发,故凝结硬化慢。硬化后的石灰强度较低,一般情况下,1∶3的石灰砂浆 28 d 的抗压强度只有 0.2 ~ 0.5 MPa。

(二)体积收缩大

石灰浆在硬化过程中,由于大量水分的蒸发,体积产生明显收缩。为防止体积收缩,使建筑物开裂,常在石灰中掺入砂、纸筛、麻刀等。

(三)耐水性差

因为氢氧化钙能溶于水,使石灰强度下降或丧失,耐水性差,所以石灰不能在潮湿的环境中和水中使用。

(四)可塑性和保水性好

石灰熟化后的主要成分氢氧化钙颗粒很细,比表面积很大(为 10 ~ 30 m^2/g),表面能吸附一层较厚的水膜，故用石灰拌制的拌和物均匀，保持水分的能力强，其可塑性好。

六、石灰的应用与储存

（一）石灰的应用

1. 配制石灰砂浆和三合土

石灰、砂、水按一定比例拌和制成石灰砂浆，主要用于地面以上的砌筑工程和抹面工程；石灰和黏土按比例配合制成石灰土，再加入砂可制成三合土，用于道路工程的垫层。

2. 加固软土地基

把生石灰桩打入软土地基，利用生石灰吸水会产生膨胀的特点，对桩周土壤起挤密作用，利用生石灰和黏土矿物间产生的胶凝反应使周围土体固结，从而提高地基承载力。

3. 用于路面基层和圬工砌体

在道路工程中，随着半刚性基层在高等级路面中的应用，石灰稳定土、石灰粉煤灰稳定土及其稳定碎石等常用于路面基层；在桥梁工程中，石灰砂浆、石灰水泥砂浆、石灰粉煤灰砂浆常用于圬工砌体。

（二）石灰的储存

（1）生石灰储存时间不宜过长，一般不超过一个月，做到“随到随化”。石灰储存太久，会吸收空气中的水分自行熟化，与空气中的二氧化碳作用生成碳酸钙而失去胶凝能力。

（2）石灰应储存在干燥的仓库中，采取严格的防潮防水措施；不得与易燃、易爆等危险液体物品混合存放和混合运输。

第二节　硅酸盐水泥

水泥是粉状水硬性无机胶凝材料。加水搅拌成浆体后能在空气或水中硬化，用以将砂、石等散粒材料胶结成砂浆或混凝土。

水泥是最重要的建筑材料之一，在道路和桥梁工程中有着广泛的应用。水泥品种非常多，按所含化学成分的不同，可分为硅酸盐系水泥、铝酸盐系水泥、硫铝酸盐系水泥及铁铝酸盐系水泥等，其中以硅酸盐系水泥应用最广；水泥按其性能及用途可分为通用水泥、专用水泥及特性水泥三类。目前，我国道路和桥梁工程中常用的是通用水泥，主要有硅酸盐水泥、普通硅酸盐水泥、矿渣硅酸盐水泥、火山灰硅酸盐水泥、粉煤灰硅酸盐水泥和复合硅酸盐水泥等六大品种水泥。在一些特殊工程中，还使用专用水泥和特性水泥，如道路水泥、快硬水泥、抗硫酸盐水泥、膨胀水泥等。本节重点介绍硅酸盐系水泥的成分及其主要性能。

一、硅酸盐水泥的定义、生产及主要矿物组成

（一）硅酸盐水泥的定义

根据国家标准《通用硅酸盐水泥》（GB 175—2007）的规定，凡由硅酸盐水泥熟料、0 ~ 5% 粒化高炉矿渣、适量石膏磨细制成的水硬性胶凝材料，称为硅酸盐水泥（即国外通称的特兰水泥）。硅酸盐水泥分两种类型，不掺加混合材料的称为Ⅰ型硅酸盐水泥，代号P·Ⅰ；掺加不超过水泥质量5%的石灰石或粒化高炉矿渣混合材料的称为Ⅱ型硅酸盐水泥，代号P·Ⅱ。

(二)硅酸盐水泥的生产

硅酸盐水泥的生产过程主要分为制备生料、煅烧熟料、粉磨水泥三个阶段。硅酸盐水泥的原料主要是石灰质原料(石灰石、白垩等)和黏土质原料(黏土、页岩等)。加入少量辅助原料(铁矿粉等),按一定比例配合,磨细成生料粉,送入窑中煅烧至部分熔融,得到颗粒状熟料,再与适量石膏共同磨细,即可得到硅酸盐水泥。该生产工艺过程可概括为"两磨一烧",如图 2-1 所示。

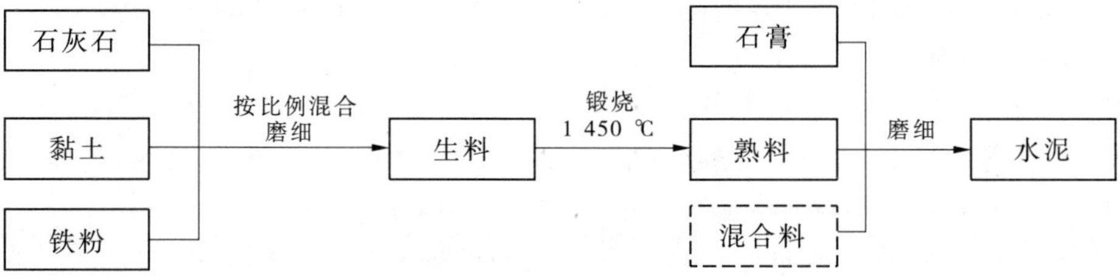

图 2-1　硅酸盐水泥的生产工艺过程示意图

(三)硅酸盐水泥熟料的矿物组成

硅酸盐水泥熟料主要由四种矿物组成,其名称和含量范围见表 2-4。

表 2-4　通用硅酸盐水泥熟料的主要矿物成分

矿物成分名称	分子式	缩写形式	含量(%)
硅酸三钙	$3CaO \cdot SiO_2$	C_3S	36 ~ 60
硅酸二钙	$2CaO \cdot SiO_2$	C_2S	15 ~ 37
铝酸三钙	$3CaO \cdot Al_2O_3$	C_3A	7 ~ 15
铁铝酸四钙	$4CaO \cdot Al_2O_3 \cdot Fe_2O_3$	C_4AF	10 ~ 18

前两种矿物称为硅酸盐矿物,一般占总量的 75% ~ 82%,故称为硅酸盐水泥;后两种矿物称为熔剂矿物,一般占总量的 18% ~ 25%。这四种矿物成分的主要特征见表 2-5。

表 2-5　硅酸盐水泥熟料中四种矿物的水化特性

名称		硅酸三钙	硅酸二钙	铝酸三钙	铁铝酸四钙
水化速度		快	最慢	最快	快
水化热		大	最小	最大	中
强度	早期	高	低	低	低
	后期	高	高	低	低

由表 2-5 可知,几种矿物质成分的性质不同,它们在熟料中的相对含量改变时,水泥的技术性质也随之改变。例如,提高 C_3S 的相对含量可制得高强水泥和早强水泥;提高 C_2S 及 C_4AF 的含量而降低 C_3S 及 C_3A 的相对含量,即可制得低热水泥。因此,掌握硅酸盐水泥熟料中各矿物成分的相对含量及特性,对合理选用水泥以及研发水泥新品种很重要。

二、硅酸盐水泥的水化与凝结硬化

(一)硅酸盐水泥的水化

硅酸盐水泥加水后,其矿物与水作用,生成一系列新的化合物,称为水化。

1. 硅酸三钙(C_3S)

C_3S 与水作用,生成水化硅酸钙和氢氧化钙。其反应式如下:

$$2(3CaO \cdot SiO_2) + 6H_2O \longrightarrow 3CaO \cdot 2SiO_2 \cdot 3H_2O + 3Ca(OH)_2$$

2. 硅酸二钙(C_2S)

C_2S 与水作用,生成水化硅酸钙和氢氧化钙。其反应式如下:

$$2(2CaO \cdot SiO_2) + 4H_2O \longrightarrow 3CaO \cdot 2SiO_2 \cdot 3H_2O + Ca(OH)_2$$

3. 铝酸三钙(C_3A)

C_3A 与水作用,生成水化铝酸钙。其反应式如下:

$$3CaO \cdot Al_2O_3 + 6H_2O \longrightarrow 3CaO \cdot Al_2O_3 \cdot 6H_2O$$

4. 铁铝酸四钙(C_4AF)

C_4AF 与水作用,生成水化铝酸钙和水化铁酸钙。其反应式如下:

$$4CaO \cdot Al_2O_3 \cdot Fe_2O_3 + 7H_2O \longrightarrow 3CaO \cdot Al_2O_3 \cdot 6H_2O + CaO \cdot Fe_2O_3 \cdot H_2O$$

因为铝酸三钙与水反应迅速,使水泥产生速凝,为了不影响施工,在生产硅酸盐水泥时需加入适量石膏,石膏与水化铝酸钙反应生成难溶于水的水化硫铝酸钙针状晶体,沉积在水泥颗粒的表面,阻止水分向颗粒内部渗入,可延缓水泥的凝结。

从上述反应式可知,硅酸盐水泥与水作用后生成的水化生成物主要为水化硅酸钙、水化铁酸钙、水化铝酸钙、水化硫铝酸钙和氢氧化钙。前两种为凝胶体,后三种为晶体。

(二)硅酸盐水泥的凝结硬化

水泥加水拌和后,由于水泥的水化作用,水泥浆体逐渐变稠失去可塑性的过程,称为水泥的凝结。水泥凝结后,强度逐渐提高成为坚硬人造石的过程称为水泥的硬化。从物理、化学观点来看,凝结和硬化是连续进行的、不可截然分开的一个过程,凝结是硬化的基础,硬化是凝结的继续。水泥的凝结、硬化过程是一个非常复杂的过程,大致可分为三个阶段。

1. 溶解期

水泥加水拌和后,水化反应首先从水泥颗粒表面开始,水化生成物迅速溶解于水体。然后新的水泥颗粒表面与水接触,继续水化反应,水化产物继续生成并不断溶解。

2. 凝结期

随着水化的继续进行,水化产物不断生成并析出,水分逐渐减少,水化产物颗粒互相接触并黏结在一起形成网状结构,使水泥浆体逐渐变稠,失去可塑性,这就是水泥的凝结过程。

3. 硬化期

由于凝胶体的形成和发展,使水泥的水化越来越困难,随着水化反应继续进行,水化产物不断生成并填充在浆体的孔隙中,随着孔隙的减少,水泥浆逐渐硬化并不断增长强度,成为坚硬的石状物体。水泥凝结硬化过程如图 2-2 所示。

水泥浆硬化后的水泥石是由未水化的水泥颗粒、各种水化物(凝胶和晶体)和毛细孔组成的。

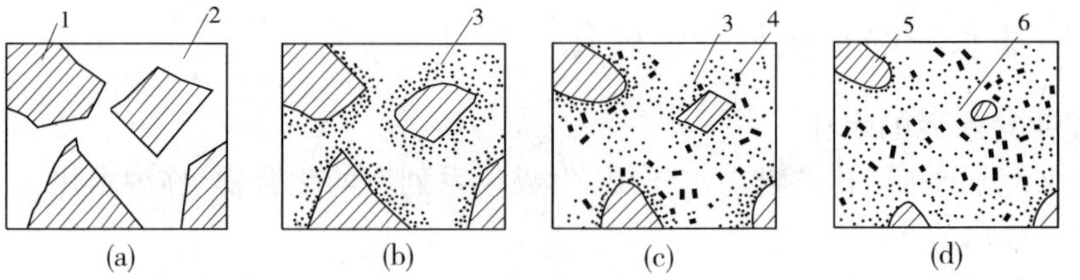

1—水泥颗粒;2—水;3—凝胶;4—晶体;5—未水化的水泥颗粒;6—毛细孔

(a)分散在水中未水化的水泥颗粒;(b)在水泥颗粒表面形成水化物膜层;

(c)膜层长大并出现网状构造(凝结);(d)水化物逐步发展,填充毛细孔(硬化)

图 2-2　水泥凝结硬化过程示意图

(三)影响硅酸盐水泥凝结硬化的主要因素

影响硅酸盐水泥凝结硬化的主要因素有内因和外因两个方面。

1. 熟料矿物组成

硅酸盐水泥熟料矿物组成是影响水泥的水化速度、凝结硬化过程及强度等的主要因素。如水泥熟料中 C_2S 与 C_3A 含量的提高,将使水泥的凝结硬化加快,早期强度较高。

2. 水泥细度

水泥细度即水泥颗粒的粗细程度。水泥越细,水泥的比表面积(单位质量水泥颗粒的总表面积)越大,与水的接触面积也大,凝结速度越快,早期强度越高。但过细时,易与空气中的水分及二氧化碳发生反应而降低活性,并且硬化时收缩也较大,且成本高。

3. 用水量

水泥水化需水量约占水泥质量的26%。若水太少,水化反应不能充分进行;若水太多,凝胶体凝聚延缓,水化铝酸钙及氢氧化钙的结晶成长也将会推迟,因此凝结硬化慢。

4. 养护湿度和温度

水泥是水硬性胶凝材料,其矿物成分发生水化与凝结硬化的前提是必须有足够的水分存在,如果水泥处于干燥环境,浆体中水分蒸发完毕后,则水泥无法继续水化,因而强度也不再增长,因此混凝土工程在浇灌后 2 ~ 3 周内必须加强洒水养护。

温度对水泥凝结硬化的影响也很大。温度越高,凝结硬化的速度越快,因此采用蒸汽养护和蒸压养护可加快凝结硬化;当温度较低时,凝结硬化速度比较缓慢,当温度为 0 ℃以下时,硬化将完全停止,并可能遭受冰冻破坏,因此冬季应采取保温等措施。

5. 石膏的掺量

水泥中掺入石膏,主要为延缓凝结时间。掺入少量石膏,可延缓水泥浆体的凝结硬化速度,但石膏掺量不能过多,石膏过多不仅缓凝作用不大,还会引起水泥安定性不良。一般石膏的掺量占水泥质量的3% ~5%。

6. 养护龄期

水泥水化与凝结硬化是一个较长时期不断进行的过程,随着龄期(天数)的增长,水泥石的强度逐渐提高。水泥在 28 d 以内强度增长较快,28 d 后增长缓慢,水泥强度的增长可延续几年,甚至几十年。

三、硅酸盐水泥的主要技术性质

(一)密度与堆积密度

硅酸盐水泥的密度主要取决于其熟料矿物组成,一般为3.1~3.2 g/cm^3。堆积密度主要取决于堆积时的紧密程度,水泥在松散状态时的堆积密度为900~1 300 kg/m^3,紧密状态时为1 400~1 700 kg/m^3。

(二)细度

硅酸盐水泥的细度以比表面积法来检测。比表面积指1 kg水泥所具有的总表面积(m^2/kg)。国家标准规定,硅酸盐水泥的比表面积应大于300 m^2/kg。其他通用水泥的细度以筛析法检测,筛析法是用80 μm方孔筛的筛余量表示水泥细度,其筛余量不大于10%;用45 μm方孔筛的筛余量不大于30%。

(三)标准稠度用水量

在测定水泥的凝结时间和安定性时,为使其测定结果具有可比性,必须采用标准稠度的水泥净浆进行测定,水泥净浆达到标准稠度所需的用水量称为标准稠度用水量。它以水与水泥质量之比的百分数表示,一般为24%~30%,用标准稠度测定仪测定。

(四)凝结时间

凝结时间是指水泥从加水开始到失去可塑性所需的时间,分为初凝时间和终凝时间。初凝时间为水泥从开始加水拌和起,至水泥浆失去可塑性所需的时间;终凝时间为水泥从开始加水拌和起,至水泥浆完全失去可塑性所需的时间。水泥的初凝时间不宜过短,以便在施工时有足够的时间完成混凝土的搅拌、运输、浇捣等操作;水泥的终凝时间不宜过长,以免拖延施工工期。国家标准规定:硅酸盐水泥初凝时间不得早于45 min,终凝时间不得迟于6.5 h。

水泥凝结时间以标准稠度的水泥净浆,在规定的温度和湿度下,用凝结时间测定仪来测定。

(五)体积安定性

体积安定性是指水泥在凝结硬化过程中体积变化的均匀性。安定性不良的水泥,在浆体硬化过程中或硬化后会产生不均匀的体积膨胀,破坏水泥石结构,引起开裂,严重的会造成工程质量事故。因此,体积安定性不良的水泥不能用于工程中。导致水泥安定性不良的主要原因是熟料中含有过多的游离氧化钙、游离氧化镁或石膏。

根据不同的影响因素采用不同的检验方法,对于由游离氧化钙引起的安定性不良,常采用沸煮法检验;对于由游离氧化镁引起的安定性不良,必须采用压蒸法;对于由石膏引起的安定性不良,需要在温水中浸泡才能检验出来。

(六)硅酸盐水泥强度及强度等级

水泥强度是评定水泥质量的重要指标。为了统一试验结果的可比性,水泥强度必须按国家标准《水泥胶砂强度试验方法(ISO法)》(GB/T 17671—1999)的规定,以1∶3的水泥和标准砂、0.5的水灰比,用标准制作方法制成40 mm×40 mm×160 mm的试件,在标准温度(20±1)℃的水中养护,分别测定其3 d和28 d的抗折强度和抗压强度值,该值是评定水泥强度等级的依据,各强度等级水泥的各龄期强度不得低于表2-6的数值。

表 2-6　不同强度通用硅酸盐水泥的强度要求(GB 175—2007)

品种	强度等级	抗压强度(MPa)		抗折强度(MPa)	
		3 d	28 d	3 d	28 d
硅酸盐水泥	42. 5	17. 0	42. 5	3. 5	6. 5
	42. 5R	22. 0	42. 5	4. 0	6. 5
	52. 5	23. 0	52. 5	4. 0	7. 0
	52. 5R	27. 0	52. 5	5. 0	7. 0
	62. 5	28. 0	62. 5	5. 0	8. 0
	62. 5R	32. 0	62. 5	5. 5	8. 0
普通硅酸盐水泥	42. 5	17. 0	42. 5	3. 5	6. 5
	42. 5R	22. 0	42. 5	4. 0	6. 5
	52. 5	23. 0	52. 5	4. 0	7. 0
	52. 5R	27. 0	52. 5	5. 0	7. 0
矿渣硅酸盐水泥、火山灰质硅酸盐水泥及粉煤灰硅酸盐水泥、复合硅酸盐水泥	32. 5	10. 0	32. 5	2. 5	5. 5
	32. 5R	15. 0	32. 5	3. 5	5. 5
	42. 5	15. 0	42. 5	3. 5	6. 5
	42. 5R	19. 0	42. 5	4. 0	6. 5
	52. 5	21. 0	52. 5	4. 0	7. 0
	52. 5R	23. 0	52. 5	4. 5	7. 0

注:R 为早强型。

(七)水化热

水化热是指水泥和水之间发生化学反应放出的热量。大部分水化热是在水化初期(7 d)释放出的,后期放热逐渐减少。

水泥水化热的大小主要取决于水泥的矿物组成和细度。通常强度等级高的水泥,水化热较大,冬季施工时,水化热有利于水泥的凝结硬化。但对大体积混凝土工程,如大型基础、大坝、桥墩等,水化热大是不利的,它能使混凝土内部与表面产生较大的温差,引起局部拉应力,使混凝土产生裂缝。因此,对大体积混凝土工程,应采用水化热较低的水泥,如中热硅酸盐水泥、低热矿渣硅酸盐水泥等。

四、水泥石的侵蚀和防止

在正常环境条件下,水泥石的强度会不断增长。但是在某些含侵蚀性物质(酸、强碱、盐类)的介质的作用下,水泥石的结构逐渐遭到破坏、强度下降以致全部崩溃的现象,称为水泥石的侵蚀。

(一)侵蚀的原因

氢氧化钙及其他成分,能溶解于软水;氢氧化钙、水化铝酸钙等都是碱性物质,如果环境中有酸类或某些盐类,能与其发生化学反应,反应生成物若易溶解于水或无胶结力,或产生体积膨胀，都将使水泥石结构破坏。

（二）侵蚀的类型

在道路与桥隧构筑物中，可能遇到的侵蚀情况有以下几种。

1. 软水侵蚀（溶出性侵蚀）

软水指工业冷凝水、蒸馏水、天然的雨水以及含重碳酸盐很少的河水及湖水。在水泥石的各种水化产物中，$Ca(OH)_2$ 溶解度最大，在软水中会首先被溶出。当在静水或无压的情况下，氢氧化钙容易达到饱和使溶出停止，作用仅限于表面，对水泥石结构的危害不大。但在流动的水及压力水中，水流会不断地将 $Ca(OH)_2$ 溶出并带走，使水泥石碱度不断降低，从而引起其他水化产物的分解与溶蚀，水泥石结构遭到破坏。

2. 盐类侵蚀

1）硫酸盐侵蚀

穿越海湾、沼泽或跨越污染河流的道路结构、桥涵墩台，有时会受到海水、沼泽水、工业污水的侵蚀，这些水中常含有大量的硫酸盐类，如硫酸镁（$MgSO_4$）、硫酸钠（Na_2SO_4）及硫酸钙（$CaSO_4$）等，它们均会破坏水泥石结构。

这些硫酸盐先与水泥石中的氢氧化钙作用生成硫酸钙，即二水石膏（$CaSO_4 \cdot 2H_2O$），这种生成物再与水泥石中的水化铝酸钙反应生成水化硫铝酸钙，其体积约为原来的水化铝酸钙体积的 2.5 倍，使硬化水泥石中的固相体积增加很多，在水泥石中产生很大的内应力，使水泥石开裂、强度降低和造成破坏。反应式为：

$$CaO \cdot Al_2O_3 \cdot 6H_2O + 3(CaSO_4 \cdot 2H_2O) + 19H_2O \longrightarrow 3CaO \cdot Al_2O_3 \cdot 3CaSO_4 \cdot 31H_2O$$

2）镁盐侵蚀

在海水、地下水中常含有较多的镁盐，如硫酸镁（$MgSO_4$）和氯化镁（$MgCl_2$）。这些镁盐能与水泥石中的氢氧化钙发生下列反应：

$$MgSO_4 + Ca(OH)_2 + 2H_2O \longrightarrow CaSO_4 \cdot 2H_2O + Mg(OH)_2$$

$$MgCl_2 + Ca(OH)_2 \longrightarrow CaCl_2 + Mg(OH)_2$$

反应的结果是：氢氧化镁松软而无胶凝能力，二水硫酸钙产生有害性膨胀，氯化钙易溶解于水，均能使水泥石强度降低或破坏，因此硫酸镁对水泥石起着双重腐蚀作用。

3. 酸类侵蚀

1）碳酸腐蚀

在工业污水、地下水中常溶解有较多的二氧化碳，二氧化碳与水泥石中的氢氧化钙反应生成碳酸钙，碳酸钙与二氧化碳反应生成碳酸氢钙，反应式如下：

$$Ca(OH)_2 + CO_2 + H_2O \longrightarrow CaCO_3 + 2H_2O$$

$$CaCO_3 + CO_2 + H_2O \longrightarrow Ca(HCO_3)_2$$

生成的重碳酸钙易溶于水，若被流动的水带走，化学平衡遭到破坏，反应不断向右边进行。因此，水泥石中的氢氧化钙，通过转变为易溶的重碳酸钙而溶失，氢氧化钙浓度降低，从而破坏水泥石结构。

2）一般酸的腐蚀

某些工业废水、地下水中常有含无机酸和有机酸，各种酸类对水泥石都有不同程度的腐蚀作用。它们与水泥石中的氢氧化钙作用后生成新的化合物，这些化合物或者易溶于水，或者体积膨胀而导致水泥石破坏，对水泥石腐蚀作用最快的是无机酸中的盐酸、硝酸、硫酸和

有机酸中的醋酸、乳酸等。例如,盐酸和硫酸分别与水泥石中氢氧化钙作用,化学反应式如下:

$$2HCl + Ca(OH)_2 \longrightarrow CaCl_2 + 2H_2O$$

$$H_2SO_4 + Ca(OH)_2 \longrightarrow CaSO_4 \cdot 2H_2O$$

生成的氯化钙易溶于水,被流动的水带走后,降低了水泥石的石灰浓度,生成的二水硫酸钙或者直接在水泥石孔隙中结晶产生膨胀,或者再与水泥石中的水化铝酸钙作用生成水化硫铝酸钙,使水泥石结构开裂。

4. 强碱侵蚀

碱类溶液当浓度不大时一般是无害的,但铝酸盐含量较高的硅酸盐水泥遇到强碱(氢氧化钠、氢氧化钾)作用后也会破坏。这是因为氢氧化钠与水泥熟料中未水化的铝酸盐作用时,可生成易溶的铝酸钠,反应式为:

$$3CaO \cdot Al_2O_3 + 6NaOH \longrightarrow 3NaO \cdot Al_2O_3 + 3Ca(OH)_2$$

当水泥石被氢氧化钠溶液浸透后又在空气中干燥时,容易与空气中的二氧化碳作用生成碳酸钠,反应式为:

$$2NaOH + CO_2 \longrightarrow Na_2CO_3 + H_2O$$

碳酸钠在水泥石毛细孔中结晶沉淀,可使水泥石胀裂。

(三)侵蚀的防止

根据水泥石侵蚀的原因及侵蚀的类型,工程中可采取下列防止措施。

(1)根据环境介质的侵蚀特性,合理选择水泥的品种。

如选用水化产物中 $Ca(OH)_2$ 含量少的水泥,以降低氢氧化钙溶失对水泥石的危害;选用 C_3A 含量低的抗硫酸盐水泥,降低硫酸盐类的腐蚀作用。

(2)提高水泥石的密实度。

合理选择水泥混凝土的配合比,改善骨料级配,提高施工质量,均可使水泥石的密实度提高,从而避免或减缓水泥石的侵蚀。

(3)设置保护层。

可以在水泥混凝土表面敷设一层耐腐蚀性强且不透水的保护层,如玻璃、塑料或沥青、耐酸石料、耐酸陶瓷等,以杜绝或减少腐蚀介质渗入水泥石内部。

第三节　掺混合材料的硅酸盐水泥

除Ⅰ型硅酸盐水泥外,其余通用硅酸盐水泥在生产过程中均掺入了比例不等的混合材料。

一、混合材料

磨细水泥时掺入的人工的或天然的矿物材料称为混合材料,主要成分为 SiO_2、Al_2O_3 等。其作用是改善水泥的性能,调节水泥强度,节约熟料,降低成本,提高产量,增加品种,扩大水泥的使用范围,分为活性混合材料和非活性混合材料。

(一)活性混合材料

活性混合材料与石灰、石膏或硅酸盐水泥一起,加水拌和后能发生化学反应,生成有一定胶凝性的物质，且具有水硬性，这种混合材料称为活性混合材料。活性混合材料具有火山灰性或潜在水硬性，激发剂一般为石灰和石膏。

工程上常用的活性混合材料有以下三类。

1. 火山灰质混合材料

火山灰质混合材料指具有火山灰性的天然或人工的矿物质材料，天然的火山灰质混合材料包括火山灰、凝灰岩、硅藻土、浮石、沸石等，人工的火山灰质混合材料包括炉渣、煤矸石、烧页岩、烧黏土等。火山灰质混合材料成分主要是活性 SiO_2 和活性 Al_2O_3，能与 $Ca(OH)_2$ 在常温下反应，生成具有胶凝性的水化硅酸钙和水化铝酸钙。

2. 粒化高炉矿渣

粒化高炉矿渣是在高炉冶炼生铁时，将浮在铁水表面的熔融物，经急冷处理而成的粒状疏松材料。矿渣的化学成分为 CaO、SiO_2 和 Al_2O_3，此外还有少量的 MgO、Fe_2O_3 及一些硫化物等。粒化高炉矿渣磨成细粉后，其中的活性 SiO_2 和 Al_2O_3 可以与 $Ca(OH)_2$ 化合，生成具有胶凝性的水化产物。

3. 粉煤灰

粉煤灰是指在火力发电厂等以煤粉为燃料的燃煤炉中所收集的灰渣，是火山灰质混合材料的一种，主要化学成分为 SiO_2 和 Al_2O_3，含有少量 CaO。其性能与火山灰质混合材料相同。

(二)非活性混合材料

不具有活性或活性很低的人工或天然的矿物质材料，经磨细掺入水泥中不起化学反应，仅起调节水泥的强度等级、降低水化热、提高产量等作用的混合材料，称为非活性混合材料。常用的非活性混合材料有石英砂、石灰石、黏土、砂岩等，不符合技术要求的活性混合材料也可作为非活性混合材料使用。

二、掺混合材料的硅酸盐水泥

在硅酸盐水泥熟料中掺入不同种类的混合材料，可制成常用的六大品种水泥，即硅酸盐水泥、普通硅酸盐水泥、矿渣硅酸盐水泥、火山灰质硅酸盐水泥、粉煤灰硅酸盐水泥、复合硅酸盐水泥等。

(一)硅酸盐水泥

硅酸盐水泥中的混合材料掺量很少，其性质主要由水泥熟料的性质决定。硅酸盐水泥通常具有快硬早强、水化热大、干缩性小、抗冻性和耐磨性好、耐腐蚀性和耐热性差的特点。

(二)普通硅酸盐水泥

凡由硅酸盐水泥熟料、6% ~15%混合材料及适量石膏经磨细制成的水硬性胶凝材料，称为普通硅酸盐水泥，简称普通水泥，代号 P·O。普通水泥中活性材料的最大掺量不超过15%，非活性材料的最大掺量不超过10%。

普通硅酸盐水泥的成分中，绝大部分仍是硅酸盐水泥熟料，故其性能与硅酸盐水泥基本相同，但早期强度略有降低，抗冻及耐磨性能稍差。普通硅酸盐水泥的初凝不得早于45 min，终凝不得迟于10 h。这种水泥的应用范围与硅酸盐水泥也基本相同，被广泛应用于各种混凝土工程，是我国主要的水泥品种之一。

（三）矿渣硅酸盐水泥

凡由硅酸盐水泥熟料、粒化高炉矿渣和适量石膏磨细制成的水硬性胶凝材料，称为矿渣硅酸盐水泥，简称矿渣水泥，代号 P·S，粒化高炉矿渣掺量为 20% ~70%。允许用石灰石、窑灰、粉煤灰和火山灰质混合材料中的一种材料代替矿渣，代替总量不得超过水泥质量的 8%，而代替后的水泥中的粒化高炉矿渣不得少于 20%。

（四）火山灰质硅酸盐水泥

凡由硅酸盐水泥熟料和火山灰质混合材料、适量石膏磨细制成的水硬性胶凝材料，称为火山灰质硅酸盐水泥，简称火山灰水泥，代号 P·P，火山灰质混合掺量为 20% ~50%。

（五）粉煤灰硅酸盐水泥

凡由硅酸盐水泥熟料和粉煤灰、适量石膏磨细制成的水硬性胶凝材料，称为粉煤灰硅酸盐水泥，简称粉煤灰水泥，代号 P·F，粉煤灰掺量为 20% ~40%。

（六）复合硅酸盐水泥

凡由硅酸盐水泥熟料、两种或两种以上规定的混合材料及适量石膏磨细制成的水硬性胶凝性材料，称为复合硅酸盐水泥，简称复合水泥，代号 P·C。

矿渣硅酸盐水泥、火山灰质硅酸盐水泥、粉煤灰硅酸盐水泥与硅酸盐水泥和普通水泥相比，具有如下共同特点：

（1）水化热低。由于熟料的减少，相对降低了发热量大的硅酸三钙、铝酸三钙的含量，因此水化热比硅酸盐水泥小。

（2）凝结硬化慢，早期强度低。由于熟料含量少，使得三种水泥的化学反应缓慢，因此凝结硬化也较慢，早期强度低。

（3）抗侵蚀能力较强。由于熟料含量少，水化所析出的氢氧化钙较少，又因氢氧化钙与矿渣作用生成较稳定的水化硅酸钙及水化铝酸钙，因此这些水泥的抗软水、海水和硫酸盐腐蚀的能力较强。

（4）抗冻性和耐磨性较差。这些水泥掺入的混合材料较多，使水泥的需水量增加，容易形成孔隙和毛细管通道，导致抗冻性和耐磨性较差。

（5）抗碳化能力差。由于水泥石中氢氧化钙浓度低，碳化作用进行的较快，容易造成钢筋中的钢筋锈蚀。又因为掺入混合材料的品种和数量不同，三种水泥还有以下各自的特点：

（1）由于矿渣比熟料难磨细，矿渣水泥泌水性较大，干缩性较大，耐热性较好，且矿渣玻璃质亲水性较差，导致保水能力较差，泌水性较大，因而干缩性较大，如保护不当，则易产生裂缝。又由于矿渣是耐火混合材料，故矿渣水泥耐热性较强，适用于受热的混凝土工程。

（2）火山灰水泥抗渗性好，泌水性较小，耐热性较差。火山灰水泥在硬化过程中形成了大量的水化硅酸钙凝胶，提高了水泥的密实度，故抗渗性较好；其颗粒较细，泌水性较小。

（3）粉煤灰水泥干缩性较小，抗裂性较好。由于粉煤灰比表面积小，吸附水的能力较小，因而这种水泥干缩性小、抗裂性好。

硅酸盐水泥、普通硅酸盐水泥、矿渣硅酸盐水泥、火山灰质硅酸盐水泥、粉煤灰硅酸盐水泥等五种水泥的主要技术性能见表 2-7。

水泥的特性决定了水泥的用途，其应用范围见表 2-8。

表 2-7　五种水泥的主要技术性能

水泥名称		硅酸盐水泥		普通硅酸盐水泥	矿渣硅酸盐水泥	火山灰质硅酸盐水泥	粉煤灰硅酸盐水泥
代号		P·Ⅰ	P·Ⅱ	P·O	P·S	P·P	P·F
密度(g/cm^3)		3.00～3.15		3.00～3.15	2.80～3.10	2.80～3.10	2.80～3.10
堆积密度(kg/m^3)		1 000～1 600		1 000～1 600	1 000～1 200	900～1 000	900～1 000
细度		比表面积 >300 m^2/kg		80 μm 方孔筛 筛余量<10%	80 μm 方孔筛 筛余量<10%	80 μm 方孔筛 筛余量<10%	80 μm 方孔筛 筛余量<10%
凝结时间	初凝	不早于 45 min		不早于 45 min	不早于 45 min	不早于 45 min	不早于 45 min
	终凝	不迟于 6.5 h		不迟于 10 h	不迟于 10 h	不迟于 10 h	不迟于 10 h
体积安定性	MgO	<5.0%		<5.0%	<5.0%	<5.0%	<5.0%
	SO_3	<3.5%		<3.5%	<4.0%	<3.5%	<3.5%
	安定性	沸煮法必须合格(若试饼法和雷氏法两者有争议,以雷氏法为准)					

表 2-8　五种水泥的特性及适用范围

名称		硅酸盐水泥	普通硅酸盐水泥	矿渣硅酸盐水泥	火山灰质硅酸盐水泥	粉煤灰硅酸盐水泥
特性	硬化	快	较快	慢	慢	慢
	早期强度	高	较高	低	低	低
	水化热	大	较大	小	小	小
	耐热性	差	较差	好	较差	较差
	抗冻性	好	较好	差	差	差
	抗渗性	好	好	差	好	好
	干缩性	小	小	大	大	小
	泌水性	小	小	大	小	小
	耐蚀性	差	较差	较好	好	好
应用	适用范围	1. 快硬早强工程; 2. 一般地上地下及无压力水中的混凝土、钢筋混凝土及预应力钢筋混凝土工程; 3. 受反复冰冻作用的工程	1. 一般建筑工程中混凝土及预应力钢筋混凝土结构; 2. 拌制高强度混凝土; 3. 受反复冰冻作用的工程	1. 高温车间和有耐热耐火要求的混凝土工程; 2. 大体积混凝土工程; 3. 抗硫酸盐侵蚀工程; 4. 蒸汽养护混凝土构件; 5. 一般地上地下和水中的混凝土工程	1. 一般混凝土结构; 2. 地下水中大体积混凝土工程; 3. 有抗渗要求的混凝土结构; 4. 抗硫酸盐侵蚀的工程; 5. 蒸汽养护的混凝土构件	1. 一般混凝土结构; 2. 地下水中大体积混凝土工程; 3. 有抗渗要求的混凝土结构; 4. 抗硫酸盐侵蚀的工程; 5. 蒸汽养护的混凝土构件
	不适用范围	1. 大体积混凝土工程; 2. 受侵蚀作用及受水压作用的工程; 3. 耐热要求高的工程	1. 大体积混凝土工程; 2. 受侵蚀作用及受水压作用的工程; 3. 耐热要求高的工程	1. 严寒地区有抗冻要求的混凝土工程; 2. 早期强度要求较高的混凝土工程	1. 严寒地区有抗冻要求的混凝土工程; 2. 早期强度要求较高的混凝土工程; 3. 处于干燥环境中的工程; 4. 有耐磨性要求的工程	1. 有抗冻要求的混凝土工程; 2. 早期强度要求较高的混凝土工程; 3. 处于干燥环境中的工程; 4. 有耐磨性要求的工程; 5. 有碳化要求的工程

第四节　其他品种水泥

一、道路硅酸盐水泥

道路硅酸盐水泥是由道路硅酸盐水泥熟料、0～10%活性混合材料和适量石膏，经磨细制成的水硬性胶凝材料，简称道路水泥。道路水泥熟料中铝酸三钙的含量不得大于5.0%，铁铝酸四钙的含量不得小于16.0%。道路水泥分为42.5、52.5、62.5三个强度等级，各龄期强度均不得低于表2-9的规定。

表2-9　道路硅酸盐水泥的强度要求

强度等级	抗压强度(MPa)		抗折强度(MPa)	
	3 d	28 d	3 d	28 d
42.5	22.0	42.5	4.0	7.0
52.5	27.0	52.5	5.0	7.5
62.5	32.0	62.5	5.5	8.5

道路水泥是一种专用水泥，早期强度高，尤其是抗折强度高，具有耐磨性好、干缩性小、抗冲击性和抗冻性及抗硫酸盐侵蚀能力均较好的特点。在道路路面、飞机场跑道面、车站及城市广场等工程中使用道路水泥，可减少水泥混凝土路面的裂缝和磨耗等危害，延长路面的使用年限，获得显著的经济效益和社会效益。

二、砌筑水泥

以活性混合材料或具有水硬性的工业废料为主要原料，加以适量硅酸盐水泥熟料和石膏，经磨细制成的水硬性胶凝材料，称为砌筑水泥。由于强度较低，主要用于工业与民用建筑的砌筑砂浆和抹面砂浆，不应用于结构混凝土。

根据国家推荐标准《砌筑水泥》(GB/T 3183—2003)的规定：初凝不早于60 min，终凝不迟于12 h，三氧化硫含量不大于4.0%，80 μm方孔筛筛余量不大于10%，砌筑水泥分为12.5、22.5两个强度等级，其7 d抗压强度分别不低于7.0 MPa、10.0 MPa，28 d抗压强度分别不低于12.5 MPa、22.5 MPa。

三、快硬硅酸盐水泥

快硬硅酸盐水泥是以硅酸钙为主要成分的水泥熟料，加入适量石膏，经磨细制成的具有早期强度增进率较快的水硬性胶凝材料，简称快硬水泥。

快硬硅酸盐水泥中的主要矿物成分分为硅酸三钙、铝酸三钙。前者含量为50%～60%，后者为8%～14%，两者之和应不少于60%，可适量增加石膏的掺量(8%)。该水泥有硬化较快、早期强度较高、抗冻性和抗渗性好等特点，可配制成早强、高强混凝土和低温条件下高强度的预制钢筋混凝土构件，以及用于紧急抢修工程、冬季施工工程等。缺点是水化热大，不得用于大体积工程；干缩率较大，易受潮变质，储存期超过1个月，应重新检验。

快硬水泥的初凝不得早于45 min,终凝不得迟于10 h,安定性用沸煮法检验且必须合格。其3 d抗压强度可达到强度等级,后期强度仍有一定增长,强度等级以3 d抗压强度表示,分为32.5、37.5、42.5三个等级,各龄期的强度均不得低于表2-10的规定。

表2-10　快硬硅酸盐水泥的强度要求

强度等级	抗压强度(MPa)			抗折强度(MPa)		
	1 d	3 d	28 d	1 d	3 d	28 d
32.5	15.0	32.5	52.5	3.5	5.0	7.2
37.5	17.0	37.5	57.5	4.0	6.0	7.6
42.5	19.0	42.5	62.5	4.5	6.4	8.0

四、膨胀水泥

膨胀水泥是硬化过程中不产生干缩,而具有一定膨胀性能的水泥。由胶凝物质和膨胀剂制成,膨胀剂使水泥在水化过程中形成膨胀性物质,如水化硫铝酸钙。由于这一过程是在水泥硬化初期进行的,所以不至于引发破坏和有害内应力,而仅使硬化的水泥体积膨胀。

膨胀水泥的品种很多,如硅酸盐膨胀水泥、石膏矿渣膨胀水泥、石膏矾土膨胀水泥、明矾石膨胀水泥、快凝膨胀水泥等。

在道桥工程中,膨胀水泥常用于道路路面、飞机场跑道面或桥梁结构中修补混凝土。此外,在越江隧道或山区隧道用于配制防水混凝土以及构件中的接缝、堵漏等。

按膨胀值的大小,膨胀水泥可分为补偿收缩水泥和自应力水泥两大类。补偿收缩水泥膨胀值较小,膨胀时所产生的压应力大致能抵消干缩所引起的拉应力,可防止混凝土产生干缩裂缝;自应力水泥膨胀值较大,用于钢筋混凝土中,由于它的膨胀性受到钢筋的限制,而在混凝土中产生较大压应力,这种压应力是水泥自身膨胀引起的,如硅酸盐自应力水泥、铝酸盐自应力水泥等。

五、抗硫酸盐硅酸盐水泥

抗硫酸盐硅酸盐水泥是在以硅酸钙为主要矿物成分的水泥熟料中,加入适量石膏磨细制成的具有一定抗硫酸盐侵蚀性能的水硬性胶凝材料,简称抗硫酸盐水泥。这种水泥主要是限制硅酸三钙及铝酸三钙的含量,要求熟料中硅酸三钙含量小于50%,铝酸三钙小于5%。

抗硫酸盐水泥除抗硫酸盐侵蚀的能力很强外,还具有抗冻性好和水化热小的特点。适用于受硫酸盐侵蚀、冻融和干温作用的海港工程,道桥和桥涵基础、水利、地下、隧道、引水工程等。

六、中热硅酸盐水泥及低热矿渣硅酸盐水泥

中热硅酸盐水泥是以适当成分的硅酸盐水泥熟料,加入适量石膏磨细制成的具有中等水化热的水硬性胶凝材料,简称中热水泥。

低热矿渣硅酸盐水泥是以适当成分的硅酸盐水泥熟料,加入粒化高炉矿渣、适量石膏磨

细制成的具有低水化热的水硬性胶凝材料，简称低热矿渣水泥。

这两种水泥通过限制水泥熟料中水化热大的铝酸三钙与硅酸三钙的含量，降低水化热。中热水泥熟料中铝酸三钙的含量不得超过6%，硅酸三钙的含量不得超过55%；低热矿渣水泥铝酸三钙的含量不得超过8%。

中热水泥和低热矿渣水泥主要适用于要求水化热较低的大坝和大体积混凝土工程。

本章小结

(1)胶凝材料分为气硬性胶凝材料和水硬性胶凝材料两种类型，二者硬化条件不同，适用范围不同，在使用时应注意合理选择。本章介绍了工程中广泛使用的两种胶凝材料石灰和水泥，石灰是气硬性胶凝材料，水泥是水硬性胶凝材料。

(2)石灰部分主要介绍了石灰的生产过程、熟化与硬化、技术性质及应用。生石灰是以碳酸钙为主要成分的原料，经过适当温度煅烧，得到以氧化钙为主要成分的产品，生石灰熟化时要放出大量的热量，且体积膨胀，必须充分熟化后才可使用。石灰浆具有可塑性和保水性好、凝结硬化慢、强度低、硬化时收缩大等特性，主要用于配制石灰砂浆、灰土和三合土以及硅酸盐制品，储存时要注意防水、防潮，且储存时间不宜过长。

(3)水泥部分主要介绍了硅酸盐水泥的生产过程、硅酸盐水泥熟料各矿物组成与特性，凝结硬化过程、技术性质及应用，还简要介绍了其他品种水泥。

(4)水泥由硅酸三钙、硅酸二钙、铝酸三钙和铁铝酸四钙等四种矿物所组成。硅酸盐水泥的技术性质包括密度与堆积密度、细度、标准稠度用水量、凝结时间、体积安定性、强度、水化热等。水泥石的腐蚀有软水腐蚀、盐类腐蚀、酸类腐蚀和强碱腐蚀等，防止措施有合理选择水泥品种、提高水泥石密实度、加保护层等。

(5)掺混合材料的硅酸盐水泥有矿渣硅酸盐水泥、火山灰质硅酸盐水泥、粉煤灰硅酸盐水泥和复合硅酸盐水泥等。

(6)其他品种水泥有道路水泥、砌筑水泥、快硬水泥、膨胀水泥、抗硫酸盐水泥、中热水泥和低热矿渣水泥等。

复习思考题

1. 气硬性胶凝材料与水硬性胶凝材料有何区别？

2. 什么是欠火石灰和过火石灰？各有何特点？

3. 硅酸盐水泥熟料是由哪几种矿物组成的？

4. 水泥的主要技术性质有哪些？

5. 什么是水泥的体积安定性？造成安定性不良的原因是什么？

6. 硅酸盐水泥的侵蚀有哪些类型？内因是什么？防止腐蚀的措施有哪些？

7. 什么是水泥的混合材料？在硅酸盐水泥中掺混合材料起什么作用？

8. 试分析硅酸盐水泥、普通硅酸盐水泥、矿渣硅酸盐水泥、火山灰质硅酸盐水泥及粉煤灰硅酸盐水泥性质的异同点，并说明产生差异的原因。

9. 简述快硬硅酸盐水泥、膨胀水泥的特性和用途。

习 题

一、判断题

1. 石灰、石膏、水玻璃都是水硬性胶凝材料。(　)

2. 石灰的硬化只是碳化硬化的结果。(　)

3. 水泥不仅能在空气中硬化,并且能在水中和地下硬化。(　)

4. 在水泥中,石膏加入的量越多越好。(　)

5. 硅酸盐水泥中含有氧化钙、氧化镁和过多的石膏都会造成水泥的体积安定性不良。(　)

二、选择题

1. 石灰膏在储灰坑中“陈伏”的主要目的是(　)。

A. 充分熟化　B. 增加产浆量　C. 减少收缩　D. 降低发热量

2. 石灰是在(　)中硬化的。

A. 干燥空气　B. 水蒸气　C. 水　D. 与空气隔绝的环境

3. 水泥熟料中水化速度最快,水化热最大的是(　)。

A. C_2S　B. C_3S　C. C_3A　D. C_4AF

4. 国家标准规定,测水泥强度所用标准胶砂试件尺寸为(　)。

A. 240 mm×115 mm×53 mm　B. 70.7 mm×70.7 mm×70.7 mm

C. 150 mm×150 mm×150 mm　D. 40 mm×40 mm×160 mm

5. 为了调节硅酸盐水泥的凝结时间,通常掺用的缓凝剂是(　)。

A. 氧化钙　B. 矿渣　C. 石膏　D. 硫酸钠

6. 大体积的混凝土工程中,不宜选用(　)。

A. 硅酸盐水泥　B. 火山灰水泥

C. 矿渣水泥　D. 粉煤灰水泥

7. 耐热混凝土工程中,应优选(　)。

A. 硅酸盐水泥　B. 快硬水泥

C. 矿渣水泥　D. 普通水泥

8. 下面(　)是硅酸盐水泥的特性。

A. 强度高,但发展慢　B. 抗冻性强

C. 耐热性强　D. 耐腐蚀性强

三、填空题

1. 国家标准规定:硅酸盐水泥的初凝时间不得早于__________,终凝时间不得迟于__________。

2. 硬化后的水泥石结构包括__________、__________、__________。

3. 国家标准规定，普通水泥中的0.08 mm筛的筛余百分率不得超过__________。

4. 常用的活性混合材料的种类有__________、__________、__________。

5. 按国家标准规定，粉煤灰硅酸盐水泥中的混合材料掺量应为__________%。

第三章　水泥混凝土与砂浆

学习目标　掌握普通水泥混凝土的主要技术性能及其影响因素、配合比设计和质量评定方法；明确水泥混凝土的主要组成材料及其对混凝土性能的影响，了解混凝土外加剂、其他品种混凝土及建筑砂浆等内容。

水泥混凝土是道路与桥梁工程建设中应用最广泛、用量最大的建筑材料之一。随着现代高等级公路的发展，水泥混凝土与沥青混凝土一样，成为高等级路面的主要建筑材料。钢筋混凝土桥是现代公路桥梁中的一种主要桥型，广泛应用于高等级公路工程。

水泥混凝土是以水泥和水形成的水泥浆体为黏结介质，将矿质材料胶结成为具有一定力学性能的一种复合材料。

水泥混凝土可根据其组成、特性与功能等从不同角度进行分类。

按表观密度的大小，水泥混凝土可分为：

(1)普通混凝土。表观密度约为2 400 kg/m^3(通常在2 350～2 500 kg/m^3之间波动)，是用天然(或人工)砂、石为集料配制而成的混凝土，是道路路面和桥梁结构中最常用的混凝土。

(2)轻混凝土。表观密度可以轻达1 900 kg/m^3，现代大跨度钢筋混凝土桥梁为减轻结构自重，往往采用各种轻集料配制成轻集料结构混凝土，达到轻质高强，以增大桥梁的跨度。

(3)重混凝土。表观密度可达3 200 kg/m^3，是用特别密实的集料(如钢屑、重晶石、铁矿石等)配制而成的，可用做防辐射材料。

按抗压强度的大小，水泥混凝土可分为：

(1)低强混凝土。抗压强度小于30 MPa。

(2)中强混凝土。抗压强度为30～60 MPa。

(3)高强混凝土。抗压强度大于60 MPa。

此外，为改善水泥混凝土的性能，适应现代道路与桥梁工程的需要，还发展了不同功能的混凝土，如加气混凝土、防水混凝土、泵送混凝土、纤维加筋混凝土、补偿收缩混凝土、道路混凝土、水工混凝土等。

普通水泥混凝土有以下优点：

(1)混凝土在凝结前具有良好的塑性，可浇筑成各种形状和大小的构件或结构物。

(2)混凝土与钢筋之间具有牢固的结合力，可做成钢筋混凝土构件或结构物。

(3)混凝土硬化后具有抗压强度高和耐久性良好的特性，可作为长期使用的承重构件或结构物。

(4)其组成材料中的砂石等地方性材料的用量很大，符合就地取材和经济实惠的原则。

(5)配制较为灵活，可以通过改变材料的组成来满足工程的要求。

普通水泥混凝土也存在以下缺点：

(1)混凝土抗拉强度太低，不宜作为受拉构件。

(2)混凝土抵抗变形的能力较差,易开裂发生脆性破坏。

(3)混凝土的自重及体积都太大,给施工和使用均带来较大的不便。

(4)混凝土干缩性强,生产工艺复杂而易产生质量波动,容易产生裂纹、缺棱、掉角、麻面、蜂窝、露筋等常见的质量通病。

由于水泥混凝土具有以上特点,因此它在道路、桥梁、隧道工程中能得到广泛的应用。

第一节　普通水泥混凝土

一、普通水泥混凝土的组成材料

普通水泥混凝土(简称混凝土)是由水泥、水、砂、石组成的,其技术性质在很大程度上是由原材料的性质及其含量决定的,要得到优质的混凝土,应正确地选用原材料。

(一)水泥

水泥是混凝土的胶结材料,混凝土的性能在很大程度上取决于水泥的质量,在选择水泥时应对水泥的品种和强度等级加以正确的选择。

1. 水泥品种的选择

配制混凝土用水泥通常可采用前面所述的六大品种水泥,在特殊情况下可采用特种水泥。常用六大品种水泥应依据工程特点、混凝土所处的环境与气候条件、工程部位以及水泥的供应情况等综合考虑。具体选择时可参照表3-1。

2. 水泥强度等级的选择

水泥的强度等级应根据混凝土的强度等级要求来确定,使水泥的强度等级与混凝土的强度等级相适应,即高强度等级的混凝土应选用高强度等级的水泥,低强度等级的混凝土应选用低强度等级的水泥。经验表明,一般水泥的强度等级应为混凝土强度等级的1.0~1.5倍。

(二)细集料

混凝土中粒径范围一般为0.15~4.75 mm的集料为细集料。一般采用天然砂(如河砂、海砂及山砂等),它们是岩石风化所形成的大小不等、由不同矿物散粒组成的混合物。配制混凝土所用细集料的质量应满足以下几个方面的要求。

1. 颗粒级配与细度模数

砂子的颗粒级配是指粒径大小不同的砂子颗粒相互组合搭配的比例情况。级配良好的砂应该是粗大颗粒间形成的空隙被中等粒径的砂粒所填充,而中等粒径的砂粒间形成的空隙又被比较细小的砂粒所填充,使砂子的空隙率达到尽可能的小。用级配良好的砂子配制混凝土,不仅可以减少水泥浆用量,而且因水泥石含量小而使得混凝土的密度得到提高,强度和耐久性也得以加强。

细度模数用来反映砂的粗细程度,砂按其细度模数分为粗砂($M_x=3.7\sim3.1$)、中砂($M_x=3.0\sim2.3$)和细砂($M_x=2.2\sim1.6$)三级。混凝土用砂的级配范围根据《建筑用砂》(GB/T 14684—2001)规定,以细度模数为3.7~1.6的砂,按0.6 mm筛孔的累计筛余划分为3个级配区,级配范围见表3-2和图3-1。

表 3-1 常用水泥品种的选用

<table>
<tr><th colspan="2">混凝土工程特点或所处环境条件</th><th>优先使用</th><th>可以使用</th><th>不可使用</th></tr>
<tr><td rowspan="4">普通混凝土</td><td>1. 普通气候条件下的混凝土</td><td>硅酸盐水泥、普通水泥</td><td></td><td></td></tr>
<tr><td>2. 干燥环境中的混凝土</td><td>硅酸盐水泥、普通水泥</td><td>矿渣水泥</td><td>火山灰水泥、粉煤灰水泥</td></tr>
<tr><td>3. 在高湿度环境中或长期处于水下的混凝土</td><td>矿渣水泥</td><td>普通水泥、火山灰水泥、粉煤灰水泥</td><td></td></tr>
<tr><td>4. 厚大体积混凝土</td><td>矿渣水泥、火山灰水泥、粉煤灰水泥</td><td>硅酸盐水泥、普通水泥</td><td></td></tr>
<tr><td rowspan="6">有特殊要求的混凝土</td><td>1. 快硬高强(≥C30)的混凝土</td><td>硅酸盐水泥、快硬硅酸盐水泥</td><td>高强度等级水泥</td><td>矿渣水泥</td></tr>
<tr><td>2. ≥C50 的混凝土</td><td>高强度等级水泥</td><td>硅酸盐水泥、普通水泥、快硬硅酸盐水泥</td><td>火山灰水泥、粉煤灰水泥</td></tr>
<tr><td>3. 严寒地区的露天混凝土,严寒地区处于水位升降范围内的混凝土</td><td>普通水泥、(强度等级≥32.5)、硅酸盐水泥</td><td>矿渣水泥(强度等级≥32.5)</td><td>火山灰水泥、粉煤灰水泥</td></tr>
<tr><td>4. 有耐磨要求的混凝土</td><td>普通水泥(强度等级≥32.5)</td><td>矿渣水泥(强度等级≥32.5)</td><td>火山灰水泥、粉煤灰水泥</td></tr>
<tr><td>5. 有抗渗要求的混凝土</td><td>普通水泥、火山灰水泥</td><td>硅酸盐水泥、粉煤灰水泥</td><td>矿渣水泥</td></tr>
<tr><td>6. 处于侵蚀性环境中的混凝土</td><td colspan="3">根据侵蚀性介质的种类、浓度等具体条件按专门的规定选用</td></tr>
</table>

表 3-2 砂的颗粒级配区范围

筛孔尺寸(mm)	不同级配区的累计筛余(%)		
	Ⅰ区(粗砂)	Ⅱ区(中砂)	Ⅲ区(细砂)
9.50	0	0	0
4.75	10~0	10~0	10~0
2.36	35~5	25~0	15~0
1.18	65~35	50~10	25~0
0.60	85~71	70~41	40~16
0.30	95~80	92~70	85~55
0.15	100~90	100~90	100~90

注:1. 砂的实际颗粒级配与表中所列数字相比,除 4.75 mm 和 0.60 mm 筛孔外可以略有超出,但超出总量应不超过 5%。

2. Ⅰ区人工砂中 0.15 mm 筛孔的累计筛余可以放宽到 100%~85%,Ⅱ区人工砂中 0.15 mm 筛孔的累计筛余可以放宽到 100%~80%,Ⅲ区人工砂中 0.15 mm 筛孔的累计筛余可以放宽到 100%~75%。

混凝土用砂的Ⅰ区砂属粗砂范畴，拌制混凝土时其内摩阻力较大、保水性差，适宜配制水泥用量多的富混凝土或低流动性混凝土；Ⅲ区砂的细颗粒较多，拌制混凝土的黏性较大、保水性好，但因其比表面积大，所消耗的水泥用量多，使用时宜适当降低砂率；Ⅱ区砂在配制不同强度等级混凝土时宜优先使用。

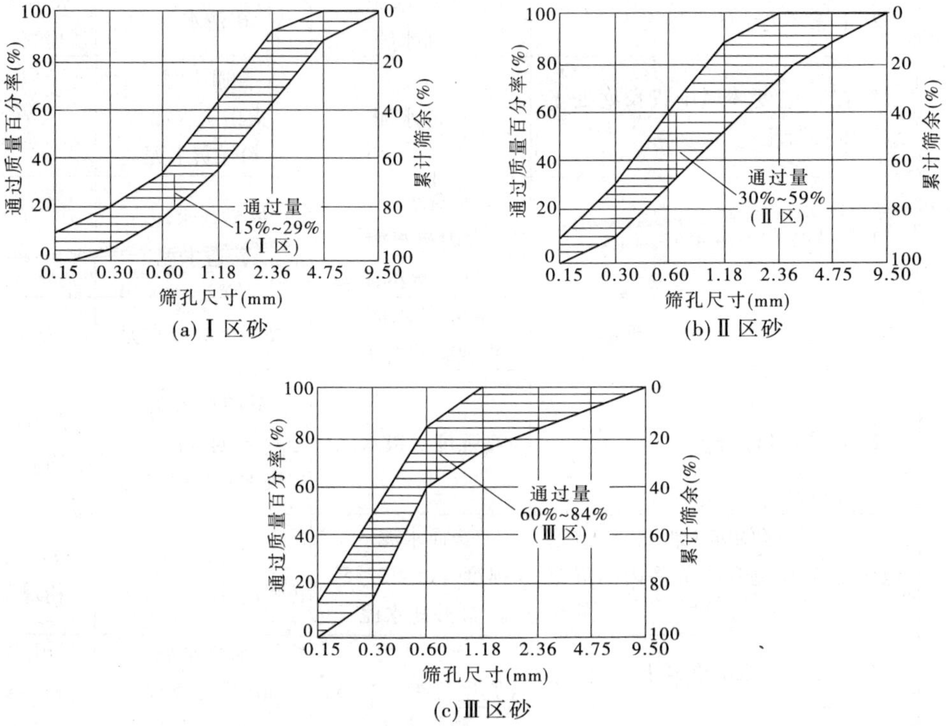

图 3-1　混凝土用砂级配范围曲线

对要求耐磨的混凝土，小于 0.075 mm 颗粒不应超过 3%，其他混凝土则不应超过 5%；当采用石屑作为细集料时，其限值分别为 5% 和 7%。

细度模数只反映全部颗粒的粗细程度，不能反映颗粒的级配情况，因为细度模数相同而级配不同的砂所配制混凝土的性质不同，所以考虑砂的颗粒分布情况时，只有同时结合细度模数与颗粒级配两项指标，才能真正反映其全部性质。

2. 强度与坚固性

混凝土所用细集料应具备一定的强度和坚固性，不同强度等级的混凝土应选用不同技术等级的细集料。按技术要求将细集料分为Ⅰ级、Ⅱ级、Ⅲ级，细集料技术等级与混凝土强度等级之间的关系见表 3-3。

表 3-3　混凝土强度等级与细集料技术等级

混凝土强度等级	≥C60	C30 ~ C60	< C30
细集料技术等级	Ⅰ级	Ⅱ级	Ⅲ级

3. 有害杂质含量

集料中会含有妨碍水泥水化或降低集料与水泥石的黏附性，以及能与水泥水化产物产生不良化学反应的各种物质，称为有害杂质。

砂中常含的有害杂质主要有云母、黏土、有机质、轻物质、硫酸盐等。混凝土用砂的含泥量是指粒径小于 0.075 mm 的尘屑、黏土与淤泥的总含量百分数，泥块含量是指粒径大于 1.18 mm，经手压、水洗后可破碎的粒径小于 0.6 mm 的颗粒含量。

(三)粗集料

1. 强度

为了保证混凝土的强度，要求粗集料质地致密、具有足够的强度。粗集料的强度可用岩石立方体抗压强度或压碎指标来表示。

测定岩石立方体抗压强度时，应用母岩制成 50 mm × 50 mm × 50 mm 的立方体（或直径与高度均为 50 mm 的圆柱体）试件，在浸水饱和状态下（48 h）测其极限抗压强度值。《建筑用卵石、碎石》（GB/T 14685—2001）中水泥混凝土用粗集料技术要求规定其立方体抗压强度与混凝土抗压强度之比不小于 1.5，且要求岩浆岩的强度不宜低于 80 MPa，变质岩的强度不宜低于 60 MPa，沉积岩的强度不宜低于 30 MPa。

压碎指标是测定粗集料抵抗压碎能力的强弱指标（压碎性试验参见道路建材试验部分）。压碎指标愈小，粗集料抵抗受压破坏能力愈强。混凝土用粗集料按技术要求分为Ⅰ级、Ⅱ级、Ⅲ级。不同等级的混凝土应选用不同等级的粗集料，见表 3-4。

表 3-4　混凝土强度等级与碎石、卵石技术等级

混凝土强度等级	≥C60	C30 ~ C60	<C30
碎石、卵石技术等级	Ⅰ级	Ⅱ级	Ⅲ级

2. 坚固性

集料的坚固性是指其在气候、环境变化或其他物理因素作用下抵抗破坏的能力。为保证混凝土的耐久性，混凝土用粗集料应具有很强的坚固性，以抵抗冻融和自然因素的风化作用。粗集料的坚固性测定是用硫酸钠溶液浸泡粗集料试样经 5 次循环后的质量损失来检验的，其坚固性指标按质量损失《建筑用砂》（GB/T 14684—2001）规定分为三类，见表 3-5。

表 3-5　水泥混凝土用粗集料的坚固性指标

项目	指　标		
	Ⅰ类	Ⅱ类	Ⅲ类
质量损失(%)	<5	<8	<12

3. 最大粒径与颗粒级配

1)最大粒径的选择

粗集料公称粒级的上限称为该粒级的最大粒径，如采用 4.75 ~ 37.5 mm 的粗集料，则其最大粒径为 37.5 mm。最大粒径的大小表示粗集料的粗细程度，最大粒径增大时，单位体积集料的总表面积减小，因而可使水泥浆用量减少，这不仅能够节约水泥，而且有助于提高混凝土的密实度，减少发热量及混凝土的体积收缩，因此在条件允许的情况下，当配制中等强度等级以下的混凝土时，应尽量采用最大粒径较大的粗集料。但最大粒径的确定还要受到结构截面尺寸、钢筋净距及施工条件等方面的限制。《混凝土结构工程施工及验收规范》

(GB 50204—2002)规定,粗集料最大粒径不得超过结构截面最小尺寸的1/4,并不得大于钢筋最小净距的3/4;对混凝土实心板,其最大粒径不得超过板厚的1/3,并不得大于40 mm。

2)颗粒级配

粗集料颗粒级配的好坏直接影响混凝土的技术性质和经济效果,因此粗集料级配的选定是保证混凝土质量的重要一环。混凝土用粗集料的级配范围见表3-6。当连续级配不能满足需配混合料要求时,可掺加单粒级集料配合。连续级配矿质混合料的优点是所配制的新拌混凝土较为密实,特别是具有优良的工作性,不易产生离析现象,所以成为经常采用的级配。

表3-6 碎石或卵石的颗粒级配范围(GB/T 14685—2001)

级配情况	公称粒级(mm)	不同筛孔尺寸(mm)的累计筛余(%)											
		2.36	4.75	9.50	16.0	19.0	26.5	31.5	37.5	53.0	63.0	75.0	90.0
连续粒级	4.75~9.50	95~100	80~100	0~15	0	—	—	—	—	—	—	—	—
	4.75~16.0	95~100	85~100	30~60	0~10	0	—	—	—	—	—	—	—
	4.75~19.0	95~100	90~100	40~80	—	0~10	0	—	—	—	—	—	—
	4.75~26.5	95~100	90~100	—	30~70	—	0~5	0	—	—	—	—	—
	4.75~31.5	95~100	90~100	70~90	—	15~45	—	0~5	0	—	—	—	—
	4.75~37.5	—	95~100	75~90	—	30~65	—	—	0~5	0	—	—	—
单粒粒级	9.5~19.0	—	95~100	85~100	—	0~15	0	—	—	—	—	—	—
	16.0~31.5	—	95~100	—	85~100	—	—	0~10	0	—	—	—	—
	19.0~37.5	—	—	95~100	—	80~100	—	—	0~10	0	—	—	—
	31.5~63.0	—	—	—	95~100	—	—	75~100	45~75	—	0~10	0	—
	37.5~75.0	—	—	—	—	95~100	—	—	70~100	—	30~60	0~10	0

4.表面特征及形状

表面粗糙且棱角多的碎石与表面光滑且为圆形的卵石比较起来,碎石所拌制的混凝土,由于它与水泥浆的黏附性好,故一般具有较高的强度,但是在相同水泥浆量的条件下,卵石因表面光滑、表面积小,所拌制的混凝土拌和物具有良好的工作性。

粗集料的颗粒形状以正方体或近似球体为佳,不宜含有过多的针、片状颗粒,否则将显著影响混凝土的抗折强度,同时影响新拌混凝土的工作性。针状颗粒是指颗粒长度大于平均粒径(平均粒径是指该粒级上、下限粒径的算术平均值)2.4倍的颗粒,片状颗粒是指颗粒厚度小于平均粒径0.4倍的颗粒。混凝土用粗集料的针、片状颗粒含量应符合表3-7的要求。

5.有害杂质含量

粗集料中的有害杂质主要有黏土、淤泥及细屑、硫化物及硫酸盐、有机质、蛋白石及含有活性二氧化硅的岩石颗粒等。为保证混凝土的强度及耐久性,对这些有害杂质的含量必须认真检查,其含量不得超过表3-7所列指标。

表 3-7　水泥混凝土用粗集料的有害杂质含量限值

项目	指标		
	Ⅰ类	Ⅱ类	Ⅲ类
含泥量(质量分数,%)	<0.5	<1.0	<1.5
泥块含量(质量分数,%)	<0	<0.5	<0.7
有机物(比色法)	合格	合格	合格
硫化物及硫酸盐(SO_3 质量分数,%)	<0.5	<1.0	<1.0
针、片状颗粒(质量分数,%)	<5	<15	<25

(四)混凝土拌和用水

水是混凝土的主要组成材料之一,拌和用水的水质不符合要求,可能产生多种有害作用,最常见的有:①影响混凝土的工作性和凝结;②有损于混凝土强度的发展;③降低混凝土的耐久性,加快钢筋的腐蚀及导致预应力钢筋的脆断;④使混凝土表面出现污斑等。因此,为保证混凝土的质量和耐久性,必须使用合格的水拌制混凝土。

凡可饮用之水,皆可用于拌制和养护混凝土。而未经处理的工业及生活废水、污水、沼泽水以及 pH 值小于 4 的酸性水等均不能使用。

若对水质有怀疑,应进行砂浆强度对比试验,即若用该水拌制的砂浆抗压强度低于用饮用水拌制的砂浆抗压强度的 90%,则这种水就不宜用来拌制和养护混凝土。

二、普通水泥混凝土的主要技术性质

普通水泥混凝土的主要技术性质包括新拌混凝土的工作性(和易性)以及硬化后混凝土的力学性能和耐久性等。

(一)新拌水泥混凝土的工作性(和易性)

将粗细集料、水泥和水等组分按适当比例配合,并经均匀搅拌而成且尚未凝结硬化的混合材料称为混凝土拌和物。新拌水泥混凝土是不同粒径的矿质集料粒子的分散相在水泥浆体的分散介质中的一种复杂分散体系,它具有弹、黏、塑性质。目前,在生产实践中,一般主要用工作性(和易性)来表示混凝土的特性。

1. 工作性的含义

工作性通常包括流动性、可塑性、稳定性和易密性这四方面的含义。优质的新拌混凝土应该具备:满足输送和浇捣要求的流动性,外力作用下不产生脆断的可塑性,不产生分层、泌水的稳定性,易于浇捣致密的易密性。

(1)流动性。流动性是指新拌混凝土在自重或机械振捣力的作用下,能产生流动并均匀密实地充满模板、包围钢筋的性能。流动性的大小,在外观上表现为新拌混凝土的稀稠,直接影响其浇捣施工的难易和成型的质量。若新拌混凝土太干稠,则难以成型与捣实,且容易造成内部或表面孔洞等缺陷;若新拌混凝土过稀,经振捣后易出现水泥浆和水上浮而石子等颗粒下沉的分层离析现象,影响混凝土的质量均匀性。

(2)可塑性。可塑性是指拌和物在外力作用下产生塑性流动、不产生脆性断裂的性能。

(3)稳定性。稳定性是指新拌混凝土在施工振捣时,能够保持自身的稳定、黏聚、匀质而不出现离析、泌水的性质。离析现象是指粗集料下沉、砂浆上浮,以致造成混凝土出现蜂窝、麻面、薄弱夹层等质量不均匀的缺陷;泌水现象主要表现在固体颗粒在下沉过程中,部分水分被排出上升,表面析出水分,致使上层含水多而水灰比加大,影响混凝土的质量。

(4)易密性。易密性是指拌和物在捣实或振动过程中,克服阻力,达到混凝土内部质地均匀致密,使得强度和耐久性均能得到保证的性能。

工作性好的新拌混凝土,易于搅拌均匀,运输和浇筑中不易产生分层离析及泌水现象;捣实时,因流动性好,易于充满模板各部分,容易振捣密实;所制成的混凝土内部质地均匀致密,强度和耐久性均能保证。因此,工作性是混凝土的重要性质之一。

2. 新拌混凝土工作性的测定方法

截至目前,国际上还没有一种能够全面表征新拌混凝土工作性的测定方法,按《公路工程水泥及混凝土试验规程》(JTG E30—2005)规定,混凝土拌和物的稠度试验方法有坍落度法与维勃稠度法。

(1)坍落度试验。坍落度的测定是将混凝土拌和物按规定的方法装入标准截头圆锥筒内,将筒垂直提起后,拌和物在自身质量作用下会产生坍落现象,如图 3-2 所示,坍落的高度(以 mm 计)称为坍落度。坍落度越大,表明流动性越大。按坍落度大小,将混凝土拌和物分为干硬性混凝土(坍落度小于 10 mm)、塑性混凝土(坍落度为 10 ~ 100 mm)、流动性混凝土(坍落度为 100 ~ 150 mm)、大流动性混凝土(坍落度≥160 mm)。

本方法适用于集料最大粒径不大于 31.5 mm、坍落度为 10 ~ 100 mm 的塑性混凝土拌和物稠度测定;进行坍落度试验同时,应观察混凝土拌和物的黏聚性、保水性和含砂情况等,以便综合地评价新拌混凝土的工作性。黏聚性的检查方法是用捣棒在已坍落的拌和物锥体一侧轻打,若轻打时锥体渐渐下沉,表示黏聚性良好;如果锥体突然倒塌、部分崩裂或发生石子离析,则表示黏聚性不好。保水性以混凝土拌和物中稀浆析出的程度评定,提起坍落度筒后,若有较多稀浆从底部析出,拌和物锥体因失浆而集料外露,则表示拌和物的保水性不好;若提起坍落筒后,无稀浆析出或仅有少量稀浆从底部析出,则表示混凝土拌和物保水性良好。

(2)维勃稠度试验。将混凝土拌和物按标准方法装入维勃稠度仪容量桶的坍落度筒内,缓慢垂直提起坍落度筒,将透明圆盘置于拌和物锥体顶面;启动振动台,用秒表测出拌和物受振摊平、振实、透明圆盘的底面完全为水泥浆所布满所经历的时间(以 s 计),即为维勃稠度,也称工作度,如图 3-3 所示。维勃稠度代表拌和物振实所需的能量,时间越短,表明拌和物越易被振实。它能较好地反映混凝土拌和物在振动作用下便于施工的性能。

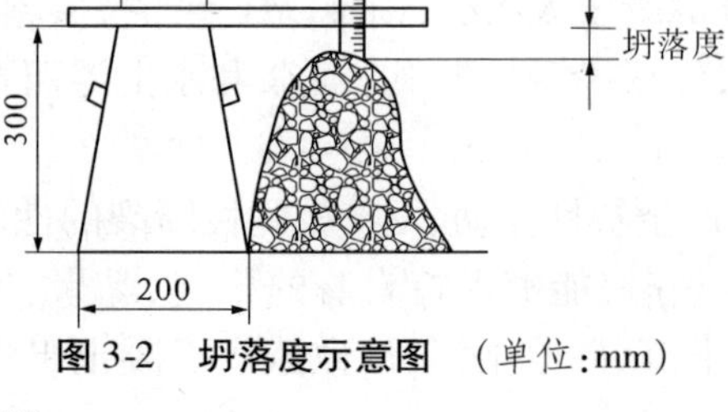

图 3-2　坍落度示意图　（单位:mm）

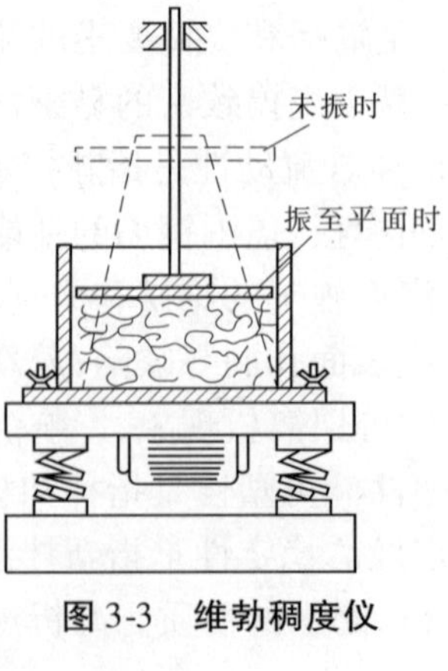

图 3-3　维勃稠度仪

3. 影响混凝土工作性的主要因素

1) 水泥浆含量

在水灰比保持不变的情况下,单位体积混凝土内水泥浆含量越多,拌和物的流动性越大;但若水泥浆过多,集料不能将水泥浆很好地保持在拌和物内,混凝土拌和物将会出现流浆、泌水现象,使拌和物的黏聚性及保水性变差,这不仅增加水泥用量,而且会对混凝土强度及耐久性产生不利影响。若水泥浆过少,则无法很好包裹集料表面及填充集料间的空隙,使得流动性变差。因此,混凝土内水泥浆的含量,以使混凝土拌和物达到要求的流动性为准,不应任意加大,同时应保证黏聚性和保水性符合要求。

2) 水泥浆稀稠

在水泥品种一定的条件下,水泥浆的稀稠取决于水灰比的大小。当水灰比较小时,水泥浆较稠,拌和物的黏聚性较好,泌水较少,但流动性较小;相反,当水灰比较大时,拌和物流动性较大但黏聚性较差,泌水较多。当水灰比小至某一极限值以下时,拌和物过于干稠,在一般施工方法下混凝土不能被浇筑密实;当水灰比大于某一极限值时,拌和物将产生严重的离析、泌水现象,影响混凝土质量。因此,为了使混凝土拌和物能够成型密实,所采用的水灰比值不能过小,为了保证混凝土拌和物黏聚性良好,所采用的水灰比值又不能过大。普通混凝土常用水灰比一般为 0.40 ~ 0.75。

3) 含砂率

砂率是指砂的质量占砂、石总质量的百分数。混凝土中的砂浆应包裹石子颗粒并填满石子空隙。砂率过小,砂浆量不足,不能在石子周围形成足够的砂浆润滑层,将降低拌和物的流动性。更主要的是,严重影响混凝土拌和物的黏聚性及保水性,使石子分离、水泥浆流失,甚至出现溃散现象。砂率过大,石子含量相对过少,集料的空隙及总表面积都较大,在水灰比及水泥用量一定的条件下,混凝土拌和物显得干稠,流动性显著降低,如图 3-4 所示;在保持混凝土流动性不变的条件下,会使混凝土的水泥浆用量显著增大,如图 3-5 所示。因此,混凝土含砂率不能过小,也不能过大,应取合理砂率。合理砂率是在水灰比及水泥用量一定的条件下,使混凝土拌和物保持良好的黏聚性和保水性并获得最大流动性的含砂率。也即在水灰比一定的条件下,当混凝土拌和物达到要求的流动性,而且具有良好的黏聚性及保水性时,水泥用量最少的含砂率,即最佳砂率。

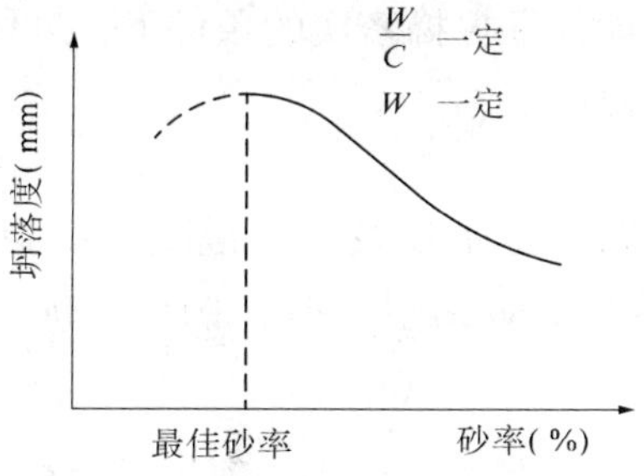

图 3-4 砂率与坍落度的关系曲线

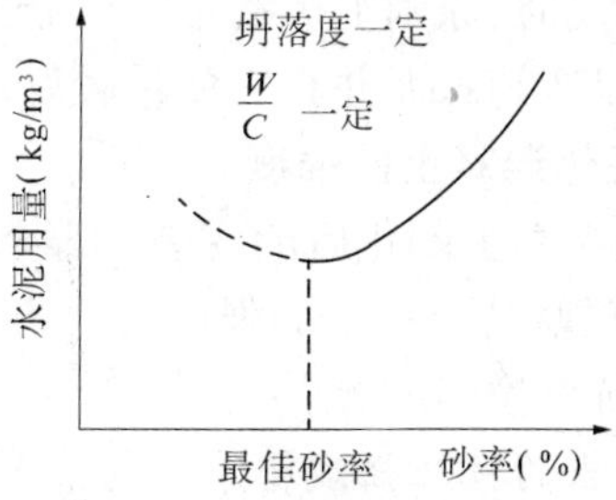

图 3-5 砂率与水泥用量的关系曲线

4) 其他因素

除上述影响因素外,拌和物的和易性还受水泥品种、掺合料品种及掺量、集料种类、粒形及级配、混凝土外加剂以及混凝土搅拌工艺和环境温度等条件的影响。

水泥需水量大者，拌和物流动性较小，使用矿渣水泥时，混凝土保水性较差；使用火山灰水泥时，混凝土黏聚性较好，但流动性较小。

掺合料的品质及掺量对拌和物的和易性有很大影响，当掺入优质粉煤灰时，可改善拌和物的和易性；当掺入质量较差的粉煤灰时，往往使拌和物流动性降低。

当粗集料的颗粒较大、粒形较圆、表面光滑、级配较好时，拌和物流动性较大。使用粗砂时，拌和物黏聚性及保水性较差；当使用细砂及特细砂时，混凝土流动性较小。混凝土中掺入某些外加剂，可显著改善拌和物的和易性。

拌和物的流动性还受气温高低、搅拌工艺以及搅拌后拌和物停置时间的长短等施工条件影响。对于掺用外加剂及掺合料的混凝土，这些施工因素的影响更为显著。

4. 混凝土拌和物工作性的选择

工程中选择新拌混凝土工作性时，应根据施工方法、结构构件截面尺寸、配筋疏密等条件，并参考有关资料及经验等来确定。

（1）公路桥涵用混凝土拌和物的工作性。应根据公路桥涵技术规范有关规定选择，实际工程施工可参照表 3-8 选用。

表 3-8　公路桥涵用混凝土拌和物的坍落度

项次	结构种类	坍落度（mm）
1	桥涵基础、墩台、挡土墙及大型制块等便于灌注捣实的结构	0 ~ 20
2	项次 1 中桥涵墩台等工程中较不便施工处	10 ~ 30
3	普通配筋的钢筋混凝土结构，如钢筋混凝土梁、板、柱等	30 ~ 50
4	钢筋较密、断面较小的钢筋混凝土结构（梁、柱、墙等）	50 ~ 70
5	钢筋配筋特密、断面高而狭小，极不便灌注捣实的特殊结构部位	70 ~ 90

（2）道路混凝土拌和物的工作性选择。水泥混凝土路面所用道路混凝土拌和物的工作性，《公路水泥混凝土路面施工技术规范》（JTG F30—2003）规定，最佳工作坍落度对于滑模摊铺机施工的碎石混凝土为 25 ~ 50 mm，卵石混凝土为 20 ~ 40 mm。

正确选择新拌混凝土的坍落度，对于保证混凝土的施工质量及节约水泥具有重要意义。在选择坍落度时，原则上应在不妨碍施工操作并能保证振捣密实的条件下，尽可能采用较小的坍落度，以节约水泥并获得质量较好的混凝土。

（二）硬化混凝土的强度

强度是混凝土硬化后的主要力学性质，《公路工程水泥及水泥混凝土试验规程》（JTG E30—2005）规定，混凝土的强度有立方体抗压强度、轴心抗压强度、圆柱体抗压强度、劈裂抗拉强度、抗弯拉强度等。

1. 混凝土的抗压强度标准值与强度等级

钢筋混凝土与预应力钢筋混凝土桥梁结构设计时，混凝土材料的强度是用强度等级作为设计依据的。在结构设计时，混凝土各种力学强度值均可由强度等级换算出，所以强度等级是混凝土各种力学强度标准值的基础。

（1）立方体抗压强度 f_{cu}。按照国家标准《普通混凝土力学性能试验方法标准》（GB/T 50081—2002），制作边长为 150 mm 的立方体试件，在标准养护（温度（20 ± 2）℃、相对湿度

95%以上)条件下,养护至28 d龄期,用标准试验方法测得的抗压强度值,称为混凝土标准立方体抗压强度。

$$f_{cu} = \frac{F}{A} \tag{3-1}$$

式中 f_{cu}——立方体抗压强度,MPa;

F——试件破坏荷载,N;

A——试件承压面积,mm^2。

以3个试件为一组,取3个试件强度的算术平均值作为每组试件的强度代表值。如按非标准尺寸试件测得的立方体抗压强度,应乘以换算系数(见表3-9),折算后的强度值作为标准试件的立方体抗压强度。

表3-9 试件尺寸换算系数

试件尺寸 长(mm)×宽(mm)×高(mm)	100×100×100	150×150×150	200×200×200
换算系数	0.95	1.0	1.05

(2)立方体抗压强度标准值$f_{cu,k}$。按《混凝土结构设计规范》(GB 50010—2010)的规定,按照标准方法制作和养护的边长为150 mm的立方体试件,在28 d龄期用标准试验方法检测其抗压强度,在抗压强度总体分布中,具有95%强度保证率的立方体试件抗压强度,称为混凝土立方体抗压强度标准值,以MPa计。

(3)强度等级。混凝土强度等级应根据其立方体抗压强度标准值来确定。强度等级用符号"C"和"立方体抗压强度标准值"表示。如"C20"表示混凝土立方体抗压强度标准值为$f_{cu,k}=20$ MPa。

《混凝土结构设计规范》(GB 50010—2010)规定,普通混凝土立方体抗压强度标准值分为C15、C20、C25、C30、C35、C40、C45、C50、C55、C60、C65、C70、C75、C80等14个等级。不同结构物类型用水泥混凝土要求的最低强度等级列于表3-10。

表3-10 混凝土强度等级要求

结构物类型	混凝土强度等级
钢筋混凝土结构	不应低于C15;当采用HRB335级钢筋时,不宜低于C20;当采用HRB400级钢筋以及承受反复荷载作用的构件,不宜低于C20
预应力钢筋混凝土结构	不应低于C30;当采用钢绞线、钢丝、热处理钢筋做预应力钢筋时,不宜低于C40

采用标准试验方法在标准条件下测定混凝土的强度是为了使不同地区、不同时间的混凝土具有可比性。在实际的混凝土工程中,为了说明某一工程中混凝土实际达到的强度,常把试块放在与该工程相同的环境中养护(简称同条件养护),按需要的龄期进行测试,作为现场混凝土质量控制的依据。

2. 混凝土的轴心抗压强度f_{cp}

确定混凝土强度等级时采用的是立方体试件,但实际工程中钢筋混凝土结构形式大部分是棱柱体和圆柱体型。为使测得的混凝土强度接近混凝土结构的实际情况，在钢筋混凝土的结构计算中，计算轴心受压构件时，都是采用混凝土的轴心抗压强度作为依据的。

《公路工程水泥及水泥混凝土试验规程》（JTG E30—2005）规定，采用 150 mm × 150 mm × 300 mm 的棱柱体作为标准试件来测定轴心抗压强度。

$$f_{cp} = \frac{F}{A} \tag{3-2}$$

式中 f_{cp}——混凝土的轴心抗压强度，MPa；

F——试件破坏荷载，N；

A——试件承压面积，mm^2。

3. 混凝土的劈裂抗拉强度 f_{ts}

混凝土在直接受拉时，遇到很小的变形就会开裂，且断裂时没有残余变形，是一种脆性破坏。混凝土的抗拉强度只有抗压强度的 1/20 ~ 1/10，且随着混凝土抗压强度的提高，比值有所下降。因此，混凝土在工作时一般不依靠其抗拉强度，但抗拉强度对于防止开裂具有重要的意义。在结构设计中，抗拉强度是确定混凝土抗裂度指标的重要依据。混凝土的劈裂抗拉强度按式（3-3）计算：

$$f_{ts} = \frac{2F}{\pi A} = 0.637\frac{F}{A} \tag{3-3}$$

式中 f_{ts}——混凝土立方体试件劈裂抗拉强度，MPa；

F——试件破坏荷载，N；

A——试件劈裂面面积，mm^2。

4. 混凝土的抗弯拉强度 f_f

道路路面或机场跑道面用水泥混凝土，以抗弯拉强度（或称抗折强度）为主要强度指标。根据《公路水泥混凝土路面设计规范》（JTG D40—2002）规定，不同交通量等级的水泥混凝土抗弯拉强度标准值见表 3-11。

表 3-11 路面水泥混凝土抗弯拉强度标准值

交通等级	特重	重	中等	轻
抗弯拉强度标准值（MPa）	5.0	5.0	4.5	4.0

道路水泥混凝土抗弯拉强度是以标准方法制备 150 mm × 150 mm × 550 mm 的梁形试件，在标准条件下养护 28 d 后，按三分点加载方式（见图 3-6），测定其抗弯拉强度 f_f，按式（3-4）计算：

$$f_f = \frac{FL}{bh^2} \tag{3-4}$$

式中 f_f——混凝土抗弯拉强度，MPa；

F——试件破坏荷载，N；

L——支座间距，mm；

b——试件宽度，mm；

h——试件高度，mm。

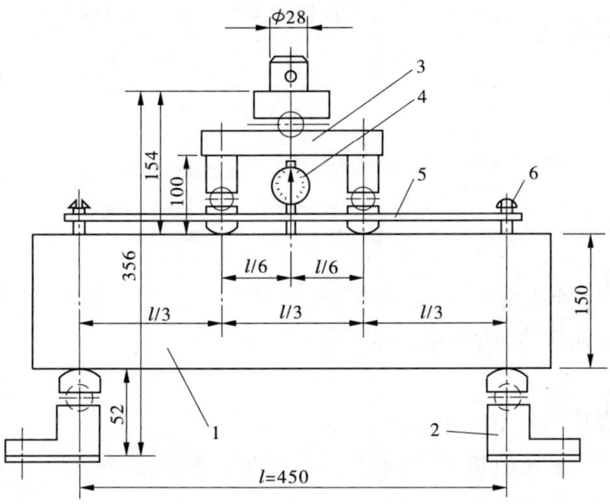

1—试块;2—支座;3—加荷支座;4—千分表;5—千分表架;6—螺杆

图 3-6　混凝土抗弯拉强度

5. 影响混凝土抗压强度的因素

影响混凝土抗压强度的因素很多,包括原材料的质量、材料用量之间的比例关系、施工方法(拌和、运输、浇筑、养护)以及试验条件(龄期、试件形状与尺寸、试验方法、温度及湿度)等。

1)水泥强度等级和水灰比。

水泥是混凝土中的活性组成,其强度的大小直接影响混凝土强度的高低。在配合比相同的条件下,所用的水泥强度等级越高,配制的混凝土强度也越高。当用同一种水泥(品种及强度等级相同)时,混凝土的强度主要取决于水灰比,水灰比越大,混凝土的强度越低。这是因为水泥水化时所需的化学结合水一般只占水泥质量的 23% 左右,但在实际拌制混凝土时,为了获得必要的流动性,常需要加入较多的水(占水泥质量的 40% ~70%)。多余的水分残留在混凝土中形成水泡,蒸发后形成气孔,使混凝土密实度降低,强度下降。水灰比大,则水泥浆稀,硬化后的水泥石与集料黏结力差,混凝土的强度也越低。但是,如果水灰比过小,拌和物过于干硬,在一定的捣实成型条件下,无法保证浇筑质量,混凝土中将出现较多的蜂窝、孔洞,强度也将下降。

根据混凝土试验研究和工程实践经验,水泥的强度、水灰比、混凝土强度之间的线性关系可用以下经验公式(强度公式)表示:

$$f_{cu} = Af_{ce}\left(\frac{C}{W} - B\right) \tag{3-5}$$

式中　f_{cu}——混凝土 28 d 立方体抗压强度,MPa;

f_{ce}——水泥 28 d 抗压强度实测值,MPa;

C/W——灰水比;

A、B——回归系数,与集料品种、水泥品种等因素有关。

按《普通混凝土配合比设计规程》(JGJ 55—2000)规定,混凝土强度公式的回归系数见表 3-12。

表 3-12　混凝土强度公式的回归系数 A、B(JGJ 55—2000)

集料类别	回归系数	
	A	B
碎石	0.46	0.07
卵石	0.48	0.33

一般水泥厂为了保证水泥的出厂强度等级,其实际强度往往比其强度等级要高。当无法取得水泥 28 d 抗压强度实测值时,可用下式估算:

$$f_{ce} = \gamma_c f_{ce,k} \tag{3-6}$$

式中　$f_{ce,k}$——水泥强度等级值,MPa;

γ_c——水泥强度等级值的富余系数,可按实际统计资料确定,无资料时可取 1.0 ~ 1.13。

f_{ce}——水泥实际强度值,MPa。

强度公式可解决两个问题:一是混凝土配合比设计时,估算应采用的 W/C 值;二是在混凝土质量控制过程中,估算混凝土 28 d 可以达到的抗压强度。

2)养护温度与湿度

混凝土拌和物浇筑成型后,必须保持适当的温度与湿度,使水泥充分水化,以保证混凝土强度不断提高。

所处的环境温度对混凝土的强度影响很大。混凝土的硬化在于水泥的水化作用,周围温度升高,水泥水化速度加快,混凝土强度发展也就加快。反之,当温度降低时,水泥水化速度降低,混凝土强度发展将相应迟缓。当温度降至冰点以下时,混凝土的强度停止发展,并且由于孔隙内水分结冰而引起膨胀,使混凝土的内部结构遭受破坏。混凝土早期强度低,更容易冻坏。

所处的环境湿度适当时,水泥水化能顺利进行,混凝土强度得到充分发展。如果湿度不够,会影响水泥水化作用的正常进行,甚至停止水化。这不仅严重降低混凝土的强度,而且水化作用未能完成,使混凝土结构疏松,渗水性增大或形成干缩裂缝,从而影响其耐久性。

因此,混凝土成型后一定时间内必须保持周围环境有一定的温度和湿度,使水泥充分水化,以保证获得较好质量的混凝土。

3)硬化龄期

混凝土在正常养护条件下,其强度将随着龄期的增长而增长。最初 7 ~ 14 d 内,强度增长较快,28 d 达到设计强度,以后增长缓慢,但若保持足够的温度和湿度,强度的增长将延续几十年。普通水泥制成的混凝土,在标准条件下,混凝土强度的发展大致与其龄期的对数成正比(龄期不小于 3 d),如式(3-7)所示:

$$f_{cu,n} = f_{28}\frac{\lg n}{\lg 28} \tag{3-7}$$

式中　$f_{cu,n}$——$n(n \geqslant 3)$ d 龄期混凝土的抗压强度,MPa;

f_{28}——28 d 龄期混凝土的抗压强度,MPa。

4)集料的种类与级配

集料中有害杂质过多且品质低劣时,将降低混凝土的强度。集料表面粗糙,则与水泥石的黏结力较大，混凝土强度高。集料级配好、砂率适当，能组成密实的骨架，混凝土强度也较高。

5）施工工艺

混凝土的施工工艺包括配料、拌和、运输、浇筑、振捣、养护等工序，每一道工序对其质量都有影响。若配料不准确、搅拌不均匀、拌和物运输过程中产生离析、振捣不密实、养护不充分等，均会降低混凝土强度。因此，在施工过程中，一定要严格遵守施工规范，确保混凝土的强度。

6. 提高混凝土强度的措施

（1）采用高强度等级水泥和特种水泥。为了提高混凝土强度，可采用高强度等级水泥，对于紧急抢修工程、桥梁拼装接头、严寒条件下的施工以及其他要求早期强度高的结构物，则采用特种水泥配制混凝土。

（2）采用低水灰比和浆集比。采用低水灰比混凝土拌和物，可以减少混凝土中的游离水，从而减少混凝土中的孔隙，提高混凝土的密实度和强度。降低浆集比，减小水泥浆层的厚度，充分发挥集料的骨架作用，对提高混凝土的强度也有一定的作用。

（3）采用蒸汽养护和蒸压养护。蒸汽养护是将混凝土放在低于 100 ℃的常压蒸汽中养护，一般混凝土经过 16 ~ 20 h 蒸汽养护后，其强度可达正常养护条件下养护 28 d 强度的 70% ~ 80%。蒸汽养护最适宜的温度随水泥的品种而异。用普通水泥时，最适宜的养护温度为 80 ℃左右，而采用矿渣和火山灰水泥时，则为 90 ℃左右。蒸压养护是将浇筑完的混凝土构件静停 8 ~ 10 h 后，放入蒸压釜内，通入高压（不小于 8 个大气压）、高温（不低于 175 ℃）饱和蒸汽中进行养护。在高温高压蒸汽下，水泥水化时析出的氢氧化钙不仅能充分与活性的氧化硅结合，且能与结晶状态的氧化硅结合而生成含水硅酸盐结晶，从而加速水泥的水化与硬化，提高混凝土的强度。

（4）采用机械搅拌和机械振捣。混凝土拌和物在强力搅拌和振捣作用下，水泥浆的凝聚结构暂时受到破坏，从而降低了水泥浆的黏度及集料间的摩擦阻力，使拌和物能更好地充满模型并均匀密实，使混凝土的强度得到提高。

（5）掺加外加剂。在混凝土中掺加早强剂，可提高混凝土的早期强度；掺加减水剂，可在不改变混凝土流动性的条件下减小水灰比，从而提高混凝土的强度。

（三）混凝土的变形

混凝土在硬化后和使用过程中，受各种因素影响而产生变形，包括在非荷载作用下的化学收缩、干湿变形、温度变形以及荷载作用下的弹、塑性变形和徐变。这些变形是使混凝土产生裂缝的重要原因之一，直接影响混凝土的强度和耐久性。

1. 非荷载作用变形

1）化学收缩（水化收缩）

混凝土在硬化过程中，水泥水化产物的体积小于水化前反应物的体积，致使混凝土产生收缩，这种收缩称为化学收缩。收缩量随混凝土硬化龄期的延长而增加，一般在 40 d 后渐趋稳定。化学收缩是不能恢复的，一般对结构没有什么影响。

2）干湿变形

干湿变形主要表现为湿胀干缩。当混凝土在水中或潮湿条件下养护时，会引起微小膨胀。当混凝土在干燥空气中硬化时，会引起干缩。混凝土的收缩值较膨胀值大，当混凝土产生干缩后即使长期再置于水中，仍有残余变形，残余收缩为收缩量的30% ~60%。在一般工程设计中，通常采用混凝土的线收缩值为1.5×10^{-2} ~ 2.0×10^{-2} m/m。

湿胀变形量很小，一般无破坏作用。但干缩变形对混凝土的危害较大，它可使混凝土表面出现较大拉应力而导致开裂，使混凝土的耐久性严重降低。因此，应通过调节集料级配、增大粗集料的粒径和弹性模量，减少水泥浆用量，选择适当的水泥品种，以及采取振动捣实、早期养护等措施来减小混凝土的干缩变形。

3）温度变形

温度变形是指混凝土在温度升高时体积膨胀与温度降低时体积收缩的现象。混凝土与其他材料一样具有热胀冷缩现象，它的温度膨胀系数约为1.0×10^{-5} m/（m·℃），即温度升高1 ℃，每米膨胀0.01 mm。温度变化引起的热胀冷缩对大体积混凝土工程极为不利。大体积混凝土在硬化初期放出大量热量，加之混凝土又是热的不良导体，散热很慢，致使混凝土内部温度可达50 ~70 ℃而产生明显膨胀。外部混凝土温度则同大气温度一样比较低，这样就形成了内外较大的温度差，由于内部膨胀与外部收缩同时进行，便产生了很大的温度应力，从而导致混凝土产生裂缝。

因此，对大体积混凝土工程，应设法降低混凝土的发热量，如采用低热水泥、减少水泥用量、采取人工降温等措施。对于纵长的钢筋混凝土结构物，应每隔一段长度设置伸缩缝，在结构物内配置温度钢筋。

2. 荷载作用下的变形

1）弹塑性变形和弹性模量

混凝土是一种非均匀材料，属弹塑性体。在持续荷载作用下，既产生可以恢复的弹性变形ε_t，又产生不可恢复的塑性变形ε_s，其应力与应变关系见图3-7。

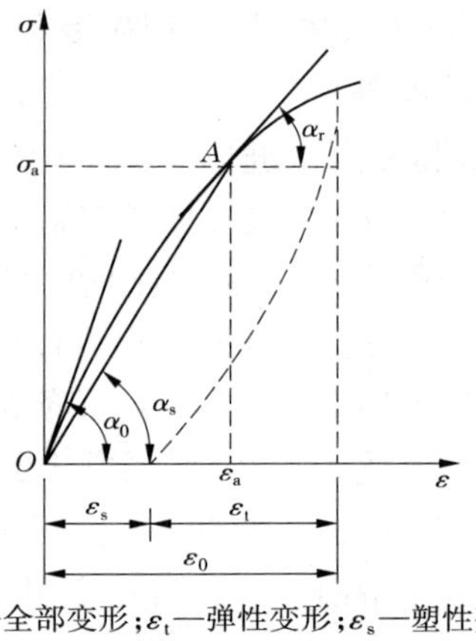

ε_0—全部变形；ε_t—弹性变形；ε_s—塑性变形

图3-7　混凝土应力—应变曲线

在应力—应变曲线上任一点的应力σ与应变ε的比值即为混凝土在该应力下的弹性模量。但混凝土在短期荷载作用下应力与应变并非线性关系，故弹性模量分为：

（1）初始弹性模量，即$\tan\alpha_0$，此值不易测准，实用意义不大。

（2）切线弹性模量，即$\tan\alpha_r$，它仅适用于很小的荷载范围。

（3）割线弹性模量，即$\tan\alpha_s$，在应力小于极限抗压强度的30% ~40%时，应力—应变曲线接近于直线。

在桥梁工程中，以应力为棱柱体极限抗压强度的40%（即$\sigma=0.4f_{cp}$）时的割线弹性模量作为混凝土的弹性模量，即

$$E_{cp}=\frac{\sigma_{(0.4f_{cp})}}{\varepsilon_e} \tag{3-8}$$

式中　E_{cp}——混凝土抗压弹性模量，MPa；

$\sigma_{(0.4f_{cp})}$——相当于棱柱体试件极限抗压强度40%的应力，MPa；

ε_e——按割线模量计的应变。

在道路路面及机场跑道工程中，水泥混凝土应测定其抗折时的平均弹性模量作为设计参数，取抗折强度50%时的加载割线模量为：

$$E_{cf} = \frac{23FL^3}{1\ 296fI} \tag{3-9}$$

式中 E_{cf}——混凝土抗折弹性模量，MPa；

F——荷载，N；

L——试件静跨，取450 mm；

f——跨中挠度，mm；

I——试件断面惯性矩，mm^4。

在路面工程中，混凝土要求有较高的抗折强度，而且要有较低的抗折弹性模量，以适应混凝土路面受荷载后有较大的变形能力。

2）徐变

混凝土在持续荷载作用下，随时间延长而增加的变形称为徐变。混凝土的变形与荷载作用时间的关系如图3-8所示。混凝土受荷后即产生瞬时变形，随着荷载持续作用时间的延长，又产生徐变变形。徐变变形初期增长较快，然后逐渐减慢，一般要延续2～3年才逐渐趋于稳定。徐变变形的极限值可达瞬时变形的2～4倍。在持荷一定时间后，若卸除荷载，部分变形可瞬时恢复，也有少部分变形在若干天内逐渐恢复，称为徐变恢复，最后留下不能恢复的变形为残余变形（即永久变形）。

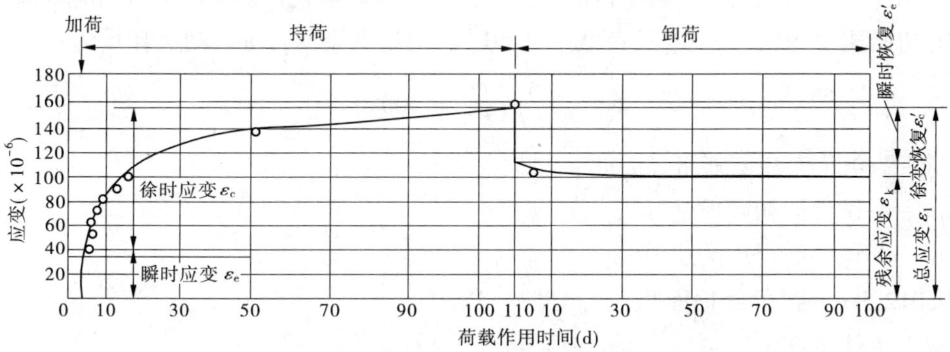

图3-8　混凝土的变形与荷载作用时间的关系

混凝土无论是受压、受拉还是受弯时，均有徐变现象。在预应力钢筋混凝土桥梁结构中，混凝土的徐变将使钢筋的预加应力受到损失；但是，徐变可消除钢筋混凝土内的应力集中，使应力较均匀地重新分布；对大体积混凝土，徐变能消除一部分由于温度变形所产生的破坏应力。

混凝土的徐变，一般认为是由于水泥石中凝胶体在持续荷载作用下的黏性流动，并向毛细孔中移动的结果。集料能阻碍水泥石的变形，起减小混凝土徐变的作用。由此可得如下关系：当水灰比较大时，徐变也较大；水灰比相同，用水量较大（即水泥浆量较多）的混凝土，徐变较大；集料级配好，最大粒径大，弹性模量也较大时，混凝土徐变较小；当混凝土在较早龄期受荷时，产生的徐变较大。

（四）混凝土的耐久性

道路与桥梁工程用水泥混凝土除要满足前述的工作性和强度要求外，还要求具有良好的耐久性。对道路与桥梁建筑用混凝土，由于无遮盖而裸露在大气中，长期受风霜雨雪的侵蚀，因此耐久性的要求首先是抗冻性；其次对道路混凝土，因受到车辆轮胎的作用，还要求其具有耐磨性；桥梁墩台混凝土受海水或污水的侵蚀，还要求具有抗化学侵蚀的耐蚀性。此外，近年来碱－集料反应对高速公路及桥梁的破坏，也引起了人们的关注。

1. 抗冻性

混凝土的抗冻性是指混凝土在含水饱和状态下能经受多次冻融循环而不破坏，同时强度也不严重降低的性能。为评价混凝土的抗冻性，采用抗冻性能试验方法。我国现行标准《公路工程水泥及水泥混凝土试验规程》(JTG E30—2005)规定采用“快冻法”。该方法是指 100 mm×100 mm×400 mm 棱柱体混凝土试件，经 28 d 的试件吸水饱和后，于 −17 ℃和 5 ℃条件下快速冻结和融化循环。当冻融至 300 次，或相对弹性模量下降至 60% 以下，或质量变化率达到 5% 时，即停止试验。此时的循环次数即为混凝土的抗冻等级。混凝土的抗冻等级为 F50、F100、F150、F200、F300、F400 等六个等级，相应表示混凝土抗冻性试验能经受 50、100、150、200、300、400 次的冻融循环。

2. 耐磨性

耐磨性是路面和桥梁用混凝土的重要性能之一。作为高级路面的水泥混凝土，必须具备抵抗车辆轮胎磨耗和磨光的性能。作为大型桥梁的墩台用水泥混凝土具有抵抗湍流空蚀的能力。混凝土耐磨性评价，按我国现行标准《公路工程水泥及水泥混凝土试验规程》(JTG E30—2005)规定：是以 150 mm×150 mm×150 mm 立方体试件，养护至 28 d 龄期，在(60 ± 5) ℃烘箱中烘干至恒重，放至耐磨试验机上，在 200 N 荷载下磨 30 转，记下相应质量 m_1 作为试件的初始质量，然后在 200 N 荷载下磨 60 转，记录剩余质量 m_2，则磨耗量为：

$$G_c = \frac{m_1 - m_2}{0.0125} \times 100\% \tag{3-10}$$

式中　G_c——单位面积磨耗量，kg/m²；

m_1——试件的初始质量，kg；

m_2——试件磨损后的质量，kg；

0.012 5——试件磨损面积，m²。

3. 碱－集料反应

水泥混凝土的碱－集料反应是指水泥中的碱(Na_2O 和 K_2O)与集料中的活性 SiO_2 发生反应，使混凝土发生不均匀膨胀，造成裂缝、强度下降甚至破坏等不良现象，这种反应称为碱－集料反应。这种反应会导致高速公路路面或大型桥梁墩台的开裂和破坏，并且这种破坏会继续发展下去，难以补救，因此引起世界各国的普遍关注。近年来，我国水泥含碱量的增加、水泥用量的提高、含碱外加剂的普遍应用，增加了碱－集料反应破坏的潜在危险，故对混凝土用砂石料的碱活性问题应引起重视。

碱－集料反应常见的有两种类型：①碱－硅反应，是指碱与集料中的活性 SiO_2 发生反应；②碱－碳酸盐反应，是指碱与集料中活性碳酸盐发生反应。

碱－集料反应机理甚为复杂，而且影响因素较多，但是发生碱－集料反应必须具备三个条件：①混凝土中的集料具有活性；②混凝土中含有可溶性碱；③有一定的湿度。

为防止碱－硅反应的危害，按现行规范规定：①应使用碱含量小于 0.6% 的水泥或采用抑制碱－集料反应的掺合料；②当使用 K^+、Na^+ 外加剂时，必须专门试验。

4. 混凝土的碳化

混凝土的碳化作用是空气中二氧化碳与水泥石中的氢氧化钙作用,生成碳酸钙和水的过程,又称混凝土的中性化。碳化过程是二氧化碳由表及里向混凝土内部逐渐扩散的过程。碳化引起水泥石化学组成发生变化,使混凝土碱度降低,减弱了对钢筋的保护作用导致钢筋锈蚀;碳化还将显著增加混凝土的收缩,降低混凝土抗拉、抗弯强度。但碳化可使混凝土的抗压强度增大。其原因是碳化放出的水分有助于水泥的水化作用,而且碳酸钙减少了水泥石内部的孔隙。

提高混凝土抗碳化能力的措施有:减小水灰比,掺入减水剂或引气剂,保证混凝土保护层的厚度及质量,充分湿养护等。

5. 混凝土的抗侵蚀性

当混凝土所处的环境水有侵蚀性时,必须对侵蚀问题予以重视。环境侵蚀主要是指对水泥石的侵蚀,如淡水侵蚀、酸碱侵蚀等。提高混凝土的抗侵蚀性的主要方法为选用合适的水泥品种与提高混凝土的密实度。

三、普通水泥混凝土的配合比设计

混凝土配合比是指混凝土中各组成材料(水泥、水、砂、石)用量之间的比例关系。常用的表示方法有两种:①以 1 m^3 混凝土中各项材料的质量来表示,如 1 m^3 混凝土中水泥 300 kg、水 180 kg、砂子 720 kg、石子 1 200 kg;②以各项材料相互间的质量比来表示。将上例换算成质量比为水泥: 砂子: 石子 =1: 2. 4: 4,水灰比 =0. 60。

设计混凝土配合比的任务,就是要根据原材料的技术性能及施工条件,确定出能满足工程所要求的各项技术指标并符合经济原则的各项组成材料的用量。

(一)混凝土配合比设计的基本要求

(1)满足混凝土结构设计所要求的强度等级。

(2)满足施工所要求的混凝土拌和物的施工工作性。

(3)满足混凝土的耐久性。

(4)在满足各项技术性质的前提下,使各组材料经济合理,尽量做到节约水泥和降低混凝土成本。

(二)混凝土配合比设计的技术资料

(1)设计要求的混凝土强度等级,施工单位的管理水平。

(2)工程所处的环境和设计对混凝土耐久性的要求。

(3)混凝土所处的部位、结构构造情况、施工条件等。

(4)原材料的品质及技术性能指标,如水泥品种及强度等级、密度等,砂的细度模数及级配,石子种类、最大粒径及级配,是否掺用外加剂及掺合料等。

(三)混凝土配合比设计的三大参数

由水泥、水、粗集料、细集料组成的普通水泥混凝土配合比设计,实际上就是确定水泥、水、砂、石这四种基本组成材料的用量。其中可用水灰比、砂率、单位用水量三个重要参数来反映四种材料之间的相互关系。

1. 水灰比(W/C)

水灰比是混凝土中水与水泥质量的比值,是影响混凝土强度和耐久性的主要因素。其确定原则是在满足强度和耐久性的前提下,尽量选择较大值,以节约水泥。

2. 砂率(β_s)

砂率是指砂子质量占砂、石总质量的百分率。砂率是影响混凝土拌和物和易性的重要指标。砂率的确定原则是在保证混凝土拌和物黏聚性和保水性要求的前提下,尽量取较小值。

3. 单位用水量(m_{w0})

单位用水量是指 1 m^3 混凝土的用水量,反映混凝土中水泥浆与集料之间的比例关系。在混凝土拌和物中,水泥浆的多少显著影响混凝土的和易性,同时影响其强度和耐久性。其确定原则是在达到流动性要求的前提下取较小值。

(四)混凝土配合比设计的基本原理

1. 绝对体积法

绝对体积法假定混凝土拌和物的体积等于各组成材料绝对体积及拌和物中所含空气的体积之和。

2. 假定表观密度法

如果原材料比较稳定,可先假设混凝土的表观密度为一定值,混凝土拌和物各组成材料的单位用量之和,即为其表观密度。通常普通水泥混凝土的表观密度为 2 350 ~ 2 450 kg/m^3。

(五)混凝土配合比设计的方法与步骤

1. 计算混凝土初步配合比

1)确定混凝土配制强度($f_{cu,0}$)

为使所配制的混凝土具有必要的强度保证率(即 $P=95\%$),混凝土的强度必须大于其标准值,即

$$f_{cu,0}=f_{cu,k}+1.645\sigma \tag{3-11}$$

式中 $f_{cu,0}$——混凝土的配制强度,MPa;

$f_{cu,k}$——设计要求的混凝土强度等级,MPa;

σ——由施工单位管理水平确定的混凝土强度标准差,MPa。

当施工单位具有近期的同一品种混凝土强度资料时,其混凝土强度标准差为:

$$\sigma=\sqrt{\frac{\sum_{i=1}^{n}(f_{cu,i}-\bar{f}_{cu})^2}{n-1}} \tag{3-12}$$

式中 n——统计周期内相同等级的试件组数,$n \geqslant 25$ 组;

$f_{cu,i}$——第 i 组试件的立方体抗压强度值,MPa;

$\bar{f}_{cu}$——n 组混凝土试件立方体抗压强度平均值,MPa。

混凝土强度标准差 σ 取决于混凝土生产过程中的质量管理水平,它应根据施工单位历史资料计算得出,当施工单位无统计资料时,可根据要求的混凝土强度等级参考表 3-13 取值。

表 3-13　混凝土强度标准差 σ 值

混凝土强度等级(MPa)	<C20	C20～C35	>C35
强度标准差 σ(MPa)	4.0	5.0	6.0

注:采用本表时,施工单位可根据实际情况,对 σ 值作适当调整。

2)计算水灰比(W/C)

(1)按强度要求计算水灰比。根据已测定的水泥实际强度 f_{ce}(或选用的水泥强度等级 $f_{ce,g}$)、粗集料种类及所要求的混凝土配制强度 $f_{cu,0}$,按混凝土强度经验公式计算水灰比,则有

$$f_{cu,0} = Af_{ce}\left(\frac{C}{W} - B\right) \tag{3-13}$$

式中　$f_{cu,0}$——混凝土的配制强度,MPa;

f_{ce}——水泥 28 d 抗压强度实测值,MPa;

C/W——灰水比;

A、B——回归系数,与集料品种、水泥品种等因素有关,可按表 3-12 选用。

由式(3-13)得:

$$\frac{W}{C} = \frac{Af_{ce}}{f_{cu,0} + ABf_{ce}} \tag{3-14}$$

(2)按耐久性要求进行水灰比校核。按式(3-14)计算所得的水灰比是按强度要求计算得到的结果,在确定水灰比时,还应根据混凝土所处的环境条件、耐久性要求的允许最大水灰比(见表 3-14)进行校核。当按强度计算的水灰比小于耐久性要求的水灰比时,则采用按强度计算的水灰比;反之,则采用满足耐久性要求的允许最大水灰比。

表 3-14　混凝土的最大水灰比和最小水泥用量

环境条件		结构物类别	最大水灰比			最小水泥用量(kg)		
			素混凝土	钢筋混凝土	预应力混凝土	素混凝土	钢筋混凝土	预应力混凝土
干燥环境		正常的居住或办公用房屋内部件	不作规定	0.65	0.60	200	260	300
潮湿环境	无冻害	(1)高湿度的室内部件 (2)室外部件在非侵蚀性土和(或)水中的部件	0.70	0.60	0.60	225	280	300
潮湿环境	有冻害	(1)经受冻害的室外部件 (2)在非侵蚀性土和(或)水中且经受冻害的部件 (3)高湿度且经受冻害的室内部件	0.55	0.55	0.55	250	280	300
有冻害和除冰剂环境		经受冻害和除冰剂作用的室内部件与室外部件	0.50	0.50	0.50	300	300	300

3）确定单位用水量（m_{w0}）

根据粗集料的品种、数量、最大粒径及施工要求的混凝土拌和物的坍落度或维勃稠度值选择1 m^3 混凝土拌和物的用水量。一般可根据施工单位对所用材料的经验选定。若使用经验不足，可参照表3-15选取。

表3-15 混凝土的用水量选用 （单位：kg/m^3）

项目	指标	卵石最大粒径（mm）				碎石最大粒径（mm）			
		9.5	19.0	31.5	37.5	16.0	19.0	31.5	37.5
坍落度（mm）	10～30	190	170	160	150	200	185	175	165
	35～50	200	180	170	160	210	195	185	175
	55～70	210	190	180	170	220	205	195	185
	75～90	215	195	185	175	230	215	205	195
维勃稠度（s）	16～20	175	160	150	145	180	170	160	155
	11～15	180	165	155	150	185	175	165	160
	5～10	185	170	160	155	190	180	170	165

注：1. 本表用水量是采用中砂时的平均值；采用细砂时，1 m^3 混凝土用水量可增加5～10 kg；采用粗砂时，则可减少5～10 kg。

2. 掺用外加剂或掺合料时，用水量应作相应调整。

3. 本表不适于水灰比小于0.4或大于0.8时的混凝土。

4）计算单位水泥用量（m_{c0}）

首先根据已选定的单位用水量（m_{w0}）和水灰比（W/C）值，可由下式求出水泥用量：

$$m_{c0} = \frac{m_{w0}}{W/C} \tag{3-15}$$

再根据结构使用环境条件和耐久性要求，查表3-14，确定混凝土最小的水泥用量，最后取两值中大者作为1 m^3 混凝土的水泥用量。

5）确定合理砂率（β_s）

确定砂率的原则应是砂的体积填满粗集料的空隙体积，并略有富余。由于砂率对混凝土拌和物的工作性影响很大，对于大型混凝土工程，应通过现场试验确定合理砂率。一般可根据粗集料的品种与最大粒径以及混凝土的水灰比参照表3-16选取。

表3-16 混凝土的砂率选用 （%）

水灰比	卵石最大粒径（mm）			碎石最大粒径（mm）		
	9.5	19.5	37.5	16.0	19.0	37.5
0.40	26～32	25～31	24～30	30～35	29～34	27～32
0.50	30～35	29～34	28～33	33～38	32～37	30～35
0.60	33～38	32～37	31～36	36～41	35～40	33～38
0.70	36～41	35～40	34～39	39～44	38～43	36～41

注：1. 本表数值是中砂的选用砂率，对细砂或粗砂，砂率可相应地减少或增大。

2. 本表适用于坍落度为10～60 mm的混凝土。对坍落度大于60 mm的混凝土，应在本表的基础上，按坍落度每增大20 mm、砂率增大1%的幅度予以调整。

3. 只用一个单粒级粗集料配制混凝土，砂率应适当增大。

4. 对薄壁构件砂率取偏大值。

5. 掺有各种外加剂或掺合料时，其合理砂率应经试验或参照其他有关规定确定。

6）计算粗、细集料单位用量（m_{s0}、m_{g0}）

在已知砂率的情况下，粗、细集料用量可用质量法或体积法求得。

（1）质量法。又称假定表观密度法，假定混凝土拌和物的表观密度为固定值，混凝土拌和物各组成材料的单位用量之和即为其表观密度。粗、细集料单位用量可按下式计算：

$$\begin{cases} m_{c0} + m_{s0} + m_{g0} + m_{w0} = \rho_{cp} \times 1\ \mathrm{m}^3 \\ \dfrac{m_{s0}}{m_{s0} + m_{g0}} \times 100\% = \beta_s \end{cases} \tag{3-16}$$

式中 ρ_{cp}——混凝土拌和物的假定表观密度，kg/m³，其值可根据施工单位积累的试验资料确定，当缺乏资料时，可根据集料的表观密度、最大粒径以及混凝土强度等级在 2 260～2 450 kg/m³ 范围内选定，也可参考表 3-17 选取；

m_{c0}——1 m³ 混凝土的水泥的质量，kg；

m_{s0}——1 m³ 混凝土的砂的质量，kg；

m_{g0}——1 m³ 混凝土的石子的质量，kg；

m_{w0}——1 m³ 混凝土的水的质量，kg。

表 3-17　混凝土假定表观密度参考值

混凝土强度等级	C15	C20～C30	＞C35
混凝土假定表观密度（kg/m³）	2 300～2 350	2 350～2 400	2 450

（2）体积法。又称绝对体积法。假定混凝土拌和物的体积等于各组成材料绝对体积及拌和物中所含空气的体积之和，粗、细集料单位用量可按下式计算：

$$\begin{cases} \dfrac{m_{s0}}{m_{s0} + m_{g0}} \times 100\% = \beta_s \\ \dfrac{m_{c0}}{\rho_c} + \dfrac{m_{w0}}{\rho_w} + \dfrac{m_{g0}}{\rho'_g} + \dfrac{m_{s0}}{\rho'_s} + 0.01a = 1 \end{cases} \tag{3-17}$$

式中 ρ_c、ρ_w——水泥、水的密度，kg/m³；

ρ'_s、ρ'_g——砂、石的堆积密度，kg/m³；

a——混凝土含气量百分数，在不使用引气剂外加剂时，可选取 $a=1$。

通过以上六个步骤计算，可将水泥、水、粗集料、细集料的用量全部求出，得到初步配合比，而以上各项计算结果多数利用经验公式或经验资料获得，因此配合比所制得的混凝土不一定符合实际要求，应对配合比进行试配、调整和确定。

2. 试拌调整提出基准配合比

采用工程中实际采用的原材料及搅拌方法，按初步配合比计算出配制 15～30 L 混凝土的材料用量，拌制成混凝土拌和物。首先通过试验测定坍落度，同时观察黏聚性和保水性。若不符合要求，应进行调整。调整原则如下：若流动性太大，可在砂率不变的条件下，适当增加砂、石用量；若流动性太小，应在保持水灰比不变的条件下，增加适量的水和水泥；当黏聚性和保水性不良时，实质上是混凝土拌和物中砂浆不足或砂浆过多，可适当增大砂率或适当降低砂率，调整到和易性满足要求时为止。当试拌调整工作完成后，应测出混凝土拌和物的表观密度（ρ_{cp}），重新计算出 1 m³ 混凝土的各项材料用量，即为供混凝土强度试验用的基准配合比。

设调整和易性后试配 15 ~ 30 L 混凝土的材料用量为水 m_{wb}、水泥 m_{cb}、砂 m_{sb}、石子 m_{gb}，则基准配合比为：

$$
\begin{cases}
m_{wJ} = \dfrac{\rho_{cp} \times 1\ \text{m}^3}{m_{wb} + m_{cb} + m_{sb} + m_{gb}} m_{wb} \\
m_{cJ} = \dfrac{\rho_{cp} \times 1\ \text{m}^3}{m_{wb} + m_{cb} + m_{sb} + m_{gb}} m_{cb} \\
m_{sJ} = \dfrac{\rho_{cp} \times 1\ \text{m}^3}{m_{wb} + m_{cb} + m_{sb} + m_{gb}} m_{sb} \\
m_{gJ} = \dfrac{\rho_{cp} \times 1\ \text{m}^3}{m_{wb} + m_{cb} + m_{sb} + m_{gb}} m_{gb}
\end{cases}
\tag{3-18}
$$

式中 m_{wJ}——基准配合比混凝土 1 m^3 的用水量，kg；

m_{cJ}——基准配合比混凝土 1 m^3 的水泥用量，kg；

m_{sJ}——基准配合比混凝土 1 m^3 的细集料用量，kg；

m_{gJ}——基准配合比混凝土 1 m^3 的粗集料用量，kg；

ρ_{cp}——混凝土拌和物毛体积密度实测值，kg/m^3。

经过和易性调整试验得出的混凝土基准配合比，满足了和易性的要求，但其水灰比不一定选用恰当，混凝土的强度不一定符合要求，故应对混凝土强度进行复核。

3. 检验强度，确定实验室配合比

采用三个不同水灰比的配合比，其中一个是基准配合比，另两个配合比的水灰比则分别比基准配合比增加及减少 0.05，其用水量与基准配合比相同，砂率值可分别增加或减少 1%。每种配合比至少制作一组(3 块)试件，每一组都应检验相应配合比拌和物的和易性及测定毛体积密度，其结果代表这一配合比的混凝土拌和物的性能，将试件标准养护至 28 d 时，进行强度试验。

由试验所测得的混凝土强度与相应的灰水比作图或计算，求出与混凝土配制强度($f_{cu,0}$)相对应的灰水比。最后按以下原则确定 1 m^3 混凝土拌和物的各材料用量，即为实验室配合比。

1)用水量

取基准配合比中用水量，并根据制作强度试件时测得的坍落度或维勃稠度值，进行调整确定。

2)水泥用量

以用水量乘以通过试验确定的与配制强度相对应的灰水比值。

3)粗、细集料用量

取基准配合比中的粗、细集料用量，并按定出的水灰比作适当调整。

4)强度复核之后的配合比

强度复核之后的配合比还应根据实测的混凝土拌和物的毛体积密度(ρ_{cp})作校正，以确定 1 m^3 混凝土的各材料用量。其步骤如下：

(1)计算出混凝土拌和物的计算毛体积密度 ρ_{cc}：

$$\rho_{cc} = m_c + m_w + m_s + m_g \tag{3-19}$$

(2)计算出校正系数δ:

$$\delta = \frac{\rho_{cp}}{\rho_{cc}} \tag{3-20}$$

当混凝土毛体积密度计算值与实测值之差的绝对值不超过计算值的2%时,按以上原则确定的配合比即为确定的实验室配合比;当两者之差超过2%时,应将配合比中各项材料用量乘以δ,即为确定的实验室配合比。

4. 考虑现场实际情况,确定混凝土施工配合比

混凝土的实验室配合比所用粗、细集料是以干燥状态为标准计量的,但施工现场的粗、细集料是露天堆放的,都含有一定的水分。所以,施工现场应根据集料的实际含水率情况进行调整,将实验室配合比换算为施工配合比。

假定工地测出砂的表面含水率为$a\%$,石子的表面含水率为$b\%$,设施工配合比1 m³混凝土各材料用量为m'_c、m'_s、m'_g、m'_w,则

$$\begin{cases} m'_c = m_{c,sh} \\ m'_s = m_{s,sh}(1 + a\%) \\ m'_g = m_{g,sh}(1 + b\%) \\ m'_w = m_{w,sh} - m_{s,sh}a\% - m_{g,sh}b\% \end{cases} \tag{3-21}$$

四、普通水泥混凝土的配合比设计实例

试设计某桥梁钢筋混凝土T形梁混凝土配合比设计组成(使用以抗压强度为指标的设计方法)。

【原始资料】

(1)已知混凝土设计强度等级为C30,无历史统计资料,要求混凝土拌和物坍落度为30~50 mm,桥梁所在地区为寒冷地区。

(2)组成材料:强度等级为32.5级的普通硅酸盐水泥,密度$\rho_c = 3.1\ g/cm^3$,富余系数为1.13;砂为当地河砂,细度模数$M_x = 2.7$,堆积密度$\rho'_s = 2\ 650\ kg/m^3$,工地实测含水率为3%;碎石的最大粒径为19.0 mm,堆积密度$\rho'_g = 2\ 700\ kg/m^3$,工地实测含水率为1%。

【设计要求】

(1)按题设资料计算出初始配合比。

(2)按初始配合比在实验室进行试拌,调整得出实验室配合比。

(3)根据工地实测含水率,计算施工配合比。

【设计步骤】

1. 计算初步配合比

1)确定混凝土配制强度$f_{cu,0}$

按题设条件:设计要求混凝土强度等级$f_{cu,k} = 30$ MPa,无历史统计资料,查表3-13得其强度标准差$\sigma = 5.0$ MPa,按式(3-11)计算混凝土的配制强度。

$$f_{cu,0} = f_{cu,k} + 1.645\sigma = 30 + 1.645 \times 5.0 = 38.2\ (MPa)$$

2)计算水灰比W/C

(1)按强度要求计算水灰比。

①计算水泥的实际强度。由题意已知采用强度等级为 32. 5 级的硅酸盐水泥，则 $f_{ce,k}$ = 32. 5 MPa，水泥富余系数 γ_c = 1. 13，则由式(3-6)可计算水泥的实际强度：

$$f_{ce} = \gamma_c f_{ce,k} = 1.13 \times 32.5 = 36.7(\text{MPa})$$

②计算水灰比。由表 3-12，碎石 A = 0. 46，B = 0. 07，按式(3-14)计算水灰比：

$$\frac{W}{C} = \frac{Af_{ce}}{f_{cu,0} + ABf_{ce}} = \frac{0.46 \times 36.7}{38.2 + 0.46 \times 0.07 \times 36.7} = 0.43$$

(2)按耐久性要求校核水灰比。桥梁处于寒冷地区，查表 3-14 得允许的最大水灰比为 0. 55，按强度计算的水灰比符合耐久性要求，则采用水灰比为 0. 43。

3)确定单位用水量 m_{w0}

由题意知，要求混凝土拌和物的坍落度为 30 ~ 50 mm，碎石的最大粒径为 19. 0 mm，查表 3-15 确定 1 m^3 混凝土单位用水量为：

$$m_{w0} = 195 \text{ kg/m}^3$$

4)计算单位水泥用量 m_{c0}

(1)按强度要求计算单位水泥用量。已知混凝土单位用水量 m_{w0} = 195 kg/m^3，水灰比 W/C = 0. 43，按式(3-15)计算混凝土单位水泥用量为：

$$m_{c0} = \frac{m_{w0}}{W/C} = \frac{195}{0.43} = 453(\text{kg/m}^3)$$

(2)按耐久性校核单位水泥用量。桥梁钢筋混凝土工程处于寒冷地区，查表 3-14 得满足耐久性要求的最小水泥用量为 280 kg/m^3，故采用单位水泥用量 m_{c0} = 453 kg/m^3。

5)确定砂率 β_s

根据碎石最大粒径为 19. 0 mm，水灰比 0. 43，查表 3-16，选定混凝土的砂率为 β_s = 32. 4%。

6)计算粗、细集料单位用量 m_{s0}、m_{g0}。

(1)采用体积法。由式(3-17)

$$\begin{cases} \dfrac{m_{s0}}{m_{s0} + m_{g0}} \times 100\% = \beta_s \\ \dfrac{m_{c0}}{\rho_c} + \dfrac{m_{w0}}{\rho_w} + \dfrac{m_{g0}}{\rho'_g} + \dfrac{m_{s0}}{\rho'_s} + 0.01a = 1 \end{cases}$$

得：

$$\begin{cases} \dfrac{m_{s0}}{m_{s0} + m_{g0}} = 0.324 \\ \dfrac{453}{3\,100} + \dfrac{195}{1\,000} + \dfrac{m_{g0}}{2\,700} + \dfrac{m_{s0}}{2\,650} + 0.01 = 1 \end{cases}$$

解得：m_{s0} = 565 kg/m^3，m_{g0} = 1 176 kg/m^3。

按体积法得混凝土初步配合比为：

$$m_{c0} : m_{s0} : m_{g0} = 1 : 1.25 : 2.60, \quad W/C = 0.43$$

(2)采用质量法。由式(3-16)

$$\begin{cases} m_{c0} + m_{s0} + m_{g0} + m_{w0} = \rho_{cp} \times 1 \text{ m}^3 \\ \dfrac{m_{s0}}{m_{s0} + m_{g0}} \times 100\% = \beta_s \end{cases}$$

混凝土毛体积密度选用$\rho_{cp}=2\ 400\ kg/m^3$，代入上式得：

$$\begin{cases}453+m_{s0}+m_{g0}+195=2\ 400\\ \dfrac{m_{s0}}{m_{s0}+m_{g0}}=0.324\end{cases}$$

解得：$m_{s0}=567\ kg/m^3$，$m_{g0}=1\ 185\ kg/m^3$。

按质量法得混凝土初步配合比为：

$$m_{c0}:m_{s0}:m_{g0}=1:1.25:2.62,\quad W/C=0.43$$

2. 试拌调整，确定基准配合比

(1)计算试拌材料用量。按计算初步配合比(以绝对体积法计算结果为例)试拌 15 L 混凝土拌和物，各种材料用量为：水 2.93 kg，水泥 6.80 kg，砂 8.48 kg，石 17.6 kg。

(2)检验、调整工作性，确定基准配合比。按计算材料用量拌制混凝土拌和物，测定其坍落度为 60 mm，超出题设给的施工坍落度为 30 ~ 50 mm 的要求。为此，保持水灰比不变，减少 2% 的水泥浆，重新拌和，测得坍落度为 45 mm，且黏聚性和保水性良好，满足施工工作性的要求。经调整后，满足施工工作性要求的各项材料的实际用量为：$m_{wb}=2.93\times(1-2\%)=2.87(kg)$，$m_{cb}=6.80\times(1-2\%)=6.66(kg)$，$m_{sb}=8.48\ kg$，$m_{gb}=17.6\ kg$。

同时，测得混凝土拌和物的毛体积密度为 2 400 kg/m^3，则其基准配合比为：

$$m_{cJ}=\frac{\rho_{cp}\times 1\ m^3}{m_{wb}+m_{cb}+m_{sb}+m_{gb}}m_{cb}=\frac{2\ 400}{2.87+6.66+8.48+17.6}\times 6.66=449(kg)$$

$$m_{wJ}=\frac{\rho_{cp}\times 1\ m^3}{m_{wb}+m_{cb}+m_{sb}+m_{gb}}m_{wb}=\frac{2\ 400}{2.87+6.66+8.48+17.6}\times 2.87=193(kg)$$

$$m_{sJ}=\frac{\rho_{cp}\times 1\ m^3}{m_{wb}+m_{cb}+m_{sb}+m_{gb}}m_{sb}=\frac{2\ 400}{2.87+6.66+8.48+17.6}\times 8.48=572(kg)$$

$$m_{gJ}=\frac{\rho_{cp}\times 1\ m^3}{m_{wb}+m_{cb}+m_{sb}+m_{gb}}m_{gb}=\frac{2\ 400}{2.87+6.66+8.48+17.6}\times 17.6=1\ 186(kg)$$

即
$$m_{cJ}:m_{sJ}:m_{gJ}=1:1.27:2.64,\quad W/C=0.43$$

3. 检验强度，确定实验室配合比

1)检验强度

采用水灰比分别为 0.38、0.43、0.48，拌制 3 组混凝土拌和物。其各组材料称量为：砂、石用量不变，水用量不变，分别为 8.48 kg、17.6 kg、2.87 kg；水泥根据水灰比的不同而异，计算用量分别为 7.55 kg、6.66 kg、5.98 kg。除基准配合比外，其他两组检验工作性合格。由 3 组配合比分别制作试件，养护 28 d 后测其抗压强度分别为：

$W/C=0.38$ 时，抗压强度为 41 MPa；

$W/C=0.43$ 时，抗压强度为 35 MPa；

$W/C=0.48$ 时，抗压强度为 32 MPa。

根据试验结果绘制混凝土强度与灰水比关系曲线如图 3-9 所示。由图 3-9 可知，相应于混凝土配制强度 38.2 MPa 的灰水比值为 2.55，即相应的水灰比为 0.39。

2)确定实验室配合比

(1)按强度试验结果计算配合比。符合强度要求的配合比为：用水量 $m_w=m_{wJ}=193$ kg，水泥用量 $m_c=m_w/0.39=193/0.39=495(kg)$，按混凝土拌和物毛体积密度 2 400 kg/m^3

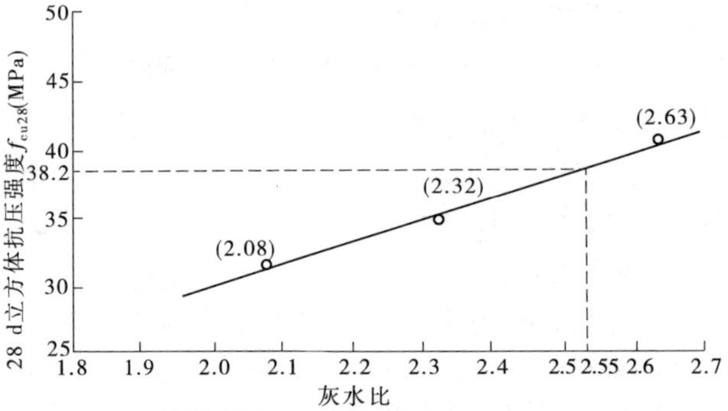

图 3-9　混凝土 28 d 抗压强度与灰水比关系曲线

重新计算砂石用量(质量法),得砂用量 $m_s=556$ kg,石子用量 $m_g=1\ 159$ kg。

(2)根据实测拌和物毛体积密度修正配合比。

计算毛体积密度：　$\rho_{cc}=m_w+m_c+m_s+m_g=2\ 403\ \text{kg/m}^3$

校正系数：　$$K=\frac{\rho_{cp}}{\rho_{cc}}=\frac{2\ 400}{2\ 403}=1.00$$

二者之差不超过计算值的 2%,故可不再进行调整。

实验室配合比为：

$$\begin{cases}m_{c,sh}=495\ \text{kg}\\m_{w,sh}=193\ \text{kg}\\m_{s,sh}=556\ \text{kg}\\m_{g,sh}=1\ 159\ \text{kg}\end{cases}$$

4. 换算施工配合比

根据工地实测,砂的含水率为 3%,石子的含水率为 1%,计算施工配合比为：

$$\begin{cases}m'_c=m_{c,sh}=495\ \text{kg}\\m'_s=m_{s,sh}(1+a\%)=556\times(1+3\%)=573(\text{kg})\\m'_g=m_{g,sh}(1+b\%)=1\ 159\times(1+1\%)=1\ 171(\text{kg})\\m'_w=m_{w,sh}-m_{s,sh}a\%-m_{g,sh}b\%=193-556\times3\%-1\ 159\times1\%=165(\text{kg})\end{cases}$$

五、路面水泥混凝土的配合比设计

水泥混凝土路面用混凝土配合比设计方法,按我国《公路水泥混凝土路面施工技术规范》(JTG F30—2003)的规定,采用抗弯拉强度为指标的混凝土配合比设计方法。本节介绍该规范推荐的抗弯拉强度为指标的混凝土配合比设计。

路面用水泥混凝土配合比设计,应满足施工工艺性、抗弯拉强度、耐久性(包括耐磨性)、经济合理的要求。

(一)路面水泥混凝土的配合比设计步骤

1. 计算初步配合比

1)计算配制抗弯拉强度 f_c

$$f_c=\frac{f_r}{1-1.04c_v}+ts \tag{3-22}$$

式中 f_c——混凝土配制 28 d 抗弯拉强度的均值,MPa;

f_r——混凝土的设计抗弯拉强度标准值(见表 3-18),MPa;

s——抗弯拉强度试验样本的标准差,MPa;

t——保证率系数,见表 3-19;

c_v——抗弯拉强度变异系数,应按统计数据在规范《公路水泥混凝土路面施工技术规范》(JTG F30—2003)规定范围内取值,当无统计数据时,抗弯拉强度变异系数应按设计取值,当施工配置抗弯拉强度超出设计给定的抗弯拉强度变异系数上限时,则必须改进机械设备和提高施工控制水平,可参见表 3-20。

表 3-18 混凝土设计抗弯拉强度标准值

交通等级	特重	重	中等	轻
水泥混凝土的抗弯拉强度标准值(MPa)	5.0	5.0	4.5	4.0
钢纤维混凝土的抗弯拉强度标准值(MPa)	6.0	6.0	5.5	5.0

表 3-19 保证率系数

公路技术等级	判别概率 P	样本数 n(组)				
		3	6	9	15	20
高速公路	0.05	1.36	0.79	0.61	0.45	0.39
一级公路	0.10	0.95	0.59	0.59	0.35	0.30
二级公路	0.15	0.72	0.46	0.46	0.28	0.24
三、四级公路	0.20	0.56	0.37	0.37	0.22	0.19

表 3-20 各级公路混凝土路面抗弯拉强度变异系数

公路技术等级	高速公路	一级公路		二级公路	三、四级公路	
混凝土弯拉强度变异水平等级	低	低	中	中	中	高
抗弯拉强度变异系数 c_v 允许变化范围	0.05~0.10	0.05~0.10	0.10~0.15	0.10~0.15	0.10~0.15	0.15~0.20

2)计算、校核和确定水灰比 W/C

(1)按照混凝土抗弯拉强度计算水灰比。

混凝土拌和物的水灰比根据已知的混凝土配制抗弯拉强度和水泥的实测抗折强度,代入下式计算:

对碎石(或破碎卵石)混凝土

$$W/C = \frac{1.5684}{f_c + 1.0097 - 0.3595 f_s} \tag{3-23}$$

对卵石混凝土

$$W/C = \frac{1.2618}{f_c + 1.5492 - 0.4709 f_s} \tag{3-24}$$

式中　f_s——水泥实测抗折强度，MPa。

掺用粉煤灰时，应计入超量取代法中代替水泥的那一部分粉煤灰用量（代替砂的那部分不计入），用水胶比 $W/(C+F)$ 代替水灰比，水胶比中的“水胶”是指水泥与粉煤灰质量之和。

（2）耐久性校核，确定水灰比（水胶比）。按照路面混凝土的使用环境、道路等级查表3-21，得到满足混凝土耐久性的最大水灰比（水胶比）。在满足抗弯拉强度和耐久性要求的水灰比（或水胶比）中取较小值作为路面混凝土的设计水灰比（水胶比）。

表3-21　路面水泥混凝土满足耐久性要求的最大水灰比（水胶比）和最小水泥用量

公路技术等级			高速公路、一级公路	二级公路	三、四级公路
最大水灰比（或水胶比）	无抗冻性要求		0.44	0.46	0.48
	有抗冻性要求		0.42	0.44	0.46
	有抗盐冻性要求		0.40	0.42	0.44
最小单位水泥用量（不掺粉煤灰时）（kg/m^3）	无抗冻性要求	42.5级水泥	300	300	290
		32.5级水泥	310	310	305
	有抗冰（盐）冻性要求	42.5级水泥	320	320	315
		32.5级水泥	330	330	325
最小单位水泥用量（掺粉煤灰时）（kg/m^3）	无抗冻性要求	42.5级水泥	260	260	255
		32.5级水泥	280	270	265
	有抗冰（盐）冻性要求	42.5级水泥	280	270	265

3）选取砂率 β_s

根据砂的细度模数和粗集料品种参照表3-22选用砂率。

表3-22　砂的细度模数与最优砂率关系

砂的细度模数		2.2～2.5	2.5～2.8	2.8～3.1	3.1～3.4	3.4～3.7
砂率 β_s（%）	碎石	30～34	32～36	34～38	36～40	38～42
	卵石	28～32	30～34	32～36	34～38	36～40

4）计算单位用水量 m_{w0}

混凝土拌和物1 m^3 的用水量可根据选定坍落度、粗集料种类、砂率及水灰比，按照经验式（3-25）或式（3-26）计算，其中砂、石材料质量以风干状态计。

对于碎石混凝土：

$$m_{w0} = 104.97 + 0.309 S_L + 11.27 C/W + 0.61 \beta_s \tag{3-25}$$

对于卵石混凝土：

$$m_{w0} = 86.89 + 0.370 S_L + 11.24 C/W + 1.00 \beta_s \tag{3-26}$$

式中　S_L——混凝土拌和物的坍落度，mm；

β_s——砂率（%），参照表 3-22 选定。

5）计算确定单位水泥用量 m_{c0}

混凝土拌和物 1 m^3 的水泥用量可按式（3-27）计算：

$$m_{c0} = m_{w0} \times (C/W) \tag{3-27}$$

单位水泥用量不得小于表 3-21 中按耐久性要求的最小水泥用量。当路面混凝土掺用粉煤灰时，其配合比应按照超量取代法进行，代替水泥的粉煤灰掺量：Ⅰ型硅酸盐水泥不大于 30%，Ⅱ型硅酸盐水泥不大于 25%，道路水泥不大于 20%，普通水泥不大于 15%，矿渣水泥不得掺用粉煤灰。粉煤灰的超量部分应代替砂，并折减用砂量。

6）计算砂、石材料单位用量 m_{s0}、m_{g0}

一般道路水泥混凝土砂、石材料用量的计算采用体积法或质量法，将上述确定的单位水泥用量 m_{c0}、单位用水量 m_{w0} 和砂率 β_s 代入式（3-16）或式（3-17），联立求解即可确定砂、石材料用量 m_{s0}、m_{g0}。

2. 试拌、调整、确定基准配合比

以初步配合比为基础，拌制 30 L 混凝土拌和物检验其流动性，并观察黏聚性和保水性。若流动性不符合要求，应在水灰比不变的条件下，增减水泥浆用量；若黏聚性和保水性不符合要求，应适当调整砂率。调整后，按普通水泥混凝土基准配合比的设计思路确定一个工作性符合要求的基准配合比。

3. 检测强度、确定实验室配合比

按试拌调整后的道路混凝土基准配合比，同时配制工作性满足设计要求的、较基准配合比水灰比增大 0.03 或减小 0.03 的共 3 组混凝土试件，经标准养护 28 d，测定其抗弯拉强度，选定既满足强度要求，又节约水泥的配合比为实验室配合比。

4. 换算工地施工配合比

根据施工现场材料性质、砂石材料含水率，对实验室配合比进行换算，得到工地施工配合比。

（二）路面水泥混凝土的配合比设计实例

试设计某二级公路路面用水泥混凝土配合比。

【原始资料】

（1）交通等级属中等，按《公路水泥混凝土路面施工技术规范》（JTG F30—2003）规定设计抗弯拉强度为 4.5 MPa。

（2）要求施工坍落度为 10～30 mm。

（3）组成材料：

①水泥：42.5 级的普通硅酸盐水泥，实测水泥胶砂抗弯拉强度 $f_s = 7.82$ MPa；密度 $\rho_c = 3.1\ g/cm^3$。

②砂：当地河砂，细度模数 $M_x = 2.4$，表观密度 $\rho'_s = 2\ 700\ kg/m^3$。

③碎石：原岩为石灰岩，属一级石料，其最大粒径 $D_{max} = 31.5$ mm，表观密度 $\rho'_g = 2\ 750\ kg/m^3$。

【设计要求】

（1）按题设资料计算出初始配合比。

(2)按初始配合比在实验室进行试拌，调整得出实验室配合比。

(3)根据工地实测含水率，计算施工配合比。

【设计步骤】

1. 计算初始配合比

1)确定抗弯拉强度 f_c

已知设计抗弯拉强度 $f_r=4.5$ MPa，查表3-20得 $c_v=0.13$，标准差 $s=0.46$，保证率系数 t 取0.28。按式(3-22)计算配制抗弯拉强度为：

$$f_c=\frac{f_r}{1-1.04c_v}+ts=\frac{4.5}{1-1.04\times0.13}+0.28\times0.46=5.33(\text{MPa})$$

2)计算水灰比 W/C

已知配制抗弯拉强度 $f_c=5.33$ MPa，水泥实测抗弯拉强度 $f_s=7.82$ MPa，代入式(3-23)得出：$W/C=0.44$，按我国现行《公路水泥混凝土路面施工技术规范》(JTG F30—2003)表3-21的规定，路面水泥混凝土水灰比不得大于0.46，故取计算值 $W/C=0.44$，符合耐久性要求。

3)选取砂率 β_s

已知砂的细度模数 $M_x=2.4$，粗集料为碎石，查表3-22，取砂率 $\beta_s=31\%$。

4)计算单位用水量 m_{w0}

已知水灰比 $W/C=0.44$，$\beta_s=31\%$，取坍落度 $S_L=20$ mm，代入式(3-25)得：$m_{w0}=155$ kg/m^3。

5)计算单位水泥用量 m_{c0}

已知用水量 $m_{w0}=155$ kg/m^3，水灰比 $W/C=0.44$，按式(3-27)可计算得：$m_{c0}=352$ kg/m^3，按我国现行《公路水泥混凝土路面施工技术规范》(JTG F30—2003)表3-21的规定，最小单位水泥用量不得小于300 kg/m^3，故取计算值 $m_{c0}=352$ kg/m^3，符合要求。

6)计算砂、石材料用量 m_{s0}、m_{g0}

已知水泥用量 $m_{c0}=352$ kg/m^3，密度 $\rho_c=3.1$ g/cm^3；水用量 $m_{w0}=155$ kg/m^3，密度 $\rho_w=1.0$ g/cm^3；砂的密度 $\rho'_s=2\ 700$ kg/m^3；石子的密度 $\rho'_g=2\ 750$ kg/m^3；砂率 $\beta_s=31\%$，代入式(3-17)得 $m_{s0}=612$ kg/m^3，$m_{g0}=1\ 362$ kg/m^3。

故初始配合比为：$m_{c0}:m_{s0}:m_{g0}=1:1.74:3.87$，$W/C=0.44$。

2. 试拌调整、确定基准配合比

分别取水泥10.56 kg、水4.65 kg、砂18.36 kg、碎石40.86 kg拌制30 L的混凝土拌和物，检验其工作性，结果得出：混凝土拌和物的坍落度 $S_L=20$ mm，符合要求；但观察出其黏聚性和保水性稍差。增加砂率1%，即取 $\beta_s=32\%$，按此重新计算混凝土配合比为：水泥352 kg/m^3、水155 kg/m^3、砂631 kg/m^3、碎石1 341 kg/m^3，且得到混凝土计算毛体积密度为 $\rho_{cc}=2\ 479$ kg/m^3。

再按新调整的配合比拌制30 L混凝土拌和物，其组成材料用量分别为：水泥10.56 kg、水4.65 kg、砂18.93 kg、碎石40.23 kg，测定拌和物坍落度 $S_L=17$ mm，符合工作性要求，同时观察得黏聚性和保水性良好。

按上述配合比实测拌和物毛体积密度 $\rho_{cp}=2\ 417$ kg/m^3，可计算得校正系数：

$$\delta = \frac{\rho_{cp}}{\rho_{cc}} = \frac{2\ 417}{2\ 479} = 0.97$$

经调整后,满足工作性要求的混凝土拌和物的基准配合比为:

$$\begin{cases} m_{cJ} = 352 \times 0.97 = 341(\text{kg}) \\ m_{wJ} = 155 \times 0.97 = 150(\text{kg}) \\ m_{sJ} = 631 \times 0.97 = 612(\text{kg}) \\ m_{gJ} = 1\ 341 \times 0.97 = 1\ 301(\text{kg}) \end{cases}$$

也即 $m_{cJ}:m_{sJ}:m_{gJ} = 1:1.79:3.82, W/C = 0.44$。

3. 检验强度、确定实验室配合比

按基准配合比的水灰比 $W/C = 0.44$,分别增加和减少 0.03,拌制 3 组抗弯拉混凝土试件,即

A 组　　$W/C = 0.41$

B 组　　$W/C = 0.44$

C 组　　$W/C = 0.47$

3 组试件在标养条件下养护 28 d 后,按规定的测试方法测定其抗弯拉强度,结果为:

A 组　　$f_{c,28} = 5.80$ MPa

B 组　　$f_{c,28} = 5.35$ MPa

C 组　　$f_{c,28} = 5.07$ MPa

根据试验结果,选择 B 组配合比,它不仅工作性和强度符合要求,且水泥用量最少。故最后确定的实验室配合比亦为:$m_{c,sh}:m_{s,sh}:m_{g,sh} = 1:1.79:3.82, W/C = 0.44$。

4. 换算施工配合比

根据现场实际,砂的含水率为 3%,碎石的含水率为 1%,计算施工配合比为:

$$\begin{cases} m'_c = m_{c,sh} = 341(\text{kg}) \\ m'_s = m_{s,sh}(1 + 3\%) = 612 \times (1 + 3\%) = 630(\text{kg}) \\ m'_g = m_{g,sh}(1 + 1\%) = 1\ 301 \times (1 + 1\%) = 1\ 314(\text{kg}) \\ m'_w = m_{w,sh} - m_{s,sh} \times 3\% - m_{g,sh} \times 1\% = 150 - 612 \times 3\% - 1\ 301 \times 1\% = 119(\text{kg}) \end{cases}$$

六、普通水泥混凝土的质量评定与质量控制

质量合格的混凝土应能满足设计要求的技术性质,具有较好的均匀性,且达到规定的保证率。但由于多种因素的影响,混凝土的质量是不均匀的、波动的。评价混凝土质量的一个重要技术指标是混凝土强度(主要是指抗压强度),因为它能较综合地反映混凝土的各项质量指标。混凝土强度受多种因素的影响,每种组成材料的性能及其配合比、搅拌、运输、成型和养护等工艺条件的变化,都将引起混凝土强度的波动,且其波动一般呈正态分布。通常用混凝土强度的平均值、强度标准差、强度变异系数来评定混凝土质量的好坏。

(一)混凝土强度的统计方法

1. 混凝土强度的波动规律——正态分布

试验表明,混凝土强度的波动规律是符合正态分布的(见图 3-10),即在施工条件相同的情况下,对同一种混凝土进行系统取样,测定其强度,以强度为横坐标,以某一强度出现的

概率为纵坐标,可绘出强度概率正态分布曲线。正态分布的特点为:以强度平均值为对称轴,左右两面边的曲线是对称的,距离对称轴愈远的值,出现的概率愈小,并逐渐趋近于零;曲线和横坐标之间的面积为概率的总和,等于100%;对称轴两边,出现的概率相等,在对称轴两侧的曲线上各有一个拐点,拐点距强度平均值的距离即为标准差。

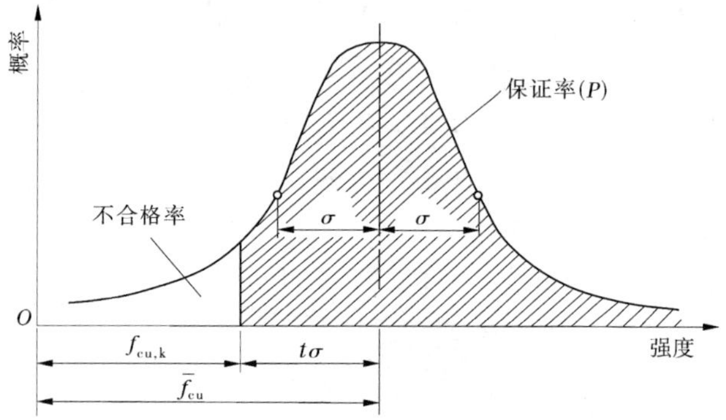

图3-10　混凝土强度正态分布曲线

2. 统计参数

1) 强度平均值 $\bar{f}_{cu}$

它代表混凝土强度总体的平均水平,其值按下式计算:

$$\bar{f}_{cu} = \frac{1}{n}\sum_{i=1}^{n} f_{cu,i} \tag{3-28}$$

式中　n——试验组数($n \geqslant 25$);

$f_{cu,i}$——第 i 组试件的立方体强度值,MPa。

平均强度反映混凝土总体强度的平均值,但并不能反映混凝土强度的波动情况。

2) 强度标准差 σ

强度标准差也称均方差,能反映混凝土强度的离散程度。σ 值越大,强度分布曲线变得矮而宽,离散程度越大,则混凝土质量越不稳定;反之,混凝土的质量越稳定。σ 值是评定混凝土质量均匀性的重要指标,可按下式计算:

$$\sigma = \sqrt{\frac{\sum_{i=1}^{n}(f_{cu,i} - \bar{f}_{cu})^2}{n-1}} \tag{3-29}$$

式中　n——试验组数($n \geqslant 25$);

$f_{cu,i}$——第 i 组试件的立方体强度值,MPa;

$\bar{f}_{cu}$——n 组试件抗压强度的算术平均值,MPa;

σ——n 组试件抗压强度的标准差,MPa。

3) 强度变异系数 c_v

强度变异系数又称离差系数,是说明混凝土质量均匀性的指标。对平均强度水平不同的混凝土之间质量稳定性的比较,可考虑相对波动的大小,用变异系数 c_v 来表示,c_v 值越小,说明该混凝土质量越稳定。c_v 可按下式计算:

$$c_v = \frac{\sigma}{\bar{f}_{cu}} \tag{3-30}$$

3. 强度保证率

强度保证率是指混凝土强度总体中，大于或等于设计强度所占的概率，以正态分布曲线上的阴影部分面积表示，如图 3-10 所示。其计算方法如下：

先根据混凝土设计要求的强度等级($f_{cu,k}$)、混凝土的强度平均值($\bar{f}_{cu}$)、标准差(σ)或变异系数(c_v)，计算出概率度 t。

$$t = \frac{f_{cu,k} - \bar{f}_{cu}}{\sigma} \text{ 或 } t = \frac{f_{cu,k} - \bar{f}_{cu}}{c_v \bar{f}_{cu}} \tag{3-31}$$

式中 t——概率度；

其他符号意义同前。

再根据 t 值，由表 3-23 查得保证率 P(%)。

表 3-23 不同的强度保证率 P 对应的概率度 t 值的选用

P(%)	50.0	69.2	78.8	80.0	84.1	85.1	88.5	90.0	91.9	93.3	94.5
t	0	-0.50	-0.80	-0.84	-1.00	-1.04	-1.20	-1.28	-1.40	-1.50	-1.60
P(%)	95.0	95.5	96.0	96.5	97.0	97.5	97.7	98.0	99.0	99.4	99.9
t	-1.645	1.70	-1.75	-1.81	-1.88	-1.96	-2.00	-2.05	2.33	-2.50	-3.00

注：当技术资料无明确要求时，保证率 P 一般可按 95% 考虑。

工程中 P(%)值可根据统计周期内，混凝土试件强度不得低于要求强度等级标准值的组数与试件总数之比求得，即

$$P = \frac{N_0}{N} \times 100\% \tag{3-32}$$

式中 N_0——统计周期内，同批混凝土试件强度大于等于设计强度等级值的组数；

N——统计周期内，同批混凝土试件总组数，$N \geq 25$。

我国《混凝土强度检验评定标准》(GBJ 107—1987)及《混凝土结构设计规范》(GB 50010—2010)规定，同批试件的统计强度保证率不得小于 95%。根据强度标准差的大小，将现场集中搅拌混凝土的质量管理水平划分为“优良”、“一般”及“差”三等。衡量混凝土生产质量水平以现场试件 28 d 龄期抗压标准差 σ 值表示，其评定标准如表 3-24 所示。

表 3-24 现场集中搅拌混凝土的生产质量水平

生产质量水平	优良		一般		差	
混凝土强度等级	<C20	≥C20	<C20	≥C20	<C20	≥C20
混凝土强度标准差 σ(MPa)	≤3.5	≤4.0	≤4.5	≤5.5	>4.5	>5.5
强度大于等于混凝土强度等级值的百分率 P(%)	≥95		>85		≤85	

4. 混凝土施工配制强度

由于混凝土施工过程中原材料性能及生产因素的差异，会出现混凝土质量的不稳定，如果按设计的强度等级($f_{cu,k}$)配制混凝土，则在施工中将有一半的混凝土达不到设计强度等级，即强度保证率只有 50%。为使混凝土强度保证率满足规定的要求，在设计混凝土配合

比时，为了使混凝土具有要求的保证率，必须使配制强度($f_{cu,0}$)高于设计要求的强度等级($f_{cu,k}$)。令配制强度$f_{cu,0}$等于总体强度平均值$\bar{f}_{cu}$，代入式(3-31)可得：

$$f_{cu,0} = f_{cu,k} - t\sigma \tag{3-33}$$

由式(3-33)可知，配制强度$f_{cu,0}$高出设计要求的强度等级$f_{cu,k}$的多少，取决于设计要求的保证率P(定出t值)及施工质量水平(σ或c_v的大小)。设计要求的保证率愈大，配制强度愈高；施工质量水平愈差，配制强度应提高。

我国《混凝土强度检验评定标准》(GBJ 107—1987)及《混凝土结构设计规范》(GB 50010—2010)规定，同批试件的统计强度保证率不得小于95%。由表3-23可查出当$P=95\%$时，$t=-1.645$，代入式(3-33)可得：

$$f_{cu,0} = f_{cu,k} + 1.645\sigma \tag{3-34}$$

(二)混凝土的质量评定

混凝土的质量一般以抗压强度来评定，为此必须有足够数量的混凝土试验值来反映混凝土总体的质量。为使抽取的混凝土试样更具代表性，混凝土试样应在浇筑地点随机地抽取。当经试验证明搅拌机卸料口和浇筑地点混凝土的强度无显著差异时，混凝土试样也可在卸料口随机抽取。

混凝土强度应分批进行检验评定，一个验收批的混凝土应由强度等级相同、龄期相同、生产工艺条件和配合比基本相同的混凝土组成。对于施工现场集中搅拌的混凝土，其强度检验评定按统计方法进行。对零星生产的预制构件中混凝土或现场搅拌的批量不大的混凝土，不能获得统计方法所必需的试件组数时，可按非统计方法检验评定混凝土强度。

(三)混凝土强度的评价方法

1.统计方法(已知强度标准差方法)

当混凝土生产条件在较长时间内能保持一致，且同一品种混凝土强度变异性能保持稳定时，应由连续的3组试件代表1个验收批。其强度应同时符合式(3-35)~式(3-37)或式(3-38)的要求。

$$m_{f_{cu}} \geqslant f_{cu,k} + 0.7\sigma_0 \tag{3-35}$$

$$f_{cu,min} \geqslant f_{cu,k} - 0.7\sigma_0 \tag{3-36}$$

当混凝土强度等级不高于C20时，其强度最小值尚应满足式(3-37)的要求：

$$f_{cu,min} \geqslant 0.85 f_{cu,k} \tag{3-37}$$

当混凝土强度等级高于C20时，其强度最小值尚应满足式(3-38)的要求：

$$f_{cu,min} \geqslant 0.90 f_{cu,k} \tag{3-38}$$

式中 $m_{f_{cu}}$——同一验收批混凝土强度的平均值，MPa；

$f_{cu,k}$——设计的混凝土强度标准值，MPa；

$f_{cu,min}$——同一验收批混凝土强度的最小值，MPa；

σ_0——验收批混凝土强度的标准差，MPa。

验收批混凝土强度标准差σ_0应根据前一个检验期(不超过3个月)内同一品种混凝土试件强度资料，按式(3-39)确定：

$$\sigma_0 = \frac{0.59}{m}\sum_{i=1}^{m}\Delta f_{cu,i} \tag{3-39}$$

式中 $\Delta f_{cu,i}$——前一检验期内第i验收批混凝土试件中强度最大值与最小值之差，即混凝土强度极差，MPa；

m——前一检验期内验收批的总批数（$m \geqslant 15$）。

【例 3-1】 某混凝土预制厂生产的构件，混凝土强度等级为 C30，统计前期 16 批的 8 组强度极差值见表 3-25。试按标准差已知法，评定现生产各批混凝土强度（见表 3-26）是否合格。

表 3-25 前期各批混凝土强度极差值

$\Delta f_{cu,i}$（MPa）							
3.5 5.2	6.2 6.2	8.0 5.0	4.5 3.8	5.5 9.6	7.6 6.0	3.8 4.8	4.6 5.0
$m = 16$，$\sum = 89.3$							

解：

（1）由表 3-26，按式（3-39）计算验收批混凝土强度标准差：

$$\sigma_0 = \frac{0.59}{m}\sum_{i=1}^{m}\Delta f_{cu,i} = 3.3(\text{MPa})$$

（2）计算验收批强度平均值 $m_{f_{cu}}$ 和最小值 $f_{cu,min}$ 的验收界限：

$$[m_{f_{cu}}] = f_{cu,k} + 0.7\sigma_0 = 30 + 0.7 \times 3.3 = 32.3(\text{MPa})$$

$$[f_{cu,min}] = \begin{cases} f_{cu,k} - 0.7\sigma_0 = 27.7\ \text{MPa} \\ 0.9f_{cu,k} = 27.0\ \text{MPa} \end{cases}$$

（3）对现生产各批强度进行评定，评定结果见表 3-26。

表 3-26 现生产各批强度和评定结果

批号	$f_{cu,i}$			$m_{f_{cu}}$	评定结果	批号	$f_{cu,i}$			$m_{f_{cu}}$	评定结果
	1	2	3				1	2	3		
1	38.6	38.4	34.2	37.4	+	4	38.2	36.0	25.0*	33.1	−
2	35.2	30.8	28.8	31.6*	−	⋮	⋮	⋮	⋮	⋮	⋮
3	39.4	38.2	38.0	38.5	+	15	30.2	33.2	36.4	33.2	+

注："＊"表示不合格数据。

2. 统计方法（未知标准差方法）

当混凝土生产条件不能满足前述规定，或在一个检验期内的同一品种混凝土没有足够的数据用以确定验收批混凝土强度的标准差时，应由不少于 10 组的试件代表一个验收批，其强度应同时符合式（3-40）和式（3-41）的要求，即

$$m_{f_{cu}} - \lambda_1 S_{f_{cu}} \geqslant 0.9f_{cu,k} \tag{3-40}$$

$$f_{cu,min} \geqslant \lambda_2 f_{cu,k} \tag{3-41}$$

式中 λ_1、λ_2——合格判定系数，按表 3-27 取用；

$S_{f_{cu}}$——验收批混凝土强度的标准差，MPa。

表 3-27 混凝土强度的合格判定系数

试件组数	10 ~ 14	15 ~ 24	>25	试件组数	10 ~ 14	15 ~ 24	>25
λ_1	1.70	1.65	1.60	λ_2	0.90	0.85	0.85

当 S_{fcu} 的计算值小于 $0.06f_{cu,k}$ 时，取 $S_{fcu}=0.06f_{cu,k}$。

验收批混凝土强度的标准差 S_{fcu} 可按式(3-42)计算：

$$S_{fcu}=\sqrt{\frac{\sum_{i=1}^{n}f_{cu,i}^{2}-nm_{fcu}^{2}}{n-1}} \tag{3-42}$$

式中 $f_{cu,i}$——验收批第 i 组混凝土试件的强度值，MPa；

n——验收批混凝土试件的总组数。

【例 3-2】 现场集中搅拌混凝土，强度等级为 C30，其同批强度见表 3-28，试评定该批混凝土是否合格。

表 3-28 混凝土批强度

$f_{cu,i}$ (MPa)									
36.5 38.6	38.4 32.4	33.6 35.8	40.2 35.6	33.8 40.8	37.2 30.6	38.2 32.4	39.4 38.6	40.2 30.4	38.4 38.8
$n=20, S_{fcu}=36.5$									

解：

(1)按式(3-42)计算该批混凝土强度标准差：

$$S_{fcu}=\sqrt{\frac{26\ 839.33-20\times 1\ 332.25}{20-1}}=3.2>0.06f_{cu,k}$$

(2)按式(3-40)和式(3-41)计算验收界限：

$$[m_{f_{cu}}]=(1.65\times 3.2+0.9\times 30)\ \text{MPa}=32.3\ \text{MPa}$$

$$[m_{f_{cu},min}]=0.85\times 30\ \text{MPa}=25.5\ \text{MPa}$$

(3)评定该批混凝土强度：

因 $$m_{f_{cu}}>[m_{f_{cu}}]=32.3\ \text{MPa}$$

且 $$m_{f_{cu},min}=30.4\ \text{MPa}>[m_{f_{cu},min}]=0.85\times 30=25.5(\text{MPa})$$

所以该批混凝土应评为合格。

3. 非统计方法

按非统计方法评定混凝土强度时，其所保留强度应同时满足式(3-43)和式(3-44)的要求：

$$m_{fcu}\geqslant 1.15f_{cu,k} \tag{3-43}$$

$$f_{cu,min}\geqslant 0.95f_{cu,k} \tag{3-44}$$

七、混凝土的外加剂

在拌制混凝土过程中掺入的不超过水泥质量的 5%（特殊情况除外），且能使混凝土按需要改变性质的物质，称为混凝土外加剂。

外加剂的使用是混凝土技术的重大突破。随着混凝土工程技术的发展，对混凝土性能提出了许多新的要求。如冬季施工要求高的早期强度，高层建筑要求高强度，泵送混凝土要求高流动性，等等。这些性能的实现需要应用高性能的外加剂。

（一）外加剂的分类

混凝土外加剂的种类繁多，按照其主要功能归纳起来可分为下列几类：

（1）改善混凝土拌和物流动性能的外加剂，包括各种减水剂、引气剂和泵送剂等。

（2）改善混凝土耐久性的外加剂，包括引气剂、防水剂和阻锈剂等。

（3）调节混凝土凝结时间、硬化性能的外加剂，包括缓凝剂、早强剂和速凝剂。

（4）改善混凝土其他性能的外加剂，包括加气剂、防冻剂、膨胀剂、抑碱－集料膨胀反应剂、着色剂等。

（二）常用混凝土外加剂

1. 减水剂

减水剂是指在混凝土坍落度基本相同的条件下，能减少拌和用水量的外加剂。按减水能力及其兼有的功能，有普通减水剂、高效减水剂、早强减水剂及引气减水剂等。减水剂多为亲水性表面活性剂。

1）减水剂的作用机理及使用效果

水泥加水拌和后，会形成絮凝结构，流动性很低。掺有减水剂时，减水剂分子吸附在水泥颗粒表面，其亲水基团携带大量水分子，在水泥颗粒周围形成一定厚度的吸附水层，增大了水泥颗粒间的滑动性。当减水剂为离子型表面活性剂时，还能使水泥颗粒表面带上同性电荷，在电性斥力作用下，促使絮凝结构分散解体，从而将其中的游离水释放出来，而大大增加了拌和物的流动性。减水剂还使溶液的表面张力降低，在机械搅拌作用下使浆体内引入部分气泡。这些微细气泡有利于水泥浆流动性的提高。此外，减水剂对水泥颗粒的润湿作用，可使水泥颗粒的早期水化作用比较充分。

总之，减水剂在混凝土中改变了水泥浆体流动性能，进而改变了水泥混凝土结构，起到了改善混凝土性能的作用。

根据使用条件不同，混凝土掺用减水剂后可以产生以下方面的效果：

（1）在配合比不变的情况下，可增大混凝土拌和物的流动性，且不致降低混凝土的强度。

（2）在保持流动性及水灰比不变的条件下，可以减少用水量及水泥用量，以节约水泥。

（3）在保持流动性及水泥用量不变的条件下，可以减少用水量，从而降低水灰比，使混凝土的强度与耐久性得到提高。

（4）水泥水化放热速度减缓，防止因混凝土内外温差引起的裂缝。

（5）混凝土的离析、泌水现象可得到改善。

2）常用减水剂种类

减水剂是使用最广泛和效果最显著的一种外加剂。其种类繁多，常用减水剂有木质素系、萘磺酸盐系（简称萘系）、树脂系、糖蜜系及腐殖酸系等，这些减水剂的性能见表3-29，此外还有脂肪酸类、氨基苯酸类、丙烯酸类减水剂。

表 3-29 常用减水剂品种及性能

种类	木质素系	萘系	树脂系	糖蜜系	腐殖酸系
减水效果类别	普通型	高效型	高效型	普通型	普通型
主要品种	木质素磺酸钙（木钙粉、M 剂、木钠、木镁）	NNO,NF,NUF,FDN,JN,MF,NHJ,DH 等	SM,CRS 等	3FG,TF,ST	腐殖酸
主要成分	木质素磺酸钙、木质素磺酸钠、木质素磺酸镁	芳香族磺酸盐甲醛缩合物	三聚氢胺树脂磺酸钠(SM)、古玛隆—茚树脂磺酸钠(GRS)	糖渣、废蜜经石灰水中和而成	磺化胡敏酸
适宜掺量（占水泥质量百分数）	0.2~0.3	0.2~1.0	0.5~2.0	0.2~0.3	0.3
早强效果	—	明显	显著	—	有早强型、缓凝型两种
缓凝效果	1~3 h	—	—	3 h 以上	—
引气效果	1%~2%	一般为非引气型部分品种引气型	<2%	—	—

3)减水剂的使用

混凝土减水剂的掺加方法有同掺法、后掺法及滞水掺入法等。所谓同掺法，即是将减水剂溶解于拌和用水，并与拌和用水一起加入到混凝土拌和物中。所谓后掺法，就是在混凝土拌和物运到浇筑地点后，再掺入减水剂或再补充部分减水剂，并再次搅拌后进行浇筑。所谓滞水掺入法，是在混凝土拌和物已经加入搅拌 1~3 min 后，再加入减水剂，并继续搅拌到规定的拌和时间。

混凝土拌和物的流动性一般随停放时间的延长而降低，这种现象称为坍落度损失。掺有减水剂的混凝土坍落度损失往往更为突出。采用后掺法或滞水掺入法可减小坍落度损失，也可减少外加剂掺用量，提高经济效益。

2. 引气剂

引气剂是在混凝土中经搅拌能引入大量独立的、均匀分布、稳定而封闭小气泡的外加剂。按其化学成分分为松香树脂类、烷基苯磺酸类及脂肪醇磺酸类等三大类，其中以松香树脂类应用最广，主要有松香热聚物和松香皂两种。

引气剂属于憎水性表面活性剂，其活性作用主要发生在水－气界面上。溶于水中的引气剂掺入新拌混凝土后，能显著降低水的表面张力，使水在搅拌作用下，容易引入空气形成许多微小的气泡。由于引气剂分子定向在气泡表面排列而形成了一层保护膜，且因该膜能够牢固地吸附着水泥水化物而增加了膜层的厚度和强度，使气泡膜壁不易破裂。

掺入引气剂,混凝土中产生的气泡大小均匀,直径为 20~1 000 μm,大多在 200 μm 以下。大量微细气泡的存在,对混凝土性能产生很大影响,主要体现在以下几个方面:

(1)有效改善新拌混凝土的和易性。在新拌混凝土中引入的大量微小气泡,相对增加了水泥浆体积,而气泡本身起到了轴承滚珠的作用,使颗粒间摩擦阻力减小,从而提高了新拌混凝土的流动性。同时,由于某种原因水分被均匀地吸附在气泡表面,使其自由流动或聚集趋势受到阻碍,从而使新拌混凝土的泌水率显著降低,黏聚性和保水性明显改善。

(2)显著提高混凝土的抗渗性和抗冻性。混凝土中大量微小气泡的存在,不仅可堵塞或隔断混凝土中的毛细管渗水通道,而且由于保水性的提高,也减少了混凝土内水分聚集造成的水囊孔隙,因此可显著提高混凝土的抗渗性。此外,由于大量均匀分布的气泡具有较高的弹性变形能力,它可有效地缓冲孔隙中水分结冰时产生的膨胀应力,从而显著提高混凝土的抗冻性。

(3)变形能力增大,但强度及耐磨性有所降低。掺入引气剂后,混凝土中大量气泡的存在,可使其弹性模量略有降低,弹性变形能力有所增大,这对提高其抗裂性是有利的。但是,也会使其变形有所增加。

由于混凝土中大量气泡的存在,使其孔隙率增大和有效面积减小,强度及耐磨性有所降低。通常,混凝土中含气量每增加 1%,其抗压强度可降低 4%~6%,抗折强度可降低 2%~3%。为防止混凝土强度的显著下降,应严格控制引气剂的掺量,以保证混凝土的含气量不致过大。

3. 缓凝剂

能延缓混凝土凝结时间,并对混凝土后期强度发展无不利影响的外加剂,称为缓凝剂。

我国使用最多的缓凝剂是糖钙、木钙,它具有缓凝及减水作用。其次是羟基羟酸及其盐类,有柠檬酸、酒石酸钾钠等。无机盐类有锌盐、硼酸盐。此外,还有胺盐及其衍生物、纤维素醚等。

缓凝剂适用于要求延缓时间的施工中,如在气温高、运距长的情况下,可防止混凝土拌和物发生过早坍落度损失;又如分层浇筑的混凝土,为防止出现冷缝,也常加入缓凝剂。另外,在大体积混凝土中为了延长放热时间,也可掺入缓凝剂。

4. 早强剂

早强剂是指能提高混凝土的早期强度并对后期强度无明显影响的外加剂。

早强剂对水泥中的 C_3S 和 C_2S 等矿物成分的水化有催化作用,能加速水泥的水化和硬化,具有早强作用。常用早强剂有如下几类。

1)氯盐类早强剂

氯盐类早强剂有氯化钙以及钠、铁、铝、钾等的氯化物。以氯化钙应用最为广泛,是最早使用的早强剂。

氯化钙的早强作用是,氯化钙能与水中的 C_3A 作用生成不溶性的水化氯铝酸钙($C_3A \cdot CaCl_2 \cdot 10H_2O$),氯化钙还与 C_3S 水化生成的 $Ca(OH)_2$ 作用生成不溶于氯化钙溶液的氧氯化钙($CaCl_2 \cdot 3Ca(OH)_2 \cdot 12H_2O$),这些复盐的生成,增加了水泥浆中固相的含量,形成坚固的骨架,促进混凝土强度增长。同时,由于上述反应的进行,降低了液相中的碱度,使 C_3S 的水化反应加快,也可提高混凝土的早期强度。

氯化钙不仅具有早强与促凝作用,还能产生防冻效果。氯化钙掺量为 0.5%~2%,可使1 d强度提高70% ~140%，3 d强度提高40% ~70%，28 d以后便无差别。

由于氯离子能促使钢筋锈蚀，故掺用量必须严格限制，在钢筋混凝土中氯化钙的掺量不得超过水泥质量的1%；在无筋混凝土中的掺量不得超过3%；在使用冷拉和冷拔低碳钢丝的混凝土结构及预应力混凝土结构中，不允许掺用氯化钙。

2)硫酸盐类早强剂

硫酸盐类早强剂包括硫酸钠、硫代硫酸钠、硫酸钙等。应用最广的是硫酸钠（Na_2SO_4），亦称元明粉，是缓凝型早强剂。它掺入混凝土拌和物后，会迅速与水泥水化生成物氢氧化钙发生反应：

$$Na_2SO_4 + Ca(OH)_2 + 2H_2O = CaSO_4 \cdot 2H_2O + 2NaOH$$

生成的二水石膏具有高度的分散性，均匀地分布于水泥浆中，它与C_3A的反应要比外掺二水石膏更为迅速，因而很快生成钙矾石，提高了水泥浆中固相的比例，加速了混凝土的硬化过程，从而起到早强作用。

硫酸钠的掺量为0.5% ~2%，3 d强度可提高20% ~40%。一般多与氯化钠、亚硝酸钠、二水石膏、三乙醇胺、重铬酸盐等复合使用，效果更好。

硫酸钠对钢筋无锈蚀作用，但它与氢氧化钙作用会生成碱（NaOH）。为防止碱－集料反应，所用集料不得含有蛋白石等矿物。

3)三乙醇胺早强剂

三乙醇胺（$N(C_2H_4OH)_3$）是呈淡黄色的油状液体，属非离子型表面活性剂。

三乙醇胺不改变水泥的水化生成物，但能促进C_3A与石膏之间生成钙矾石的反应。当与无机盐类材料复合使用时，不但能催化水泥本身的水化，而且可在无机盐类与水泥反应中起催化作用，所以在硬化早期，含有三乙醇胺的复合早强剂，其早强效果大于不含三乙醇胺的复合早强剂。

三乙醇胺的掺量为0.02% ~0.05%。一般不单独使用，多与其他外加剂组成复合早强剂。如三乙醇胺－二水石膏－亚硝酸钠复合早强剂，早强效果较好，3 d强度可提高50%，适用于禁用氯盐的钢筋混凝土结构中。

混凝土中掺入了早强剂，可缩短混凝土的凝结时间，提高早期强度，常用于混凝土的快速施工。但掺入了氯化钙早强剂，会加速钢筋的锈蚀，为此对氯化钙的掺入量应加以限制，通常对于配筋混凝土不得超过1%；无筋混凝土掺入量也不宜超过3%。为了防止氯化钙对钢筋的锈蚀，氯化钙早强剂一般与阻锈剂复合使用。

5.其他外加剂

1)速凝剂

掺入混凝土中能促进混凝土迅速凝结硬化的外加剂称为速凝剂。通常，速凝剂的主要成分是铝酸钠或碳酸钠等盐类。当混凝土中加入速凝剂后，其中的铝酸钠、碳酸钠等盐类在碱性溶液中迅速与水泥中的石膏反应生成硫酸钠，并使石膏丧失原有的缓凝作用，导致水泥中的C_3A迅速水化，促进溶液中水化物晶体的快速析出，从而使混凝土中水泥浆迅速凝固。

目前，工程中常用的速凝剂主要是无机盐类，其主要品种有“红星一型”和“711型”。其中，“红星一型”是由铝氧熟料、碳酸钠、生石灰等按一定比例配制而成的一种粉状物；“711型”速凝剂是由铝氧熟料与无水石膏按3:1的质量比配合粉磨而成的混合物，它们在矿山、隧道、地铁等工程的喷射混凝土施工中最为常用。

2)防冻剂

防冻剂是掺入混凝土后，能使其在负温下正常水化硬化，并在规定时间内硬化到一定程度，且不会产生冻害的外加剂。

利用不同成分的综合作用可以获得更好的混凝土抗冻性，因此工程中常用的混凝土防冻剂往往采用多组分复合而成的防冻剂。其中防冻组分为氯盐类（如 $CaCl_2$、NaCl 等）、氯盐阻锈类（氯盐与亚硝酸钠、铬酸盐、磷酸盐等阻锈剂复合而成）和无氯盐类（硝酸盐、亚硝酸盐、碳酸盐、尿素、乙酸等）。减水、引气、早强等组分则分别采用与减水剂、引气剂和早强剂相近的成分。

值得提出的是，防冻剂的作用效果主要体现在对混凝土早期抗冻性的改善，其使用应慎重，特别应确保其对混凝土后期性能不会产生显著的不利影响。

3)阻锈剂

阻锈剂又称缓蚀剂，是减缓混凝土中的钢筋锈蚀的外加剂。工程中常用的阻锈剂是亚硝酸钠（$NaNO_2$）。当外加剂中含有氯盐时，常掺入阻锈剂，以保护钢筋。

4)膨胀剂

掺入混凝土中能使其产生补偿收缩或膨胀的外加剂称为膨胀剂。

我们知道，普通水泥混凝土硬化过程中的特点之一就是体积收缩，这种收缩会使其物理力学性能受到明显的影响，因此通过化学的方法使其本身在硬化过程中产生体积膨胀，可以弥补其收缩的影响，从而改善混凝土的综合性能。

工程建设中常用的膨胀剂种类有硫铝酸钙类（如明矾石、UEA 膨胀剂等）、氧化钙类及氧化硫铝钙类等。

硫铝酸钙类膨胀剂加入混凝土中以后，其中的无水硫铝酸可产生水化并能与水泥水化物产生反应，生成三硫型水化硫铝酸钙（钙矾石），使水泥石结构固相体积明显增加而导致宏观体积膨胀。氧化钙类膨胀剂的膨胀作用，是利用 CaO 水化生成 $Ca(OH)_2$ 晶体过程中体积增大的效果，而使混凝土产生结构密实或产生宏观体积膨胀。

（三）外加剂的储运和保管

混凝土外加剂大多为表面活性物质或电解质盐类，具有较强的反应能力，对混凝土的性能影响很大，所以在储存和运输中应加强管理。不合格的、失效的、长期存放的、质量未经明确的外加剂禁止使用；不同品种类的外加剂应分别储存运输；应注意防潮、防水，避免受潮后影响功效；有毒性的外加剂必须单独存放，专人管理；有强氧化性的外加剂必须进行密封储存，同时必须注意储存期不得超过外加剂的有效期。

第二节　其他功能水泥混凝土

在道路与桥梁工程中，除普通水泥混凝土材料外，高强混凝土、轻集料混凝土、流态混凝土、碾压式混凝土、纤维增强混凝土等也都有了很大的发展，现将这几种混凝土简述如下。

一、高强混凝土

强度等级不低于 C50 的混凝土称为高强混凝土。为了减轻自重、增大跨径，现代高架公路、立体交叉和大型桥梁等混凝土结构均采用高强混凝土。为了保证混凝土达到应有的强度，通常采用下列几方面的综合措施：

(1)选用优质高强的水泥，水泥矿物成分中 C_3S 和 C_2S 含量应较高，特别是 C_3S 含量要高。集料应选用高强、有棱角、致密而无孔隙和软弱夹杂物的材料，并且要求有最佳级配；高强混凝土均需采用减水剂或其他外加剂，应选用优质高效的 NNO 和 MF 等减水剂来提高混凝土强度。

(2)采用增加水泥中早强和高强的矿物成分含量，提高水泥的磨细度和采用蒸压养护的方法，来改善水泥的水化条件，以达到高强度。

(3)掺加各种高聚物，增强集料和水泥的黏附性，采取纤维增强等措施来提高混凝土强度，从而得到高强混凝土。

(4)采用加压脱水成形法及掺减水剂的方法来提高混凝土的密实度，从而使混凝土的强度得到提高。

二、轻集料混凝土

用轻粗、细集料和水泥配制而成的、表观密度不大于 1 900 kg/m^3 的混凝土，称为轻集料混凝土。

轻集料混凝土种类较多，常以轻集料的种类来命名，如粉煤灰陶粒混凝土、黏土陶粒混凝土、浮石混凝土、页岩陶粒混凝土等。

（一）轻集料的种类和性质

1. 轻集料的种类

凡粒径在 5 mm 以上、松装堆积密度小于 1 000 kg/m^3 者，称为轻粗集料。粒径小于 5 mm、松装堆积密度小于 1 100 kg/m^3 者，称为轻细集料（又称为轻砂）。

轻集料按原料来源分为 3 类：

(1)工业废渣轻集料。以工业废渣为原料，经加工而成的轻质集料，如煤矸石陶粒、粉煤灰陶粒、煤渣、膨胀矿渣等。

(2)天然轻集料。以天然形成的多孔岩石经加工而成的轻质集料，如浮石、火山渣等。

(3)人工轻集料。以地方材料为原料，经加工而成的轻质集料，如页岩陶粒、黏土陶粒等。

2. 轻集料的技术性质

轻集料混凝土的性质在很大程度上取决于轻集料的性质。轻集料的技术性质要求如下。

1)最大粒径与颗粒级配

保温及结构保温轻集料混凝土用的轻集料，其最大粒径不宜大于 40 mm；结构轻集料混凝土的轻集料，其最大粒径不宜大于 20 mm。

轻集料混凝土的粗集料级配，按现行规范只控制最大、最小粒径和中间粒径的含量及含水率。各种轻集料的级配要求见表 3-30。自然级配的空隙率应不大于 50%。

表 3-30　轻集料的级配要求

筛孔尺寸		d_{min}	$d_{max}/2$	d_{max}	$2d_{max}$
圆球型的及单一粒径级配	累计筛余(按质量计,%)	≥90	不规定	≤10	0
普通型的混合级配		≥90	30～70	≤10	0
碎石型的混合级配		≥90	40～60	≤10	0

2)筒压强度和强度标号

轻集料混凝土破坏与普通混凝土不同,它不是沿着砂、石与水泥石结构面破坏的,而是由于轻集料本身强度较低首先破坏,因此轻集料强度对混凝土强度有很大影响。

轻集料强度的测定方法有两种:一种是筒压法,其指标是筒压强度;另一种是通过混凝土和相应砂浆的强度试验,求得轻集料强度,其指标是强度标号。

(1)筒压强度。通常采用筒压法来测定。它是将 10～20 mm 粒级轻粗集料按要求装入 ϕ115 mm×100 mm 的带底圆筒内,上面加 ϕ113 mm×70 mm 的冲压模(见图 3-11),取冲压模压入深度为 20 mm 的压力值,除以承压面积,即为轻粗集料的筒压强度值。

筒压强度是间接反映轻粗集料颗粒强度的一项指标,对相同品种的轻粗集料,筒压强度与轻粗集料的松散表观密度呈线性关系。但轻粗集料在圆筒内受力状态是点接触,多向挤压破坏,筒压强度只是相对强度,不能反映轻集料在混凝土中的真实强度。

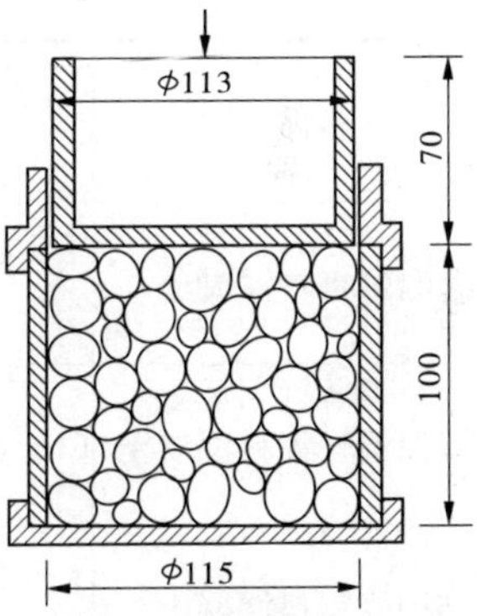

图 3-11　筒压强度试验示意图

(2)强度标号。用测定规定配合比的轻砂混凝土和其砂浆组分的抗压强度的方法来求得混凝土中轻粗集料的真实强度,并以混凝土合理强度值作为轻粗集料强度标号。

不同密度等级轻粗集料的筒压强度和强度标号应不小于表 3-31 的规定值。

表 3-31　轻粗集料的筒压强度与强度标号

密度等级	筒压强度 f_a(MPa)		强度标号 f_{ak}(MPa)	
	碎石型	普通型和圆球型	普通型	圆球型
300	0.2/0.3	0.3	3.5	3.5
400	0.4/0.5	0.5	5.0	5.0
500	0.6/1.0	1.0	7.5	7.5
600	0.8/1.5	2.0	10	15
700	1.0/2.0	3.0	15	20
800	1.2/2.5	4.0	20	25
900	1.5/3.0	5.0	25	30
1 000	1.8/4.0	6.5	30	40

注:碎石型天然轻粗集料取斜线以左值,其他碎石型轻粗集料取斜线以右值。

3）吸水率

轻集料的吸水率一般比普通集料大，且开始 1 h 内吸水极快，24 h 后几乎不再吸水。国家标准对轻集料 1 h 吸水率的规定是：粉煤灰陶粒不大于 22%，黏土陶粒和页岩陶粒不大于 10%。

（二）轻集料混凝土的技术性质

轻集料混凝土按其干表观密度（kg/m^3）的大小分为 12 个等级：800、900、1 000、1 100、1 200、1 300、1 400、1 500、1 600、1 700、1 800 及 1 900。

轻集料混凝土的强度等级按立方体抗压强度标准值分为：CL5. 0、CL7. 5、CL10、CL15、CL20、CL25、CL30、CL35、CL40、CL45 和 CL50 等。桥梁结构用轻集料混凝土，其强度等级不低于 CL15。

按用途不同，轻集料混凝土分为三类，其相应的强度等级和表观密度见表 3-32。

表 3-32　轻集料混凝土按用途分类

名称	混凝土强度等级的合理范围	混凝土干表观密度的合理范围（kg/m^3）	用途
保温轻集料混凝土	CL5. 0	800	主要用于保温的维护结构或热工构筑物
结构保温轻集料混凝土	CL5. 0、CL7. 5、CL10、CL15	800 ~ 1 400	主要用于既承重又保温的维护结构
结构轻集料混凝土	CL20、CL25、CL30、CL35、CL40、CL45、CL50	1 400 ~ 1 900	主要用于承重构件或构筑物

1. 轻集料混凝土拌和物的和易性

由于轻集料具有颗粒表观密度小、表面粗糙、总表面积大、易吸水等特点，所以其拌和物适用的流动性范围窄，过大就会使轻集料容易上浮、离析；过小则捣实困难。流动性的大小主要取决于用水量，轻集料吸水率大，故其用水量的概念与普通混凝土略有区别。加入拌和物中的水量（称总用水量）可分为两部分：一部分被集料吸收，其数量相当于 1 h 的吸水量，这部分水称为附加用水量；另一部分称为净水量，使拌和物获得要求的流动性和保证水泥水化的进行，净用水量可根据混凝土的用途及要求的流动性来选择。

轻集料混凝土与普通混凝土相同，其和易性也受砂率的影响。尤其采用轻砂时，拌和物和易性随着砂率的提高而有所改善，轻集料混凝土的砂率一般比普通混凝土的砂率为大。

2. 轻集料混凝土的强度

轻集料混凝土决定强度的因素与普通混凝土基本相同，即水泥强度与水灰比（净水灰比）。但是，由于轻集料的本身强度较低，因而轻集料的强度就成了决定轻集料混凝土强度的因素之一，反映在轻集料混凝土强度上有如下特点：

（1）与普通混凝土相比，采用轻集料会导致强度下降，并且用量愈多，强度也愈降低，而其表观密度也愈小。

（2）轻集料混凝土的另一特点是每种粗集料只能配制一定强度（即前面所述之合理强

度值）的混凝土，如欲配制高于此强度的混凝土，即使采用降低水灰比的方法来提高砂浆的强度，也不可能使混凝土的强度得到明显提高。

3. 弹性模量和徐变

轻集料混凝土的应变值比普通混凝土大，弹性模量为同强度等级普通混凝土的50%～70%。同时，因其弹性模量较小，限制变形能力较低，水泥用量较大，因此其徐变变形较普通混凝土为大。

4. 轻集料混凝土施工技术特点

（1）轻集料混凝土拌和用水中，应考虑1 h吸水量或将轻集料预湿饱和后再进行搅拌的方法。

（2）轻集料混凝土拌和物的工作性比普通混凝土差。为获得相同的工作性，应适当增加水泥浆或砂浆的用量。轻集料混凝土拌和物搅拌后，宜尽快浇筑，以防坍落度损失。

（3）轻集料混凝土拌和物中的轻集料容易上浮，因此应使用强制式搅拌机，搅拌时间应略长；另外，最好采用加压振捣并控制振捣的时间。

（4）轻集料混凝土易产生干缩裂缝，必须加强早期养护。采用蒸汽养护时，应适当控制净停时间及升温速度。

（三）轻集料混凝土的工程应用

轻集料混凝土应用于桥梁工程，可减轻自重、增大跨度、节约工程投资，但是由于其弹性模量较低和徐变较大等问题还需进一步研究，目前仅用于中小型桥梁，大跨度桥梁应用较少。

三、流态混凝土

流态混凝土是在预拌的坍落度为80～120 mm的基体混凝土拌和物中，加入一种叫做流化剂的外加剂，经过二次搅拌，使基体混凝土拌和物的坍落度立刻增加至180～220 mm，能自流填满模型或钢筋间隙的混凝土。

（一）流态混凝土的特点

（1）流动性大，可浇筑性好。流态混凝土的流动性好，坍落度达200 mm以上，便于泵送浇筑，因为其具有很好的自密性，可以不振捣。

（2）降低集浆比，减少收缩。流态混凝土是依据流化剂的作用来提高流动性的，如保持原来的水灰比不变，则不仅可减少用水量，同时可节约水泥用量。这样混凝土拌和物中水泥浆量减少后，则可减小混凝土硬化后的收缩率，避免产生收缩裂缝。

（3）减少用水量，提高混凝土性能。由于流化剂可大幅度减少用水量，如水泥用量不变，则可在保证流动性的前提下降低水灰比，因而可提高混凝土的强度和耐久性。

（4）不产生离析和泌水现象。由于流化剂的作用，在用水量较小的情况下而具有较大的流动性，故其不会像普通混凝土那样产生离析与泌水现象。

（二）流态混凝土的力学性能

（1）抗压强度。一般情况下，流态混凝土与基体混凝土相比，同龄期的强度无多大差异。但是由于流化剂的性能各异，有的流化剂可起到一定的早强作用，因而使流态混凝土的强度有所提高。

（2）与钢筋的黏结强度。由于流化剂使得混凝土拌和物的流动性增加，故流态混凝土较普通混凝土与钢筋的黏结强度有所增加。

(3)弹性模量。掺加流化剂后,流动性混凝土的弹性模量与抗压强度一样,没有明显差异。

(4)徐变与收缩。流态混凝土的徐变较基体混凝土稍大,而与普通大流动性混凝土接近;其收缩与流化剂的种类和掺量有关。

(5)耐磨性。试验证明,流动性混凝土的耐磨性较基体混凝土稍差,作为路面混凝土应考虑采取提高耐磨性措施。

(6)抗冻性。流态混凝土的抗冻性较基体混凝土稍差,与大流动性混凝土接近。

(三)流态混凝土的工程应用

流态混凝土在道路与桥梁工程中应用日益广泛,如越江隧道的水泥混凝土路面、斜拉桥的混凝土主塔以及地铁的衬砌封顶等,均需采用流态混凝土。

四、碾压式混凝土

碾压式混凝土是以级配集料和较低的水泥用量与用水量以及掺合料、外加剂等组成的超干硬性混凝土拌和物,经振动压路机等机械碾压、密实而形成的一种混凝土。这种混凝土具有密度大、强度高、节约水泥和耐久性好等优点。

(一)碾压式混凝土的材料组成

(1)矿质混合料。路面碾压式混凝土用粗、细集料应能形成密实的混合料,符合密级配的要求。粗集料的最大粒径,用于路面面层的应不大于 20 mm,用于路面底层的应不大于 30 mm 或 40 mm。碎石中经常缺乏 2.5 ~ 5 mm 部分,因而应补充石屑。为达到密实结构,砂率宜采用较大值。

(2)水泥。路面碾压式混凝土用水泥与普通水泥混凝土相同,应符合《公路水泥混凝土路面施工技术规范》(JTG F30—2003)的有关技术要求。

(3)掺合料。路面碾压式混凝土为了节约水泥用量、改善和易性和提高耐久性,通常掺加粉煤灰。

(二)碾压式混凝土的技术性能

(1)强度高。碾压式混凝土路面由于矿质混合料组成采用连续密级配,经过振动压路机等碾压,使各种集料排列为骨架密实结构,这样不仅节约水泥用量,而且使水泥胶结物能发挥很大作用,因而具有较高的强度,特别具有较高的早期强度。

(2)干缩率低。路面碾压式混凝土由于其组成材料配合比的改进,使拌和物具有优良的级配和很低的含水率。这种拌和物在碾压机械的作用下,水泥浆与集料的体积比率大大降低,因为水泥浆的干缩率比集料大得多,因此碾压式混凝土的干缩率也大大减小。

(3)耐久性好。碾压式混凝土可形成密实骨架结构的高强、干缩率低的混凝土。由于在形成这种密实结构的过程中,拌和物中的空气被碾压机械排出,造成碾压式混凝土的孔隙率大为降低,因而其抗渗性、抗冻性等都得到了提高。

(三)碾压式混凝土的经济效益

(1)节约水泥。因为碾压式混凝土用水量少,在保持相同水灰比的条件下,其水泥用量也较少。实践证明,在达到相同强度的前提下,较普通水泥混凝土可节约水泥 30%。

(2)提高工效。碾压式混凝土采用强制式拌和机拌和、自卸车运料、摊铺机摊铺、振动压路机等机械碾压，按此施工组织的工效较普通混凝土可提高2倍左右。

(3)提前通车。碾压式混凝土早期强度高，养护时间短，可提前开放通车，因此带来了明显的经济效益和社会效益。

(4)减小投资。碾压式混凝土路面的造价与沥青混凝土路面接近，养护费用较沥青路面低，而且使用年限较长。

(四)碾压式混凝土的工程应用

碾压式混凝土应用于水泥混凝土路面，可以做成一层式或两层式；也可作为底层，面层采用沥青混凝土作为抗滑、磨耗层。尤其应指出的是，碾压式混凝土路面的质量不仅取决于材料的组成配合比，更主要取决于路面的施工工艺。

第三节　建筑砂浆

建筑砂浆是由胶凝材料、细集料、掺合料和水按适当的比例配制而成的。细集料多采用天然砂。砂浆在建筑工程中是用量大、用途广的建筑材料，它主要用于砌筑砖石结构，此外还可以用于建筑物内外表面的抹面；在道路、桥梁和隧道工程中，主要用于砌筑圬工桥涵、沿线挡土墙和隧道衬砌等砌体以及修饰这些构筑物的表面。

建筑砂浆按胶结材料的种类不同分为水泥砂浆、石灰砂浆和混合砂浆，建筑砂浆根据用途可分为砌筑砂浆、抹面砂浆、装饰砂浆等。

一、砌筑砂浆

(一)砌筑砂浆的组成材料

1. 胶凝材料

胶凝材料在砂浆中可黏结细集料，对砂浆的基本性质影响较大。砌筑砂浆常用的胶凝材料有水泥(普通水泥、矿渣水泥、火山灰质水泥、粉煤灰水泥、砌筑水泥等)、石灰、石膏等，在选用时应根据砂浆的使用环境、使用功能等合理选择。

配制砂浆用的水泥强度等级应根据设计要求来进行选择，配制水泥砂浆时，其强度等级一般不宜大于32.5级，砂浆中的水泥用量不应小于200 kg/m^3；配制水泥混合砂浆时，其强度等级不宜大于42.5级，水泥和掺合料的总量宜为300～350 kg/m^3。

2. 细集料

细集料在砂浆中起着骨架和填充的作用，要求基本同混凝土用细集料的技术性质要求。

由于砌筑砂浆层较薄，对细集料的最大粒径应有所限制。对于毛石砌体所用的细集料，以使用粗砂为宜，其最大粒径应小于砂浆层厚度的1/5～1/4；对于砖砌体所用的细集料，以使用中砂为宜，其最大粒径应不得大于2.5 mm；对于光滑的抹面及勾缝砂浆所用的细集料，则应采用细砂。

细集料的含泥量对砂浆的强度、变形、稠度、耐久性影响较大。对强度等级≥M5的砂浆，细集料的含泥量不应大于5%；对强度等级<M5的砂浆，细集料的含泥量可大于5%，但应小于10%。

3. 掺合料及外加剂

为了改善砂浆的和易性，节约水泥用量，在砂浆中常掺入适量的掺合料或外加剂。常用的掺合料有石灰、黏土、粉煤灰等，常用的外加剂有皂化松香、微沫剂、纸浆废液等。

石灰应先制成石灰膏，熟化时间不少于 7 d，并用孔径不大于 3 mm×3 mm 的筛网过滤，然后掺入砂浆搅拌均匀；磨细生石灰的熟化时间不得少于 2 d。严禁使用脱水硬化的石灰膏。因消石灰粉中含较多的未完全熟化的颗粒，砌筑、抹面后继续熟化，产生体积膨胀，可能破坏砌体或墙面，故消石灰粉不得直接用于砌筑砂浆中。

黏土也须制成沉入度为 14～15 cm 的黏土膏，并通过孔径不大于 3 mm×3 mm 的筛网过滤，黏土以选颗粒细、黏性好、砂及有机物含量少的为宜。

砌筑砂浆常用的外加剂应具有法定检测机构出具的该产品砌体强度形式检验报告，并经砂浆性能试验合格后，方可使用。

4. 拌和用水

建筑砂浆拌和用水的技术要求与混凝土拌和用水相同。原则上应采用不含有害杂质的洁净水或生活饮用水；但可在保证环保的前提下，鼓励采用经化验分析和试拌验证合格的工业废水拌制砂浆，以达到节水的目的。

（二）砌筑砂浆的基本性质

砌筑砂浆应满足下列技术性质：

（1）满足和易性要求。

（2）满足设计种类和强度等级要求。

（3）具有足够的黏结力。

1. 新拌砂浆的和易性

砂浆的和易性是指砂浆拌和物在施工中既方便操作，又能保证工程质量的性质。和易性好的砂浆容易在砖石底面上铺成均匀的薄层，使灰缝饱满密实，且能与底面很好地黏结为整体，使砌体获得较好的整体性。新拌砂浆的和易性包括流动性和保水性两个方面。

1）流动性

砂浆的流动性（又称稠度）是指砂浆在自重或外力的作用下易产生流动的性能。流动性好的砂浆容易在砖石等底面上铺成薄层。

砂浆流动性的大小可通过砂浆稠度仪试验测定（见图 3-12），用稠度或沉入度（mm）表示，即质量为 300 g 的标准圆锥体在砂浆内自由下沉 10 s 的深度。沉入度大，表明砂浆的流动性好。

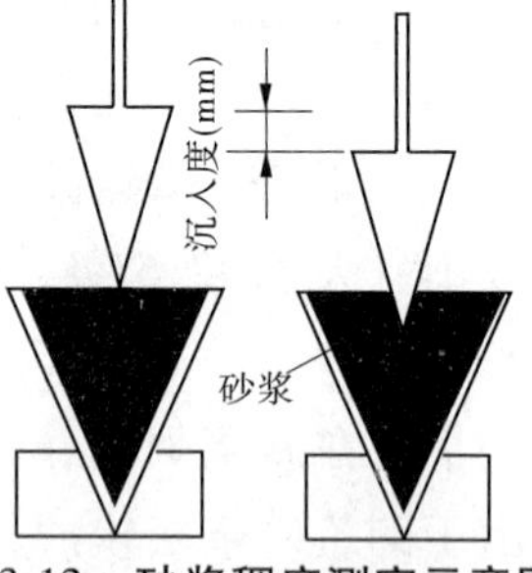

图 3-12　砂浆稠度测定示意图

砂浆的流动性与胶凝材料的品种和用量、细集料的粗细程度和级配、砂浆的搅拌时间、用水量等因素有关；但当原材料条件和胶凝材料与砂的比例一定时，主要取决于用水量的多少。砂浆流动性的选择要考虑砌体材料的种类、施工条件和气候条件等情况（见表 3-33）。通常情况下，基层为多孔吸水材料或在干热条件下施工时，应使砂浆的流动性大些；相反，对于密实的、吸水很少的基层材料或在湿冷气候条件下施工时，可使流动性小些。

表 3-33　建筑砂浆的流动性(沉入度)　(单位:mm)

砌体种类	干燥气候	寒冷气候	抹灰工程	机械施工	人工施工
砖砌体	80~100	60~80	准备层	80~90	110~120
普通毛石砌体	60~70	40~50	底层	70~80	70~80
振捣毛石砌体	20~30	10~20	面层	70~80	90~100
混凝土砌块砌体	70~90	50~70	石膏浆面层	—	90~120

2)保水性

新拌砂浆的保水性是指其保持水分的能力。新拌砂浆在存放、运输和使用的过程中,都应该保持水分不致很快流失,才能在砌材底面上形成均匀密实的砂浆胶结层,从而能够保证砌体具有良好的质量。如砂浆的保水性不良,在存放、运输、施工等过程中就容易发生泌水、分层离析现象,使得砂浆的流动性变差,不宜铺成均匀的砂浆层。另外,砂浆中的水分易被砖石等砌材迅速吸收,影响胶凝材料的正常水化,降低了砂浆的强度和黏结力,影响了砌体的质量。为了改善砂浆的保水性,可掺入适量的石灰膏或微沫剂。

砂浆的保水性用分层度表示,常用分层度测定仪测定(见图 3-13)。将拌好的砂浆置于容器中,测其沉入度 K_1,静置 30 min 后,去掉上面 20 cm 厚砂浆,将下面剩余的 10 cm 厚的砂浆倒出拌和均匀,测其沉入度 K_2,两次沉入度的差(K_1-K_2)称为分层度,以 mm 表示。分层度过大,表示砂浆易产生分层离析,不利于施工及水泥硬化。水泥砂浆的分层度不应大于 30 mm,水泥混合砂浆分层度不应大于 20 mm,分层度接近于零的砂浆,其保水性太强,容易产生干缩裂缝。

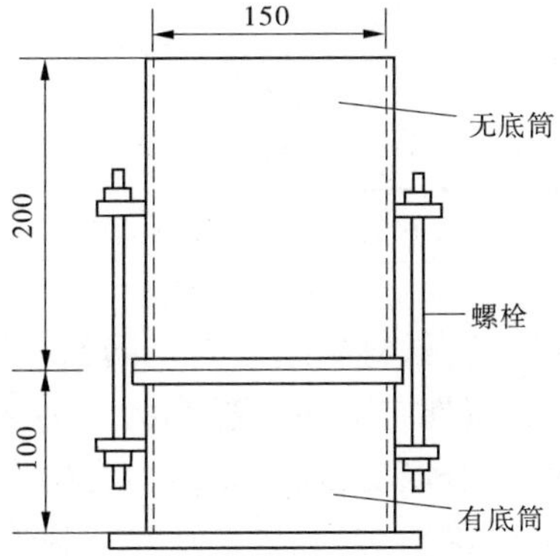

图 3-13　分层度测定仪　(单位:mm)

2. 硬化砂浆的性质

1)砂浆的强度

砌筑砂浆的强度等级是用边长为 70.7 mm 的立方体试件,在标准条件养护下,用标准试验方法测得 28 d 的抗压强度平均值(MPa),并考虑 95% 的强度保证率而确定的。砂浆的强度等级共分为 M2.5、M5、M7.5、M10、M15、M20 等六个等级。

砂浆强度的影响因素很多,随组成材料的种类和底面吸水性不同而异,因此很难用统一公式准确地计算抗压强度。在施工中,多采用试配的方法通过试验确定。对于普通水泥配制的砂浆,可参考下列公式计算其抗压强度。

(1)用于不吸水底面上(如致密的块石)时,其强度的影响因素与混凝土相同,主要取决于水泥强度等级及水灰比,可用式(3-45)计算:

$$f_{m28} = 0.29f_{ce}\left(\frac{C}{W} - 0.4\right) \tag{3-45}$$

式中 f_{m28}——砂浆 28 d 的抗压强度,MPa;

f_{ce}——实测水泥 28 d 的抗压强度值,MPa;

C/W——灰水比。

在无法取得水泥的实测强度时,可按式(3-46)计算 f_{ce}:

$$f_{ce} = \gamma_c f_{ce,k} \tag{3-46}$$

$f_{ce,k}$——水泥的强度等级对应的标准强度值,MPa;

γ_c——水泥强度的富余系数,按实际统计资料确定,无统计资料时 γ_c 取 1.0。

(2)用于吸水底面(如砖或其他多孔材料),原材料及灰砂比相同时,砂浆拌和时加入的水量虽有不同,但经材料吸水,保留在砂浆中的水分仍相差不大,砂浆的强度主要取决于水泥强度和水泥用量,而与用水量关系不大,可按以下经验公式(3-47)计算:

$$f_{m28} = \frac{AQ_c f_{ce}}{1\,000} + B \tag{3-47}$$

式中 Q_c——1 m^3 砂浆中的水泥用量,kg;

f_{ce}——实测水泥 28 d 的抗压强度值,MPa;

A、B——砂浆的特征系数,可由试验测定或参照表 3-34 选取。

表 3-34 A、B 系数值

砂浆品种	A	B
水泥混合砂浆	1.50	-4.25
水泥砂浆	1.03	3.50

注:各地区也可用本地区试验资料确定 A、B 值,统计用的试验组数不得少于 30 组。

2)黏结力

砖石砌体是靠砂浆把块状的砖石材料黏结成为坚固的整体。因此,为保证砌体的强度、耐久性等,要求砂浆与底面材料之间具有足够的黏结力。砂浆与底面的黏结力与砂浆的抗压强度有关,一般情况下,砂浆的抗压强度越高,黏结力也越大。另外,砂浆的黏结力与所砌筑材料的表面状态、清洁状态、湿润状态、施工水平及养护条件等也密切相关。

(三)砌筑砂浆的配合比设计

砌筑砂浆要根据工程类别及砌体部位的设计要求,选择其强度等级,再按强度等级来确定配合比。砂浆的配合比可先用计算法确定初始配合比,然后试拌调整得到施工配合比。

1.计算砂浆的配制强度 $f_{m,0}$

$$f_{m,0} = f_2 + 0.645\sigma \tag{3-48}$$

$$\sigma = \sqrt{\frac{\sum_{i=1}^{n} f_{m,i}^2 - n\mu_{fm}^2}{n-1}} \tag{3-49}$$

式中 $f_{m,0}$——砂浆的配制强度,MPa;

f_2——砂浆设计强度标准值,MPa;

σ——砂浆现场强度标准差，MPa；

$f_{m,i}$——统计周期内同一品种砂浆第 i 组试件的强度，MPa；

μ_{fm}——统计周期内同一品种砂浆 n 组试件强度的平均值，MPa；

n——统计周期内同一品种砂浆试件的总组数(一般要求在25组以上)。

当没有近期统计资料时，标准差 σ 可按表3-35取值。

表3-35　砂浆强度标准差 σ 的选用(JGJ 98—2000)

施工水平	砂浆强度等级					
	M2.5	M5	M7.5	M10	M15	M20
优良	0.50	1.00	1.50	2.00	3.00	4.00
一般	0.62	1.25	1.88	2.50	3.75	5.00
较差	0.75	1.50	2.25	3.00	4.50	6.00

2. 计算1 m^3 砂浆中的水泥用量 Q_c

由式(3-47)计算1 m^3 砂浆中的水泥用量 Q_c：

$$Q_c = \frac{1\,000(f_{m,0} - B)}{Af_{ce}} \tag{3-50}$$

式中　Q_c——1 m^3 砂浆中的水泥用量，kg/m^3；

$f_{m,0}$——砂浆的配制强度，MPa；

A、B——砂浆的特征系数，见表3-34；

f_{ce}——实测水泥28 d的抗压强度值，MPa。

当水泥砂浆中水泥的计算用量不足200 kg/m^3 时，应按200 kg/m^3 采用。

3. 确定掺合料用量 Q_D

$$Q_D = Q_A - Q_C \tag{3-51}$$

式中　Q_D——1 m^3 砂浆中的掺合料用量，kg/m^3；

Q_C——1 m^3 砂浆中的水泥用量，kg/m^3；

Q_A——1 m^3 砂浆中的水泥和掺合料的总量，kg/m^3，一般应为300～350 kg/m^3。

4. 确定砂子的用量 Q_s

砂浆中的水、胶凝材料和掺合料是用于填充砂子颗粒之间的空隙的。一般1 m^3 砂子就构成1 m^3 砂浆。由于砂子的体积随着含水率的变化而变化，所以1 m^3 砂浆中砂子的用量，应以干燥状态(含水率<0.5%)的堆积密度值作为计算值，单位以 kg/m^3 计。按式(3-52)确定1 m^3 砂浆中的砂子用量。

$$Q_s = \rho_{0干}(1 + \beta) \tag{3-52}$$

式中　Q_s——1 m^3 砂浆中的砂子用量，kg/m^3；

$\rho_{0干}$——砂子在干燥状态下的堆积密度，kg/m^3；

β——砂子的含水率(%)。

5. 按砂浆稠度选用用水量 Q_w

1 m^3 砂浆中的用水量可根据经验或按表3-36选用。

表 3-36 1 m^3 砂浆中的用水量选用值

砂浆品种	混合砂浆	水泥砂浆
用水量(kg/m^3)	260～300	270～330

注:1. 施工现场气候炎热或干燥季节,可酌量增加水量。

2. 当采用细砂或粗砂时,用水量分别取上限或下限。

3. 混合砂浆中的用水量,不包括石灰膏或黏土膏中的水。

4. 当稠度小于 70 mm 时,用水量可小于下限。

6. 配合比试配、调整与确定

(1)按计算所得配合比进行试拌,测定拌和物的沉入度和分层度,若不能满足要求,则应调整掺合料或用水量,直到符合要求。此配合比即为砂浆的基准配合比。

(2)强度检验至少采用三个不同的配合比,其中一个按基准配合比,另外两个配合比的水泥用量按基准配合比分别增加及减少 10%,在保证沉入度、分层度满足要求的条件下,可将掺合料或用水量作相应的调整。

(3)三个不同的砂浆配合比,经调整后,应按国家现行标准《建筑砂浆基本性能试验方法标准》(JGJ/T 70—2009)的规定成型试件并进行养护,分别测定其 28 d 的抗压强度值。选定符合强度要求且水泥用量较少的砂浆配合比。

(四)砌筑砂浆的配合比设计实例

【例 3-3】 某砌筑工程用混合砂浆,强度等级为 M7.5,稠度为 70～100 mm。采用强度等级为 42.5 的普通硅酸盐水泥、含水率为 2% 的中砂(干燥状态下的堆积密度为 1 450 kg/m^3)、石灰膏配制,施工水平一般。试计算该砂浆的配合比。

解:

(1)按式(3-48)确定砂浆的配制强度 $f_{m,0}$:

$$f_{m,0} = f_2 + 0.645\sigma$$

由题知 $f_2 = 7.5$ MPa,查表 3-35,得 $\sigma = 1.88$ MPa,则

$$f_{m,0} = 7.5 + 0.645 \times 1.88 = 8.7(\text{MPa})$$

(2)按式(3-50)计算水泥用量 Q_c:

$$Q_c = \frac{1\,000(f_{m,0} - B)}{Af_{ce}}$$

查表 3-34,$A = 1.50$,$B = -4.25$,则

$$Q_c = \frac{1\,000 \times (8.7 + 4.25)}{1.50 \times 42.5} = 203(\text{kg/m}^3)$$

(3)确定石灰膏用量 Q_D:

$$Q_D = Q_A - Q_c$$

取 $Q_A = 300$ kg/m^3,则

$$Q_D = 300 - 203 = 97(\text{kg/m}^3)$$

(4)根据砂子的堆积密度和含水率,计算 Q_s:

$$Q_s = 1\,450 \times (1 + 2\%) = 1\,479(\text{kg/m}^3)$$

(5)确定用水量 Q_w:

根据表 3-36,选择用水量 $Q_w = 300$ kg/m^3,则砂浆试配时的配合比为:

水泥: 石灰膏: 砂: 水 = 203: 97: 1 479: 300 = 1: 0.48: 7.28: 1.48

计算得到的配合比,再经试配、调整,直到强度与和易性符合要求。

二、抹面砂浆

抹面砂浆常用于桥涵圬工砌体和地下物的表面。一般对抹面砂浆的强度要求不高,但要求保水性好,与基底的黏附性好。

抹面砂浆以薄层抹在构(建)筑物表面,既能起到保护构(建)筑物,又能起到装饰构(建)筑物的作用。抹面砂浆按用途可分为普通抹面砂浆、防水砂浆等。

抹面砂浆的组成材料与砌筑砂浆基本相同。但为了防止砂浆层开裂,有时需加入一些纤维材料(如麻刀、纸筋、有机纤维等);有时为了强化其功能,需加入特殊的集料(如膨胀珍珠岩、陶砂等)或掺合料(如粉煤灰等)。

(一)普通抹面砂浆

普通抹面砂浆是路桥工程中普遍使用的砂浆。它可以保护构(建)筑物不受风、雨、雪等有害介质的侵蚀,提高构(建)筑物的耐久性,同时使构(建)筑物表面获得平整、光洁、美观的效果。

为了保证抹灰质量及表面平整,避免裂缝、脱落,一般分两层或三层进行施工。底层抹灰的作用是使砂浆与基面牢固黏结,要求砂浆具有较好的和易性与黏结力,尤其要有良好的保水性,以免水分被基面材料吸收而影响胶结效果。中层抹灰主要是为了找平,砂浆稠度应适当小些,有时这一工序可省掉。面层的主要作用是装饰,要求平整、光洁、美观,一般要求砂浆细腻抗裂,应使用较细的砂拌制。

常用的普通抹面砂浆的稠度及砂的最大粒径见表 3-37。

表 3-37　普通抹面砂浆的稠度及砂的最大粒径

抹灰层名称	稠度(mm)(人工抹灰)	砂的最大粒径(mm)
底层	100 ~ 120	2.5
中层	70 ~ 90	2.5
面层	70 ~ 80	1.2

(二)防水砂浆

用于制作防水层(刚性防水)的砂浆,称为防水砂浆。它一般适用于隧洞、地下工程等不受振动和具有一定刚度的混凝土或砖石砌体的工程表面。变形较大或可能发生不均匀沉降的构(建)筑物不宜使用。防水砂浆通常有掺防水剂砂浆防水和五层砂浆防水两种。

掺防水剂砂浆防水常用的防水剂有金属皂类防水剂及氯化物金属盐类防水剂。但在钢筋混凝土工程中,不宜采用氯化物金属盐类防水剂,以防止氯离子腐蚀钢筋。防水剂掺入砂浆后,水泥在凝结硬化中生成的不透水复盐,可使得结构进一步密实,提高砂浆的抗渗性。

防水砂浆的抗渗效果在很大程度上取决于施工质量。五层砂浆防水是用水泥砂浆和素灰分层交叉抹面所形成的防水层。其中一、三层为水灰比 0.55 ~ 0.6 的素灰,是主要的防水层;二、四层为水灰比 0.4 ~ 0.5、灰砂比 1: 1.5 ~ 1: 2.5 的水泥砂浆,起着保护素灰的作用;五层为水泥净浆。涂抹时,每层厚度约为 5 mm,总厚度为 20 ~ 30 mm,每层在初凝前要用木抹子压实一遍,最后一层要压光;抹完后一定要加强养护,防止干裂。

本章小结

(1)普通混凝土的基本组成材料是水泥、水、粗集料和细集料,各项基本组成材料必须满足国家有关规范、标准规定的质量要求,才能保证混凝土的质量。

(2)混凝土的主要技术性质包括:混凝土拌和物的和易性、硬化混凝土的强度及变形、混凝土的耐久性。要求混凝土具有良好的和易性、较高的强度、较小的变形和良好的耐久性。

(3)混凝土拌和物和易性包括流动性、黏聚性和保水性,一般用坍落度法和维勃稠度法对其进行测定。影响混凝土和易性的主要因素有水泥浆的数量、水泥浆的稠度、砂率、组成材料、环境温度等。

(4)混凝土的抗压强度高,实际工程中主要利用其承受压力。影响混凝土抗压强度因素有水泥的强度等级和水灰比、集料的性质、施工方法、养护温度与湿度等。

(5)混凝土配合比设计的基本要求是应满足和易性、强度、耐久性和经济性。混凝土配合比一般先计算出初步配合比,然后经和易性检验、调整得出基准配合比,再根据强度检验、校核水灰比得出实验室配合比,再根据施工现场集料含水率换算成施工配合比。

(6)混凝土外加剂是混凝土4种组成材料以外的第5种重要组分。混凝土外加剂虽然掺量很少,但却能显著改善混凝土的性能。在实际工程中,应根据具体情况合理选择外加剂的品种。

(7)为了保证混凝土结构的可靠性,必须对混凝土进行质量控制。

(8)其他品种混凝土包括轻集料混凝土、防水混凝土、耐热混凝土、纤维混凝土等。

(9)建筑砂浆按胶结材料分为水泥砂浆、石灰砂浆和混合砂浆;按用途分为砌筑砂浆、普通抹面砂浆和防水砂浆。砌筑砂浆应满足和易性、设计要求和强度等级要求,并具有足够的黏结力;普通抹面砂浆是土木工程中普遍使用的砂浆,一般分为两层或三层进行施工;防水砂浆对于变形较大或可能发生不均匀沉降的建筑物或构筑物不宜使用。

复习思考题

1. 什么是水泥混凝土?它为什么能够在高等级路面与桥梁工程中得到广泛应用?

2. 试述水泥混凝土的特点及水泥混凝土各组成材料的作用。

3. 简述混凝土拌和物工作性的概念及其影响因素,并叙述坍落度和维勃稠度测定方法及适用范围。

4. 试述混凝土耐久性的概念及其所包含的内容。

5. 简述混凝土拌和物坍落度大小的选择原则。

6. 简述水泥混凝土配合比设计的三大参数的确定原则以及设计的方法步骤。

7. 水泥混凝土用粗、细集料在技术性质上有哪些主要要求?如何确定粗集料的最大粒径?

8. 水泥混凝土外加剂按其功能可分为哪几类?各自适用范围是什么?

9. 新拌砂浆的和易性包括哪些要求？如何测定？砂浆和易性不良对工程应用有何影响？

10. 影响砌筑砂浆强度的主要因素有哪些？

11. 何谓混合砂浆？为什么一般砌筑工程多采用混合砂浆？

12. 试述影响混凝土强度的主要因素及提高强度的主要措施。

习　题

1. 某工地用砂的筛分析结果如表 3-38 所示(砂样总量 500 g)，试确定该砂为何种细度的砂，并评定其级配如何。

表 3-38

筛孔尺寸(mm)	4.75	2.36	1.18	0.60	0.30	0.15
分计筛余(g)	20	100	100	120	70	60

2. 试设计 A 桥预应力混凝土 T 梁用混凝土的组成。设计资料如下：

(1)按桥梁设计图纸：水泥混凝土的设计强度 $f_{cu,k}=30$ MPa；水泥混凝土的概率度 $t=1.645$；水泥混凝土的强度标准差 $\sigma=5.0$ MPa。

(2)按预应力混凝土梁钢筋密度和现场施工机械设备，要求水泥混凝土拌和物的坍落度为 30～50 mm。

(3)可供选择的组成材料及其性质如下：

①水泥：硅酸盐水泥，强度等级为 42.5 级，实测 28 d 抗压强度为 48.5 MPa，密度 $\rho_c=3.10$ g/cm^3。

②碎石：一级石灰岩轧制的碎石，最大粒径 $d_{max}=20$ mm，表观密度 $\rho'_g=2.78$ g/cm^3，现场含水率为 1.0%。

③砂：清洁河砂，粗度为中砂，表观密度 $\rho'_s=2.68$ g/cm^3，现场含水率为 5.0%。

④水：饮用水，符合水泥混凝土拌和用水要求。

⑤减水剂：采用 UNF－5，质量分数为 0.8%，减水率为 12%。

设计要求如下：

(1)确定水泥混凝土配制强度 $f_{cu,0}$，并选择适宜的组成材料。

(2)按我国国标现行方法计算初步配合比。

(3)通过实验室试样调整和强度试验，确定实验室配合比。

(4)按提供的现场材料含水率折算为施工配合比。

3. 试以抗弯拉强度为指标的方法，设计高速公路路面用水泥混凝土配合组成。设计资料如下：

(1)交通量属于特重量级，混凝土设计抗弯拉强度为 5.0 MPa；施工水平属于较好者。

(2)施工要求坍落度为 10～30 mm。

(3)组成材料：

①水泥：普通硅酸盐水泥，强度等级为 42.5 级，实测水泥胶砂 28 d 抗弯拉强度为 8.45

MPa，密度 $\rho_c=3.10\ g/cm^3$。

②碎石：一级石灰岩轧制的碎石，最大粒径 $d_{max}=31.5$ mm，饱和表观密度 $\rho'_g=2.75\ g/cm^3$，饱和面干含水率为 0.5%。

③砂：清洁河砂，粗度为中砂，饱和表观密度 $\rho'_s=2.70\ g/cm^3$，饱和面干含水率为 0.8%。

④水：饮用水，符合水泥混凝土拌和用水要求。

设计要求如下：

(1)确定路面混凝土试配抗弯拉强度，并选择适宜的组成材料。

(2)计算初步配合比。

(3)通过实验室试样调整和强度试验，确定实验室配合比。

(4)按提供的现场材料饱和面干含水率换算为施工配合比。

4. 某混凝土的实验室配合比为 1∶2.0∶4.0(水泥∶砂∶石子)，$W/C=0.57$。已知水泥密度为 3.1 g/cm^3，砂、石子的密度分别为 2.6 g/cm^3 及 2.65 g/cm^3。试计算 1 m^3 混凝土中各项材料用量。混凝土拌和物经试拌调整后，和易性满足要求，试拌材料用量为：水泥 4.7 kg，水 2.8 kg，砂 8.9 kg，碎石 18.5 kg。实测混凝土拌和物表观密度为 2 380 kg/m^3。

(1)试计算 1 m^3 混凝土各项材料用量为多少？

(2)假定上述配合比可以作为实验室配合比，如施工现场砂的含水率为 4%，石子含水率为 1%，求施工配合比。

(3)如果不进行配合比换算，直接把实验室配合比在现场施工使用，则实际的配合比如何？对混凝土强度将产生多大影响？

5. 某多层住宅楼工程，要求配制强度等级为 M5.0、稠度为 70～90 mm 的水泥石灰混合砂浆。工地现有材料如下：水泥选用强度等级为 42.5 的普通硅酸盐水泥，表观密度为 1 310 kg/m^3；砂子选用含水率为 1.5% 的中砂，干燥状态下的堆积密度为 1 450 kg/m^3；石灰膏的表观密度为 1 280 kg/m^3。施工水平一般。试求 1 m^3 混合砂浆中各项材料的用量(按质量计)。

第四章　沥青材料

学习目标　理解石油沥青的化学组分与胶体结构，掌握石油沥青的主要技术性质、技术标准与选用、掺配比例的计算方法。同时还应了解煤沥青、乳化沥青与改性沥青的技术性质、特点及应用。

沥青是国民经济建设必不可少的重要物资，由于沥青材料具有良好的胶结、防水、绝缘、防腐等多种性能，自公元前3 000多年前被发现利用以来，至今已渗透到公路交通、建筑、工业、农业、水利水电、涂料等多个领域。其中沥青材料在道路交通中的应用最引人瞩目，85%以上的沥青用于道路建设。

沥青材料是以沥青为主要成分的一种有机材料，它是由一些极其复杂的高分子碳氢化合物及这些碳氢化合物的非金属（氧、氮、硫等）衍生物组成的混合物。溶于二硫化碳、四氯化碳、三氯甲烷、苯等有机溶剂，在常温下沥青呈褐色或黑褐色的固体、半固体或黏稠液体状态。

沥青材料品种很多，按其在自然界中的获得方式，可分为地沥青和焦油沥青两大类。

一、地沥青

按其产源又分为天然沥青和石油沥青。

(1)天然沥青。它是地壳中的石油在各种自然因素的作用下，经过轻质油分蒸发、氧化和缩聚作用而形成的天然产物。一般存在于岩石裂缝中、地面上或形成湖泊，如我国新疆克乌尔禾地区的天然沥青矿脉、中美洲委内瑞拉著名的特立尼达湖沥青。天然沥青常年与自然环境共存，故其性质特别稳定，多为优质沥青。

(2)石油沥青。它是将石油原油分馏出各种产品后的残渣经过各种炼制工艺加工而得到的产品。我国天然沥青很少，但石油资源丰富，故石油沥青是使用量最大的一种沥青材料。

二、焦油沥青

焦油沥青是各种有机物（煤、泥炭、木材等）干馏加工得到的焦油，经再加工而得到的产品。焦油沥青按其加工的有机物名称而命名，如由煤干馏所得的煤焦油经再加工后得到的沥青，即称为煤沥青。此外，有木沥青、页岩沥青等，工程上常用的焦油沥青是煤沥青。

沥青具有良好的憎水性、黏结性和塑性，因而广泛地应用于防水、防潮、道路和水利工程。

第一节　石油沥青

石油沥青是由原油经常压蒸馏、减压蒸馏后，采用溶剂脱沥青或氧化等工艺过程得到的暗褐色或黑色的半固体或固体物质，主要由烃类及其衍生物所组成，是应用最为广泛的沥青材料。

根据生产方法，石油沥青可分为直馏沥青、溶剂脱沥青、氧化沥青、调和沥青、乳化沥青、改性沥青等，其生产工艺流程如图4-1所示。

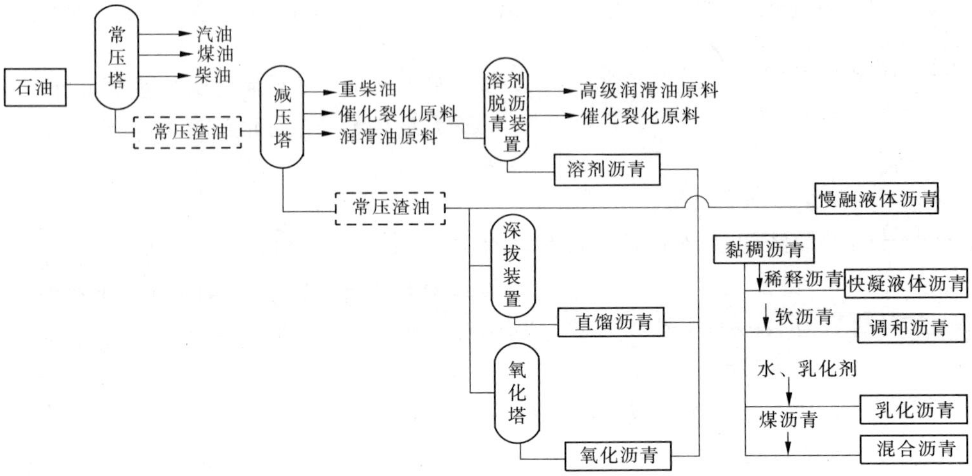

图4-1　石油沥青生产工艺流程示意图

一、石油沥青的组成与结构

（一）沥青的元素组成

石油沥青不是单一的物质，而是由多种碳氢化合物及其非金属（氧、硫、氮）的衍生物组成的混合物，成分极其复杂。通常石油沥青中，碳（C）和氢（H）的含量占98%～99%，其中碳含量为80%～87%，氢为10%～15%。其次是非烃元素，如氧、硫、氮等（<3%）。此外，还含有一些微量的金属元素，如镍、钒、铁、锰、钙、镁、钠等，但含量都很少，为几个至几十个百万分之一。

（二）石油沥青的化学组分

石油沥青是由多种化合物所组成的混合物。由于它的结构复杂，并存在有机化合物的同分异构现象，许多沥青的化学元素组成虽然十分相似，但是它们的性质却往往有很大区别。沥青化学元素的含量与其性能之间目前尚不能建立起直接的相互关系，因此在研究沥青化学组成的同时，利用沥青对不同溶剂的溶合性，将沥青分离成几个化学成分和物理性质相似的部分，这些部分称为沥青的组分。

石油沥青的化学组分，许多研究者曾提出不同的分析方法，而且正在不断修正和发展。我国现行《公路工程沥青及沥青混合料试验规程》（JTG E20—2011）中规定有三组分和四组分两种分析法。

1. 三组分分析法

石油沥青的三组分分析法是将石油沥青分离为油分、树脂和沥青质3个组分。因我国富产石蜡基中间基沥青，在油分中往往含有蜡，故在分析时还应将油蜡分离。由于这一组分分析方法是兼用了选择性溶解和选择性吸附的方法，所以又称为溶解－吸附法，石油沥青三组分分析法的各组分性状如表4-1所示。

表 4-1 石油沥青三组分分析法的各组分性状

组分	外观特征	平均分子量	碳氢比	物化特征
油分	淡黄透明液体	200 ~ 700	0.5 ~ 0.7	几乎可溶于大部分有机溶剂,具有光学活性,常发现有荧光,相对密度为 0.910 ~ 0.925 g/cm³
树脂	红褐色黏稠半固体	800 ~ 3 000	0.7 ~ 0.8	温度敏感性高,溶点低于 100 ℃,相对密度略大于 1.000 g/cm³
沥青质	深褐色固体末状微粒	1 000 ~ 5 000	0.8 ~ 1.0	加热不熔化,分解为硬焦碳,使沥青呈黑色,相对密度大于 1.000 g/cm³

2. 四组分分析法

四组分分析法是将石油沥青分离为饱和分、芳香分、胶质和沥青质。其组分性状见表 4-2。

表 4-2 石油沥青四组分分析法的各组分性状

组分	外观特性	平均相对密度	平均分子量	含量(%)	主要化学结构及物化特征
饱和分	无色液体	0.89	625	5 ~ 20	烷烃、环烷烃,对温度敏感,赋予沥青流动性
芳香分	黄色至红色黏稠液体	0.99	730	40 ~ 65	芳香烃、含 S 衍生物,溶解分散沥青质
胶质	红褐色至黑褐色半固体	1.09	970	15 ~ 30	多环结构,含 S、O、N 衍生物,极性强,很好的黏结力,具有扩散、胶溶、可塑性
沥青质	深棕色至黑色固体	1.15	3 400	5 ~ 25	缩合环结构,含 S、O、N 衍生物,具有温度稳定性和黏滞性
蜡分	白色晶体	0.95	650	2 ~ 4	正构烷烃,破坏沥青的均匀性,降低塑性和温度稳定性

按照四组分分析法,根据科尔贝特的研究认为,各组分对沥青性质的影响:饱和分含量增加,可使沥青稠度降低(针入度增大);胶质含量增大,可使沥青的延性增加;在有饱和分存在的条件下,沥青质含量增加,可使沥青获得低的感温性;胶质和沥青质的含量增加,可使沥青的黏度提高。

此外,蜡分是沥青中的有害成分,随着温度的变化,它对沥青的黏度将产生较大的影响。在低温下,蜡结晶体使沥青的脆性增大,从而导致沥青的低温性和黏性降低,使沥青变硬变脆,导致路面低温抗裂性能降低,出现裂缝;而在较高温度下,蜡的熔融(融化温度为 50 ℃左右)会使沥青的黏度降低、沥青发软,导致沥青路面高温稳定性降低,出现车辙、拥包等病害。蜡的相态变化使沥青具有较高的温度敏感性。另外,蜡的存在会降低沥青对石料界面的黏附性,在有水的情况下,会使沥青产生剥落现象,造成路面破坏;更为严重的是,蜡的存在会使沥青路面的抗滑性严重降低,影响路面的行车安全。因此,对于沥青中的含蜡量各国都有严格的限制,我国根据目前实际情况分为 2.2%、3% 和 4% 三个等级,用于高等级公路的沥青规定其含蜡量(蒸馏法)不大于 2.2%。

（三）石油沥青的结构

沥青的技术性质不仅取决于它的化学组分及其化学结构，而且取决于它的胶体结构。

1. 胶体理论

现代胶体学说认为沥青中沥青质是分散相，饱和分和芳香分是分散介质，但沥青质不能直接分散在饱和分和芳香分中。而胶质作为一种胶溶剂，沥青吸附了胶质形成胶团而后分散于芳香分和饱和分中。所以，沥青的胶体结构是以沥青质为胶核，胶质被吸附于其表面，并逐渐向外扩散形成胶团，胶团再分散于芳香分和饱和分中。

2. 胶体的结构类型

根据沥青中各组分的化学组成和相对含量的不同，可以形成不同的胶体结构。沥青的胶体结构可分为下列三个类型：

(1)溶胶型结构。沥青质含量较少，当饱和分和芳香分、胶质足够多时，则沥青质形成的胶团全部分散，胶团能在分散介质中运动自如，如图 4-2(a)所示。这种结构沥青黏滞性小、流动性大、塑性好，但温度稳定性较差，如直馏沥青。

(2)凝胶型结构。沥青质含量较多，并有相应数量的胶质来形成胶团，胶团相互吸引力增大，相互移动较困难，如图 4-2(b)所示。这种结构的特点是弹性和黏性较高，温度敏感性较小，流动性、塑性较低，如氧化沥青。

(3)溶－凝胶型结构。沥青质含量适当，有较多的胶质存在，胶团之间有一定的吸引力，如图 4-2(c)所示。在常温下，这种结构的沥青性质介于上述两者之间。这种结构的特征是高温时具有较低的感温性，低温时又具有较好的形变能力。优质道路沥青多为溶－凝胶型结构。

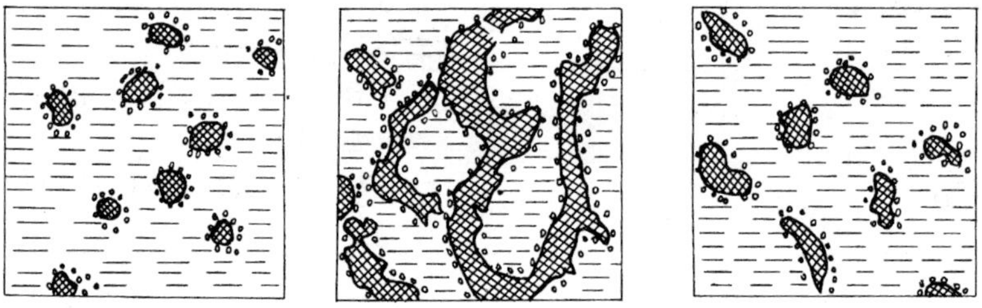

(a) 溶胶型结构　　(b) 凝胶型结构　　(c) 溶－凝胶型结构

图 4-2　沥青的胶体结构示意图

沥青的胶体结构与其路用性能有密切的关系。为工程使用方便，通常采用针入度指数(PI)法等来评价胶体结构类型及其稳定性。当 $PI < -2$ 时，沥青的胶体结构为溶胶型；当 $PI > 2$ 时，沥青的胶体结构为凝胶型；当 $PI = -2 \sim 2$ 时，沥青的胶体结构为溶－凝胶型结构。

3. 蜡对沥青胶体结构的影响

蜡组分在沥青胶体结构中，可溶于分散介质芳香分和饱和分中，在高温时，它的黏度很低，会降低分散介质的黏度，使沥青胶体结构向溶胶方向发展；在低温时，它能结晶析出，形成网络结构，使沥青胶体结构向凝胶方向发展。

二、石油沥青的技术性质

用于现代沥青路面的沥青材料，应具备下列主要技术性质：

(一)物理特征常数

1. 密度和相对密度

沥青密度是在规定温度(15 ℃)下单位体积的质量,以 g/cm^3 或 kg/m^3 计。沥青的密度是沥青分子致密程度的指标,也是沥青质量性能的指标。沥青的相对密度是沥青在25 ℃下的质量与25 ℃下同体积水的质量的比值。道路石油沥青的密度和相对密度可以按下式换算:

$$沥青与水的相对密度(25\ ℃/25\ ℃) = 沥青的密度(15\ ℃) \times 0.996 \quad (4\text{-}1)$$

沥青的密度与其化学组成有密切的关系,随其中各组分含量不同而不同,一般为0.97～1.04 g/cm^3,除沥青质使沥青密度增大外,其他组分都使密度变小,其中饱和分含量越多,密度变小的倾向越明显,蜡的密度较小,蜡含量多的沥青密度较小。因此,沥青的密度也是评价沥青质量的一个指标,密度大,一般沥青的性能比较好。沥青的密度随温度变化而变化,温度升高,沥青体积膨胀,其密度减小。

沥青的密度是沥青在质量与体积之间互相换算以及沥青混合料配合比设计时必不可少的重要参数,在沥青使用、储存、运输、销售和设计沥青容器时也是不可缺少的数据。

2. 沥青的热胀系数

沥青是热胀冷缩的材料,而标准的密度测定温度为15 ℃。沥青在运输、储存、喷洒使用时都处于高温条件下,沥青的高温密度肯定要比15 ℃密度小。这是因为沥青材料在温度升高时,体积将发生膨胀。

温度上升1 ℃,沥青单位体积或单位长度几何尺寸的增大称为体膨胀系数或线膨胀系数。沥青的体膨胀系数对沥青路面的路用性能有密切关系,体膨胀系数越大,则夏季沥青路面越容易产生泛油,而冬季又容易出现收缩开裂。沥青的体膨胀系数并非常数,而是随品种不同有所变化,大体在(2×10^{-4}～6×10^{-6})/℃范围内。可以通过测定不同温度下的密度,由式(4-2)计算:

$$A = \frac{D_{r1} - D_{r2}}{D_{r1}(T_1 - T_2)} \quad (4\text{-}2)$$

式中 A——沥青的体膨胀系数;

T_1、T_2——密度测试温度,℃;

D_{r1}、D_{r2}——温度为 T_1 和 T_2 时的密度,g/cm^3。

各向同性的固体,它的体膨胀系数跟线膨胀系数之间有一个简单的数量关系,固体的体膨胀系数是线膨胀系数的3倍。有了沥青的体膨胀系数,就不难求得沥青的线膨胀系数。

3. 介电常数

沥青对氧气、雨、紫外线等的耐候性(耐老化性)与沥青的介电常数有关,其值按式(4-3)确定:

$$\varepsilon = \frac{沥青作为介质时平板电容器的电容}{真空作介质时平板电容器的电容} \quad (4\text{-}3)$$

英国运输与道路研究所(TRRL)研究认为,沥青在阳光的紫外线、氧气、雨水和车辆油滴的影响下,其耐候性与沥青的介电常数有关,同时认为,路面的抗滑性也与沥青的介电常数有关。从这一要求出发,路用沥青的介电常数应大于2.65。

(二)黏滞性

黏滞性是指沥青在外力作用下抵抗变形的能力。沥青受到外力作用后表现的变形,是由于沥青中组分胶团发生形变或胶团之间产生相互位移。

各种石油沥青的黏滞性变化范围很大，黏滞性的大小与组分及温度有关。当沥青质含量较高，又含适量的树脂和少量的油分时，则黏滞性较大。在一定温度范围内，当温度升高时，黏滞性随之降低，反之则增大。

1. 沥青的绝对黏度（亦称为动力黏度）

如果采用一种剪切变形的模型来描述沥青在沥青与矿质材料的混合料中的应用，可取一对互相平行的平面，在两平面之间分布有一沥青薄膜，薄膜与平面的吸附力远大于薄膜内部胶团之间的作用力。

当下层平面固定，外力作用于顶层表面发生位移时（见图4-3），按牛顿定律则可得到如下方程：

$$F = \eta A \frac{v}{d} \tag{4-4}$$

式中 F——移动顶层平面的力（即等于沥青薄膜内部胶团抵抗变形的能力），N；

A——沥青薄膜层的面积（即接触平面的面积），cm^2；

v——顶层位移的速度，m/s；

d——沥青膜的厚度，cm；

η——反映沥青黏滞性的系数，即绝对黏度，Pa · s。

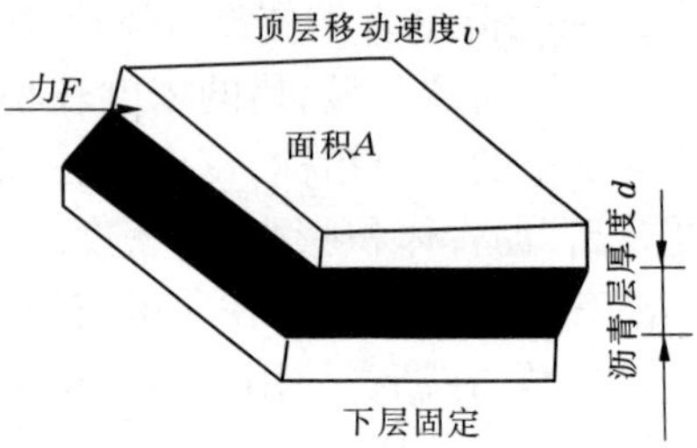

图 4-3　沥青绝对黏度概念图

由式(4-4)得知，当相邻接触面积大小和沥青薄膜厚度一定时，欲使相邻平面以速度 v 发生位移所用的外力与沥青黏度成正比。

令 $\tau = \frac{F}{A}$、$\gamma = \frac{v}{d}$，代入式(4-4)可得：

$$\eta = \frac{\tau}{\gamma} \tag{4-5}$$

式中 τ—— 剪应力，沥青薄膜层单位面积上所受的剪切力，Pa；

γ—— 剪变率，位移速度在 d 方向的变化率，1/s。

沥青绝对黏度的测定方法，我国现行试验规程《公路工程沥青及沥青混合料试验规程》(JTG E20—2011)规定，沥青运动黏度采用毛细管法，沥青动力黏度采用真空减压毛细管法。

《公路沥青路面施工技术规范》(JTG F40—2004)规定 60 ℃动力黏度可作为 A 级沥青的选择性指标，用来评价沥青的高温性能。由于沥青的黏度受温度的影响很大，只有在高温情况下才接近牛顿液体，故一般不用绝对黏度表示，而用相对黏度表征沥青的黏滞性。

2. 沥青的相对黏度（亦称为条件黏度）

1）针入度

针入度是测定道路石油沥青黏滞性的常用技术指标，采用针入度仪（见图4-4）测定沥青的针入度是在规定温度和时间内，附加一定质量的标准针垂直贯入试样的深度，以 0.1 mm 表示。试验条件以 $P_{T,m,t}$ 表示，其中 P 为针入度，T 为试验温度，m 为荷重，t 为贯入时间，标准测定条件是 25 ℃，100 g，5 s。

我国现行使用的道路石油沥青技术标准中，针入度是划分沥青技术等级的主要指标。在相同试验条件下，针入度值越大，表示沥青愈软（稠度愈小）。

2）黏度

黏度又称为黏滞度，是测定液体沥青（包括液体石油沥青和软煤沥青）黏结性的常用技术指标，采用标准黏度计（见图 4-5）测定。

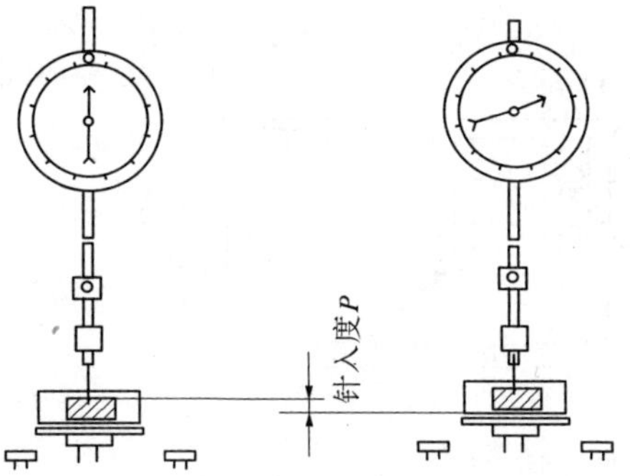

图 4-4 针入度仪测定黏稠沥青针入度示意图

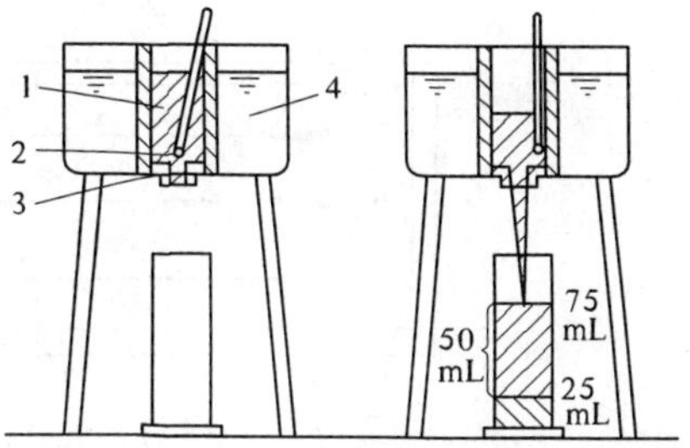

1—沥青试样；2—活动球杆；3—流孔；4—水

图 4-5 标准黏度计测定液体沥青示意图

液体状态的沥青材料，在标准黏度计中，于规定的温度条件下（20 ℃、25 ℃、30 ℃或 60 ℃），通过规定的流孔直径（3 mm、4 mm、5 mm 及 10 mm），流出 50 mL 体积所需的时间（s），以 $C_{T,d}$表示。其中 C 为黏度，T 为试验温度，d 为流孔直径。在相同温度和相同流孔条件下，流出时间愈长，表示沥青黏度愈大。我国液体沥青是采用黏度来划分技术等级的。

（三）塑性

塑性是指沥青在外力作用下发生变形而不破坏的能力。沥青的塑性用延度表示，用延度仪（见图 4-6）测定。沥青延度是将沥青试样制成“∞”字形标准试模，中间最小截面面积为 1 cm^2，在规定速度（5 ±0.25）cm/min 和规定温度（对重交通道路石油沥青规定延度试验温度采用 15 ℃或 10 ℃，对中、轻交通道路石油沥青规定延度试验温度为 25 ℃）拉断时的长度，以 cm 表示。沥青的延度越大，塑性越好，柔性和抗断裂性越好。

影响塑性大小的因素与沥青的组分及温度有关。沥青中树脂含量多，油分及沥青质含量适当，则塑性较大。当温度升高，塑性增大，沥青膜层愈厚，则塑性愈高；反之，塑性愈差。在常温下，塑性好的沥青不易产生裂缝，并可减少摩擦时的噪声。同时，它对于沥青在温度降低时抵抗开裂的性能有重要影响。

（四）温度稳定性（感温性）

温度稳定性是指沥青的黏滞性和塑性随温度升降而变化的性能。当温度升高时，沥青由固态或半固态逐渐软化成黏流态；当温度降低时，由黏流态转变成固态至变脆。在工程上使用的沥青，要求有较好的温度稳定性。

1. 高温敏感性——软化点

沥青高温敏感性用软化点表示。沥青材料是一种非晶质高分子材料，它由液态凝结为固态，或由固态熔化为液态时，没有明确的固化点或液化点，通常采用条件的硬化点和滴落点来表示，沥青材料在硬化点至滴落点之间的温度阶段时，是一种黏滞流动状态。在工程实用中为保证沥青不致由于温度升高而产生流动的状态，取滴落点和硬化点之间温度间隔的 87.21% 作为软化点。

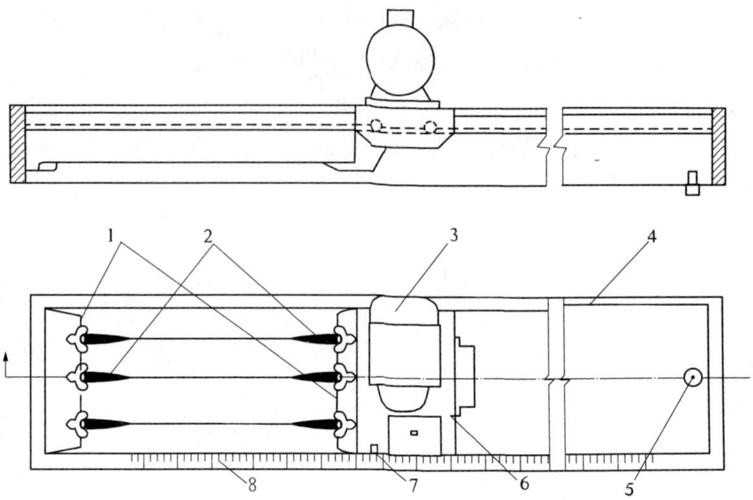

1—试模；2—试样；3—电机；4—水槽；
5—泄水孔；6—开关柄；7—指针；8—标尺

图 4-6　延度仪示意图

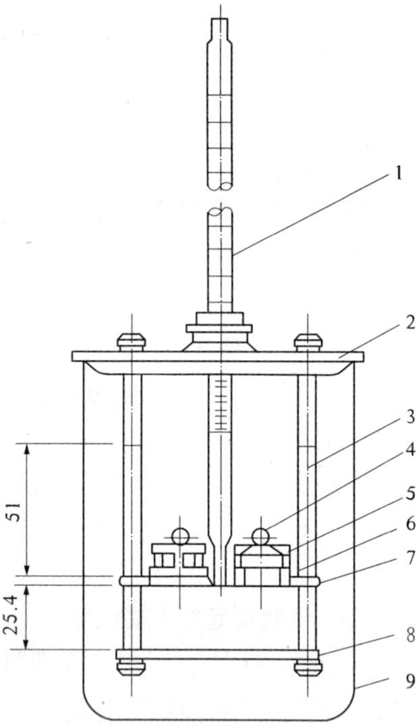

1—温度计；2—上盖板；3—立杆；
4—钢球；5—钢球定位环；6—金属环；
7—中层板；8—下底板；9—烧杯

图 4-7　软化点试验仪

软化点的数值随所采用的仪器不同而异，我国沥青软化点一般采用环球法软化点仪（见图 4-7）测定，即将沥青试样装入规定尺寸的铜环内（内径 18.9 mm），试样上放置标准钢球（质量 3.5 g）浸入水或甘油中，以规定的升温速度（5 ℃/min）加热，使沥青软化下垂至规定距离时的温度，以℃表示。软化点愈高，表明沥青的耐热性愈好，即温度稳定性愈好。

针入度是在规定温度下沥青的条件黏度，而软化点则是沥青达到规定条件黏度时的温度。软化点既是反映沥青材料感温性的一个指标，也是沥青黏度的一种量度。

以上所论及的针入度、延度、软化点是评价黏稠石油沥青路用性能最常用的经验指标，所以通称“三大指标”。

2. 低温抗裂性——脆点

沥青材料在低温下受到瞬时荷载作用时，常表现为脆性破坏。脆点是测量沥青在低温不引起破坏时的温度。通常采用弗拉斯脆点仪（见图 4-8、图 4-9）测定方法，可以求出沥青达到临界硬度发生开裂时的温度，并将其作为条件脆性指标。

脆点试验的方法：将沥青试样 0.4 g 在一个标准的金属片上摊成薄层，此金属片置于有冷却设备的脆点仪内，摇动脆点仪的曲柄，能使涂有沥青薄膜的金属片产生弯曲。随着冷却设备中致冷剂温度以 1 ℃/min 的速度降低，沥青薄膜的温度亦逐渐降低，当降低至某一温度时，沥青薄膜在规定弯曲条件下产生断裂时的温度，即为沥青的脆点。

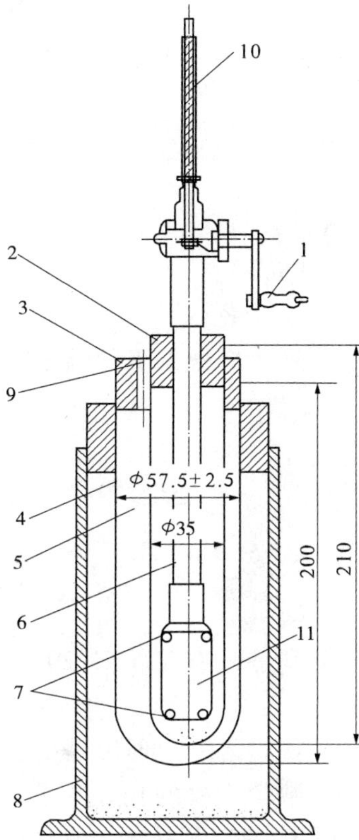

1—摇把;2—内橡皮塞;3—皮塞;4—内试管;
5—外试管;6—弯曲器;7—夹钳;8—外筒;
9—漏斗插孔;10—温度计;11—钢片

图 4-8 沥青脆点仪 (单位:mm)

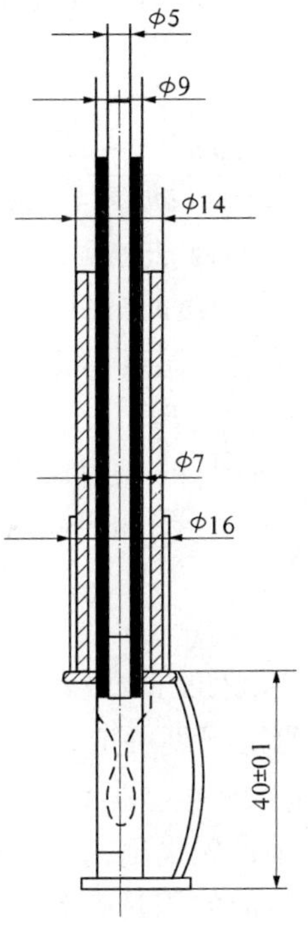

图 4-9 弯曲器 (单位:mm)

沥青软化点越高、脆点越低,其温度稳定性越好。在工程实际应用中,要求沥青具有较高的软化点和较低的脆点,否则容易发生沥青材料夏季流淌或冬季变脆甚至开裂等现象。

3. 针入度指数(PI)

针入度指数(PI)是应用针入度和软化点的试验结果来表征沥青感温性的一种指标。同时可采用针入度指数(PI)值来判别沥青的胶体结构状态。

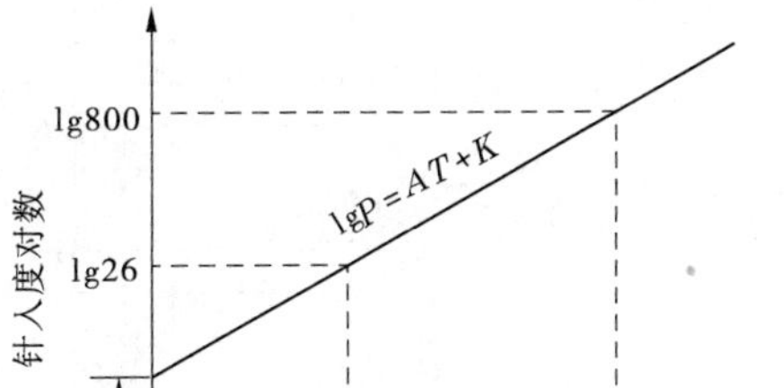

图 4-10

1) 针入度 - 温度感应性系数 A

由普费等经过大量试验发现,沥青在不同温度下的针入度值,若以对数为纵坐标表示针入度,以横坐标表示温度,可得如图 4-10 所示的直线关系,以式(4-6)表示。

$$\lg P = AT + K \tag{4-6}$$

式中 P——沥青针入度,0.1 mm;

T——测定针入度时的沥青温度；

K——直线截距，回归系数；

A——直线斜率，针入度－温度感应系数。

A 可根据不同温度的针入度确定如下：

$$A = \frac{\lg 800 - \lg P_{25\ ℃,100\ g,5\ s}}{T_{R\&B} - 25} \tag{4-7}$$

式中 $\lg P_{25\ ℃,100\ g,5\ s}$——25 ℃、100 g、5 s 条件下测得的针入度；

lg800——假设沥青软化点 $T_{R\&B}$时的针入度为 800(0.1 mm)；

$T_{R\&B}$——环球法测定的沥青软化点，℃。

由于软化点温度时的针入度常与 800 相距甚大，因此斜率 *A* 应根据不同温度的针入度值确定，采用软化点温度计算时仅仅是简化或近似。

2)针入度指数(*PI*)

按式(4-7)计算的 *A* 值均为小数，为使用方便，费普等作了一些处理，推导出针入度指数(*PI*)的实用计算式，如式(4-8)所示：

$$PI = \frac{30}{1 + 50A} - 10 \tag{4-8}$$

仲裁测定针入度指数(*PI*)试验的温度条件应为 5 个，分别是 10 ℃、15 ℃、20 ℃、25 ℃、30 ℃。一般测定温度可选 3 个或 3 个以上。

针入度指数亦可根据针入度指数诺模图(见图 4-11)求得。诺模图理论是由法国的奥卡涅于 1884 年首先提出的，是根据一定的几何条件，把一个数学方程的几个变量之间的函数关系，画成相应的用具有刻度的直线或曲线表示的计算图表，是工程技术上常用的一种计算图表。诺模图使用方便、求解迅速，可以避免大量的重复计算。

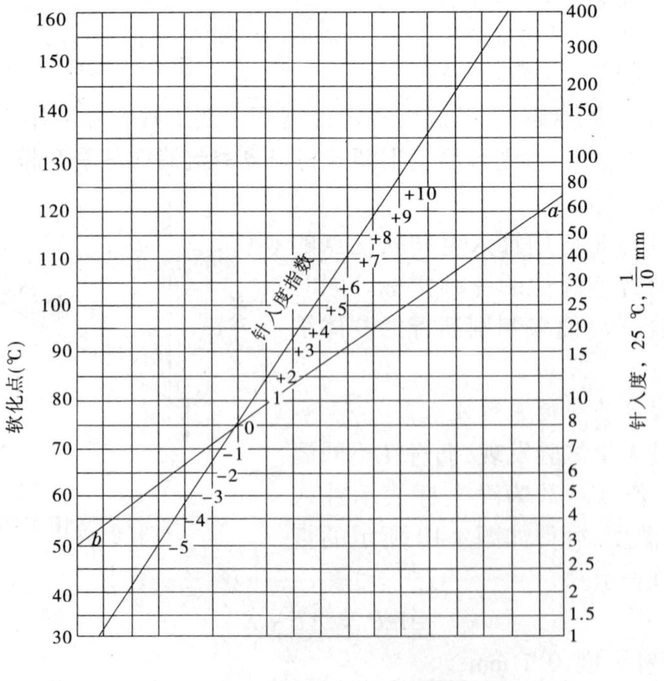

图 4-11 普费沥青针入度指数诺模图

针入度指数(PI)值愈大,表示沥青的感温性愈低。当 $PI < -2$ 时,沥青的温度敏感性强;当 $PI > 2$ 时,有明显的凝胶特征,耐久性差,一般认为选用 -1 ~ 1 的溶 - 凝胶沥青适宜修筑沥青路面。

此外,针入度指数(PI)值亦可作为沥青胶体结构类型的评价标准,按针入度指数(PI)值可将沥青划分为三种胶体结构类型:$PI > 2$ 为凝胶,$-2 < PI < 2$ 为溶 - 凝胶,$PI < -2$ 为溶胶。

【例 4-1】 现有一种重交通沥青 AH - 70,经测定其针入度 $P_{25\ ℃,100\ g,5\ s} = 70(1/10\ mm)$,软化点 $T_{R\&B} = 50\ ℃$,求其针入度指数 PI,试判定其胶体结构类型并评价其感温性。

解:

(1)诺模图法。应用普费诺模图(见图 4-11),在右纵坐标上取针入度为 70 的点 a,在左纵坐标上取软化点为 50 的点 b,连 a、b 之连线与 PI 标尺相交于 -0.4,即该沥青的针入度指数 $PI = 0.4$。

(2)计算法。应用针入度指数计算式(4-8):

$$PI = \frac{30}{1 + 50 \times \left(\dfrac{\lg 800 - \lg 70}{50 - 25}\right)} - 10 = -0.38$$

(3)评价。该沥青的 $PI = -0.4$,在 -2 ~ 2 之间属于溶 - 凝胶沥青,同时在 -1 ~ 1 之间感温性亦能符合一般要求。

(五)加热稳定性

沥青在过热或过长时间加热过程中,会发生轻质馏分挥发、氧化、裂化、聚合等一系列物理及化学变化,使沥青的化学组成及性质相应地发生变化,这种性质称为沥青加热稳定性。

为了解沥青在路面施工及使用过程中的耐久性,《公路工程沥青及沥青混合料试验规程》(JTG E20—2011)规定要进行沥青的加热质量损失和加热后残渣性质的试验。对于道路石油沥青采用沥青薄膜加热试验,对于液体石油沥青,采用沥青蒸馏试验。

1. 沥青薄膜加热试验(简称 TFOT)

该法是一定厚度的试样在规定温度条件下,经规定时间加热,测定试验前后沥青质量和性质变化的试验。试验中的沥青薄膜加热烘箱见图 4-12。

该法是将一定质量的沥青试样装入盛样皿(内径 140 mm、深 9.5 ~ 10 mm)内,使沥青成为厚约 3.2 mm 的薄膜,沥青薄膜在 163 ℃的标准薄膜加热烘箱中(见图 4-12)加热 5 h 后,取出冷却,测定其质量损失,并按规定的方法测定残留物的针入度、延度等技术指标。

沥青薄膜加热试验(简称 TFOT)可与沥青旋转薄膜加热试验(简称 RTFOT)互相代替。

2. 沥青蒸馏试验

该法是测定试样受热时,在规定温度范围内蒸出的馏分含量,以占试样体积百分率表示。除非特殊需要,各馏分蒸馏的标准切换温度为 225 ℃、316 ℃、360 ℃。通过此试验可了解液体沥青含有各温度范围内轻质挥发油的数量,并可根据残留物的性质测定预估液体沥青在道路路面中的性质。

(六)安全性

沥青材料在使用时必须加热,当加热至一定温度时,沥青材料中挥发的油分蒸气与周围空气组成混合气体,此混合气体遇火焰则发生闪火。若继续加热,油分蒸气的饱和度增加,

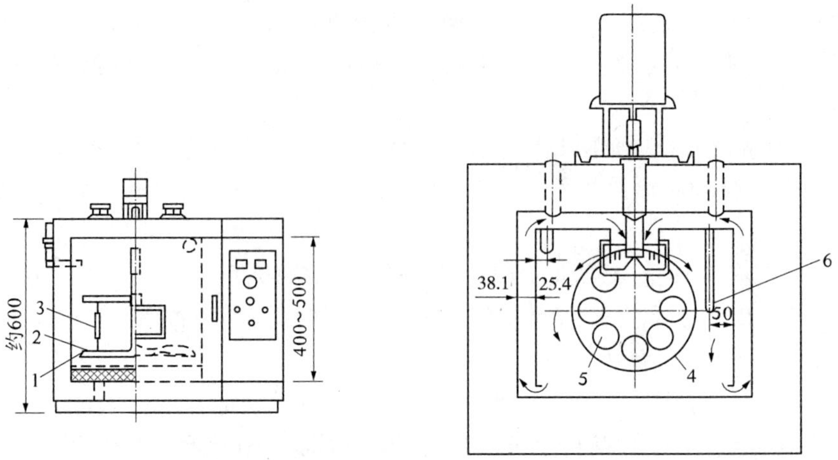

(a) 薄膜加热烘箱　　　　(b) 旋转薄膜加热烘箱

1—转盘;2—试样;3—温度计;4—垂直转盘;5—盛样瓶插孔;6—试验温度计

图 4-12　沥青薄膜加热烘箱　(单位:mm)

由于此种蒸气与空气组成的混合气体遇火焰极易燃烧,而引起熔油车间发生火灾或导致沥青烧坏的损失,为此必须测定沥青的闪点和燃点。

闪点(闪火点)是指加热沥青挥发出可燃气体与空气组成混合气体在规定条件下与火接触,产生闪光时的沥青温度(℃)。燃点(着火点)指沥青加热产生的混合气体与火接触能持续燃烧 5 s 以上时的沥青温度。沥青的闪点常用克利夫兰开口杯式闪点仪(见图 4-13)测定。沥青的闪点和燃点的温度一般相差 10 ℃左右。

(七)溶解度

沥青的溶解度是指石油沥青在三氯乙烯中溶解的百分率(即有效物质含量)。那些不溶解的物质为有害物质(沥青碳、似碳物),会降低沥青的性能,应加以限制。

(八)含水量

沥青中含有水分,施工中挥发太慢,影响施工速度,所以要求沥青中含水量不宜过多。在加热过程中,若水分过多,易产生"溢锅"现象,引起火灾,使材料受到损失。所以,在熔化沥青时应加快搅拌速度,促进水分蒸发,控制加热温度。

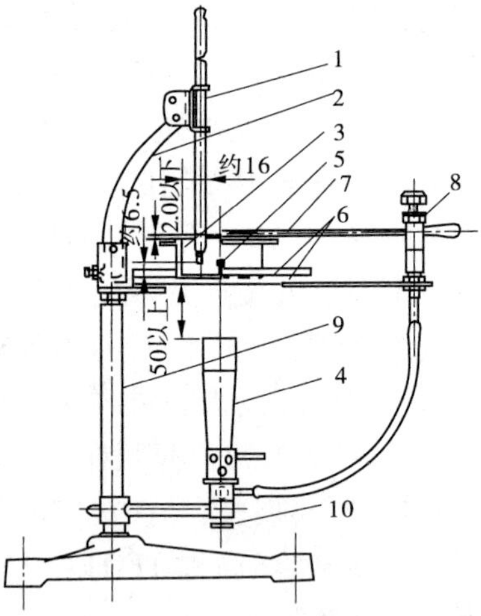

1—温度计;2—温度计支架;3—金属试验杯;4—加热器具;5—试验标准球;6—加热板;7—试验火焰喷嘴;8—试验火焰调节开关;9—加热板支架;10—加热器调节钮

图 4-13　克利夫兰开口杯式闪点仪　(单位:mm)

(九)非常规的其他性能指标

1. 劲度模量

劲度模量是表示沥青的黏性和弹性联合效应的指标。大多数沥青在变形时呈现黏－弹性。在低温(高黏度)瞬时荷载作用下,以弹性形变为主;反之,在高温(低黏度)长时间荷载作用下,以黏性形变为主。

范·德·波尔在论述黏－弹性材料(沥青)的抗变形能力时,以荷载作用时间(t)和温度(T)作为应力(σ)与应变(ε)之比的函数,即在一定荷载作用时间和温度条件下,应力与应变的比值称为劲度模量(简称劲度)(S_b),故劲度模量可表示为:

$$S_b = \left(\frac{\sigma}{\varepsilon}\right)_{t,T} \tag{4-9}$$

沥青的劲度(S_b)与温度(T)、荷载作用时间(t)和沥青流变类型(针入度指数 PI)等参数有关,如式(4-10):

$$S_b = f(T,t,PI) \tag{4-10}$$

式中 T——欲求劲度时的路面温度与沥青软化点的差值,℃;

t——荷载作用时间,s;

PI——针入度指数。

按上述关系,范·德·波尔绘制成可以应用于实际工程的劲度模量诺模图,如图 4-14 所示,利用此诺模图求算沥青的劲度模量时,需要有三个参数,即

(1)荷重作用时间或频率。

(2)温度差(即路面实际温度与环球法软化点之间的温差)。

(3)针入度指数(PI)值。

根据上述参数求其劲度模量,可作为实际工程中的参考数值。

【例 4-2】 已知沥青软化点为 70 ℃,针入度指数为 2,路面温度 T 为 -10 ℃,荷载作用时间为 10^{-1} s,求沥青的劲度模量(见图 4-14)。

解:

(1)在 A 线上找到加载时间为 10^{-1} s 的点为 a。

(2)已知路面温度与软化点之间的温差为 80 ℃,在 B 线上找到 80 ℃之点为 b。

(3)在针入度指数的标尺上找到 +2,作一水平线。

(4)连接 a、b 两点,并延长至与针入度指数 +2 的水平线相交点的劲度曲线顺至顶端,即为劲度模量,即 $S_b = 2 \times 10^8\ \text{N/m}^2 = 200\ \text{MPa}$。

2. 黏附性

黏附性是路用沥青重要性能之一,其直接影响沥青路面的使用质量和耐久性。沥青裹覆岩石后的抗水性(即抗剥性)不仅与沥青的性质有密切关系,而且与集料性质有关。当采用一种固定的沥青时,不同矿物成分岩石的剥落度也有所不同。从碱性、中性直至酸性岩石,随着 SiO_2 含量的增加,剥落度亦随之增加。为保证沥青混合料的强度,在选择岩石时,应优先考虑利用碱性岩石,当地缺乏碱性岩石必须采用酸性岩石时,可掺加各种抗剥剂,以提高沥青与岩石的黏附性。对沥青与岩石的黏附性的试验方法,我国规范《公路工程沥青及沥青混合料试验规程》(JTG E20 - 2011)规定采用水煮法和水浸法,具体内容在本书试验部分阐述。

3. 老化

沥青在自然因素(热、氧气、光和水)的作用下,产生“不可逆”的化学变化,导致路用性能劣化,通常称为“老化”。

沥青老化后,其物理力学性质表现为针入度减小、延度降低、软化点升高、绝对黏度提高、脆点降低等。在化学组分含量方面,表现为饱和分变化甚少,芳香分明显转变为胶质(速度较慢),而胶质又转变为沥青质(速度较快),由于芳香分转变为胶质,不足以补偿胶质转变为沥青质,所以最终是胶质显著减少,而沥青质显著增加。

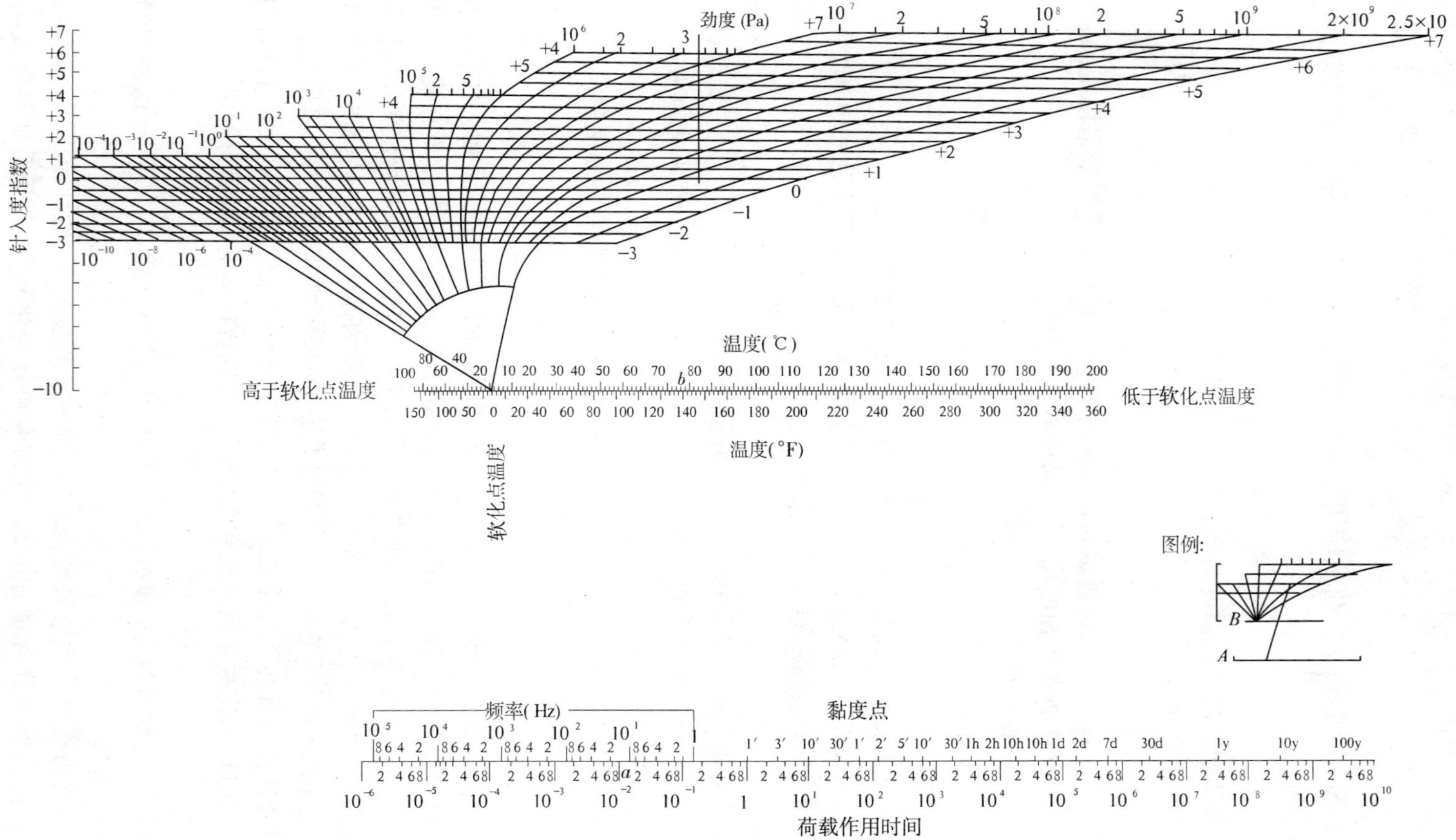

图 4-14　沥青劲度模量诺模图

三、石油沥青的技术标准与选用

（一）道路石油沥青的技术标准

1. 道路石油沥青分级

道路石油沥青分为A级、B级、C级三个等级，各自的适用范围应符合表4-3的规定。

表4-3　道路石油沥青的适用范围

沥青等级	适用范围
A级沥青	各个等级的公路，适用于任何场合和层次
B级沥青	①高速公路、一级公路沥青下面层及以下的层次，二级及二级以下公路的各个层次； ②用做改性沥青、乳化沥青、改性乳化沥青、稀释沥青的基质沥青
C级沥青	三级及三级以下公路的各个层次

2. 道路石油沥青牌号

道路石油沥青按针入度划分为160号、130号、110号、90号、70号、50号、30号等7个牌号，同时对各牌号沥青的延度、软化点、闪点、含蜡量、薄膜加热试验等技术指标也提出了相应的要求，具体要求如表4-4所示，气候分区及气候区名如表4-5所示。

（二）道路用液体石油沥青的技术标准

道路用液体石油沥青适用于透层、黏层及拌制冷拌沥青混合料。按其凝结速度分为快凝、中凝、慢凝三个等级，除黏度外，对蒸馏的馏分及残留物性质、闪点和水分等亦提出相应的要求，技术要求见表4-6。

（三）道路石油沥青的选用与储运

1. 道路石油沥青的选用

沥青路面采用的沥青牌号，按照公路等级、气候条件、交通条件、路面类型及在结构层中的层位及受力特点、施工方法等，结合当地的使用经验，经技术论证后确定。

对高速公路、一级公路，夏季温度高、高温持续时间长、重载交通、山区及丘陵区上坡路段、服务区、停车场等行车速度慢的路段，尤其是汽车荷载剪应力大的层次，宜采用稠度大、60 ℃黏度大的沥青，也可提高高温气候分区的温度水平选用沥青等级；对冬季寒冷的地区或交通量小的公路、旅游公路，宜选用稠度小、低温延度大的沥青；对温度日温差、年温差大的地区，宜注意选用针入度指数大的沥青。当高温要求与低温要求发生矛盾时，应优先考虑满足高温性能的要求。

液体石油沥青宜采用针入度较大的石油沥青，使用前按先加热沥青后加稀释剂的顺序，掺配煤油或轻柴油，经适当的搅拌、稀释制成。

2. 道路石油沥青的掺配

当缺乏所需牌号的沥青时，可用两种或三种不同牌号的沥青按线型比例进行估算，两种沥青掺配比例可按式(4-11)、式(4-12)估算：

$$Q_1 = \frac{T_2 - T}{T_2 - T_1} \times 100\% \tag{4-11}$$

$$Q_2 = 1 - Q_1 \tag{4-12}$$

式中　Q_1——较软石油沥青用量(%)；

Q_2——较硬石油沥青用量(%)；

表 4-4　道路石油沥青技术要求(JTG F40—2004)

指标	单位	等级	沥青牌号																	试验方法[1]
			160 号[4]	130 号[4]	110 号			90 号					70 号[3]					50 号	30 号[4]	
针入度(25 ℃,100 g,5 s)	0.1 mm		140 ~ 200	120 ~ 140	100 ~ 120			80 ~ 100					60 ~ 80					40 ~ 60	20 ~ 40	T 0604
适用的气候分区[6]			注[4]	注[4]	2 – 1	2 – 2	3 – 2	1 – 1	1 – 2	1 – 3	2 – 2	2 – 3	1 – 3	1 – 4	2 – 2	2 – 3	2 – 4	1 – 4	注[4]	附录 A[5]
针入度指数 PI[2]		A	−1.5 ~ +1.0																	T 0604
		B	−1.8 ~ +1.0																	
软化点(R&B),不小于	℃	A	38	40	43			45			44		46		45			49	55	T 0606
		B	36	39	42			43			42		44		43			46	53	
		C	35	37	41			42					43					45	50	
60 ℃动力黏度[2],不小于	Pa · s	A	—	60	120			160			140		180		160			200	260	T 0620
10 ℃延度[2],不小于	cm	A	50	50	40			45	30	20	30	20	20	15	25	20	15	15	10	T 0605
		B	30	30	30			30	20	15	20	15	15	10	20	15	10	10	8	
15 ℃延度,不小于	cm	A、B	100															80	50	
		C	80	80	60			50					40					30	20	
蜡含量(蒸馏法),不大于	%	A	2.2																	T 0615
		B	3.0																	
		C	4.5																	
闪点,不小于	℃		230					245					260							T 0611

续表 4-4

指标	单位	等级	沥青牌号							试验方法[1]
			160 号[4]	130 号[4]	110 号	90 号	70 号[3]	50 号	30 号[4]	
溶解度,不小于	%		99.5							T 0607
密度(15 ℃)	g/cm^3		实测记录							T 0603
TFOT(或 RTFOT)后[5]										T 0610 或 T 0609
质量变化,不大于	%		±0.8							
残留针入度比,不小于	%	A	48	54	55	57	61	63	65	T 0604
		B	45	50	52	54	58	60	62	
		C	40	45	48	50	54	58	60	
残留延度(10 ℃),不小于	cm	A	12	12	10	8	6	4	—	T 0605
		B	10	10	8	6	4	2	—	
残留延度(15 ℃),不小于	cm	C	40	35	30	20	15	10	—	T 0605

注:[1]试验方法按照现行《公路工程沥青及沥青混合料试验规程》(JTG E20—2011)规定的方法执行。用于仲裁试验求取 *PI* 时的 5 个温度的针入度关系的相关系数不得小于 0.997。

[2]经建设单位同意,表中 *PI* 值、60 ℃动力黏度、10 ℃延度可作为选择性指标,也可作为施工质量检验指标。

[3]70 号沥青可根据需要要求供应商提供针入度为 60 ~ 70 或 70 ~ 80 的沥青,50 号沥青可要求提供针入度为 40 ~ 50 或 50 ~ 60 的沥青。

[4]30 号沥青仅适用于沥青稳定基层。130 号和 160 号沥青除寒冷地区可直接在中低级公路上直接应用外,通常用做乳化沥青、稀释沥青、改性沥青的基质沥青。

[5]老化试验以 TFOT 为准,也可以用 RTFOT 代替。

[6] 沥青使用气候分区及气候区名见表 4-5。

表 4-5　沥青使用气候分区及气候区名(JTG F40—2004)

气候分区指标	气候分区				
按照设计高温分区指标	高温气候区	1	2	3	
	气候区名称	夏炎热区	夏热区	夏凉区	
	最热月平均最高气温(℃)	>30	20～30	<20	
按照设计低温分区指标	低温气候区	1	2	3	4
	气候区名称	1. 冬严寒区	2. 冬寒区	3. 冬冷区	4. 冬温区
	极端最低气温(℃)	< -37.0	-37.0～-21.5	-21.5～-9.0	> -9.0
按照设计雨量分区指标	雨量气候区	1	2	3	4
	气候区名称	1. 潮湿区	2. 湿润区	3. 半干区	4. 干旱区
	年降雨量(mm)	>1 000	1 000～500	500～250	<250

T——掺配后的石油沥青软化点,℃;

T_1——较软石油沥青软化点,℃;

T_2——较硬石油沥青软化点,℃。

以估算的掺配比例和其邻近的比例(5%～10%)进行试配(混合熬制均匀),测定掺配后沥青的软化点,然后绘制“掺配比—软化点”关系曲线,即可从曲线上确定出所要求的掺配比例。

掺配要注意遵循同源原则,即同属石油沥青或同属煤沥青(或煤焦油)的才可掺配,其掺配比例由试验决定。

3. 道路石油沥青的储运

道路石油沥青在储运、使用及存放过程中应有良好的防水措施,避免雨水或加热管道蒸汽进入沥青中,沥青必须按品种、牌号分开存放。除长期不使用的沥青可放在自然温度下存储外,沥青在储罐中的储存温度不宜低于 130 ℃,并不得高于 170 ℃。基质沥青的加热温度严禁超过 140 ℃,液体沥青的储存温度不得高于 50 ℃。桶装沥青应直立堆放,加盖苫布。

表 4-6　道路用液体石油沥青技术要求(JTG F40—2004)

试验项目		单位	快凝		中凝						慢凝						试验方法[1]
			AL(R)-1	AL(R)-2	AL(M)-1	AL(M)-2	AL(M)-3	AL(M)-4	AL(M)-5	AL(M)-6	AL(S)-1	AL(S)-2	AL(S)-3	AL(S)-4	AL(S)-5	AL(S)-6	
黏度	$C_{25.5}$		<20		<20						<20						T 0621
	$C_{60.5}$	s		5～15		5～15	16～25	26～40	41～100	101～200		5～15	16～25	26～40	41～100	101～200	
蒸馏体积	225 ℃前	%	>20	>15	<10	<7	<3	<2	0	0							T 0632
	315 ℃前	%	>35	>30	<35	<25	<17	<14	<8	<5							
	360 ℃前	%	>45	>35	<50	<35	<30	<25	<20	<15	<40	<35	<25	<20	<15	<5	
蒸馏后残留物	针入度(25 ℃)	0.1 mm	60～200	60～200	100～300	100～300	100～300	100～300	100～300	100～300							T 0604
	延度(25 ℃)	cm	>60	>60	>60	>60	>60	>60	>60	>60							T 0605
	浮漂度(5 ℃)	s									<20	<20	<30	<40	<45	<50	T 0631
闪点(TOC 法)		℃	>30	>30	>65	>65	>65	>65	>65	>65	>70	>70	>100	>100	>120	>120	T 0633
含水量,不大于		%	0.2	0.2	0.2	0.2	0.2	0.2	0.2	0.2	2.0	2.0	2.0	2.0	2.0	2.0	T 0612

注:[1]试验方法按照现行 JTJ 052 规定的方法执行。用于仲裁试验求取 PI 时的 5 个温度的针入度关系的相关系数不得小于 0.997。

第二节 煤沥青

煤沥青(俗称柏油)是用煤在隔绝空气条件下干馏、炼焦和制煤气的副产品煤焦油炼制而成的。根据煤干馏的温度不同分为高温煤焦油(700 ℃以上)和低温煤焦油(450 ~ 700 ℃)两类,路用煤沥青主要是由炼焦或制造煤气得到的高温煤焦油加工而得的。

一、煤沥青的化学组成和结构

(一)煤沥青的化学组成

煤沥青的组成主要是芳香族碳氢化合物及氧、硫和氮等衍生物的混合物,其元素组成主要为C、H、O、S和N。煤沥青化学组分的研究与石油沥青的研究方法相同,也是采用选择溶解等方法将煤沥青划分为几个化学性质相近且与路用性能有一定联系的组分。

(1)油分。主要由液体未饱和的芳香族碳氢化合物组成,使煤沥青具有流动性。在油分中包含萘油、蒽油和菲油等。萘在常温下易挥发,蒽油含量低于15% ~25%时,降低煤沥青的黏结性,若超过此含量,温度低于10 ℃时蒽油结晶,使煤沥青黏度增加。

(2)树脂。溶于氯仿,稳定性较低,能使煤沥青具有塑性,类似于石油沥青中的树脂。

(3)游离碳。又称为自由碳,是高分子的有机化合物的固态碳质微粒,不溶于任何有机溶剂。在煤沥青中含有游离碳能增加沥青的黏滞性、提高其热稳定性。但当游离碳超过一定含量时,沥青的低温脆性亦随之增加。煤沥青中游离碳相当于石油沥青中的沥青质,但颗粒比沥青质大得多。

此外,煤沥青中含有少量碱性物质和酸性物质,酚有毒且能溶于水。煤沥青中的酸碱物质都属表面活性物质,相当于石油沥青中的沥青酸与沥青酸酐,但其活性物质含量高于石油沥青。所以,煤沥青表面活性比石油沥青高,与矿料的黏附力较好。

煤沥青各化学组分含量示例见表4-7。

表4-7 煤沥青各化学组分含量示例

煤沥青牌号	化学组分(%)					
	游离碳	硬树脂	软树脂	中性油	酚	萘
软煤沥青 T-9	13.32	11.78	38.14	33.71	2.14	0.64

(二)煤沥青的结构

煤沥青和石油沥青相类似,也是复杂的胶体分散系。游离碳和硬树脂组成的胶体微粒为分散相,油分为分散介质,而软树脂为保护物质,它吸附于固态分散胶粒周围,逐渐向外扩散,并溶解于油分中,使分散系形成稳定的胶体体系。

二、煤沥青的技术性质、技术标准与应用

(一)煤沥青的技术性质

煤沥青与石油沥青相比,在技术性质上有下列差异:

(1)温度稳定性差。由于可溶性树脂含量较多,受热易软化,故温度稳定性差。

(2)气候稳定性差。由于煤沥青中含有较多不饱和碳氢化合物，在热、阳光、氧气等长期综合作用下，煤沥青的组分变化较大，易老化变脆。

(3)塑性较差。因含有较多的游离碳，所以在使用时易因受力变形而开裂。

(4)煤沥青与矿质材料表面黏附性能好。煤沥青组分中含有酸碱等表面活性物质，故与矿质材料表面黏结力较强。

(5)防腐性能好。由于煤沥青中含有酚、蒽、萘油等成分，所以防腐性好，故宜用于地下防水层及防腐材料等。

(二)煤沥青的技术指标

1. 黏度

黏度表示煤沥青的稠度。当煤沥青组分中油分含量减少、固态树脂及游离碳量增加时，则煤沥青的黏度增高。煤沥青的黏度测定方法与液体沥青相同，亦是用道路沥青标准黏度计测定。

2. 蒸馏试验

蒸馏试验的馏分含量及残渣性质使煤沥青中含有各沸点的油分，这些油分的蒸发将影响其性质。因而煤沥青的起始黏滞度并不能完全表达其在使用过程中黏结性的特征。为了预估煤沥青在路面使用过程中的性质变化，在测定其起始黏度的同时，还必须测定煤沥青在各温度阶段所含馏分及其蒸馏后残留物的性质。

煤沥青蒸馏试验是测定试样受热时，在规定温度范围内蒸出的馏分含量，以质量百分率表示。除非特殊需要，各馏分蒸馏的标准切换温度为 170 ℃、270 ℃、300 ℃。馏分含量的规定控制了煤沥青由于蒸发而老化的安全性，残渣性质试验保证了煤沥青残渣具有适宜的黏结性。

3. 煤沥青焦油酸含量

煤沥青的焦油酸(亦称酚)含量是通过测定试样总的蒸馏馏分与碱性溶液作用形成水溶性酚盐物质的含量求得的，以体积百分率表示。焦油酸溶解于水，易导致路面强度降低，同时它有毒，因此对其在沥青中的含量必须加以限制。

4. 萘含量

萘在煤沥青中低温时易结晶析出，使煤沥青产生假黏度而失去塑性，同时常温下易升华，并促使"老化"加速，同时萘也有毒，故对其含量应加以限制。煤沥青的萘含量是试样馏分中萘的含量，以质量百分率表示。

5. 甲苯不溶物含量

煤沥青的甲苯不溶物含量是试样在规定的甲苯溶剂中不溶物(游离碳)的含量，用质量百分率表示。

6. 含水量

与石油沥青一样，煤沥青中含有过量的水分会使煤沥青在施工加热时发生许多困难，甚至导致材料质量的劣化或造成火灾。煤沥青含水量的测定方法与石油沥青的相同。

(三)道路用煤沥青技术要求与应用

道路用煤沥青根据气候条件、施工温度、使用目的选用，其质量应符合表 4-8 要求。

道路用煤沥青使用时应注意下列情况：

(1)各种等级公路的各种基层上的透层宜采用 T－1 级或 T－2 级，其他等级不符合喷洒要求时可适当稀释使用；

(2)三级及三级以下的公路铺筑表面处治或贯入式沥青路面，宜采用 T－5 级、T－6 级或 T－7 级；

(3)与道路石油沥青、乳化沥青混合使用，以改善渗透性。

(4)道路用煤沥青严禁用于热拌热铺的沥青混合料，作其他用途时的储存温度宜为 70～90 ℃，且不得长时间储存。

(5)使用煤沥青时应采取措施防止工作人员吸入煤沥青蒸气或避免皮肤直接接触煤沥青造成身体损害。

表 4-8　道路用煤沥青技术要求(JTG F40—2004)

试验项目		T－1	T－2	T－3	T－4	T－5	T－6	T－7	T－8	T－9	试验方法[1]
黏度(s)	$C_{30.5}$	5～25	26～70								T 0621
	$C_{30.10}$			5～25	26～50	51～120	121～200				
	$C_{50.10}$						10～75		76～200		
	$C_{60.10}$									35～65	
蒸馏试验，馏出量(%)	170 ℃前不大于	3	3	3	2	1.5	1.5	1.0	1.0	1.0	T 0641
	270 ℃前不大于	20	20	20	15	15	15	10	10	10	
	300 ℃	15～35	15～35	30	30	25	25	20	20	15	
300 ℃蒸馏残留物软化点(环球法)(℃)		30～45	30～45	35～65	35～65	35～65	35～65	40～70	40～70	40～70	T 0606
水分含量(%)，不大于		1.0	1.0	1.0	1.0	1.0	0.5	0.5	0.5	0.5	T 0612
甲苯不溶物含量(%)，不大于		20	20	20	20	20	20	20	20	20	T 0646
萘含量(%)，不大于		5	5	5	4	4	3.5	3	2	2	T 0645
焦油酸含量(%)，不大于		4	4	3	3	2.5	2.5	1.5	1.5	1.5	T 0642

注：[1]本试验方法根据中华人民共和国交通行业标准道路用煤沥青技术要求 JTJ 052—93。

(四)煤沥青与石油沥青的鉴别

煤沥青与石油沥青外观相似，使用时应注意区分，表 4-9 为简易鉴别方法。

表 4-9　石油沥青和煤沥青的简易鉴别方法

鉴别方法	石油沥青	煤沥青
相对密度	接近 1.0	1.25～1.28
燃烧	烟少，无色，有松香味，无毒	烟多，黄色，臭味大，有毒
气味	常温下无刺激性气味	常温下有刺激性臭味
颜色	呈亮褐色	浓黑色
溶解试验	可溶于汽油或煤油	难溶于汽油或煤油
捶击	韧性较好，不易碎	韧性差，较脆
大气稳定性	较高	较低
抗腐蚀性	差	强

第三节　乳化沥青

一、概述

乳化沥青是指石油沥青与水在乳化剂、稳定剂等的作用下经乳化加工制得的均匀沥青产品（亦称沥青乳液），其外观为茶褐色，在常温下具有较好的流动性。乳化沥青的特点如下：

（1）可冷态施工。乳化沥青可以在常温下进行喷洒、贯入或拌和摊铺，现场无须加热，简化了施工程序，操作简便，节省了能源。

（2）与湿集料拌和，具有足够的黏结力。

（3）无毒、无嗅，保护环境，减少污染，施工安全。

（4）稳定性差，储存期不能超过半年，储存温度在 0 ℃以上。

（5）乳化沥青修筑路面，成型期较长。

基于以上的特点，乳化沥青不仅适用于铺筑路面，而且在路堤的边坡保护、层面防水、金属材料表面防腐等工程中得到了广泛应用。

二、乳化沥青的组成材料

乳化沥青主要由沥青、乳化剂、稳定剂和水等组分组成。

（一）沥青

沥青是乳化沥青组成的主要材料，占 55% ~70%，沥青的质量直接关系乳化沥青的性能。在选择作为乳化沥青用的沥青时，首先要考虑它的易乳化性。一般来说，相同油源和工艺的沥青，针入度较大者易于形成乳液。但针入度的选择应根据乳化沥青在路面工程中的用途来决定。另外，沥青中活性组分的含量与沥青乳化难易性有直接关系，通常认为，沥青中沥青酸总量大于1%的沥青易于形成乳化沥青。对高速公路和一级公路，应满足道路石油沥青 A、B 级的要求，其他情况可采用 C 级沥青。

（二）乳化剂

乳化剂是乳化沥青形成的关键材料。沥青乳化剂是表面活性剂的一种类型，从化学结构上看，分子的一部分具有亲水性质，而另一部分具有亲油性质，这两个基团具有使互不相溶的沥青与水连接起来的特殊功能。在沥青、水分散体系中，沥青微粒被乳化剂分子的亲油基吸引，此时以沥青微粒为固体核，乳化剂包裹在沥青颗粒表面形成吸附层。乳化剂的另一端与水分子吸引，形成一层水膜，它可机械地阻碍颗粒的聚集。

乳化剂按其亲水基在水中是否电离而分为离子型和非离子型两大类。其分类如下：

- 乳化剂
  - 离子型
    - 阴离子型
    - 阳离子型
    - 两性离子型
  - 非离子型

1. 离子型乳化剂

1）阴离子型乳化剂

阴离子型乳化剂是指在溶于水时，能电离为离子或离子胶束，且与亲油基相连的亲水基团带有阴（或负）电荷的乳化剂。

阴离子沥青乳化剂最主要的亲水基团有羧酸盐（如—COONa）、硫酸酯盐（如—OSO_3Na）、磺酸盐（如—SO_3Na）等三种。

2）阳离子型乳化剂

阳离子型乳化剂是指在溶于水中时，能电离为离子或离子胶束，且与亲油基相连接的亲水基团带有阳（或正）电荷的乳化剂。

阳离子型沥青乳化剂按其化学结构，主要有季胺盐类、烷基胺类、酰胺类、咪唑啉类、环氧乙烷二胺类和胺化木质素类等。

3）两性离子型乳化剂

两性离子型乳化剂是指在水中溶解时，电离成离子或离子胶团，且与亲油基相连接的亲水基团，既带有阴电荷又带有阳电荷的乳化剂。

两性离子型沥青乳化剂按其两性离子的亲水基团的结构和特性，主要分为氨基酸型、甜菜型和咪唑啉型等。

2. 非离子型乳化剂

非离子型乳化剂是指在水中溶解时，不能离解成离子或离子胶束，而是依赖分子所含的羟基（—OH）和醚链（—O—）等作为亲水基团的乳化剂。

非离子型沥青乳化剂根据亲水基团的结构可分为醚基类、酯基类、酰胺类和杂环类等，但应用最多的为环氧乙烷缩合物和一元醇或多元醇的缩合物。

（三）稳定剂

为使乳液具有良好的储存稳定性，以及在施工中喷洒或拌和机械作用下的稳定性，必要时加入适量的稳定剂。稳定剂可分为两类：

（1）有机稳定剂。常用的有聚乙烯醇、聚丙烯酰胺、羧甲基纤维素钠、糊精、MF废液等。这类稳定剂可提高乳液的储存稳定性和施工稳定性。

（2）无机稳定剂。常用的有氯化钙、氯化镁、氯化铵和氯化铬等。这类稳定剂可提高乳液的储存稳定性。

稳定剂对乳化剂协同作用必须通过试验来确定，并且稳定剂的用量不宜过多，一般以沥青乳液的0.1%～0.15%为宜。

（四）水

水是乳化沥青的主要组成部分。水在乳化沥青中起着润湿、溶解及化学反应的作用。所以要求乳化沥青中的水应当纯净，不含其他杂质，每升水中氧化钙含量不得超过80 mg。水的用量一般为30%～70%。

三、乳化沥青的形成机理

根据乳状液理论，由于沥青与水这两种物质的表面张力相差较大，将沥青分散于水中，则会因表面张力的作用使已分散的沥青颗粒重新聚集结成团块。欲使已分散的沥青能稳定均匀地存在（实际上是悬浮）于水中，必须使用乳化剂。沥青能够均匀稳定地分散在乳化剂水溶液中的原因主要如下。

（一）乳化剂降低界面能的作用

由于沥青与水的表面张力相差较大，一般情况下是不能互溶的。当加入一定量的乳化剂后，乳化剂能规律地定向排列在沥青和水的界面上，由于乳化剂属表面活性物质，具有不对称的分子结构，分子一端是极性基因，是亲水的；另一端是非极性基因，是亲油的，所以当乳化剂加入沥青与水组成的溶液后，乳化剂分子吸附在沥青－水界面上，形成吸附层，从而降低了沥青和水之间的表面张力差，见图 4-15。

（二）界面膜的保护作用

乳化剂分子的亲油基吸附在沥青微滴的表面，在沥青－水界面上形成界面膜，此界面膜具有一定的强度，对沥青微滴起保护作用，使其在相互碰撞时不易聚结，见图 4-16。

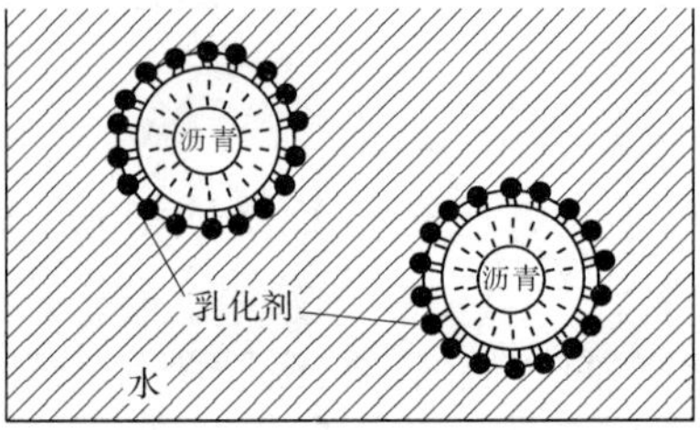

图 4-15　乳化剂在沥青微滴表面形成的界面膜

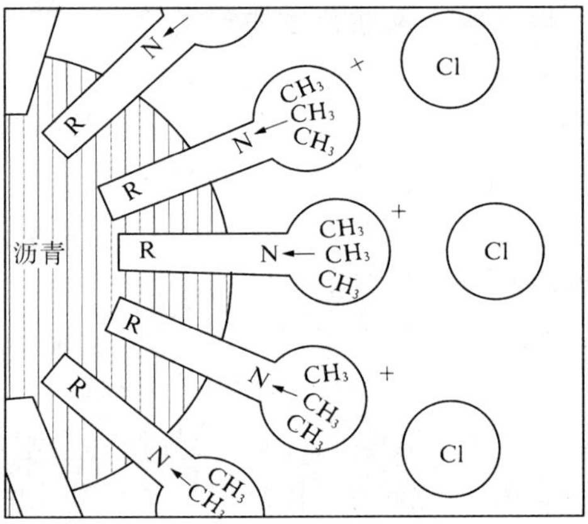

图 4-16　阳离子乳化沥青的界面电荷

（三）界面电荷稳定作用

乳化剂溶于水后发生离解，当亲油基吸附于沥青时，使沥青微滴带有电荷（阳离子乳化沥青带正电荷，见图 4-16），此时在沥青－水界面上形成扩散双电层。由于每个沥青微滴都带相同电荷，且有扩散双电层的作用，故沥青－水体系成为稳定体系。

四、乳化沥青的生产

乳化沥青的制备可以采用各种设备，但其主要流程基本相同，如图 4-17 所示，一般由下列 5 个主要部分组成。

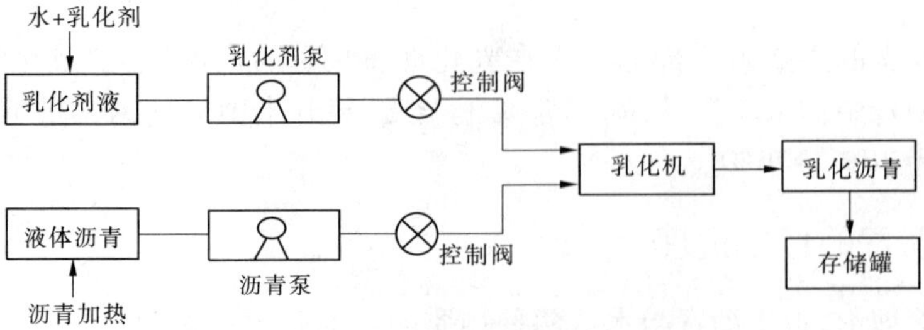

图 4-17　制备乳化沥青的工艺流程示意图

(1)乳化剂水溶液调制。在水中加入需要数量的乳化剂和稳定剂，将水温调节至乳化剂和稳定剂溶解所需要的温度，使其在水中充分溶解。

(2)沥青加热。沥青加热温度根据其品种、牌号、施工季节和地区而定，一般温度为120～150 ℃。

(3)沥青与水比例控制。沥青与乳化液通过流量计，严格控制加入比例。

(4)乳化常用设备。胶体磨与其他同类设备。

(5)乳化成品储存。储运过程注意乳液稳定性，避免产生破乳。

五、乳化沥青的分裂机理

乳化沥青在路面施工时，为发挥其黏结的功能，沥青液滴必须从乳化液中分裂出来，聚集在集料的表面而形成连续的沥青薄膜，这一过程称为“分裂”。乳液产生分裂的外观特征是它的颜色由棕褐色变成黑色。

乳化沥青的分裂主要取决于下列因素：

(1)水分的蒸发作用。由于路面施工环境气温、相对湿度和风速等因素的影响，乳化沥青中的水分蒸发，破坏乳液的稳定性，从而造成乳化沥青分裂。

(2)集料的吸收作用。由于集料的矿物构造孔隙对乳液水分的吸收，同样能破坏乳液的稳定性造成分裂。

(3)集料物理－化学作用。乳化沥青中带电荷的微滴与不同化学性质的集料接触后产生复杂的物理－化学作用，从而使乳化沥青分裂并在集料表面形成薄膜。

(4)机械的激波作用。在施工过程中，压路机的碾压和开放交通后汽车的行驶，各种机械力对路面的振颤而产生激波作用，也能促使乳化沥青稳定性的破坏和沥青薄膜结构的形成。

六、乳化沥青的性质与技术要求

乳化沥青的质量应符合表4-10的规定。在高温条件下宜采用黏度较大的乳化沥青，在寒冷条件下宜使用黏度较小的乳化沥青。

七、乳化沥青的应用

乳化沥青在使用中，与砂石集料拌和成型后，在空气中逐渐脱水，水膜变薄，使沥青微粒靠拢，将乳化剂薄膜挤裂而凝成连续的沥青黏结膜层。成膜后的乳化沥青具有一定的耐热性、黏结性、抗裂性、韧性及防水性。

乳化沥青适用于沥青表面处治路面、沥青贯入式路面、冷拌沥青混合料路面，修补裂缝，喷洒透层、黏层与封层等。乳化沥青的品种及适用范围应符合表4-11的规定。

表 4-10　道路用乳化沥青技术要求(JTG F40—2004)

试验项目		单位	品种及牌号										试验方法
			阳离子				阴离子				非离子		
			喷洒用			拌和用	喷洒用			拌和用	喷洒用	拌和用	
			PC－1	PC－2	PC－3	BC－1	PA－1	PA－2	PA－3	BA－1	PN－2	BN－1	
破乳速度			快裂	慢裂	快裂或中裂	慢裂或中裂	快裂	慢裂	快裂或中裂	慢裂或中裂	慢裂	慢裂	T 0658
粒子电荷			阳离子(＋)				阴离子(－)				非离子		T 0653
筛上残留物(1.18 mm 筛),不大于		%	0.1				0.1				0.1		T 0652
黏度	恩格拉黏度计 E_{25}		2～10	1～6	1～6	2～30	2～10	1～6	1～6	2～30	1～6	2～30	T 0622
	沥青标准黏度计 $C_{25.3}$	s	10～25	8～20	8～20	10～60	10～25	8～20	8～20	10～60	8～20	10～60	T 0621
蒸发残留物	残留分含量,不小于	%	50	50	50	55	50	50	50	55	50	55	T 0651
	溶解度,不小于	%	97.5				97.5				97.5		T 0607
	针入度(25 ℃)	0.1mm	50～200	50～300	45～150		50～200	50～300	45～150		50～300	60～300	T 0604
	延度(15 ℃),不小于	cm	40				40				40		T 0605
与粗集料的黏附性,裹附面积不小于			2/3			—	2/3			—	2/3	—	T 0654
与粗、细粒式集料拌和试验			—			均匀	—			均匀	—		T 0659
水泥拌和试验的筛上剩余,不大于		%	—				—				—	3	T 0657
常温储存稳定性: 1 d,不大于 5 d,不大于		%	1 5				1 5				1 5		T 0655

注:1. P 为喷洒型,B 为拌和型,C、A、N 分别表示阳离子、阴离子、非离子乳化沥青。

2. 黏度可选用恩格拉黏度计或沥青标准黏度计之一测定。

3. 表中的破乳速度、与集料的黏附性、拌和试验的要求与所使用的石料品种有关,质量检验时应采用工程上实际的石料进行试验,仅进行乳化沥青产品质量评定时可不要求此三项指标。

4. 储存稳定性根据施工实际情况选用试验时间,通常采用 5 d,乳液生产后能在当天使用时也可用 1 d 的稳定性。

5. 当乳化沥青需要在低温冰冻条件下储存或使用时,尚需按 T 0656 进行 －5 ℃低温储存稳定性试验,要求没有粗颗粒、不结块。

6. 当乳化沥青是将高浓度产品运到现场经稀释后使用时,表中的蒸发残留物等各项指标指稀释前乳化沥青的要求。

表 4-11　乳化沥青品种及适用范围

分类	品种及牌号	适用范围
阳离子乳化沥青	PC－1	表层处治、贯入式路面及下封层用
	PC－2	透层油及基层养生用
	PC－3	黏层油用
	BC－1	稀浆封层或冷拌沥青混合料用

续表 4-11

分类	品种及牌号	适用范围
阴离子乳化沥青	PA－1	表层处治、贯入式路面及下封层用
	PA－2	透层油及基层养生用
	PA－3	黏层油用
	BA－1	稀浆封层或冷拌沥青混合料用
非离子乳化沥青	PN－2	透层油用
	BN－1	与水泥稳定集料同时使用(基层路拌或再生)

第四节　改性沥青

一、概述

随着国民经济的高速发展,现代高等级沥青路面的特点是交通密度大、车辆轴载重、荷载作用间歇时间短以及高速和渠化,这些特点造成了沥青路面高温出现车辙、低温产生裂缝,抗滑性很快衰降,使用年限不长,出现坑槽、松散等损坏以及局部龟裂等。为使沥青路面高温不淌、低温不裂、保证安全快速行车、延长使用年限,在沥青材料的技术性质方面,必须对沥青加以改性,亦即改善沥青的流变性能,改善沥青与集料的黏附性,改善沥青的耐久性,这样才能适应现代交通的要求。

改性沥青是采用各种措施使得沥青的性能得到改善的沥青。

二、改性沥青的分类及特性

改性沥青是指掺加橡胶、树脂、高分子聚合物,磨细的橡胶粉或其他填料等外掺剂(改性剂),或采取对沥青轻度氧化加工等措施,使沥青的性能得以改善而制成的沥青结合料。

改性剂是指在沥青中加入的天然或人工的有机或无机材料,可溶融分散在沥青中,改善或提高沥青路面性能(与沥青发生反应或裹覆在集料表面上)的材料。

从狭义来说,现在所指道路改性沥青一般是指聚合物改性沥青。按照改性剂的不同,一般分为以下几类。

(一)热塑性橡胶类改性沥青

热塑性橡胶改性剂主要是苯乙烯嵌段共聚物,如苯乙烯－丁二烯－苯乙烯(SBS)、苯乙烯－异戊二烯－苯乙烯(SIS)、苯乙烯－聚乙烯/丁基－聚乙烯(SE/BS)等。其中SBS常用于路面沥青混合料,SIS主要用于热熔黏结料,SE/BS则应用于抗氧化、抗高温变形要求高的道路。目前,世界各国用于道路沥青改性使用最多的是SBS改性沥青。例如,首都机场高速公路及八达岭高速公路用的就是SBS改性沥青。

SBS类改性沥青最大特点是高温稳定性好和低温抗裂性能好,且有良好的弹性恢复性能,抗老化性能良好。SBS使沥青软化点提高,使5 ℃延度大幅度增大,且薄膜加热后的针入度比保留90%以上。

(二)橡胶类改性沥青

橡胶类改性沥青通常称为橡胶沥青,其中使用最多的是丁苯橡胶(SBR)和氯丁橡胶(CR)。它不仅是世界上最早出现并广泛应用的改性沥青品种,也是在我国较早得到研究和推广的品种。其中 SBR 是世界上应用最广泛的改性剂之一,尤其是它以胶乳形式的使用越来越广泛。CR 具有极性,常掺入煤沥青中使用,已成为煤沥青的改性剂。

SBR 改性沥青最大特点是低温性能得到改善,所以主要适宜在寒冷气候条件下使用,如青藏公路上就铺筑了橡胶沥青路面。

(三)热塑性树脂类改性沥青

聚乙烯(PE)、聚丙烯、聚氯乙烯、聚苯乙烯和乙烯－乙酸乙烯共聚物(EVA)等在道路沥青的改性中被使用,这一类热塑性树脂的共同特点是加热后软化,冷却时硬化变硬。此类改性剂的最大特点是使沥青结合料在常温下黏度增大,从而使高温稳定性增加,遗憾的是并不能使沥青混合料的弹性增加,且加热后易离析,再次冷却时产生众多的弥散体。不过这些局限性在一定程度上已被接受。例如,浙江杭州钱江二桥就使用了 ESSO 公司的 EVA 改性沥青铺筑桥面。

(四)掺加天然沥青的改性沥青

在沥青中通常可掺加天然沥青进行改性,如湖沥青(如特立尼达湖沥青 TLA)、岩石沥青(如美国的 Gilsonite)和海底沥青(如 BMA)等。

掺加 TLA 的混合沥青有良好的高温稳定性及低温抗裂性能,耐久性好;掺加岩石沥青的沥青有抗剥离、耐久、高温抗车辙、抗老化等特点;掺加 BMA 的沥青适用于重交通道路、飞机场跑道、抗磨耗层等,最小铺筑厚度可减薄到 2 cm,由此降低工程造价。

(五)其他改性沥青

1. 掺多价金属皂化物的改性沥青

多价金属与一元羧酸所形成的盐类称为金属皂。将一定的金属皂溶解在沥青中,可使延度增加、脆点降低,明显提高与集料的黏附性能,增加沥青混合料的强度,提高沥青路面的柔性和疲劳强度。

2. 掺碳黑的改性沥青

碳黑是由石油、天然气等碳氢化合物经高温不完全燃烧而生成的高含碳量粉状物质,在改性好的 SBS 改性沥青中混入碳黑综合改性,可使改性沥青的黏度增大,回弹性能提高。

3. 加玻纤格栅的改性沥青

将一种自黏结型的玻璃纤维格栅,用一种专门的摊铺机铺设,铺在沥青混合料层中,耐热、黏结性好。这些格栅对提高高温抗车辙能力及低温抗裂性能都有良好的效果,同时可防治沥青路面的反射性裂缝。

三、改性沥青的生产方法

改性沥青的加工制作有以下几种方法:

(1)机械搅拌法。直接将改性剂加入到热沥青中去,在机械产生的剪力、挤压及对流和热力的综合作用下,使改性剂不断变细,并均匀地分布于沥青当中。

(2)溶剂法。将聚合物溶于有机溶剂中,再掺入到热沥青中,搅拌均匀后,回收溶剂,聚合物就以细小颗粒分布于沥青中。

(3)胶磨粉法。将橡胶改性剂磨成粉状,然后制成橡胶改性沥青。

(4)胶体磨法。将聚合物改性剂与沥青一同加入胶体磨中混磨，从而形成均匀分布的改性沥青。

四、改性沥青的技术要求

道路改性沥青一般是指聚合物改性沥青，其技术要求如表 4-12 所示。其中 *PI* 值可作为选择性指标。当使用表 4-12 所列以外的聚合物及复合改性沥青时，可通过试验研究制定相应的技术要求。

表 4-12　聚合物改性沥青技术要求(JTG F40—2004)

指标	单位	SBS 类(Ⅰ类)				SBR 类(Ⅱ类)			EVA、PE 类(Ⅲ类)				试验方法
		Ⅰ-A	Ⅰ-B	Ⅰ-C	Ⅰ-D	Ⅱ-A	Ⅱ-B	Ⅱ-C	Ⅲ-A	Ⅲ-B	Ⅲ-C	Ⅲ-D	
针入度 25 ℃,100 g,5 s	0.1 mm	>100	80~100	60~80	30~60	>100	80~100	60~80	>80	60~80	40~60	30~40	T 0604
针入度指数 *PI*,不小于		-1.2	-0.8	-0.4	0	-1.0	-0.8	-0.6	-1.0	-0.8	-0.6	-0.4	T 0604
延度 5 ℃,5 cm/min,不小于	cm	50	40	30	20	60	50	40	—				T 0605
软化点 $T_{R\&B}$,不小于	℃	45	50	55	60	45	48	50	48	52	56	60	T 0606
运动黏度 135 ℃,不大于	Pa·s	3											T 0625 T 0619
闪点,不小于	℃	230				230			230				T 0611
溶解度,不小于	%	99				99			—				T 0607
弹性恢复 25 ℃,不小于	%	55	60	65	75	—			—				T 0662
黏韧性,不小于	N·m	—				5			—				T 0624
韧性,不小于	N·m	—				2.5			—				T 0624
储存稳定性离析,48 h 软化点差,不大于	℃	2.5				—			无改性剂明显析出、凝聚				T 0661
TFOT(或 RTFOT)后残留物													
质量变化,不大于	%	1.0											T 0610 或 T 0609
针入度比 25 ℃,不小于	%	50	55	60	65	50	55	60	50	55	58	60	T 0604
延度 5 ℃,不小于	cm	30	25	20	15	30	20	10	—				T 0605

注：1. 表中 135 ℃运动黏度可采用《公路工程沥青及沥青混合料试验规程》(JTG E20—2011)中的“沥青布氏旋转黏度试验方法(布洛克菲尔德黏度计法)”进行测定。若在不改变改性沥青物理力学性质并符合安全条件的温度下易于泵送和拌和，或经证明适当提高泵送和拌和温度时能保证改性沥青的质量，容易施工，可不要求测定。

2. 储存稳定性指标适用于工厂生产的成品改性沥青。现场制作的改性沥青对储存稳定性指标可不作要求，但必须在制作后保持不间断地搅拌或泵送循环，保证使用前没有明显的离析。

五、改性沥青的应用与发展

改性沥青可用做排水或吸音磨耗层及其下面的防水层；在老路面上做应力吸收膜中间层，以减少反射裂缝；在重载交通道路的老路面上加铺薄层和超薄沥青面层，以提高耐久性；在老路面上或新建的普通公路上做表面处治，以恢复路面使用性能或减少养护工作量；等等。使用改性沥青时，应当特别注意路基、路面的施工质量，以避免产生路基沉降和其他早期损坏。否则，使用改性沥青就会达不到应有的效果。

SBS 改性沥青无论在高温、低温、弹性等方面都优于其他改性剂，尤其是现在，SBS 的价格比以前有了大幅度的降低，仅成本这一项，它就可以和 PE、EVA 竞争，所以我国改性沥青的发展方向应该以 SBS 作为主要方向。

本章小结

（1）石油是石油沥青的原料，原油按其基属可分为石蜡基、中间基、环烷基等七类，环烷基石油是生产沥青最好的原料。石油沥青生产工艺有直馏、氧化、半氧化、溶剂脱和调配等工艺。当原油不适宜生产沥青时，采用半氧化、溶剂脱和调配等工艺，可得到性能较好的路用沥青。

（2）石油沥青可分离为饱和分、芳香分、胶质和沥青质等 4 个组分，也可分离成油分、树脂和沥青质等 3 个组分，由于这些组分的化学组成和相对含量不同，可使沥青构成溶胶、溶 - 凝胶和凝胶等三种胶体结构。沥青的化学组分、化学结构和胶体结构对沥青的性能有密切的相关性。蜡组分对沥青的高温稳定性、低温抗裂性、与集料的黏附性等都有一定的影响。

（3）黏度是沥青材料最重要的技术性质之一。根据黏度曲线（剪应力与剪应变关系）可评价沥青的流变类型。经典的三大指标（针入度、延度和软化点）在现代流变学研究中仍极有用。对高等级路面用沥青应掌握其感温性、感时性、劲度的含义及测定方法。

（4）我国现行的沥青技术标准有：重交通石油沥青、中轻交通石油沥青、液体石油沥青、煤沥青和乳化沥青等标准。它们的技术分级和技术指标按照其用途和使用方法而各不相同。乳化沥青、再生沥青和改性沥青的组成、性能和制备方法是现代沥青应用中极为关注的课题。

复习思考题

1. 沥青的体膨胀系数与沥青的路用性能有何关系？
2. 石油沥青的主要技术性质有哪些？各用什么指标表示？
3. 石油沥青的四大组分或三大组分是什么？试述它们的存在形式。
4. 沥青中蜡的存在将对沥青性能有何影响？我国对沥青含蜡量有何限制？
5. 表征沥青黏滞性的试验方法有哪些？
6. 沥青的针入度、延度、软化点试验反映沥青的哪些性能？简述主要试验条件。
7. 沥青的低温性能可采用哪些方法来测试？
8. 沥青的感温性最常采用哪些指标来表征？
9. 什么是沥青的黏弹性？采用什么技术指标给予评价？
10. 什么是沥青的“老化”？老化后的沥青的性质有哪些变化？
11. 我国现行规范中道路用石油沥青有几个牌号？具体指标有哪些？
12. 如何鉴别煤沥青与石油沥青？
13. 什么是闪点？有何工程意义？

14. 何谓乳化沥青？简述乳化沥青的形成和分裂机理。

15. 何谓改性沥青？常用的聚合物改性沥青有哪几种？改性沥青有何特点？

习　题

1. 沥青在 10 ℃和 25 ℃下测定的针入度分别为 24 和 79（0.1 mm），求出沥青的针入度——温度敏感性系数 A，由此计算沥青的针入度指数 PI，并判断沥青的胶体结构类型。

2. 某工程需石油沥青 25 t，要求软化点不低于 70 ℃。现有软化点分别为 54 ℃、77 ℃、95 ℃的石油沥青各 10 t，问这三种沥青如何掺配？（提示：先将两种沥青等量掺配，计算其软化点，再与第三种沥青掺配计算各沥青掺量）

3. 现有 A、B、C 三种石油沥青，气候分区为 2－3 区，其性能检测见表 4-13，试计算针入度指数 PI，并确定其牌号及等级。

表 4-13

性能	A	B	C
25 ℃时针入度（0.1 mm）	70	95	118
10 ℃延度	10	23	28
15 ℃延度	42	60	65
软化点	44	44	41
含蜡量（蒸馏法）（%）	5.0	2.0	3.0

第五章　沥青混合料

学习目标　了解沥青混合料的分类，了解沥青混合料的强度形成原理，掌握沥青混合料的技术性质和技术要求，掌握沥青混合料的配合比设计方法，了解除热拌沥青混合料以外的其他沥青混合料。

第一节　沥青混合料的定义、分类与基本性质

一、沥青混合料的定义与分类

(一)沥青混合料

沥青混合料是由矿料与沥青结合料拌和而成的混合料的总称。将沥青混合料摊铺并碾压成型，就成为各种类型的沥青路面。常见的沥青路面包括沥青表面处治、沥青贯入式、沥青碎石和沥青混凝土等四种。

(二)沥青混合料的分类

1. 按结合料分类

(1)石油沥青混合料，是指以石油沥青为结合料的沥青混合料，包括黏稠石油沥青混合料、乳化石油沥青混合料及液体石油沥青混合料。

(2)煤沥青混合料，是指以煤沥青为结合料的沥青混合料。

2. 按施工工艺分类

(1)热拌沥青混合料，是指沥青与矿料在热态拌和、热态摊铺的混合料。

(2)冷沥青混合料，是指以乳化沥青或稀释沥青与矿料在常温状态下拌制、摊铺的混合料。

3. 按矿质集料级配类型分类

(1)连续级配沥青混合料，是指沥青混合料中的矿料按级配原则从大到小各级粒径都有，按比例相互搭配组成的混合料。

(2)间断级配沥青混合料，是指矿料级配组成中缺少一个或几个粒径档次(或用量很少)而形成的沥青混合料。

4. 按混合料密实度分类

(1)密级配沥青混合料，是指按密实级配原则设计组成的各种粒径颗粒的矿料与沥青结合料拌和而成，设计空隙率较小的密实式沥青混合料。

(2)开级配沥青混合料，是指矿料级配主要由粗集料嵌挤而成，细集料及填料较少，设计空隙率为18%的沥青混合料。

(3)半开级配沥青混合料，是指由适当比例的粗集料、细集料及少量填料(或不加填料)与沥青结合料拌和而成，经马歇尔标准击实成型后，试件的空隙率在6%～12%的半开式沥青混合料。

5. 按集料最大粒径分类

(1)特粗式沥青混合料,是指集料公称最大粒径大于或等于31.5 mm的沥青混合料。

(2)粗粒式沥青混合料,是指集料公称最大粒径大于或等于26.5 mm的沥青混合料。

(3)中粒式沥青混合料,是指集料公称最大粒径为16 mm或19 mm的沥青混合料。

(4)细粒式沥青混合料,是指集料公称最大粒径为9.5 mm或13.2 mm的沥青混合料。

(5)砂粒式沥青混合料,是指集料公称最大粒径小于或等于4.75 mm的沥青混合料。也称为沥青石屑或沥青砂。

6. 其他分类

(1)沥青稳定碎石混合料,是指由矿料和沥青组成具有一定级配要求的混合料,按空隙率、集料最大粒径、添加矿粉数量的多少,分为密级配沥青碎石(ATB)、开级配沥青碎石(OGFC表面层或ATPB基层)、半开级配沥青碎石(AM)。

(2)沥青玛瑞脂碎石混合料,是指由沥青结合料与少量的纤维稳定剂、细集料以及较多的填料(矿粉)组成的沥青玛瑞脂填充于间断级配的粗集料骨架的空隙中,组成一体的沥青混合料,简称为SMA。

二、沥青混合料的基本性质

沥青路面是许多国家目前最主要的路面形式,沥青混合料具有以下特点:

(1)沥青混合料是一种弹黏塑性材料,具有一定的高温稳定性和低温抗裂性。用沥青混合料铺筑路面时,无须设置各种接缝,路面平整且抗震性能好,行车舒适。

(2)沥青混合料铺筑的路面有一定的粗糙度,具有较好的抗滑性,且路面为黑色路面,无强烈反光现象,有利于行车安全。

(3)施工方便,速度快,无须特殊养护,能及时开放交通。

(4)便于分期改造和再生利用。用沥青混合料铺筑的路面,随着道路交通量的增大,可以方便地对原有路面进行加厚或拓宽。对于旧有或老化了的沥青混合料,可以运用再生技术对其进行再生利用,以节约资源。

(5)耐老化性差。与水泥混凝土路面相比,沥青路面较容易老化,从而使路面结构破坏。

(6)温度敏感性较差。沥青路面在夏季高温时易流淌,高温稳定性较差;低温时易发脆,抗裂性能较差。

第二节　热拌沥青混合料

热拌沥青混合料(Hot-Mix Asphalt,简称HMA)是经人工组配的矿质混合料与黏稠沥青在专门设备中加热拌和而成,用保温运输工具运送至施工现场,并在热态下进行摊铺和压实的混合料,也称为热拌热铺沥青混合料。

热拌沥青混合料是沥青混合料中最典型的品种,适用于各种等级公路的沥青路面。热拌沥青混合料的分类见表5-1。

表 5-1　热拌沥青混合料的分类

混合料类型	密级配			开级配		半开级配	公称最大粒径（mm）	最大粒径（mm）
	连续级配		间断级配	间断级配				
	沥青混凝土	沥青稳定碎石	沥青玛琋脂碎石	排水式沥青磨耗层	排水式沥青碎石基层	沥青碎石		
特粗式	—	ATB－40	—	—	ATPB－40	—	37.5	53.0
粗粒式	—	ATB－30	—	—	ATPB－30	—	31.5	37.5
	AC－25	ATB－25	—	—	ATPB－25	—	26.5	31.5
中粒式	AC－20	—	SMA－20	—	—	AM－20	19.0	26.5
	AC－16	—	SMA－16	OGFC－16	—	AM－16	16.0	19.0
细粒式	AC－13	—	SMA－13	OGFC－13	—	AM－13	13.2	16.0
	AC－10	—	SMA－10	OGFC－10	—	AM－10	9.5	13.2
砂粒式	AC－5	—	—	—	—	AM－5	4.75	9.5
设计空隙率（%）	3～5	3～6	3～4	>18	>18	6～12	—	—

注：设计空隙率可按配合比设计要求适当调整。

一、沥青混合料的组成结构与强度理论

沥青混合料是一种复合材料，它由沥青、粗集料、细集料和填料以及外加剂组成。根据这些组成材料在混合料中的质量差异和数量的相对多少，可形成不同的组成结构，并表现为不同的力学性能。

（一）沥青混合料的组成结构

1. 沥青混合料组成结构的现代理论

随着对沥青混合料组成结构研究的深入，研究人员对传统的理论提出了不同的看法。因此，对沥青混合料的组成结构有下列两种相互对立的理论。

（1）表面理论：认为沥青混合料是由沥青分布于粗集料、细集料和填料经人工组配成的级配矿质骨架表面，而将它们胶结成为一个具有强度的整体（见图 5-1）。

沥青混合料
- 矿质骨架
  - 粗集料
  - 细集料
  - 填料
- 结合料－沥青

图 5-1　表面理论示意图

（2）胶浆理论：某些研究从胶浆理论出发，认为沥青混合料是一种多级空间网状结构的分散系。它是以粗集料为分散相而分散在沥青砂浆介质中的一种粗分散系；同样，砂浆是以细集料为分散相而分散在沥青胶浆介质中的一种细分散系；而胶浆又是以填料为分散相分散在高稠度的沥青介质中的一种微分散系（见图 5-2）。

这三级分散系以沥青胶浆最为重要，它的组成结构决定沥青混合料的高温稳定性和低

- 沥青混合料
  - 分散相–粗集料
  - 分散介质–砂浆（粗分散系）
    - 分散相–细集料
    - 分散介质–沥青胶结物（细分散系）
      - 分散相–填料
      - 分散介质–沥青（微分散系）

图 5-2　胶浆理论示意

温变形能力。这一理论比较集中于研究填料的矿物成分、填料的级配以及沥青与填料颗粒表面的交互作用等因素对于混合料性能的影响等。

2. 沥青混合料的组成结构类型

通常，沥青混合料有以下三种组成结构：

(1)悬浮–密实结构，是指矿质集料由大到小组成连续型密级配的混合料结构。混合料中粗集料数量较少，不能形成骨架，细集料较多，足以填充空隙。这种沥青混合料黏结力(也称为黏聚力、内聚力)较大，内摩擦角较小，虽然可以获得很高的密实度，但是各级集料均被次级集料所隔开，不能直接靠拢而形成骨架，就像悬浮于次级集料与沥青胶浆之间，其结构组成如图 5-3(a)所示，因而高温稳定性差。

(2)骨架–空隙结构，是指矿质集料属于开级配的混合料结构。矿质集料中粗集料较多，可形成矿质骨架，细集料较少，不足以填满空隙。这种结构(见图 5-3(b))虽然具有较大的内摩擦角，但黏结力较低，因而混合料空隙率大、耐久性差，沥青与矿料的黏结差，热稳定性较好。这种结构的沥青混合料强度主要取决于内摩擦角。当沥青路面采用这种混合料时，沥青面层下必须铺筑下封层。

(3)密实–骨架结构，是指结构具有较多数量的粗集料形成的空间骨架，同时有足够的细集料填满骨架的空隙。这种结构不仅具有较高的黏结力，而且具有较大的内摩擦角，是沥青混合料中最理想的一种结构类型，如图 5-3(c)所示。

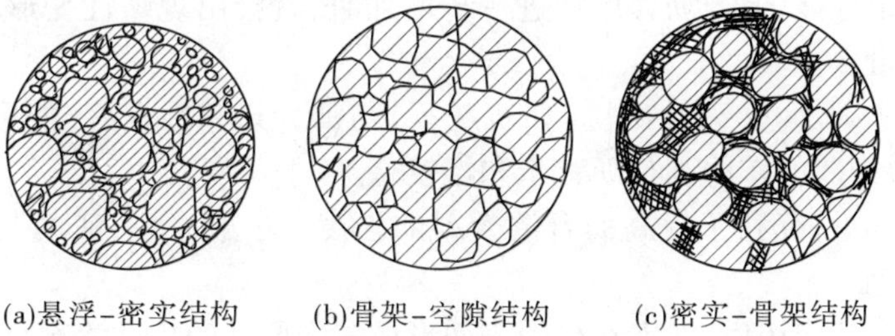

(a)悬浮–密实结构　　(b)骨架–空隙结构　　(c)密实–骨架结构

图 5-3　三种典型沥青混合料结构组成示意图

(二)沥青混合料的强度形成原理

沥青混合料在路面结构中产生破坏的情况，主要是发生于高温时由于抗剪强度不足或塑性变形过大而产生的推挤等现象，以及低温时抗拉强度不足或变形能力较差而产生的裂缝现象。

目前，对沥青混合料强度构成特性开展研究时，许多学者普遍采用了摩尔–库仑理论作为分析沥青混合料的强度理论，并引入了两个强度参数——黏结力 c 和内摩擦角 φ，作为其强度理论的分析指标。通过三轴剪切强度研究得出结论：沥青混合料的抗剪强度 τ 主要取决于沥青与矿质集料间的物理–化学作用而产生的黏结力 c，以及矿质集料在混合料中分

散程度不同而产生的内摩擦角 φ,即

$$\tau = c + \sigma\tan\varphi \tag{5-1}$$

式中 τ——沥青混合料的抗剪强度,MPa;

σ——正应力,MPa;

c——沥青混合料的黏结力,MPa;

φ——沥青混合料的内摩擦角,rad。

(三)影响沥青混合料抗剪强度的因素

沥青混合料在路面结构中产生破坏的情况,主要是高温时由于抗剪强度不足或塑性变形过大而产生推挤现象,以及低温时抗拉强度不足或变形能力较差而产生裂缝现象。

试验表明:影响沥青混合料的抗剪强度的内因取决于沥青混合料的内摩擦角和黏聚力,其值越大,抗剪强度越大。其外因取决于温度等因素。

1. 影响沥青混合料抗剪强度的内因

1)影响沥青混合料内摩擦角的因素

(1)集料的性状与级配。矿质集料的尺寸大,形状近似正方体,有一定的棱角,表面粗糙,则内摩擦角较大。连续型开级配的矿质混合料,粗集料的数量比较多,形成一定的骨架结构,内摩擦角也就大。

(2)沥青含量。沥青含量越少,矿料表面形成的沥青膜越薄,内摩擦角越大。反之亦然。

2)影响沥青混合料黏聚力的因素

(1)沥青材料的黏结性。沥青的黏度越大,混合料的黏滞阻力也越大,抵抗剪切变形的能力越强,则混合料的黏聚力就越大。特别是受到短暂瞬时荷载时,具有高黏度的沥青能赋予沥青混合料较大的黏滞阻力,因而具有较高的抗剪切强度。

(2)沥青的用量。沥青的黏度越大,抵抗剪切变形的能力越强。适当增加沥青用量将会改善混合料的胶结性能,但当沥青用量进一步增加时,就会出现塑性变形。因此,混合料中存在最佳沥青用量。

(3)矿粉的品种与用量。碱性矿粉(如石灰石)与沥青亲和性良好,能形成较强的黏结性能;而由酸性石料磨成的矿粉则与沥青亲和性较差。

适量提高矿粉掺量,有利于提高沥青混合料的强度。一般来说,矿粉与沥青之比以在0.8~1.2范围内为宜。

沥青与矿料粉交互作用后,沥青在矿粉表面形成一定厚度的扩散溶剂化膜,在此膜厚度以内的沥青被称为结构沥青,在此膜厚度以外的沥青被称为自由沥青。矿料颗粒间的联结形式对黏聚力的影响,如果矿粉颗粒之间接触处是由结构沥青所联结,这样促成沥青具有更高的黏度和更大的扩散溶化膜的接触面积,因而可以获得更大的黏聚力。

沥青与矿料之比是影响沥青混合料剪切强度的重要因素。当沥青用量过小时,沥青不足以形成结构沥青薄膜来黏结矿料颗粒,难以形成足够的黏聚力。随着沥青用量增加,黏聚力增加。但超过一定的值后,如图5-4所示,超过5%后,在矿料间形成自由沥青量增多,黏聚力随沥青用量增加而降低。另外,沥青在混合料中除起黏结剂的作用外,还起润滑剂的作用,沥青用量增加,混合料的内摩擦角下降。故需两方面综合考虑确定沥青的最佳用量。

2. 影响沥青混合料抗剪强度的外因

1) 温度

沥青混合料是一种弹塑性材料,其抗剪强度将随着温度的升高而降低。沥青材料的试验表明,沥青的黏聚力随着温度的升高而相应下降,但是其内摩擦角受温度变化的影响不大。

2) 变形速度

沥青混合料也是一种黏－弹性材料,其抗剪强度与变形速率有密切关系。在其他条件相同的情况下,变形速率和温度一样,对沥青的黏聚力影响较为明显,而对内摩擦角的影响较小。变形速率大,则黏聚力明显降低。

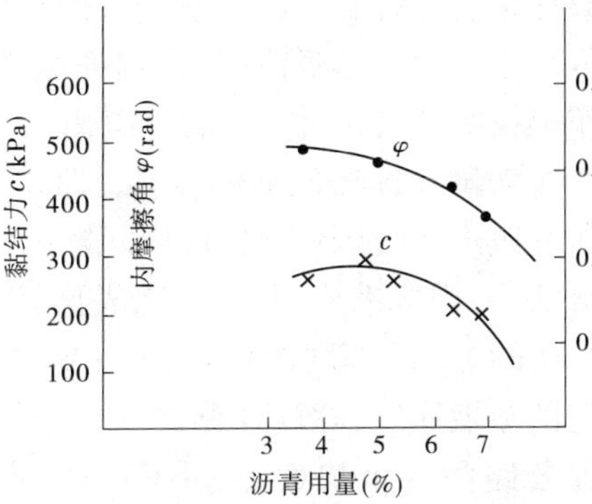

图 5-4　沥青用量与沥青混合料黏聚力及内摩擦角的关系

二、沥青混合料的技术性质

(一) 高温稳定性

沥青混合料的高温稳定性是指沥青混合料在夏季高温(通常指 60 ℃)条件下,经车辆荷载长期重复作用后不产生车辙和波浪等病害的性能。

沥青混合料具有流变性,它的强度和劲度模量随着温度的升高而降低。所以,沥青混合料路面在夏季高温时,在重交通的重复作用下,由于交通的渠化,轮迹带会逐渐变形下凹,两辙鼓起所谓的车辙,这是现代高等级沥青路面最常见的病害之一。

我国现行标准规定,采用马歇尔稳定度试验来评价沥青混合料的高温稳定性质;对高速公路、一级公路、城市快速路、城市主干路所用的沥青混合料,还应通过动稳定度试验来检验其抗车辙能力。

1. 马歇尔稳定度

马歇尔稳定度的试验方法在半个多世纪前就已提出,经过许多学者的改进,目前普遍是通过测定马歇尔稳定度(MS)、流值(FL)并计算马歇尔模数(T)来评价沥青混合料高温稳定性的。

稳定度是指标准尺寸的沥青混合料试件在规定温度和加荷速度下,在马歇尔仪中最大的破坏荷载(以 kN 计);流值是达到最大破坏荷载时试件的垂直变形(以 mm 计);通常用马歇尔稳定度(MS)与流值(FL)之比表示沥青混合料的视劲度,称为马歇尔模数(T),即

$$T = \frac{MS}{FL} \tag{5-2}$$

式中　T——马歇尔模数,kN/mm;

MS——马歇尔稳定度,kN;

FL——流值,mm。

2. 车辙试验

对于渠化交通的沥青混合料路面,高温稳定性不足主要表现为车辙。随着交通量不断增长以及车辆行驶的渠化,沥青路面在行车荷载的反复作用下,会由于永久变形的累积而导致路面出现车辙,从而影响路面的平整度;轮迹处沥青层厚度减薄,削弱了面层及路面结构

的整体强度，从而诱发其他病害；雨天路表排水不畅，降低了路面的抗滑能力，甚至会由于车辙内积水而导致车辆漂滑，影响高速行车时的安全；车辆在超车或变更车道时方向失控，影响车辆操纵的稳定性。可见，车辙的产生严重影响了路面的使用寿命和服务质量。

车辙试验方法最早由英国道路研究所（TRRL）提出，后来许多国家的道路工作者进行了研究改进。我国《公路工程沥青及沥青混合料试验规程》（JTG E20—2011）规定的车辙试验方法为：用标准成型方法，制成长 300 mm、宽 300 mm、厚 50 ~ 100 mm 的沥青混合料试件，在（60 ± 1）℃的温度条件下，以一定荷载的轮子在同一轨迹上作一定时间的反复行走，形成一定的车辙深度，然后计算试件变形 1 mm 所需试验车轮行走次数，即为动稳定度 *DS*。对高速公路和城市快速路，不应小于 800 次/mm，对一级公路及城市主干路不应小于 600 次/mm。

（二）低温抗裂性

冬季，随着温度的降低，沥青材料的劲度模量变得越来越大，材料变得越来越硬，并开始收缩。由于沥青路面在面层和基层之间存在着很好的约束，因而当温度大幅降低时，沥青面层中会产生很大的收缩拉应力或拉应变，一旦超过材料所能承受的极限拉应力或极限拉应变，沥青面层就会开裂。因此，沥青混合料不仅应具备高温稳定性，同时要具有低温抗裂性，以保证路面在冬季低温时不产生裂缝。沥青混合料的低温抗裂性即沥青混合料在低温时抵抗断裂破坏的能力。

有研究认为，沥青混合料在低温时的裂缝与其抗疲劳性能有关，建议采用沥青混合料在一定变形条件下达到试件破坏时所需的荷载作用次数来表征沥青混合料的疲劳寿命，破坏时的作用次数称为柔度。研究认为，柔度与混合料纯拉试验时的延伸度有明显关系。

（三）耐久性

沥青混合料在路面中长期受自然因素的作用，为保证路面具有较长的使用年限，沥青混合料必须具有较好的耐久性。

影响沥青混合料耐久性的因素很多，如沥青的化学性质、矿料的化学成分、沥青混合料的组成结构等。

沥青的化学性质和矿料的矿物成分对耐久性的影响如前所述。就沥青混合料的组成结构而言，影响其耐久性的首要因素是沥青混合料的空隙率。空隙率的大小与矿质集料的级配、沥青用量以及压实程度等有关。从提高耐久性的角度看，希望沥青混合料空隙率尽量小，以防止水的渗入将加快沥青的老化作用。但是一般沥青混合料中均应残留 3% ~ 6% 的空隙，以备夏季沥青材料膨胀。沥青混合料空隙率还与其水稳定性有关。空隙率大且沥青与矿料黏附性差的混合料，在饱水后石料易发生剥落，同时颗粒相互推移产生体积膨胀以及力学强度显著降低等现象，会引起路面早期破坏。

此外，沥青路面的使用寿命还与混合料中的沥青含量有很大的关系。当沥青混合料中沥青用量较正常用量少时，沥青膜变薄，混合料的延伸能力降低，脆性增加；混合料的空隙率增大，沥青膜暴露较多，加速了老化作用；渗水率增加，水对沥青的剥落作用加大。有研究认为，沥青用量较最佳用量少 0.5% 的混合料能使路面使用寿命减少一半以上。

我国现行规范采用空隙率、饱和度（即沥青填隙率）和残留稳定度来表征沥青混合料的耐久性。

（四）抗滑性

现代高等级公路的发展和行车速度要求的提高，对沥青混合料路面的抗滑性能也提出了更高的要求。沥青混合料路面的抗滑性与矿质集料的微表面性质、混合料的级配组成以及沥青用量等因素有关。为保证长期高速行车的安全，配料时要特别注意粗集料的磨光性，应选择硬质有棱角的集料。而硬质集料往往属于酸性集料，与沥青的黏附性差，为此，在沥青混合料施工时，应采取在硬质集料中掺加软质集料组成复合集料以及掺入抗剥落剂等措施。我国现行国家标准《沥青路面施工及验收规范》（GB 50092—96）对抗滑层集料提出了磨光值、道瑞磨耗值和冲击值三项指标。

沥青用量对抗滑性的影响很大，沥青用量超过最佳用量的 0.5% 即可使抗滑系数明显降低。

含蜡量对沥青混合料的抗滑性也有明显影响。我国现行行业规范《公路沥青路面施工技术规范》（JTG F40—2004）中规定，A 级沥青含蜡量应不大于 2.2%，B 级沥青含蜡量应不大于 3.0%，C 级沥青含蜡量应不大于 4.5%。

（五）施工和易性

要保证室内配料在现场施工条件下顺利地摊铺作业，沥青混合料除应具备前述的技术要求外，还应具备适宜的施工和易性。影响沥青混合料施工和易性的因素很多，如施工时的气温、施工条件以及混合料性质等。

仅就混合料性质而言，影响沥青混合料施工和易性的首要因素是混合料的级配情况，如粗细集料的颗粒大小相差过大，缺少中间尺寸，混合料就容易分层层积（表现为粗粒集中于表面，细粒集中于下部）；如细集料太少，沥青层就不容易均匀地分布在粗颗粒表面；如细集料过多，则会使拌和困难。此外，当沥青用量过少，或矿粉质量不好时，则容易使混合料黏结成团块，不易摊铺。

实务中对沥青混合料的工艺性能大多凭目力鉴定。有学者曾以流变学理论为基础提出过一些沥青混合料施工和易性的测定方法，但仍在试验研究阶段，尚未被广泛采纳。

三、沥青混合料的技术标准

《公路沥青路面施工技术规范》（JTG F40—2004）规定，热拌沥青混合料的马歇尔试验技术标准见表 5-2、表 5-3。

表 5-2　密级配沥青混凝土混合料马歇尔试验技术标准

（本表适用于公称最大粒径≤26.5 mm 的密级配沥青混凝土混合料）

试验指标		单位	高速公路、一级公路				其他等级公路	行人道路
			夏炎热区（1－1、1－2、1－3、1－4 区）		夏热区及夏凉区（2－1、2－2、2－3、2－4、3－2 区）			
			中轻交通	重载交通	中轻交通	重载交通		
击实次数（双面）		次	75				50	50
试件尺寸		mm	ϕ101.6×63.5					
空隙率 *VV*	深约 90 mm 以内	%	3～5	4～6	2～4	3～5	3～6	2～4
	深约 90 mm 以下	%	3～6		2～4	3～6	3～6	—

续表 5-2

<table>
<tr><th colspan="2" rowspan="3">试验指标</th><th rowspan="3">单位</th><th colspan="4">高速公路、一级公路</th><th rowspan="3">其他等级公路</th><th rowspan="3">行人道路</th></tr>
<tr><th colspan="2">夏炎热区(1－1、1－2、1－3、1－4 区)</th><th colspan="2">夏热区及夏凉区(2－1、2－2、2－3、2－4、3－2 区)</th></tr>
<tr><th>中轻交通</th><th>重载交通</th><th>中轻交通</th><th>重载交通</th></tr>
<tr><td colspan="2">稳定度 MS,不小于</td><td>kN</td><td colspan="4">8</td><td>5</td><td>3</td></tr>
<tr><td colspan="2">流值 FL</td><td>mm</td><td>2～4</td><td>1.5～4</td><td>2～4.5</td><td>2～4</td><td>2～4.5</td><td>2～5</td></tr>
<tr><td rowspan="7">矿料间隙率 VMA(%),不小于</td><td rowspan="2">设计空隙率(%)</td><td colspan="7">相应于以下公称最大粒径(mm)的最小 VMA 及 VFA 技术要求(%)</td></tr>
<tr><td colspan="2">26.5</td><td>19</td><td>16</td><td>13.2</td><td>9.5</td><td>4.75</td></tr>
<tr><td>2</td><td colspan="2">10</td><td>11</td><td>11.5</td><td>12</td><td>13</td><td>15</td></tr>
<tr><td>3</td><td colspan="2">11</td><td>12</td><td>12.5</td><td>13</td><td>14</td><td>16</td></tr>
<tr><td>4</td><td colspan="2">12</td><td>13</td><td>13.5</td><td>14</td><td>15</td><td>17</td></tr>
<tr><td>5</td><td colspan="2">13</td><td>14</td><td>14.5</td><td>15</td><td>16</td><td>18</td></tr>
<tr><td>6</td><td colspan="2">14</td><td>15</td><td>15.5</td><td>16</td><td>17</td><td>19</td></tr>
<tr><td colspan="2">沥青饱和度 VFA(%)</td><td colspan="2">55～70</td><td colspan="3">65～75</td><td colspan="2">70～85</td></tr>
</table>

注:1. 对空隙率大于 5% 的夏炎热区重载交通路段,施工时提高压实度 1%。

2. 当设计的空隙率不是整数时,由内插确定要求的 *VMA* 最小值。

3. 对改性沥青混合料,马歇尔试验的流值可适当放宽。

表 5-3　沥青稳定碎石混合料马歇尔试验配合比设计技术标准

试验指标	单位	密级配基层(ATB)		半开级配面层(AM)	排水式开级配磨耗层(OGFC)	排水式开级配基层(ATPB)
公称最大粒径	mm	26.5	≥31.5	≤26.5	≤26.5	所有尺寸
马歇尔试件尺寸	mm	ϕ101.6×63.5	ϕ152.4×95.3	ϕ101.6×63.5	ϕ101.6×63.5	ϕ152.4×95.3
击实次数(双面)	次	75	112	50	50	75
空隙率 *VV*	%	3～6		6～10	≥18	≥18
稳定度,不小于	kN	7.5	15	3.5	3.5	—
流值	mm	1.5～4	实测	—	—	—
沥青饱和度 *VFA*	%	55～70		40～70	—	—
密级配基层 ATB 的矿料间隙率 *VMA*,不小于(%)	设计空隙率(%)			ATB－40	ATB－30	ATB－25
	4			11	11.5	12
	5			12	12.5	13
	6			13	13.5	14

注:在干旱地区,可将密级配沥青稳定碎石基层的空隙率适当放宽到 8%。

四、沥青混合料组成材料的技术要求

为了保证沥青混合料的技术性质,首先要选择满足质量要求的各组成材料。

(一)沥青材料

沥青路面所用的沥青材料有石油沥青、煤沥青、液体石油沥青和乳化沥青等。各类沥青路面所用的沥青材料的牌号,应根据路面类型、施工条件、地区气候特点、施工季节和矿料性质等因素确定,以确保拌制的沥青混合料具有较高的力学强度和较好的耐久性。

道路石油沥青适用于各类沥青面层,应视道路等级及地区气候条件、施工季节气温、路面类型、施工方法等选用(见表4-3)。

沥青路面采用的沥青牌号宜根据公路等级、气候条件、交通条件、路面类型及在结构层中的层位及受力特点、施工方法等,结合当地的使用经验,经技术论证后确定。

(1)高速公路、一级公路,夏季温度高、高温持续时间长、重载交通、山区及丘陵区上坡路段、服务区、停车场等行车慢的路段,渠化交通的道路,尤其是汽车荷载剪应力大的路面层次,宜采用稠度大、黏度高的沥青,也可以提高高温气候分区的温度水平再选用沥青等级;对于冬季寒冷地区或交通量小的公路、旅游公路,宜选用稠度小、低温延度大的沥青;对于日温差、年温差大的地区,宜选用针入度指数大的沥青。当高温稳定性和低温抗裂性要求发生矛盾时,应优先考虑满足高温稳定性。

(2)当缺乏所需牌号的沥青时,可采用不同牌号掺配的调和沥青,其掺配比例由试验确定。

在沥青的使用上,一般上面层宜用较稠的沥青,下层或联结层宜用较稀的沥青。煤沥青不得用于面层热拌沥青混合料。

(二)粗集料

粗集料通常采用碎石、卵石及冶金矿渣等。沥青混合料的粗集料应洁净、干燥、无风化、无杂质,并具有足够的强度和较好的耐磨性,形状以接近正立方体为宜,针片状颗粒的含量应符合表5-4的规定,且要求表面粗糙,有一定的棱角。

表5-4　沥青混合料用粗集料质量技术要求

指标	单位	高速公路及一级公路		其他等级公路	试验方法
		表面层	其他层次		
石料压碎值,不大于	%	26	28	30	T 0316
洛杉矶磨耗损失,不大于	%	28	30	35	T 0317
表观相对密度,不小于	t/m^3	2.60	2.50	2.45	T 0304
吸水率,不大于	%	2.0	3.0	3.0	T 0304
坚固性,不大于	%	12	12	—	T 0314
针片状颗粒含量(混合料),不大于	%	15	18	20	T 0312
其中粒径大于9.5 mm,不大于	%	12	15	—	
其中粒径小于9.5 mm,不大于	%	18	20	—	
水洗法<0.075 mm颗粒含量,不大于	%	1	1	1	T 0310
软石含量,不大于	%	3	5	5	T 0320

注:1.坚固性试验可根据需要进行。

2.用于高速公路、一级公路时,多孔玄武岩的视密度可放宽至2.45 t/m^3,吸水率可放宽至3%,但必须得到建设单位的批准,且不得用于SMA路面。

3.对S14即3~5规格的粗集料,针片状颗粒含量可不予要求,<0.075 mm含量可放宽到3%。

路面抗滑表层的粗集料应选用坚硬、耐磨、抗冲击性能好的碎石或破碎砾石，不可使用矿渣或软质集料等。

由于碱性集料与沥青具有较好的黏附力，组成的沥青混合料可以得到较高的力学强度，所以应尽量选用碱性集料。不得已采用酸性集料时，必须对沥青或集料进行适当处理，如掺消石灰、水泥，或用饱和石灰水处理，以增加沥青混合料的黏结力，并应选用针入度较小的沥青。

（三）细集料

热拌沥青混合料的细集料可使用天然砂、机制砂或石屑等。细集料同样应洁净、干燥、无风化、无杂质，质地坚硬、有棱角，并有适当的级配，且与沥青具有良好的黏附力。细集料、粗集料和填料配制成的矿质混合料，其级配应符合要求。当一种细集料不能满足级配要求时，可采用两种或两种以上细集料掺合使用。热拌密级配沥青混合料中天然砂的用量通常不宜超过集料总质量的20%，细集料的技术要求见表5-5～表5-7。

表5-5　沥青混合料用细集料质量要求

项目	单位	高速公路、一级公路	其他等级公路	试验方法
表观相对密度，不小于	t/m^3	2.50	2.45	T 0328
坚固性（>0.3 mm部分），不小于	%	12	—	T 0340
含泥量（小于0.075 mm的含量），不大于	%	3	5	T 0333
砂当量，不小于	%	60	50	T 0334
亚甲蓝值，不大于	g/kg	25	—	T 0346
棱角性（流动时间），不小于	s	30	—	T 0345

注：坚固性试验可根据需要进行。

表5-6　沥青混合料用天然砂规格

筛孔尺寸（mm）	通过各孔筛的质量百分率（%）		
	粗砂	中砂	细砂
9.5	100	100	100
4.75	90～100	90～100	90～100
2.36	65～95	75～90	85～100
1.18	35～65	50～90	75～100
0.6	15～30	30～60	60～84
0.3	5～20	8～30	15～45
0.15	0～10	0～10	0～10
0.075	0～5	0～5	0～5

表5-7　沥青混合料用机制砂或石屑规格

规格	公称粒径（mm）	水洗法通过各筛孔的质量百分率（%）							
		9.5	4.75	2.36	1.18	0.6	0.3	0.15	0.075
S15	0～5	100	90～100	60～90	40～75	20～55	7～40	2～20	0～10
S16	0～3	100	100	80～100	50～80	25～60	8～45	0～25	0～15

注：当生产石屑采用喷水抑制扬尘工艺时，应特别注意含粉量不得超过表中要求。

(四)填料

矿质填料通常是指矿粉。矿粉应采用碱性石料磨制的石粉,如石灰石、白云石等,也可以由石灰、水泥或粉煤灰代替,但用这些物质作为填料时,其用量不宜超过矿料总质量的2%,其中粉煤灰的用量不宜超过填料总质量的50%。

矿粉应具有足够的细度,粒径小于0.075 mm的石粉应大于75%(质量分数),并要求石粉干净、疏松、不结团,含水率小于1%,亲水系数小于1,其具体要求见表5-8。

表5-8　沥青混合料用矿粉质量技术要求

项目		单位	高速公路、一级公路	其他等级公路	试验方法
表观相对密度,不小于		t/m^3	2.50	2.45	T 0352
含水率,不大于		%	1	1	T 0103,烘干法
粒度范围	<0.6 mm	%	100	100	T 0351
	<0.15 mm	%	90~100	90~100	
	<0.075 mm	%	75~100	70~100	
外观			无团粒结块		
亲水系数			<1		T 0353
塑性指数			<4		T 0354
加热安定性			实测记录		T 0355

五、沥青混合料配合比设计

沥青混合料配合比设计的内容就是确定粗集料、细集料、矿粉和沥青材料相互配合的最佳组成比例,使之既能满足混合料的技术要求,又符合经济性的原则,是施工过程中一件十分重要的工作。

沥青混合料配合比设计包括目标配合比设计(实验室配合比设计)、生产配合比设计和生产配合比验证三个阶段。

(一)目标配合比设计

目标配合比设计可分为矿质混合料配合组成设计和沥青用量确定两部分,是沥青混合料配合比设计的重点。沥青混合料目标配合比设计流程如图5-5所示。

1. 矿质混合料配合比组成设计

矿质混合料配合比组成设计的目的是选配一个具有足够密实度和较大内摩阻力的矿质混合料,并根据级配理论,计算出需要的矿质混合料的级配范围。为了应用已有的研究成果和实践经验,通常是采用规范推荐的矿质混合料级配范围来确定,按下列步骤进行。

1)确定沥青混合料类型

沥青混合料类型应根据道路等级、路面类型及所处的结构层位确定,参见表5-9。各层沥青混合料应满足所在层位的功能要求,便于施工,不易离析。

2)确定矿料的公称最大粒径

沥青路面结构层厚度(h_i)和公称最大粒径(D)的比值与路面的耐久性有一定的关系,随着h_i/D的增大,路面的耐疲劳性提高,但车辙量增大。相反,随着h_i/D的减小,车辙量也

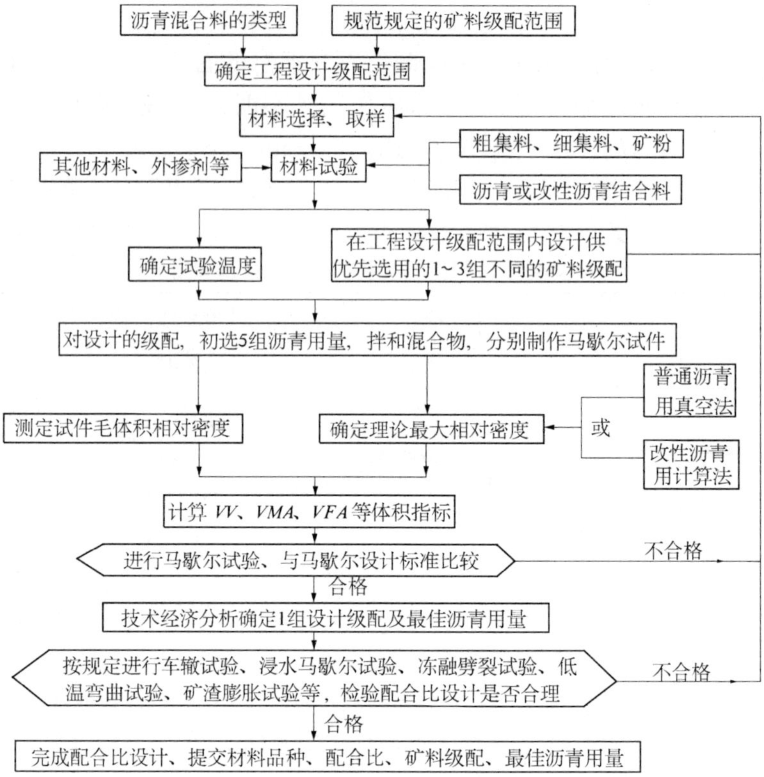

图 5-5　沥青混合料目标配合比设计流程

减小，但耐久性降低。现有研究表明：当 $h_i/D \geqslant 3$ 时，路面具有较好的耐久性和高温稳定性。如公称最大粒径为 26.5 mm 的粗粒式沥青混凝土，其结构层厚度应大于 8 cm；公称最大粒径为 19 mm 的中粒式沥青混凝土，其结构层厚度应大于 6 cm。只有控制了结构层厚度与公称最大粒径之比，混合料才能拌和均匀，易于摊铺。特别是在压实时易于达到要求的密实度和平整度，保证施工质量。根据我国的具体情况和实践经验，对于热拌热铺密级配沥青混合料，沥青层一层的压实厚度不宜小于集料公称最大粒径的 2.5~3.0 倍。

表 5-9　沥青混合料类型

结构层次	高速公路、一级公路 城市快速路、主干路		其他等级公路		一般城市道路及其他道路工程	
	三层式沥青混凝土路面	两层式沥青混凝土路面	沥青混凝土路面	沥青碎石路面	沥青混凝土路面	沥青碎石路面
上面层	AC-13 AC-16	AC-13 AC-16	AC-13 AC-16	AC-13	AC-5 AC-10 AC-13	AM-5 AM-10
中面层	AC-20 AC-25	— —	— —	— —	— —	— —
下面层	AC-25 AC-30	AC-20 AC-30	AC-20 AC-25 AC-35	AM-25 AM-30	AC-20 AC-25	AC-25 AM-30 AM-40

3）确定矿质混合料的级配范围

根据已确定的沥青混合料类型，查阅推荐的矿质混合料级配范围表（见表 5-10 ~ 表 5-15），即可确定所需的级配范围。

表 5-10　密级配沥青混凝土混合料矿料级配范围

级配类型		通过下列筛孔（mm）的质量百分率（%）												
		31.5	26.5	19.0	16.0	13.2	9.5	4.75	2.36	1.18	0.6	0.3	0.15	0.075
粗粒式	AC－25	100	90 ~ 100	75 ~ 90	65 ~ 83	57 ~ 76	45 ~ 65	24 ~ 52	16 ~ 42	12 ~ 33	8 ~ 24	5 ~ 17	4 ~ 13	3 ~ 7
中粒式	AC－20		100	90 ~ 100	78 ~ 92	62 ~ 80	50 ~ 72	26 ~ 56	16 ~ 44	12 ~ 33	8 ~ 24	5 ~ 17	4 ~ 13	3 ~ 7
	AC－16			100	90 ~ 100	76 ~ 92	60 ~ 80	34 ~ 62	20 ~ 48	13 ~ 36	9 ~ 26	7 ~ 18	5 ~ 14	4 ~ 8
细粒式	AC－13				100	90 ~ 100	68 ~ 85	38 ~ 68	24 ~ 50	15 ~ 38	10 ~ 28	7 ~ 20	5 ~ 15	4 ~ 8
	AC－10					100	90 ~ 100	45 ~ 75	30 ~ 58	20 ~ 44	13 ~ 32	9 ~ 23	6 ~ 16	4 ~ 8
砂粒式	AC－5						100	90 ~ 100	55 ~ 75	35 ~ 55	20 ~ 40	12 ~ 28	7 ~ 18	5 ~ 10

表 5-11　沥青玛琋脂碎石混合料矿料级配范围

级配类型		通过下列筛孔（mm）的质量百分率（%）											
		26.5	19.0	16.0	13.2	9.5	4.75	2.36	1.18	0.6	0.3	0.15	0.075
中粒式	SMA－20	100	90 ~ 100	72 ~ 92	62 ~ 82	40 ~ 55	18 ~ 30	13 ~ 22	12 ~ 20	10 ~ 16	9 ~ 14	8 ~ 13	8 ~ 12
	SMA－16		100	90 ~ 100	65 ~ 85	45 ~ 65	20 ~ 32	15 ~ 24	14 ~ 22	12 ~ 18	10 ~ 15	9 ~ 14	8 ~ 12
细粒式	SMA－13			100	90 ~ 100	50 ~ 75	20 ~ 34	15 ~ 26	14 ~ 24	12 ~ 20	10 ~ 16	9 ~ 15	8 ~ 12
	SMA－10				100	90 ~ 100	28 ~ 60	20 ~ 32	14 ~ 26	12 ~ 22	10 ~ 18	9 ~ 16	8 ~ 13

表 5-12　开级配排水式磨耗层混合料矿料级配范围

级配类型		通过下列筛孔（mm）的质量百分率（%）										
		19.0	16.0	13.2	9.5	4.75	2.36	1.18	0.6	0.3	0.15	0.075
中粒式	OGFC－16	100	90 ~ 100	70 ~ 90	45 ~ 70	12 ~ 30	10 ~ 22	6 ~ 18	4 ~ 15	3 ~ 12	3 ~ 8	2 ~ 6
	OGFC－13		100	90 ~ 100	60 ~ 80	12 ~ 30	10 ~ 22	6 ~ 18	4 ~ 15	3 ~ 12	3 ~ 8	2 ~ 6
细粒式	OGFC－10			100	90 ~ 100	50 ~ 70	10 ~ 22	6 ~ 18	4 ~ 15	3 ~ 12	3 ~ 8	2 ~ 6

表 5-13　密级配沥青碎石混合料矿料级配范围

级配类型		通过下列筛孔（mm）的质量百分率（%）														
		53.0	37.5	31.5	26.5	19.0	16.0	13.2	9.5	4.75	2.36	1.18	0.6	0.3	0.15	0.075
特粗式	ATB－40	100	90 ~ 100	75 ~ 92	65 ~ 85	49 ~ 71	43 ~ 63	37 ~ 57	30 ~ 50	20 ~ 40	15 ~ 32	10 ~ 25	8 ~ 18	5 ~ 14	3 ~ 10	2 ~ 6
	ATB－30		100	90 ~ 100	70 ~ 90	53 ~ 72	44 ~ 66	39 ~ 60	31 ~ 51	20 ~ 40	15 ~ 32	10 ~ 25	8 ~ 18	5 ~ 14	3 ~ 10	2 ~ 6
粗粒式	ATB－25			100	90 ~ 100	60 ~ 80	48 ~ 68	42 ~ 62	32 ~ 52	20 ~ 40	15 ~ 32	10 ~ 25	8 ~ 18	5 ~ 14	3 ~ 10	2 ~ 6

表 5-14　半开级配沥青碎石混合料矿料级配范围

级配类型		通过下列筛孔(mm)的质量百分率(%)											
		26.5	19.0	16.0	13.2	9.5	4.75	2.36	1.18	0.6	0.3	0.15	0.075
中粒式	AM－20	100	90～100	60～85	50～75	40～65	15～40	5～22	2～16	1～12	0～10	0～8	0～5
	AM－16		100	90～100	60～85	45～68	18～40	6～25	3～18	1～14	0～10	0～8	0～5
细粒式	AM－13			100	90～100	50～80	20～45	8～28	4～20	2～16	0～10	0～8	0～6
	AM－10				100	90～100	35～65	10～35	5～22	2～16	0～12	0～9	0～6

表 5-15　开级配沥青碎石混合料矿料级配范围

级配类型		通过下列筛孔(mm)的质量百分率(%)														
		53.0	37.5	31.5	26.5	19.0	16.0	13.2	9.5	4.75	2.36	1.18	0.6	0.3	0.15	0.075
特粗式	ATPB－40	100	70～100	65～90	55～85	43～75	32～70	20～65	12～50	0～3	0～3	0～3	0～3	0～3	0～3	0～3
	ATPB－30		100	80～100	70～95	53～85	36～80	26～75	14～60	0～3	0～3	0～3	0～3	0～3	0～3	0～3
粗粒式	ATPB－25			100	80～100	60～100	45～90	30～82	16～70	0～3	0～3	0～3	0～3	0～3	0～3	0～3

4)矿质混合料配合比计算

(1)组成材料的原始数据测定。根据现场取样,对粗集料、细集料和矿粉进行筛分试验,按筛分结果分别绘出各组成材料的筛分曲线,同时测出各组成材料的相对密度,以供计算物理常数之用。

(2)计算组成材料的配合比。根据各组成材料的筛分试验资料,采用图解法或试算法,计算符合要求级配范围的各组成材料用量比例。

5)调整配合比

计算的合成级配应根据下列要求进行必要的配合调整。

(1)通常情况下,合成配合曲线宜尽量接近设计级配中限,尤其应使 0.075 mm、2.36 mm 和 4.75 mm 筛孔的通过量尽量接近设计级配范围中限。

(2)对于高速公路、一级公路、城市快速路和主干路等交通量大、车辆载重大的道路,宜偏向级配范围的下限(粗);对于一般道路、中小交通量和人行道路等,宜偏向级配范围的上限(细)。

(3)合成配合曲线不得有过多的锯齿形交错,且在 0.3～0.6 mm 范围内不出现"驼峰"。当经过反复调整不能满意时,宜更换原材料后重新设计。

2. 确定沥青混合料的最佳沥青用量

沥青混合料中沥青的最佳用量可以通过各种理论计算方法求得。但由于实际材料性质的差异,按理论公式计算得到的"最佳沥青用量"仍要按试验方法修正,或者说,理论计算只能得到一个供试验参考的数据。目前,最常用的确定沥青最佳用量的试验方法有维姆法和马歇尔法。

《公路沥青路面施工技术规范》(JTG F40—2004)规定的方法,是在马歇尔方法的基础上,结合我国多年研究成果和生产实践总结发展起来的更为完善一些的方法。其步骤如下。

1）制备试样

（1）按确定的矿质混合料配合比计算各种矿质材料的用量。

（2）根据经验或《公路沥青路面施工技术规范》（JTG F40—2004）中附录B中的方法，估算适宜的沥青用量或油石比。

（3）沥青混合料试件的制作温度按现行规范规定的方法确定，并与施工实际温度相一致。

2）测定物理指标

为确定最佳沥青用量，需测定和计算沥青混合料的下列物理指标。

（1）沥青混合料的最大理论相对密度。对非改性的普通沥青混合料，在成型马歇尔试件的同时，可用真空法实测沥青混合料的最大理论相对密度 γ_t。对改性沥青或SMA混合料，宜按式（5-3a）或式（5-3b）计算：

$$\gamma_t = \frac{100 + P_a}{\dfrac{100}{\gamma_{se}} + \dfrac{P_a}{\gamma_b}} \tag{5-3a}$$

$$\gamma_t = \frac{100}{\dfrac{P_s}{\gamma_{se}} + \dfrac{P_b}{\gamma_b}} \tag{5-3b}$$

式中 γ_t——沥青混合料的最大理论相对密度；

P_a——沥青混合料中的油石比（%）；

P_b——沥青混合料中的沥青用量（%），$P_b = P_a/(1 + P_a)$；

P_s——沥青混合料中的矿质混合料含量（%），$P_s = 100 - P_b$；

γ_{se}——矿质混合料的有效相对密度，按式（5-4a）计算；

γ_b——沥青的相对密度（25 ℃）。

$$\gamma_{se} = C\gamma_{sa} + (1 - C)\gamma_{sb} \tag{5-4a}$$

式中 C——合成矿料的沥青吸收系数，可根据矿料的合成吸水率按式（5-4b）计算；

γ_{sb}——矿质混合料的合成毛体积相对密度，按式（5-5）计算；

γ_{sa}——矿质混合料的合成表观相对密度，按式（5-6）计算。

$$C = 0.033w_x^2 - 0.293\,6w_x + 0.933\,9 \tag{5-4b}$$

式中 w_x——合成矿料的吸水率，$w_x = \left(\dfrac{1}{\gamma_{sb}} - \dfrac{1}{\gamma_{sa}}\right) \times 100\%$。

$$\gamma_{sb} = \frac{100}{\dfrac{P_1}{\gamma_1} + \dfrac{P_2}{\gamma_2} + \cdots + \dfrac{P_n}{\gamma_n}} \tag{5-5}$$

式中 P_1、P_2、…、P_n——各种矿料成分的配合比，其和为100；

γ_1、γ_2、…、γ_n——各种矿料相应的毛体积密度。

$$\gamma_{sa} = \frac{100}{\dfrac{P_1}{\gamma_1'} + \dfrac{P_2}{\gamma_2'} + \cdots + \dfrac{P_n}{\gamma_n'}} \tag{5-6}$$

式中 γ_1'、γ_2'、…、γ_n'——各种矿料相应的表观相对密度。

（2）测定压实沥青混合料试件的毛体积相对密度 γ_f。通常采用表干法测定毛体积相对密度,对吸水率大于2%的试件,宜改用蜡封法测定。

(3)计算沥青混合料试件的空隙率、矿料间隙率、有效沥青的饱和度等体积指标,进行体积组成分析。

$$VV = \left(1 - \frac{\gamma_f}{\gamma_t}\right) \times 100\% \tag{5-7}$$

$$VMA = \left(1 - \frac{\gamma_f}{\gamma_{sb}} P_s\right) \times 100\% \tag{5-8}$$

$$VFA = \frac{VMA - VV}{VMA} \times 100\% \tag{5-9}$$

式中 VV——试件的空隙率(%);

VMA——试件的矿料间隙率(%);

VFA——试件有效沥青的饱和度(%);

γ_f——试件的毛体积相对密度。

3)测定力学指标

为确定沥青混合料中的最佳沥青用量,应测定沥青混合料的马歇尔稳定度 MS、流值 FL,并计算马歇尔模数 T。

4)马歇尔试验结果分析

(1)绘制沥青用量与物理-力学指标关系图,以沥青用量为横坐标,以实测密度、空隙率、饱和度、稳定度和流值为纵坐标,如图5-6所示。

(2)根据稳定度、密度、空隙率和沥青饱和度确定最佳沥青用量初始值 OAC_1。初始值从图5-6中取相应于稳定度最大值的沥青用量 a_1,相应于实测密度最大值的沥青用量 a_2,相应于规定空隙率中值的沥青用量 a_3 和相应于规定沥青饱和度范围的中值沥青用量 a_4,求取四者的平均值作为最佳沥青用量的初始值 OAC_1,即

$$OAC_1 = (a_1 + a_2 + a_3 + a_4)/4 \tag{5-10}$$

如果选择试验的沥青用量范围未能涵盖沥青饱和度的要求范围,可按式(5-11)求 OAC_1。

$$OAC_1 = (a_1 + a_2 + a_3)/3 \tag{5-11}$$

对所选择试验的沥青用量范围,当密度或稳定度没有出现峰值时,可直接以目标空隙率所对应的沥青用量作为 OAC_1,但 OAC_1 必须介于 OAC_{min} 和 OAC_{max} 之间,否则应重新进行配合比设计。

(3)根据符合各项技术指标的沥青用量范围,确定最佳沥青用量初始值 OAC_2。

按图5-6求出各项指标(不含矿料间隙率)均符合沥青混合料技术标准的沥青用量范围 $OAC_{min} \sim OAC_{max}$,其中值即为 OAC_2,即

$$OAC_2 = (OAC_{min} + OAC_{max})/2 \tag{5-12}$$

(4)根据 OAC_1 和 OAC_2 综合确定最佳沥青用量 OAC。按最佳沥青用量初始值 OAC_1 在图中求取相应的各项指标值,检查其是否符合规范规定的马歇尔试验技术标准。若符合,由 OAC_1 和 OAC_2 综合决定最佳沥青用量 OAC。若不符合,应调整级配,重新进行配合比设计马歇尔试验,直到各项指标均符合要求。

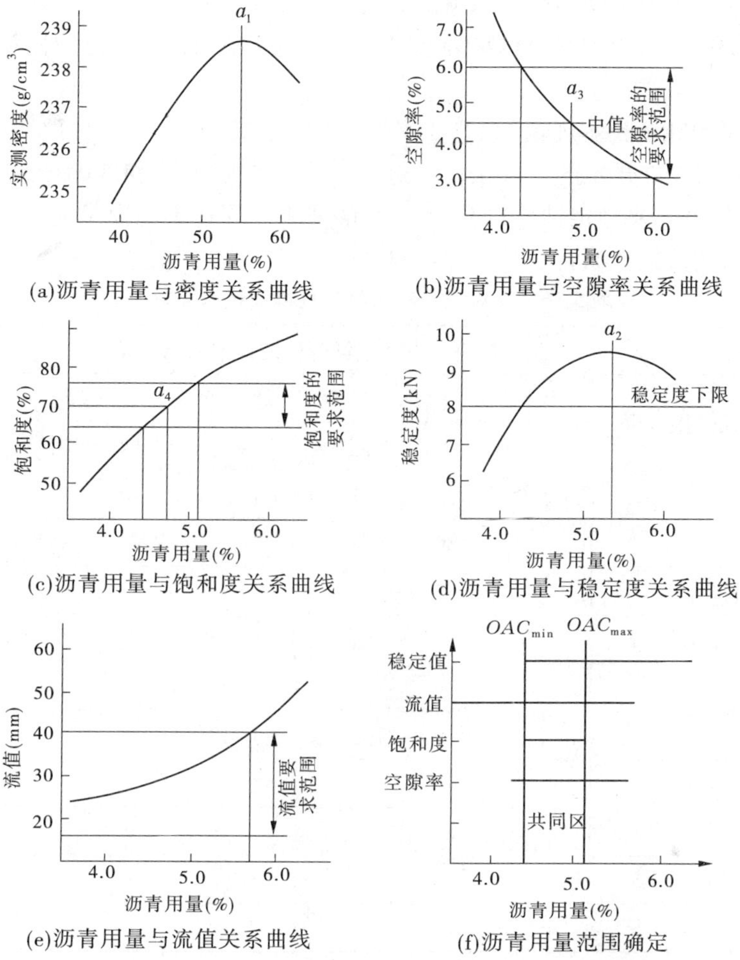

图 5-6　沥青用量与沥青混合料各种物理力学指标关系图

通常情况下，取 OAC_1 和 OAC_2 的中值作为计算的最佳沥青用量 OAC，即

$$OAC = (OAC_1 + OAC_2)/2 \tag{5-13}$$

(5)根据实践经验和道路等级、气候条件以及交通量等情况，调整确定最佳沥青用量 OAC。

①调查当地各项条件相接近的工程的沥青用量及使用效果，论证适宜的最佳沥青用量。检查计算得到的最佳沥青用量是否接近，若相差甚远，应查明原因，必要时重新进行配合比设计。

②对炎热地区公路以及高速公路、一级公路的重载交通路段，山区公路的长、大纵坡路段，预计可能产生较严重车辙时，宜在空隙率符合要求的范围内将计算的最佳沥青用量减小 0.1% ~0.5%。

③对寒冷地区公路、旅游公路、交通量很小的公路，最佳沥青用量可在原先计算最佳沥青用量的基础上增加 0.1% ~0.3%，以适当减小设计空隙率，但不得降低压实度要求。

5)配合比设计检验

(1)水稳定性检验。按最佳沥青用量 OAC 制作马歇尔试件进行浸水马歇尔试验和冻融劈裂试验,检验其残留稳定度和残留强度是否合格。如果最佳沥青用量 OAC 与两个初始值 OAC_1、OAC_2 相差甚大,宜将 OAC 与 OAC_1 或 OAC_2 分别制作试件,进行残留稳定度试验,根据试验结果调整 OAC 值。

《公路沥青路面施工技术规范》(JTG F40—2004)规定,对于高速公路和一级公路的密级配沥青混合料,必须在规定的试验条件下进行浸水马歇尔试验和冻融劈裂试验来检验沥青混合料的水稳定性。水稳定性应符合表 5-16 的要求。当达不到要求时,必须按规范要求采取抗剥落措施,调整最佳沥青用量后再次试验。

表 5-16　沥青混合料水稳定性检验技术要求

气候条件与技术指标		相应于下列气候分区的技术要求（%）				试验方法
年降水量(mm)及气候分区		>1 000	500 ~ 1 000	250 ~ 500	<250	
		1. 潮湿区	2. 湿润区	3. 半干区	4. 干旱区	
浸水马歇尔试验残留稳定度(%),不小于						
普通沥青混合料		80		75		T 0709
改性沥青混合料		85		80		
SMA 混合料	普通沥青	75				
	改性沥青	80				
冻融劈裂试验的残留强度比(%),不小于						
普通沥青混合料		75		70		T 0729
改性沥青混合料		80		75		
SMA 混合料	普通沥青	75				
	改性沥青	80				

(2)抗车辙能力检验。按最佳沥青用量 OAC 制作车辙试验试件,按《公路工程沥青及沥青混合料试验规程》(JTG E20—2011)的方法,用车辙试验机检验沥青混合料的动稳定度。如果最佳沥青用量 OAC 与两个初始值 OAC_1、OAC_2 相差甚大,宜将 OAC 与 OAC_1 或 OAC_2 分别制作试件,进行车辙试验,根据试验结果调整 OAC 值。

《公路沥青路面施工技术规范》(JTG F40—2004)规定,对于高速公路和一级公路的最大公称粒径小于或等于 19 mm 的密级配沥青混合料及 SMA、OGFC 混合料,必须在配合比的基础上,在规定的试验条件下进行车辙试验,并符合表 5-17 的要求。不符合要求的沥青混合料,必须更换材料或重新进行配合比设计。二级公路参照此要求执行。

(3)低温抗裂能力检验。宜对密级配沥青混合料在温度(-10 ± 0.5)℃、加载速度 50 mm/min 的条件下进行弯曲试验,测定破坏强度、破坏应变、破坏劲度模量,并根据应力曲线的形状,综合评价沥青混合料的低温抗裂性能。

(4)渗水系数检验。宜利用轮碾机成型的车辙试验试件,脱模架起进行渗水试验,渗水系数宜符合表 5-18 的要求。

表 5-17　沥青混合料车辙试验动稳定度技术要求

气候条件与技术指标		相应于下列气候分区所要求的动稳定度(次/mm)									试验方法
7 月平均最高气温(℃)及气候分区		>30				20～30				<20	
		1. 夏炎热区				2. 夏热区				3. 夏凉区	
		1－1	1－2	1－3	1－4	2－1	2－2	2－3	2－4	3－2	
普通沥青混合料,不小于		800		1 000		600	800			600	T 0719
改性沥青混合料,不小于		2 400		2 800		2 000	2 400			1 800	
SMA 混合料	非改性,不小于	1 500									
	改性,不小于	3 000									
OGFC 混合料		1 500(一般交通量路段)、3 000(重交通量路段)									

注:1. 当其他月份的平均最高气温高于 7 月时,可使用该月平均最高气温。

2. 在特殊情况下,如钢桥面铺装、重载车特别多或纵坡较大的长距离上坡路段、厂矿专用道路,可酌情提高动稳定度的要求。

3. 对因气候寒冷确需使用针入度很大的沥青(如大于 100),动稳定度难以达到要求,或因采用石灰岩等不很坚硬的石料,改性沥青混合料的动稳定度难以达到要求等特殊情况,可酌情降低要求。

4. 为满足炎热地区及重载车要求,在配合比设计时采取减少最佳沥青用量的技术措施时,可适当提高试验温度或增加试验荷载进行试验,同时增加试件的碾压成型密度和施工压实度要求。

5. 车辙试验不得采用二次加热的混合料,试验必须检验其密度是否符合试验规程的要求。

6. 若需要对公称最大粒径等于和大于 26.5 mm 的混合料进行车辙试验,可适当增加试件的厚度,但不宜作为评定合格与否的依据。

表 5-18　沥青混合料试件渗水系数技术要求

级配类型	渗水系数要求(mL/min)	试验方法
密级配沥青混凝土,不大于	120	T 0730
SMA 混合料,不大于	80	
OGFC 混合料	实测	

(5)钢渣活性检验。对使用钢渣作为集料的沥青混合料,应按现行试验规程进行活性和膨胀性试验,钢渣沥青混凝土的膨胀量不得超过 1.5%。

(6)确定矿料集配和沥青用量。经反复调整及综合分析以上试验结果,并参考以往工程经验,综合决定矿料级配和最佳沥青用量。

(二)生产配合比设计

在目标配合比确定之后,应利用实际施工的拌和机进行试拌,以确定施工配合比。在试验前,应首先根据级配类型选择振动筛筛号,使几个热料仓的材料不致相差太多,最大筛孔应保证使超粒径料排出,各级粒径筛孔通过量符合设计范围要求。试验时,按实验室配合比设计的冷料比例上料、烘干、筛分,与目标配合比设计一样进行矿料级配计算,得出不同料仓及矿料用量比例,接着按此比例进行马歇尔试验。可取目标配合比设计的最佳沥青用量 *OAC*、*OAC* ±0.3% 等三个量进行马歇尔试验并试拌,通过室内试验及从拌和机取样试验,综合确定生产配合比的最佳沥青用量,由此确定的最佳沥青用量与目标配合比设计的结果之差，不宜超过0.2%。

（三）生产配合比验证

此阶段即试拌试铺阶段。施工单位进行试拌试铺时，应报告监理部门和工程指挥部，会同设计、监理、施工人员一起进行鉴别。用拌和机按照生产配合比设计结果进行试拌，首先在场人员对混合料级配及沥青用量发表意见，若有不同意见，应适当调整后再进行观察，力求意见一致。然后用此混合料在试验路段上试铺，进一步观察摊铺、碾压过程和成型混合料的表面情况，判断混合料的级配和油石比。若不满意，应适当调整，重新试拌试铺，直至满意。同时，实验室应密切配合现场指挥，在拌和厂或摊铺机房采集沥青混合料试样，进行马歇尔试验，检验是否符合标准要求。同时应进行车辙试验、浸水马歇尔试验、水稳定性试验等。在试铺试验时，实验室还应在现场进行抽提试验，再次检验实际级配和油石比是否合适。同时按照规定的试验路铺设要求，进行各种试验。当全部满足要求时，便可进行沥青混合料的正常生产阶段。

六、沥青混合料配合比设计实例

试设计某高速公路沥青混凝土路面用沥青混合料的配合组成。

【原始资料】

（1）公路等级：高速公路。

（2）路面类型：沥青混凝土。

（3）结构层位：三层式沥青混凝土上面层（细粒式）。

（4）气候条件：月最低平均气温为 −8 ℃，月最高平均气温为 28 ℃。

（5）材料性能：

①沥青：可供应 A 级 50 号、70 号和 90 号沥青，经检验，各项指标符合要求。

②矿料：石灰石轧制碎石，饱和抗压强度为 120 MPa，磨耗率为 12%，黏附性 Ⅰ 级（水煮法），表观密度为 2.70 g/cm^3；洁净中砂，含泥量小于 1%，表观密度为 2.65 g/cm^3；矿粉为磨细石灰石粉，粒度符合要求，无结块，密度为 2.58 g/cm^3。

【设计要求】

（1）根据道路等级、路面类型和所处结构层位确定矿质混合料级配范围。根据现有各种矿质材料筛析结果，确定各种矿质材料配合比。

（2）根据选定的矿质混合料和拟采用的沥青用量范围，通过马歇尔试验，确定最佳沥青用量。

（3）根据相关规范要求，调整矿质混合料级配，按水稳定性和抗车辙能力校核沥青用量。

【设计步骤】

1. 矿质混合料配合组成设计

1）确定沥青混合料类型

根据原始资料，为使上面层具有较好的抗滑性，选用 AC−13 沥青混凝土混合料。

2）确定矿质混合料级配与范围

按表 5-10 确定，节选于表 5-19 中。

表 5-19 矿料级配范围

级配类型		通过下列筛孔(mm)的质量百分率(%)												
		31.5	26.5	19.0	16.0	13.2	9.5	4.75	2.36	1.18	0.6	0.3	0.15	0.075
细粒式	AC－13				100	90～100	68～85	38～68	24～50	15～38	10～28	7～20	5～15	4～8

3)矿质混合料配合比计算

(1)组成材料筛分试验。根据现场取样,将碎石、石屑、砂和矿粉等原材料的筛分结果列于表 5-20 中。

表 5-20 组成材料筛分试验结果

材料名称	不同筛孔尺寸(方孔)(mm)的通过百分率(%)									
	16.0	13.2	9.5	4.75	2.36	1.18	0.6	0.3	0.15	0.075
碎石	100	94	26	0	0	0	0	0	0	0
石屑	100	100	100	80	40	17	0	0	0	0
砂	100	100	100	100	94	90	76	38	17	0
矿粉	100	100	100	100	100	100	100	100	100	83

(2)组成材料配合比计算。用图解法计算组成材料配合比(见图 5-7)。由图解法确定各种材料用量为碎石:石屑:砂:矿粉＝36%:37%:19%:8%。各种材料组成配合比见表 5-21。将表 5-21 计算的合成级配绘于矿质混合料级配范围(见图 5-8)中。

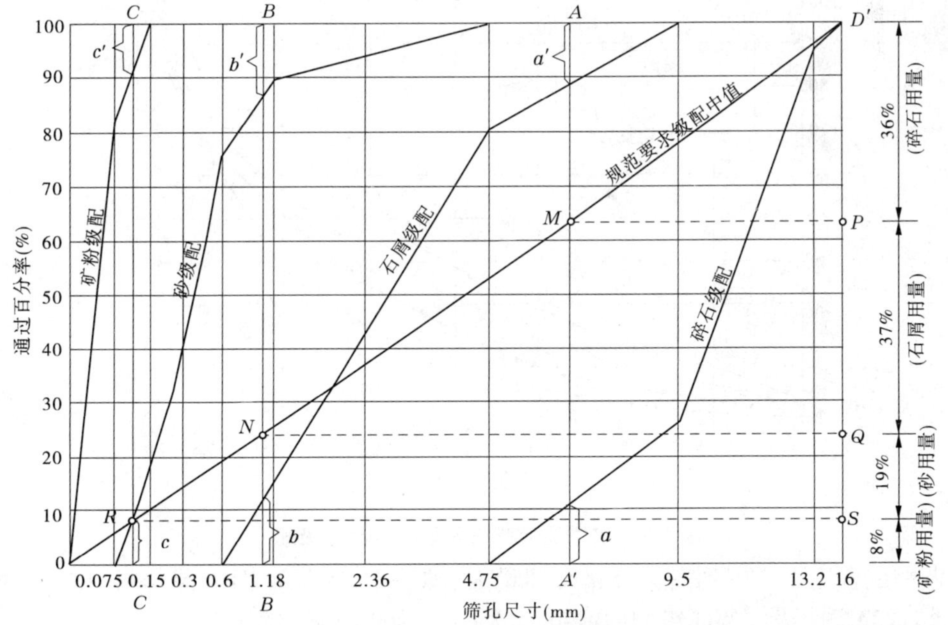

图 5-7 矿质混合料配合比计算

表 5-21　矿质混合料组成配合比计算

材料组成		不同筛孔尺寸(方孔)(mm)的通过百分率(%)									
		16.0	13.2	9.5	4.75	2.36	1.18	0.6	0.3	0.15	0.075
原材料级配	碎石 100%	100	94	26	0	0	0	0	0	0	0
	石屑 100%	100	100	100	80	40	17	0	0	0	0
	砂 100%	100	100	100	100	94	90	76	38	17	0
	矿粉 100%	100	100	100	100	100	100	100	100	100	83
各种矿料在混合料中的级配	碎石 36% (41%)	36 (41)	33.8 (38.5)	9.4 (10.7)	0 (0)	0 (0)	0 (0)	0 (0)	0 (0)	0 (0)	0 (0)
	石屑 37% (41%)	37 (41)	37 (41)	37 (41)	29.6 (32.8)	14.8 (16.4)	6.3 (7.0)	0 (0)	0 (0)	0 (0)	0 (0)
	砂 9% (12%)	19 (12)	19 (12)	19 (12)	19 (12)	17.9 (11.3)	17.1 (10.8)	14.4 (9.1)	7.2 (4.6)	3.2 (2.0)	0 (0)
	矿粉 8% (6%)	8 (6)	8 (6)	8 (6)	8 (6)	8 (6)	8 (6)	8 (6)	8 (6)	8 (6)	8 (5)
合成级配		100 (100)	97.8 (97.5)	73.4 (69.7)	56.6 (50.8)	40.7 (33.7)	31.4 (23.8)	22.4 (15.1)	15.2 (10.6)	11.2 (8.0)	6.6 (5.0)
级配范围		100	90 ~ 100	68 ~ 85	38 ~ 68	24 ~ 50	15 ~ 38	10 ~ 28	7 ~ 20	5 ~ 15	4 ~ 8
级配中值		100	95	77	53	37	26	19	14	10	6

注:括号内数字为级配调整后的各项相应数值。

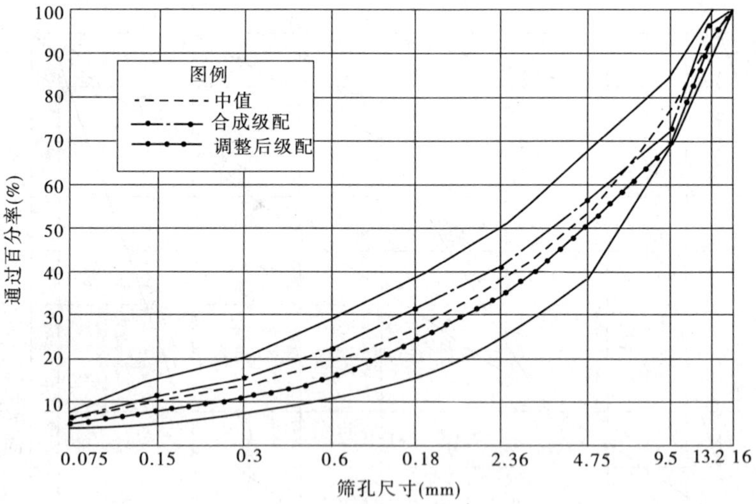

图 5-8　矿质混合料级配范围与合成级配

(3)调整配合比。考虑到高速公路交通量大、轴载重,为保证沥青混合料有较好的高温稳定性,合成级配曲线应偏向级配曲线范围的下限,为此应调整配合比。

调整后,各种材料用量为碎石: 石屑: 砂: 矿粉 = 41% : 41% : 12% : 6% 。计算结果为表 5-21 中括号内数字。

2. 确定最佳沥青用量

1) 试件成型

根据当地气候条件,采用A级70号沥青。

初步拟定一个沥青用量范围,如4.5%~6.5%。采用0.5%间隔变化,以前述计算的矿质混合料配合比制备5组试件,各击实75次成型。

2) 马歇尔试验

(1)物理指标测定。试件成型24 h后测定其毛体积相对密度、空隙率、矿料间隙率、沥青饱和度等物理指标。

(2)力学指标测定。测定物理指标后的试件,在60 ℃下测定马歇尔稳定度和流值,计算马歇尔模数。

马歇尔试验结果见表5-22,规范要求也同时列出,以供对照。

表5-22 马歇尔试验物理力学指标测定结果汇总

试件组号	沥青用量(%)	技术性质						
		实测密度(g/cm^3)	空隙率 *VV*(%)	矿料间隙率 *VMA*(%)	沥青饱和度 *VFA*(%)	稳定度 *MS*(kN)	流值 *FL*(mm)	马歇尔模数 *T*(kN/mm)
01	4.5	2.328	5.9	16.6	63.6	7.3	2.1	2.9
02	5.0	2.346	4.7	16.0	70.5	8.7	2.3	2.6
03	5.5	2.354	4.0	15.7	75.1	8.9	2.5	2.8
04	6.0	2.353	3.4	15.5	78.3	8.4	2.8	3.3
05	6.5	2.348	3.0	16.0	81.0	7.7	3.7	4.8
技术规范规定(JTG F40—2004)		—	3~6	≥15	65~75	≥8	2.0~4.0	—

3) 马歇尔试验结果分析

(1)绘制沥青用量与物理—力学指标关系图。根据表5-22,绘制沥青用量与密度、空隙率、饱和度、稳定度、流值等的关系图(见图5-9)。

(2)确定最佳沥青用量初始值 OAC_1。从图5-9可知,相应于稳定度最大值的沥青用量 $a_1=5.5\%$,相应于密度最大值的沥青用量 $a_2=5.5\%$,相应于规定空隙率范围中值的沥青用量 $a_3=5.3\%$,相应于规定沥青饱和度范围中值的沥青用量 $a_4=5.2\%$。则

$$OAC_1=(5.5\%+5.5\%+5.3\%+5.2\%)/4\approx5.4\%$$

(3)确定最佳沥青用量初始值 OAC_2。由图5-9可知,各指标符合沥青混合料技术要求的沥青用量范围为

$$OAC_{min}=4.7\%;OAC_{max}=5.5\%$$

$$OAC_2=(4.7\%+5.5\%)/2=5.1\%$$

(4)综合确定最佳沥青用量 OAC。按最佳沥青用量初始值 $OAC_1=5.4\%$ 检查各项指标均能符合要求,由 OAC_1 和 OAC_2 综合确定最佳沥青用量 $OAC=5.3\%$。

当地属于温区,考虑到高速公路渠化交通,预计有可能出现车辙,再在中限值 OAC_2 与下限值 OAC_{min} 之间选取一个沥青用量 $OAC'=5.0\%$。

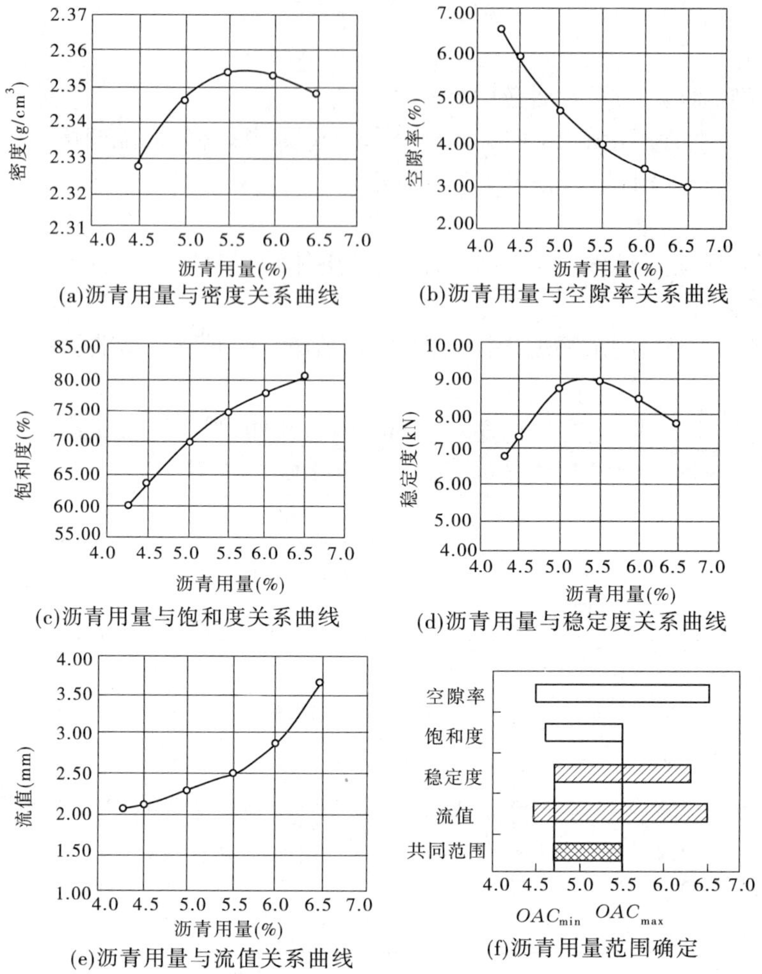

图 5-9　沥青同量与物理—力学指标关系

4)水稳定性检验

采用沥青用量为 5.3% 和 5.0% 制备试件，在浸水 48 h 后测定马歇尔稳定度，试验结果列于表 5-23 中。

表 5-23　沥青混合料水稳定性试验结果

沥青用量(%)	马歇尔稳定度 MS(kN)	浸水马歇尔稳定度 MS_1(kN)	浸水残留稳定度 MS_0(%)
$OAC=5.3$	8.9	8.2	92
$OAC'=5.0$	8.7	7.4	85

从表 5-23 可知，$OAC=5.3\%$ 和 $OAC'=5.0\%$ 两种沥青用量的浸水残留稳定度均大于 75%，符合技术要求。

5)抗车辙能力检验

同样以沥青用量为 5.3% 和 5.0% 制备试件，进行车辙试验，试验结果列于表 5-24 中。

表 5-24　沥青混合料抗车辙试验结果

沥青用量(%)	试验温度 T(℃)	试验轮压 P(MPa)	试验条件	动稳定度 DS(次/mm)
$OAC=5.3$	60	0.7	不浸水	1 150
$OAC'=5.0$	60	0.7	不浸水	1 420

由表 5-24 可知，$OAC=5.3\%$ 和 $OAC'=5.0\%$ 两种沥青用量的动稳定度均符合高速公路抗车辙的要求，而当沥青用量为 5.0% 时，动稳定度较高。

综上所述，沥青用量为 5.3% 时耐久性较好，沥青用量为 5.0% 时抗车辙能力较高，应根据以往工程实践经验综合决定沥青用量。

第三节　其他道路工程材料

一、沥青玛琋脂碎石混合料

沥青玛琋脂碎石混合料是一种起源于德国的新型沥青混合料。20 世纪 90 年代初引入美国，称为 Stone Matrix Asphalt，缩写为 SMA。1993 年，SMA 在我国首都机场高速公路首次应用。

SMA 是一种由沥青、少量纤维稳定剂、细集料以及较多量的填料(矿粉)组成的沥青玛琋脂(也称为沥青砂胶)填充于间断级配的粗集料骨架间隙中组成的沥青混合料。

(一) SMA 的产生与发展

SMA 最初是作为一种强度很高的沥青路面罩面，以抵抗带钉轮胎对路面的磨耗。后来，SMA 被广泛应用于高速公路、通行载重汽车比例大的道路、站口、交叉口及机场跑道等。

20 世纪 90 年代，美国高级考察团去欧洲学习先进技术和经验之后，于 1991 年 7 月在美国威斯康星州的 94 号州际公路上，首次铺筑了 SMA 路面，由此开始了 SMA 路面在美国迅速发展的局面。

我国自 20 世纪 90 年代初引进 SMA 技术，在首都机场高速公路首次应用后，随即在江苏、河北、广东、辽宁等地推广，并将 SMA 列入了《公路沥青路面设计规范》(JTG F40—2004)中。

由于各国的具体情况不同，在引进德国 SMA 技术的同时，各国都结合本国气候及交通量等，对 SMA 的配合比设计指标及材料性质提出了不同的要求。德国的 SMA 来源于浇筑式沥青混凝土，加之德国夏天不太热，因此沥青用量普遍较高。美国与我国的沥青路面一直是传统的密级配沥青混凝土路面，而无论是在欧洲还是在美国，由于高速公路网已经建成，SMA 主要用于沥青路面的表面罩面，但我国目前正处于高速公路的大力建设阶段，SMA 主要作为高速公路的抗滑表层，且基础情况与国外也不尽相同，再加之气候的差异以及我国施工机械、材料、交通和经济条件等，使得我国的 SMA 路面在吸取欧洲、美国等经验的基础上，积累了一些设计和施工经验。

(二) SMA 的结构特点

沥青混合料是由矿质集料、沥青胶浆和空气组成的三相体系，其中矿质骨架是由粗集料、细集料组成的不连续的分散相,而沥青胶浆是分散介质。根据沥青混合料内部结构特性,目前沥青混合料较通用的有两种类型:一种是根据连续级配原理组成的密级配沥青混合料,这种级配的混合料由于细集料的数量较多,矿料颗粒被自由沥青黏结,粗集料被细集料挤开,因此粗集料以悬浮状态存在于细集料之间,属于悬浮式密实结构,具有密度较高、稳定性较差的特点;另一种是连续开级配的沥青混合料,由于细集料的数量较少,粗集料之间不仅紧密相连,而且有较高的空隙,这种结构的沥青混合料的内摩擦力起重要作用,黏结力只起集料稳定作用,属于骨架空隙结构,具有受沥青材料的变化影响较小、稳定性较好的特点。

SMA 属于间断级配的沥青混合料,是目前通用的两种形式的有机组合,属于骨架密实结构,它既有一定数量的粗集料形成骨架结构,又有足够的细集料填充到粗集料之间的空隙中去。其中 4.75 mm 以上颗粒的粗集料含量在 70% ~80% ,0.075 mm 筛孔的通过率为 10% ,粉胶比超过通常 1.2 的限制值。沥青结合料较普通混合料高 1% 以上。因沥青用量高而掺加纤维稳定剂,在配合比设计时,不完全靠马歇尔配合比设计方法(见表 5-25),而主要由体积指标确定。施工中对材料要求高且拌和时间延长,施工温度也较高。由于 SMA 具有粗集料多、矿粉多、沥青结合料多、细集料少、掺加纤维稳定剂及材料要求高等特点,使得 SMA 既保持了大孔隙排水性路面表面功能好的优点,又克服了其耐久性差的缺点,兼具嵌挤型和密实型混合料的长处,即同时具有较高的黏结力和较高的内摩擦力。

表 5-25 SMA 混合料马歇尔试验配合比设计技术要求

试验项目	单位	技术要求		试验方法
		不使用改性沥青	使用改性沥青	
马歇尔试件尺寸	mm	ϕ101.6 ×63.5		T 0702
马歇尔试件击实次数[1]		两面击实 50 次		T 0702
空隙率 VV[2]	%	3 ~4		T 0708
矿料间隙率 VMA[2],不小于	%	17.0		T 0708
粗集料骨架间隙率 VCA_{mix}[3],不大于		VCA_{DRC}		T 0708
沥青饱和度 VFA	%	75 ~85		T 0708
稳定度[4],不小于	kN	5.5	6.0	T 0709
流值	mm	2 ~5	—	T 0709
谢伦堡沥青析漏试验的结合料损失	%	不大于 0.2	不大于 0.1	T 0732
肯塔堡飞散试验的混合料损失或浸水飞散试验	%	不大于 20	不大于 15	T 0733

注:1. 对集料坚硬不易击碎,通行重载交通的路段,也可将击实次数增加为双面 75 次。

2. 对高温稳定性要求较高的重交通路段或炎热地区,设计空隙率允许放宽到 4.5% ,VMA 允许放宽到 16.5%(SMA - 16) 或 16%(SMA - 19),VFA 允许放宽到 70% 。

3. 试验粗集料骨架间隙率 VCA 的关键性筛孔,对 SMA - 19、SMA - 16 是指 4.75 mm,对 SMA - 13、SMA - 10 是指 2.36 mm。

4. 当稳定度难以达到要求时,允许放宽到 5.0 kN(非改性)或 5.5 kN(改性),但动稳定度检验必须合格。

（三）SMA 的路用性能

1. 优良的高温稳定性

在 SMA 的组成中，粗集料骨架占到了 70% 以上，混合料中粗集料相互间的接触面较多，其空隙主要由高黏度玛琋脂填补。由于粗集料颗粒之间良好的相互嵌挤作用，传递荷载能力高，可以很快地把荷载传到下层，故能承担较大轴载和高压轮胎的作用；同时骨架结构增加了混合料的抗剪切能力，在高温条件下，即使沥青玛琋脂的黏度下降，对路面结构的抵抗能力影响也不大。因此，SMA 具有较强的抗车辙能力及良好的高温稳定性。

在低温条件下，抗裂性能主要由结合料的延伸性能决定。由于 SMA 的集料之间填充了相当数量的沥青玛琋脂，沥青膜较厚，当温度下降，混合料收缩变形使集料被拉开时，沥青玛琋脂有较好的黏结作用。利用其柔韧性，混合料能够抵抗低温变形。

2. 良好的耐久性

沥青混合料的耐久性包括水稳定性、耐疲劳性和抗老化性能。SMA 混合料的空隙率为 3% ~4%，受水的影响很小，沥青玛琋脂与石料黏结性能好，并且由于 SMA 不透水，对下层的沥青层和基层有较强的保护作用与隔水作用，使路面能保持较高的整体强度和稳定性，水稳定性较其他类型混合料有较大改善。

SMA 混合料内部被沥青结合料充分填充，使得沥青膜较厚且空隙率小，沥青与空气的接触少，抗老化、抗松散、耐磨耗，因而 SMA 混合料的耐老化性能好，耐疲劳性能大大优于密级配沥青混凝土。

3. 优良的表面特性

沥青混凝土路面的减噪与抗滑能力直接影响环境保护和交通安全。SMA 混合料的集料要求采用坚硬、粗糙、耐磨的优质石料，在级配上采用间断级配，粗集料含量高，路面压实后表面的构造深度大，抗滑性能好；拥有良好的横向排水性能，雨天行车不会产生较大的水雾和溅水，能增加雨天行车的可见度；可减少夜间的路面反光；路面噪声可降低 3 ~5 dB。

4. 投资效益高

由于 SMA 结构能全面提高沥青混合料和沥青路面的使用性能，使得 SMA 路面的维修养护费用降低，使用寿命延长。尽管 SMA 路面初期费用比一般沥青混凝土路面高 20% ~25%，使用期延长 2 年左右才能补偿其初期投资，但在 SMA 使用较早的欧洲，一般认为 SMA 路面使用寿命比普通密级配沥青混合料路面长 20% ~40%。德国早期铺筑的 SMA 路面平均使用寿命为 17 年左右。因此，SMA 路面使用寿命的延长，增加了其投资效益，道路使用期间维修和养护工作减少，降低了维护费用，提高了社会效益。

二、冷拌沥青混合料

与热拌沥青混合料相对应，冷拌沥青混合料是指在常温下拌和的沥青混合料。这类混合料的结合料可以采用液体沥青或乳化沥青。为了节约能源、保护环境，我国已较少采用液体沥青。

采用乳化沥青为结合料，可拌制乳化沥青混凝土混合料或乳化沥青碎石混合料。目前，我国常用的冷拌沥青混合料主要是用乳化沥青拌制的沥青碎石混合料。

（一）冷拌沥青碎石混合料的组成和类型

1. 冷拌沥青碎石混合料的组成

集料与填料要求与热拌沥青混合料相同，结合料常采用乳化沥青。

2. 冷拌沥青碎石混合料的类型

冷拌沥青碎石混合料的类型由其所处的结构层位决定。通常，当路面的面层为双层式时，下层采用粗式（或特粗式）沥青碎石 AM－25（或 AM－40），上层选用较密实的细粒式（或中粒式）沥青碎石 AM－10、AM－13（或 AM－40）。

（二）冷拌沥青碎石混合料的配合组成设计

1. 矿料级配组成

乳化沥青碎石混合料的矿料级配组成与热拌沥青碎石混合料相同。

2. 沥青用量

乳化沥青碎石混合料的乳液用量，可参照热拌沥青碎石混合料的用量折算。实际的沥青用量通常可比同规格热拌沥青碎石混合料减少 10%～20%。确定沥青用量时，应根据当地实践经验以及交通量、气候、石料情况、沥青牌号、施工机械等情况综合考虑后确定。

（三）冷拌沥青混合料的应用

乳化沥青碎石混合料适用于三级及三级以下公路的沥青面层、二级公路的罩面层以及各级公路沥青路面的基层、联结层或整平层。冷拌改性沥青混合料还可用于沥青路面的坑槽冷补。此外，亦可用乳化沥青拌制稀浆封层和微表处混合料，读者可参阅其他资料和相关规范。

三、桥面铺装材料

桥面铺装又称车道铺装，其作用是保护桥面板，防止车轮或履带直接磨耗桥面，并用来分布车轮荷载。桥面铺装通常有水泥混凝土铺装和沥青混凝土铺装两种。此处介绍沥青混凝土桥面铺装。

（一）桥面铺装的基本要求

1. 钢筋混凝土桥

大中型钢筋混凝土桥梁用沥青铺装层，应与混凝土桥面板黏结良好，并具有防止渗水、抗滑和抗振动变形等能力。对于小桥桥面铺装，只要求与相接路段的车行道路面面层结构一致即可。

2. 钢桥

钢桥的沥青面层除前述要求外，还应具有能承受较大变形、疲劳耐久性好以及抵抗永久流动性变形的能力。应采用新型材料如高聚物改性混合料、浇筑式沥青混合料等，以适应更高的要求。

（二）桥面铺装的构造

桥面铺装的构造（见图 5-10）可分为下列层次。

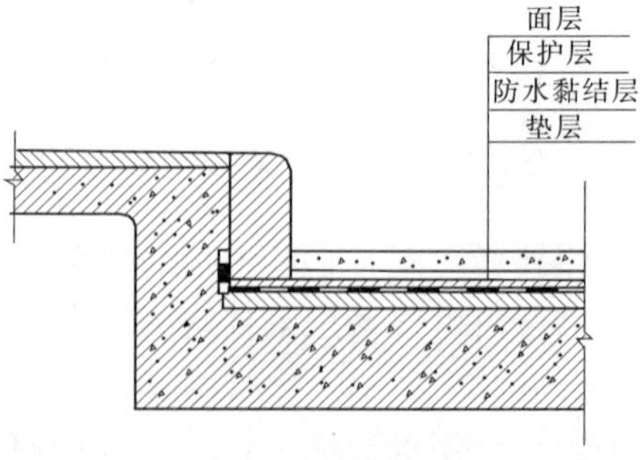

图 5-10　桥面铺装构造

1. 垫层

为使桥面横坡能够形成路拱的形状，可用贫混凝土作为三角垫层及整平层，厚度不小于6 cm。垫层可防止水渗入桥面，并加强与桥面的黏结。

2. 防水黏结层

防水黏结层厚度为1.0～1.5 mm，可采用下列形式：

(1)沥青涂胶类防水黏结层。采用沥青或改性沥青，分两次洒布，总用量为0.4～0.5 kg/m²，然后撒铺一层洁净中砂，经碾压后形成下封层。

(2)高聚物涂胶类防水黏结层。采用聚氨酯胶泥、环氧树脂、各种高聚物(氯丁橡胶、丁苯橡胶等)胶乳与乳化沥青制成的改性沥青胶乳等。

(3)沥青卷材防水层。采用各种化纤胎的改性沥青卷材和改性沥青胶黏剂做成三毡四油或二毡三油等结构的防水层。

(4)乳化沥青碎石防水黏结层。在桥面上先浇洒一层乳化沥青，再洒布不超过1 cm厚的预拌沥青小石子。

3. 保护层

为保护防水层免遭破坏，在其上应加铺保护层。保护层采用AC－10(或AC－5)型沥青混凝土(或沥青石屑，或单层表面处理)，厚度约1 cm。

4. 面层

面层分承重层和抗滑层。承重层宜采用高温稳定性好的AC－16(或AC－20)型中粒式热拌沥青混凝土，厚度为4～6 cm。抗滑层(或磨耗层)宜采用抗滑表层结构，厚度为2～2.5 mm。为提高桥面铺装的高温稳定性，承重层和抗滑层结合料宜采用高聚物改性沥青。

本章小结

(1)沥青混合料有多种分类方法，按密实度可分为密级配和开级配；按集料粒径可分为特粗式、粗粒式、中粒式、细粒式和砂粒式，按组成结构分为悬浮－密实、骨架－空隙和密实－骨架三种结构，每种结构的性能与强度形成原理不同，适用范围也不同。

(2)沥青混合料的抗剪强度取决于材料内部的黏结力与摩擦角，主要受到沥青黏度、矿料的特性和级配、沥青与矿料之间的相互作用、矿粉的比表面积、沥青的用量以及外界温度等因素的影响。

(3)沥青混合料的主要技术性质有高温稳定性、低温抗裂性、耐久性、抗滑性及施工和易性等。

(4)沥青混合料的组成材料应符合现行规范的要求。粗集料的力学性质、矿料的级配、矿粉的细度及沥青的黏附性等是材料选择时要重点考虑的问题。

(5)沥青混合料配合比设计采用马歇尔试验方法。马歇尔试验技术指标主要有稳定度、流值、空隙率、沥青饱和度、残留稳定度及矿料间隙率等。配合比设计包括目标配合比设计、生产配合比设计和生产配合比验证三个阶段。目标配合比设计分为矿料组成设计和最佳沥青用量设计两部分。

(6)沥青玛瑞脂碎石混合料(SMA)的组成独具特点，从而具有独特的技术性质。目前，SMA在我国的应用越来越广。

(7)乳化沥青便于冷态施工,采用乳化沥青做胶结材料的乳化沥青碎石混合料、稀浆封层、微表处等材料,在施工的便利性及节能环保等方面有一定优势。

复习思考题

1. 沥青混合料按其组成结构可分为哪些类型？各类型有何特点？
2. 试述沥青混合料的强度形成原理,并分析影响其强度的因素。
3. 路面用沥青混合料应具备哪些技术性能？
4. 热拌沥青混合料的质量评价指标有哪些？各指标分别表征沥青混合料的什么性质？
5. 简述我国热拌沥青混合料的配合比设计方法。
6. 什么是冷拌沥青混合料？通常由哪些材料组成？有何技术性能？

习　题

试设计高速公路沥青路面面层用细粒式沥青混凝土混合料的配合组成。

原始资料:

(1)公路等级:一级公路。

(2)路面类型:沥青混凝土。

(3)结构层次:三层次沥青混凝土的上面层。

(4)气候条件:月平均最低气温 -5 ℃,月平均最高气温 27 ℃。

(5)材料性能:

①沥青。可提供 A 级 50 号、70 号和 90 号沥青,经检验,各项指标均符合要求。

②粗集料。为Ⅰ级石灰岩轧制碎石,单轴饱和抗压强度为 150 MPa,磨耗率 10%,黏附性Ⅰ级(水煮法),表观密度 2 721 kg/m^3。

③细集料。洁净中砂,含泥量小于 1%,表观密度为 2 680 kg/m^3。

④矿粉。为石灰石粉,各项指标符合要求,表观密度为 2 580 kg/m^3。

集料和矿粉筛分试验结果如表 5-26 所示。

表 5-26　集料和矿粉筛分试验结果

材料名称	不同筛孔尺寸(方孔)(mm)的通过率(%)									
	16.0	13.2	9.5	4.75	2.36	1.18	0.6	0.3	0.15	0.075
碎石	100	96.4	20.2	2.0	0	0	0	0	0	0
石屑	100	100	100	80.3	45.3	18.2	3.0	0	0	0
砂	100	100	100	100	90.5	80.2	70.5	36.2	18.2	2.0
矿粉	100	100	100	100	100	100	100	100	100	85.2

设计要求:

(1)根据原始资料,确定沥青混凝土的类型和矿质混合料的级配范围。根据筛析结果,确定各种矿质材料的配合比。

(2)根据沥青混凝土类型,通过马歇尔试验确定最佳沥青用量。

(3)根据一级公路路用沥青混合料的要求,对矿质混合料的级配进行调整,并通过水稳定性和抗车辙试验对最佳沥青用量进行校核。

此处为便于分析评定,将马歇尔试验结果汇总在表5-27中。

表5-27 马歇尔试验结果汇总

试件组号	沥青用量(%)	技术性质						
		实测密度(g/cm^3)	空隙率 *VV*(%)	矿料间隙率 *VMA*(%)	沥青饱和度 *VFA*(%)	稳定度 *MS*(kN)	流值 *FL*(mm)	马歇尔模数 *T*(kN/mm)
1	4.5	2.362	6.1	16.4	62.7	8.3	2.0	4.1
2	5.0	2.379	4.8	16.1	70.4	9.8	2.3	4.3
3	5.5	2.394	4.0	15.6	74.5	9.6	2.8	3.4
4	6.0	2.380	3.3	15.4	79.3	7.9	3.6	2.2
5	6.5	2.378	2.9	16.0	82.7	5.3	4.5	1.2

第六章　建筑钢材

学习目标　了解钢的冶炼和钢材的主要种类，掌握钢材的主要技术性能（拉伸性能、冲击韧性、硬度、冷弯性能），同时对化学成分的影响有一定认识；掌握建筑中常用钢材的技术性能与选用。

桥钢和钢筋混凝土桥是现代桥梁的主要桥型，在钢结构和钢筋混凝土结构中，都要应用到钢材。钢材主要包括钢结构中使用的各种型钢、钢板、钢管以及钢筋混凝土结构所用的各种钢筋和钢丝。钢材在道路工程中起着非常重要的作用，尤其是在桥梁建造中起着举足轻重的作用。

建筑钢材是在严格的技术条件下生产的材料，具有品质均匀致密、强度高、塑性及韧性好、能承受冲击和振动荷载等优点。同时具有优良的可加工性能，可以锻压、焊接、铆接及切割，便于装配。适用于大跨度桥梁结构和高层建筑结构。钢筋混凝土结构和预应力混凝土结构在道路桥梁工程中得到了广泛的应用。但钢材易锈蚀，需定时维护，成本及维护费用大，耐火性差。

第一节　建筑钢材的冶炼与分类

一、建筑钢材的冶炼

钢铁的主要化学成分是铁和碳，此外还有少量的硅、锰、磷、硫、氧和氮等。钢和生铁的区分在于含碳量的高低，含碳量大于 2.06% 的铁碳合金称为生铁；含碳量小于 2.06% 的铁碳合金称为钢。生铁是把铁矿石中的氧化铁还原成铁而得到的。钢则是将铁水在熔融状态下，采取一定的措施如吹入空气或氧气，使生铁中的磷、硫等杂质含量和含碳量降低到规定标准要求，再经过脱氧处理的工艺过程。为了改善钢的性能，必要时可掺入合金元素。

常用的炼钢方法有下面三种。

（一）转炉钢

以熔融的铁水为原料，由转炉的底部或侧面向转炉中吹入高压热空气（或氧气）进行冶炼而得到的钢，叫做转炉钢。

（二）平炉钢

以固态或液态的生铁、铁矿石或废钢为原料，用煤气或重油为燃料在平炉中冶炼而得到的钢，叫做平炉钢。

（三）电炉钢

用电热进行高温冶炼而得到的钢叫做电炉钢，一般用高压电弧作为热源，故熔炼的温度高,且温度可以自由调节,清除杂质容易得多,故电炉钢的质量最好。

二、钢材的分类

(一)按化学成分分类

1. 碳素钢

碳素钢的主要成分是铁和碳,还有少量的硅、锰、磷、硫、氧、氮等。碳素钢中的含碳量较多,且对钢的性质影响较大,故又称碳素钢。根据含碳量的不同,碳素钢又分为三种:

(1)低碳钢。含碳量小于0.25%。

(2)中碳钢。含碳量为0.25%~0.6%。

(3)高碳钢。含碳量大于0.6%。

2. 合金钢

合金钢是含有一定量合金元素的钢。钢中除含有铁、碳和少量不可避免的硅、锰、磷、硫外,还含有一定量钛、矾、铬、镍、硼等一种或多种合金有益的元素。其目的是改善钢的性能或使其获得某些特殊性能。合金钢按合金元素总含量分为三种:

(1)低合金钢。合金元素总含量小于5%。

(2)中合金钢。合金元素总含量为5%~10%。

(3)高合金钢。合金元素总含量大于10%。

(二)按冶炼过程中脱氧程度不同分类

1. 沸腾钢(代号为F)

沸腾钢是指脱氧不充分的钢。脱氧后钢液中还剩余一定数量的氧化亚铁(FeO),氧化亚铁和碳继续作用放出CO气体,因此钢液在钢锭模内呈沸腾状态,故称为沸腾钢。这种钢的抗腐蚀性、冲击韧性和可焊性差,特别是低温冲击韧性更差,但钢锭收缩孔减少,成品率较高,成本低。可广泛用于一般建筑结构,不宜用于重要结构。

2. 镇静钢(代号为Z)

镇静钢是指脱氧充分的钢。采用锰铁、硅铁和铝进行脱氧,脱氧较完全,钢的质量好,具有较好的耐蚀性、可焊性及塑性,脆性和时效敏感性较小。钢锭收缩孔大,成品率低,成本高。多用于承受冲击荷载及其他重要结构和焊接结构。

3. 半镇静钢(代号为b)

半镇静钢脱氧程度及材质介于沸腾钢与镇静钢之间,钢质较好。

4. 特殊镇静钢(代号为TZ)

特殊镇静钢比镇静钢脱氧更充分彻底,适用于特别重要的结构工程。

(三)按用途不同分类

(1)结构钢。主要用于工程结构及机械零件的钢,一般为低、中碳钢。

(2)工具钢。主要用于各种刀具、量具及模具的钢,一般为高碳钢。

(3)特殊钢。具有特殊的物理、化学及机械性能的钢,如不锈钢、耐热钢、耐酸钢、耐磨钢、磁性钢等。

(四)按有害杂质含量分类

按钢中有害杂质磷(P)和硫(S)含量的多少,分为普通钢、优质钢、高级优质钢。目前,桥梁结构用钢和钢筋混凝土用钢主要是碳素结构钢和低合金高强度结构钢。

第二节　建筑钢材的技术性质

建筑钢材的性质主要包括力学性质(拉伸性质、冲击韧性、硬度等)、工艺性质(冷弯性质、可焊性等)和化学性质等。

一、建筑钢材的力学性质

建筑钢材的力学性质又称为机械性质。

(一)低碳钢的拉伸过程

拉伸是建筑钢材的主要受力形式,所以抗拉性质是表示钢材性质和选用钢材的重要技术指标。由拉力试验测得的屈服点、抗拉强度和伸长率是钢材的重要技术指标。

1. 钢材的抗拉性质

建筑钢材的抗拉性质可由低碳钢(也称软钢)受拉的应力—应变图($\sigma \sim \varepsilon$ 图)来说明,如图 6-1 所示。从图 6-1 中可以看出,*OABCD* 曲线上的任一点都表示在一定荷载作用下,钢材的应力(σ)和应变(ε)的关系。低碳钢拉伸过程经历弹性阶段(*OA*)、屈服阶段(*AB*)、强化阶段(*BC*)和颈缩阶段(*CD*)四个阶段。

1)弹性阶段(*OA*)

钢材主要表现为弹性。应力—应变曲线在 *OA* 段为一直线。在 *OA* 范围内应力和应变保持线性关系。曲线上和 *A* 点对应的应力称为弹性极限,常用 σ_p 表示。弹性阶段所产生的变形称为弹性变形。在 *OA* 线上任一点的应力与应变的比值为一常数,称为弹性模量,用 *E* 表示,即 $E=\sigma/\varepsilon$。弹性模量说明产生单位应变时所需应力的大小,它反映钢材的刚度大小。弹性模量是钢材在受力条件下计算结构变形的重要指标。建筑工程中常用的 Q235 钢的弹性模量为 $E=2.0\times10^5 \sim 2.1\times10^5$ MPa。

2)屈服阶段(*AB*)

当应力超过 *A* 点以后,应力和应变不再成正比,*AB* 是一条复杂的曲线,由图 6-1 看到,当应力达到 $B_{上}$ 点时,钢材暂时失去对外力的抵抗作用,在应力不增长的情况下,应变迅速增加,钢材内部发生“屈服”现象,直到 *B* 点。曲线上的 $B_{上}$ 点称为屈服上限,$B_{下}$ 点称为屈服下限。由于 $B_{下}$ 比较稳定,且较易测定,故一般以 $B_{下}$ 点对应的应力作为屈服点(又称屈服极限),用 σ_s 表示,单位为 MPa。钢材受力达到屈服点以后,塑性变形即迅速增长,尽管钢材尚未破坏,但因变形过大已不能满足使用要求,所以 σ_s 是钢材在工作状态下允许达到的应力值,即只有应力不超过 σ_s,钢材才不会发生较大的塑性变形,故设计中一般以 σ_s 作为钢材强度取值的依据。

中碳钢、高碳钢(硬钢)没有明显的屈服现象,规范规定以发生残余变形为 $0.2\%L_0$ 时对应的应力作为屈服强度,称为条件屈服强度(或条件屈服点),用 $\sigma_{0.2}$表示,如图 6-2 所示。

3)强化阶段(*BC*)

应力超过 *B* 点后,由于钢材内部组织的变化,经过应力重分布以后,其抵抗塑性变形的能力又加强了,*BC* 曲线呈上升趋势,故称为强化阶段。对应于最高点 *C* 的应力称为抗拉强度(又称极限强度),用 σ_b 表示,单位为 MPa。

屈强比 σ_s/σ_b 在工程中很有意义,此值越小,表明结构的可靠性越高,即防止结构破坏的潜力越大;但当此值太小时,钢材强度的有效利用率低。合理的屈强比一般为 0.60 ~ 0.75。

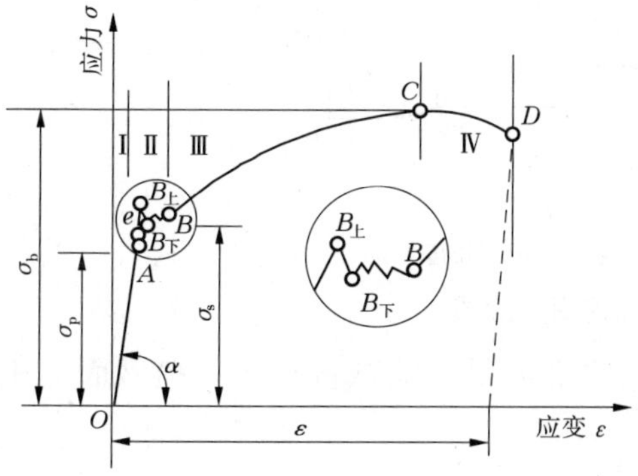

图 6-1 低碳钢拉伸 $\sigma \sim \varepsilon$ 曲线

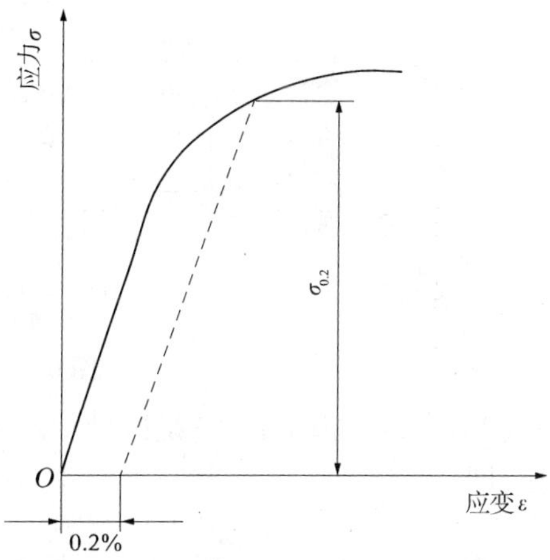

图 6-2 硬钢拉伸及条件屈服点

4)颈缩阶段(CD)

应力超过 C 点以后,钢材抵抗塑性变形的能力大大降低,塑性变形急剧增加,在薄弱处断面显著减小,出现“颈缩”现象,并很快断裂。

2. 钢材的拉伸性能指标

1)强度指标

(1)屈服强度或屈服点:

$$\sigma_s = \frac{F_s}{A_0} \tag{6-1}$$

(2)抗拉强度或强度极限:

$$\sigma_b = \frac{F_b}{A_0} \tag{6-2}$$

式中 σ_s、σ_b——钢材的屈服强度和抗拉强度,MPa;

F_s、F_b——钢材拉伸时的屈服荷载和极限荷载,N;

A_0——钢材试件的初始横截面面积,mm^2。

2)塑性指标

(1)伸长率。

试件拉断后,将其拼合,测出标距内的长度 L_1(见图 6-3),即可按下式计算其伸长率 δ_n:

$$\delta_n = \frac{L_1 - L_0}{L_0} \times 100\% \tag{6-3}$$

式中 L_0——试件原标准长度,mm;

L_1——试件拉断后标距间的长度,mm。

由于出现颈缩,塑性变形在试件标距内的分布是不均匀的,而且颈缩处的伸长较大。因而原标距与直径之比越大,则颈缩处伸长值在整个伸长值中的比重越小,结果计算出的伸长率则小一些。通常以 δ_5 表示 $L_0 = 5d_0$(称为短试件)时的伸长率;以 δ_{10} 表示 $L_0 = 10d_0$(称为长试件)时的伸长率。d_0 为试件的原直径。对于同一钢材,$\delta_5 > \delta_{10}$。

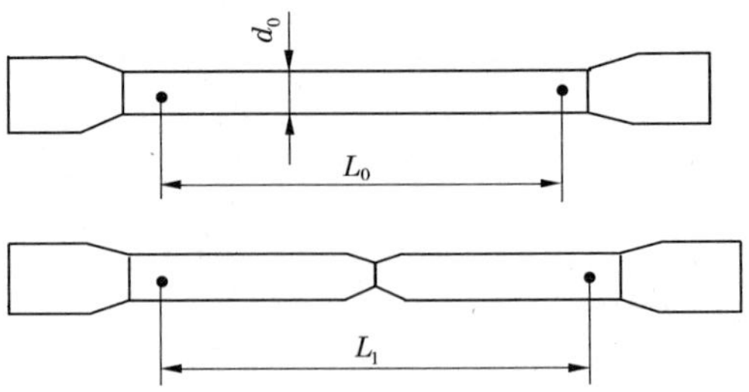

d_0—试件直径;L_0—试件原始标距长度

图 6-3　钢材拉伸前后示意图

(2)断面收缩率 ψ。它是试件拉断后颈缩处横截面最大缩减量与原始横截面面积的百分比,即

$$\psi = \frac{A_0 - A_1}{A_0} \times 100\% \tag{6-4}$$

式中　A_0——原始横截面面积,mm^2;

A_1——断裂颈缩处的横截面面积,mm^2。

断面收缩率 ψ 与伸长率 δ 反映钢材拉伸断裂前经受塑性变形的能力,同时反映钢材的韧性、冷弯性能、焊接性能的好坏。ψ 与 δ 越大,说明钢材的塑性越好。

(二)冲击韧性

冲击韧性是指钢材抵抗冲击荷载而不破坏的能力。规范规定冲击韧性的大小是用带有 V 形刻槽的标准试件的弯曲冲击韧性试验确定的(见图 6-4)。在冲击试验机的摆锤作用下,以破坏后缺口处单位面积所消耗的功来表示,符号 α_k,单位为 J/cm^2。α_k 值越大,冲断试件消耗的功越多,或者说钢材断裂前吸收的能量越多,说明钢材的韧性越好,不容易产生脆性断裂,钢材的冲击韧性会随环境温度下降而降低。钢材的冲击韧性还受其化学成分、组织状态、轧制与焊接质量以及时间等因素的影响。

钢材的冲击韧性的计算公式为:

$$\alpha_k = \frac{mg(H - h)}{A} \tag{6-5}$$

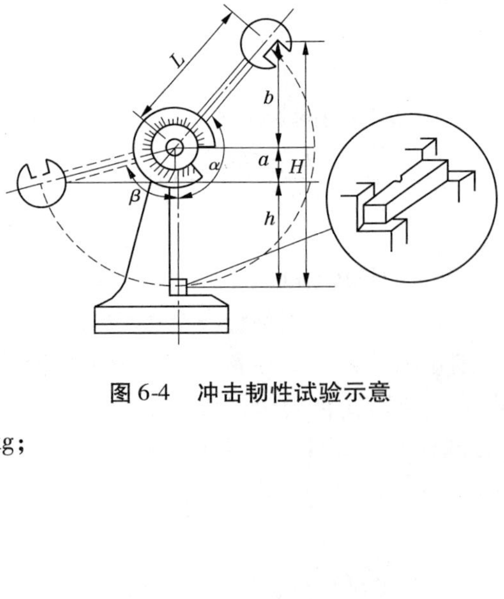

图 6-4　冲击韧性试验示意

式中　m——摆锤质量,kg;

g——重力加速度，取 9.8 m/s^2；

H,h——摆锤冲击前后的高度，m；

A——试件缺口处截面面积，cm^2。

总之，对于直接承受动荷载而且可能在负温下工作的重要结构，必须按照有关规范要求进行钢材的冲击韧性检验。

（三）耐疲劳性

钢材在交变荷载反复作用下，往往会在应力远低于抗拉强度的情况下发生裂断，此现象称为疲劳破坏。在多次反复交变荷载的作用下不发生疲劳破坏时的最大应力称为疲劳强度。它是表明钢材耐疲劳性的指标。通常取交变应力循环次数 $N=10^7$ 时，试件不发生破坏的最大应力作为其疲劳极限。

试验证明，一般钢的疲劳破坏是由应力集中引起的。首先在应力集中的地方出现疲劳裂纹；然后在交变荷载的反复作用下，裂纹尖端产生应力集中而使裂纹逐渐扩大，直至突然发生瞬时疲劳断裂。由此可见，钢材的疲劳极限不仅与其化学成分、组织结构有关，而且与其截面变化、表面质量以及内应力大小等可能造成应力集中的各种因素有关。所以，在设计承受反复荷载作用且必须进行疲劳验算的钢结构，应当了解所用钢材的疲劳极限。

（四）硬度

硬度表示钢材表面局部体积内抵抗另一硬物体压入产生塑性变形的能力。一般硬度高时，耐磨性能好，但脆性亦大，金属产生塑性变形越困难。建筑钢材硬度测定方法为布氏硬度法（HB）法、洛氏硬度（HR）法和维氏硬度（HV）法三种，建筑钢材常用布氏硬度指标表示。

布氏法的测定原理是：用直径为 D（mm）的淬火钢球以 P（N）的荷载将其压入试件表面，经规定的持续时间后卸荷，即得直径为 d（mm）的压痕，以压痕的表面积 F（mm^2）除荷载 P，所得的应力值即为试件的布氏硬度值（HB），如图 6-5 所示。

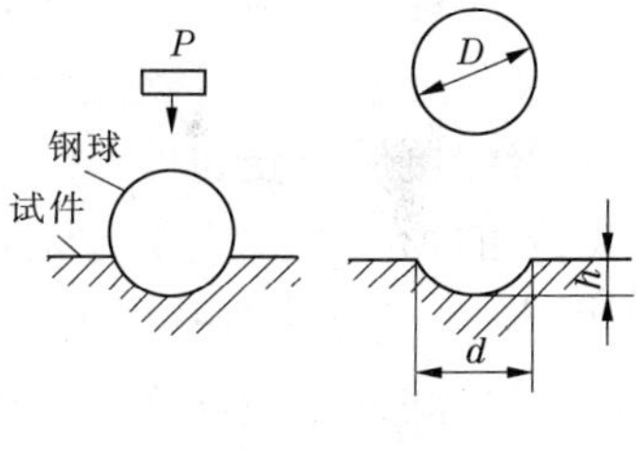

P—荷载；D—钢球直径

图 6-5　钢材布氏硬度测定

二、建筑钢材的工艺性质

建筑钢材不仅应有优良的力学性质，而且应有良好的工艺性质，以满足施工工艺的要求。其中冷弯、焊接及冷拔、冷拉性能是钢材的重要工艺性质。

（一）冷弯性质

钢材在常温下承受弯曲变形的能力称为冷弯性质。钢材冷弯性质指标用试件在常温下所承受的弯曲程度表示。弯曲程度可以通过试件被弯曲的角度（90°、180°）和弯心直径 d 对试件厚度 a（或直径）的比值 d/a 来表示，见图 6-6。试验时，采用的弯曲角度越大，弯心直径对试件厚度的比值越小，表明冷弯性能越好。按规定的弯曲角度和弯心直径进行试验，试件的弯曲处不产生裂缝、鳞落、起层或断裂，即为冷弯性能合格。

钢材的冷弯性质和伸长率一样，都反映钢材在静载下的塑性。但冷弯是钢材局部发生的不均匀变形下的塑性，而伸长率则反映钢材在均匀变形下的塑性，故冷弯试验是一种比较严格的检验，它比伸长率能更好地揭示钢材是否存在内部组织不均匀、内应力和夹杂物等缺陷。这些缺陷在拉伸试验中，常因塑性变形导致应力重分布而得不到反映。对于重要结构

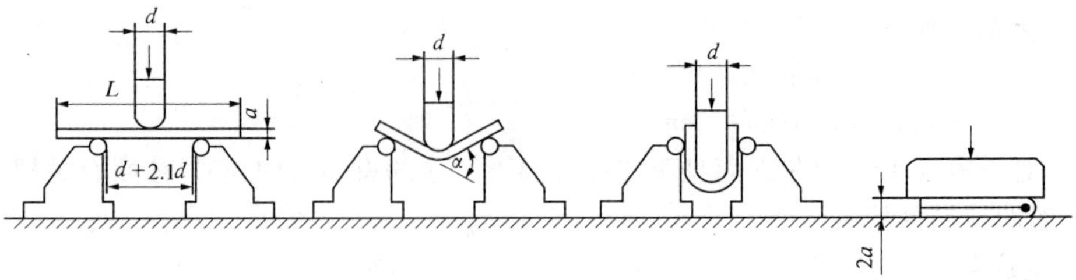

图 6-6 钢筋冷弯试验示意图

和弯曲成型的钢材,冷弯性能必须合格。

冷弯试验对焊接质量也是一种严格的检验,它能揭示焊件在受弯表面存在的未熔合、微裂纹和夹杂物等缺陷。

(二)焊接性质

焊接是把两个分离的金属进行局部加热,使其接缝部分迅速呈熔融或半熔融状态而牢固地连接起来的方法。在焊件中常发生复杂的、不均匀的反应和变化,使焊件易产生变形、内应力组织的变化和局部硬脆倾向等缺陷。对可焊性良好的钢材,焊接后焊缝处的性质应尽可能与母材一致,这样才能获得焊接牢固可靠、硬脆倾向小的效果。基本焊接方法主要有电弧焊和接触对焊两种。

可焊性主要受化学成分及含量的影响。含碳量高、含硫量高、合金元素含量高等因素均会降低可焊性。含碳量小于 0.25% 的非合金钢具有良好的可焊性。

焊接结构应选择含碳量较低的氧气转炉或平炉的镇静钢。当采用高碳钢及合金钢时,为了改善焊接后的硬脆性,焊接时一般要采用焊前预热及焊后热处理等措施。

钢筋的焊接方式主要有电阻电焊、闪光对焊、电弧焊、电渣压力焊、气压焊等几种。钢筋焊接要注意:钢筋在焊接之前,焊接部位应清理铁锈、熔渣、油污等,要尽量避免不同国家的进口钢筋之间或进口钢筋与国产钢筋之间的焊接。

(三)冷加工强化与时效处理

1. 冷加工强化

冷加工强化是钢材在常温下,以超过其屈服点但不超过抗拉强度的应力对其进行的加工。建筑钢材常用的冷加工有冷拉、冷拔、冷轧、刻痕等。对钢材进行冷加工的目的,主要是利用时效提高强度,利用塑性节约钢材。

钢材在超过弹性范围后,产生明显的塑性变形,使强度和硬度提高,而塑性和韧性降低,即发生了冷加工强化。在一定范围内,冷加工导致的变形程度越大,屈服强度提高越多,塑性和韧性降低得越多。建筑工地或预制构件厂常利用冷加工强化,对热轧带肋钢筋、热轧光圆钢筋或低碳钢盘条按一定要求进行冷拉或冷拔加工,提高屈服点以达到节约钢材的目的。

2. 时效

冷加工后的钢筋在常温下放置 15 ~20 d 或加热至 100 ~200 ℃保持 2 h 左右,钢材的强度或硬度将进一步提高,而塑性、冲击韧性进一步降低的现象称为时效。前者称为自然时效,后者称为人工时效。对强度较低的钢材通常采用自然时效,对强度较高的钢材通常采用人工时效。经过时效处理后的钢材,其屈服强度、抗拉强度及硬度都将提高,而塑性和韧性降低。

1)冷拉

冷拉是指以超过钢筋屈服强度的应力拉伸钢筋,使之伸长,然后卸去荷载,如图 6-7 所示。钢材未经冷拉的应力—应变曲线为 $OBKCD$,经冷拉至 K 点后卸荷,则曲线回到 O'点,再受拉时其应力—应变曲线为 $O'K_1C_1D_1$,钢筋冷拉后,不仅可以提高屈服点和抗拉强度 20% ~25%,而且可以简化施工工艺;圆盘钢筋可使开盘、矫直、冷拉三道工序一次完成;直条钢筋则可使矫直、冷拉一次完成,并使钢筋锈皮自行脱落。

2)冷拔

冷拔是指强力拉拔钢筋通过截面面积小于钢筋截面面积的拔丝模,如图 6-8 所示。每次拉拔断面缩小应在 10% 以下。

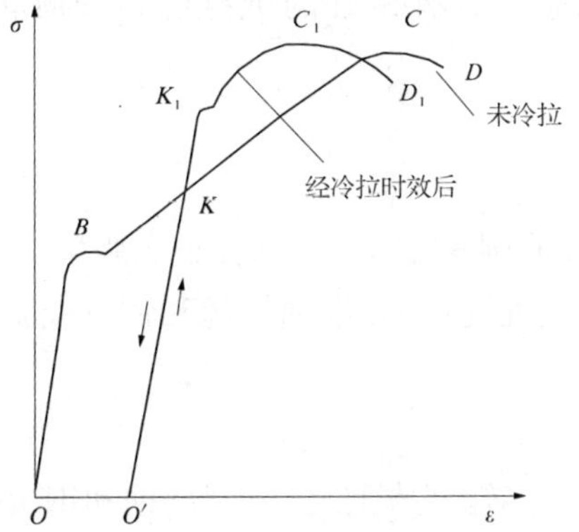

图 6-7　钢材经冷拉时效后应力—应变曲线

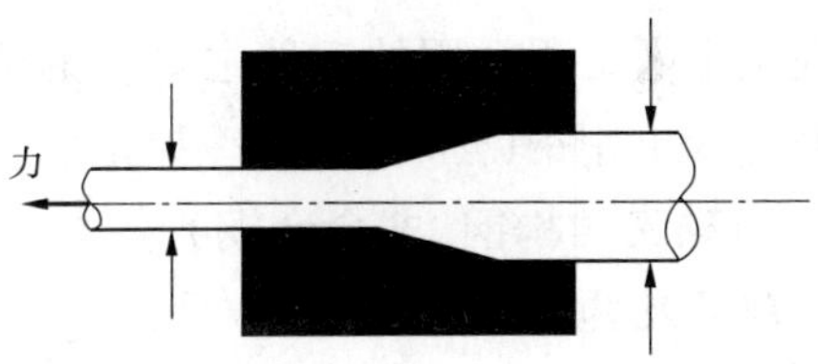

图 6-8　钢材冷拔加工示意图

冷拔作用比纯拉伸的作用强烈,钢筋不仅受拉,而且同时受到挤压作用。经过一次或多次冷拔后得到的冷拔低碳钢丝,其屈服点可提高 40% ~60%,但失去软钢的塑性和韧性,而具有硬质钢材的特点。

3)冷轧

冷轧是将光圆钢筋在轧钢机上轧成断面形状规则的钢筋,可提高其强度及与混凝土的黏结力。钢筋在冷轧时,纵向与横向同时产生变形,因而能较好地保持其塑性和内部结构的均匀性。

总之,冷加工强化钢筋的屈服点可提高 20% ~60%,因此可适当减小钢筋混凝土结构设计截面或减少混凝土中配筋数量,从而达到节约钢材的目的。

第三节　桥梁建筑用钢材及其制品

一、桥梁建筑用钢的技术要求

根据道路桥梁工程使用条件和结构特点,用于道路桥梁工程使用的建筑钢材应具备下列技术要求。

(一)良好的综合力学性能

桥梁结构在长期使用过程中,不仅要在无遮盖的条件下经受大气各种严酷环境的考验,而且要承受极其复杂的车辆载荷的作用，桥梁建筑用钢必须具有良好的综合力学性能。除要有较高的抗拉强度和屈服强度外，还应具有良好的塑性、韧性、冷弯性能和良好的抵抗振动应力的抗疲劳性能以及低温（-40 ℃）的冲击韧性。

（二）良好的焊接性能

由于近代焊接技术的迅速发展，桥梁钢结构逐渐趋向于采用焊接结构代替铆接结构，以加快施工速度和节约钢材。桥梁在焊接后不易整体热处理，因此要求桥梁用钢还应具有良好的焊接性能，以防止产生硬化脆裂和内应力过大等质量问题。

（三）良好的抗蚀性能

由于桥梁长期暴露于大气中，将受到各种侵蚀介质的作用（如阳光、氧气、酸碱盐等），对建筑用钢产生各类侵蚀破坏，所以要求桥梁用钢应当具有良好的抵抗各种介质腐蚀的性能。

二、桥梁建筑用主要钢材

我国土木工程常用的钢种主要有钢结构用钢（普通碳素结构钢、低合金高强度结构钢）和钢筋混凝土用钢（热轧钢筋、冷拉钢筋、冷拔钢丝、热处理钢筋、高强钢丝和钢绞线）。

（一）碳素结构钢（非合金钢）

1. 牌号及其表示方法

碳素结构钢在各类钢中的产量最大，用途最广泛，多轧制成型材、异型型钢和钢板等，可供焊接、铆接和螺栓连接。按其化学成分和力学性能（屈服点）划分为5个牌号，钢的牌号由代表屈服点的字母（Q）、屈服点数值（195 MPa、215 MPa、235 MPa和275 MPa）、质量等级符号（A、B、C、D）、脱氧方法符号（F、b、Z和TZ，其中Z和TZ在牌号中可省略）等四个部分按顺序组成。例如，Q235—A·F表示屈服点不小于235 MPa的A级沸腾钢。

2. 技术性能

（1）力学性能。碳素结构钢的力学性能应符合表6-1的规定。

（2）工艺性能。碳素结构钢的工艺性能应符合表6-2的规定。

3. 碳素钢的选用

从Q195～Q275，钢号越大，钢中含碳量越多，其强度、硬度也就越高，但塑性和韧性降低。

由于四个牌号钢的性能不同，其用途也不同。Q195、Q215号钢塑性高，易于冷弯和焊接，但强度较低，故多用于受荷较小及焊接构件中，以及制造铆钉和地脚螺丝等。

Q235号钢有较高的强度和良好的塑性、韧性，易于焊接，且在焊接及气割后机械性能也仍稳定，有利于冷热加工，故广泛地用于土建结构中，作钢结构的屋架、闸门、管道和桥梁及钢筋混凝土结构中的钢筋等，是目前应用最广的钢种。

Q255、Q275号钢的屈服强度较高，但塑性、韧性和可焊性较差，可用于钢筋混凝土结构中配筋及钢结构构件和制造螺栓。工程中应根据工程结构的荷载情况、焊接情况及环境温度等因素来选择钢的质量等级和脱氧程度。如受振动荷载作用的重要焊接结构，处于计算温度低于-20 ℃的环境下，宜选用质量等级为D的特种镇静钢。

表 6-1　碳素结构钢的力学性能（GB/T 700—2006）

牌号	质量等级	屈服强度 R_r（MPa）						抗拉强度 R_m（MPa）	伸长率（%）					冲击试验	
		钢材厚度（直径）（mm），大于等于							钢材厚度（直径）（mm），大于等于					温度（℃）	V 形冲击功（纵向）（J），大于等于
		≤16	16～40	40～60	60～100	100～150	150～200		≤40	40～60	60～100	100～150	150～200		
Q195		195	185					315～390	33						
Q215	A	215	205	195	185	175	165	335～410	31	30	29	27	26		
	B													+20	27
Q235	A	235	225	215	205	195	185	370～500	26	25	24	22	21		
	B													+20	27
	C														
	D													−20	
Q275	A	275	265	255	245	235	225	410～540	22	21	20	18	17		
	B													+20	27
	C														
	D													−20	

表 6-2　碳素结构钢的工艺性能(GB/T 700—2006)

牌号	试样方向	冷弯试验($d=2d_0$,180°)	
		钢材厚度(直径)d_0(cm)	
		≤60	>60~100
Q195	纵	0	
	横	$0.5d_0$	
Q215	纵	$0.5d_0$	$1.5d_0$
	横	d_0	$2d_0$
Q235	纵	d_0	$2d_0$
	横	$1.5d_0$	$2.5d_0$
Q275	纵	$1.5d_0$	$2.5d_0$
	横	$2d_0$	$3d_0$

(二)低合金高强度结构钢

工程上使用的钢材要求强度高,塑性好,且易于加工,碳素结构钢的性能不能完全满足工程的需要。在碳素结构钢的基础上掺入少量(掺量小于5%)的合金元素(如锰、钒、钛、铌、镍等)即成为低合金结构钢。

采用低合金高强度钢的主要目的是减轻结构质量,延长使用寿命。这类钢具有较高的屈服点和抗拉强度、良好的塑性和冲击韧性,具有耐锈蚀、耐低温性能,综合性能好。特别是大跨度、大柱网结构,采用较高强度的低合金结构钢,技术经济效果更显著。

低合金高强度结构钢按力学性能和化学成分分为Q295、Q345、Q390、Q420、Q460五个钢号,按硫、磷含量分A、B、C、D、E五个质量等级,其中E级质量最好。钢号按屈服点符号、屈服极限值和质量等级顺序排列。例如,Q390A的含义为:屈服极限为390 MPa、质量等级为A的低合金高强度结构钢。

Q295,钢中只含有极少量合金元素,强度不高,但有良好的塑性、冷弯、焊接及耐蚀性能。主要用于建筑工程中对强度要求不高的一般工程结构。

Q345、Q390,综合力学性能好,焊接性能、冷热加工性能和耐蚀性能均好,C、D、E级钢具有良好的低温韧性。主要用于工程中承受较高荷载的焊接结构。

Q420、Q460,强度高,特别是在热处理后有较高的综合力学性能。主要用于大型工程结构及要求强度高、荷载大的轻型结构。

低合金高强度结构钢的化学成分和力学性能见表6-3和表6-4。

(三)桥梁用结构钢

《桥梁用结构钢》(GB/T 714—2000)规定了桥梁结构钢的尺寸、外形、质量和允许偏差、技术要求、试验方法、检测规则等。

桥梁用结构钢的牌号由桥梁钢的汉语拼音字母Q、屈服点数值、桥梁钢的代表汉语拼音首位字母q、质量等级符号四个部分组成。例如,Q345qc中Q表示屈服点;345代表屈服点数值,单位MPa;q为桥梁钢的桥字汉语拼音首位字母;c为质量等级为C级。

桥梁用结构钢中,为了改善钢材性能,可以加入钒、铌、钛、氮等微量元素。钢的力学性

表 6-3　低合金高强度结构钢的化学成分(GB 1591—2008)

牌号	质量等级	化学成分(质量分数,%)										
		C≤	Mn	Si	P≤	S≤	V	Nb≤	Ti≤	Al≥	Cr≤	Ni≤
Q295	A	0.16	0.08 ~ 1.50	0.55	0.045	0.045	0.02 ~ 0.15	0.015 ~ 0.060	0.02 ~ 0.20	—		
	B	0.16	0.08 ~ 1.50	0.55	0.040	0.040	0.02 ~ 0.15	0.015 ~ 0.060	0.02 ~ 0.20	—		
Q345	A	0.02	1.00 ~ 1.60	0.55	0.045	0.045	0.02 ~ 0.15	0.015 ~ 0.060	0.02 ~ 0.20	—		
	B	0.02	1.00 ~ 1.60	0.55	0.040	0.040	0.02 ~ 0.15	0.015 ~ 0.060	0.02 ~ 0.20	—		
	C	0.20	1.00 ~ 1.60	0.55	0.035	0.035	0.02 ~ 0.15	0.015 ~ 0.060	0.02 ~ 0.20	0.015		
	D	0.18	1.00 ~ 1.60	0.55	0.030	0.030	0.02 ~ 0.15	0.015 ~ 0.060	0.02 ~ 0.20	0.015		
	E	0.18	1.00 ~ 1.60	0.55	0.025	0.025	0.02 ~ 0.15	0.015 ~ 0.060	0.02 ~ 0.20	0.015		
Q390	A	0.20	1.00 ~ 1.60	0.55	0.045	0.045	0.02 ~ 0.20	0.015 ~ 0.060	0.02 ~ 0.20	—	0.030	0.70
	B	0.20	1.00 ~ 1.60	0.55	0.040	0.040	0.02 ~ 0.20	0.015 ~ 0.060	0.02 ~ 0.20	—	0.030	0.70
	C	0.20	1.00 ~ 1.60	0.55	0.035	0.035	0.02 ~ 0.20	0.015 ~ 0.060	0.02 ~ 0.20	0.015	0.030	0.70
	D	0.20	1.00 ~ 1.60	0.55	0.030	0.030	0.02 ~ 0.20	0.015 ~ 0.060	0.02 ~ 0.20	0.015	0.030	0.70
	E	0.20	1.00 ~ 1.60	0.55	0.025	0.025	0.02 ~ 0.20	0.015 ~ 0.060	0.02 ~ 0.20	0.015	0.030	0.70
Q420	A	0.20	1.00 ~ 1.70	0.55	0.045	0.045	0.02 ~ 0.20	0.015 ~ 0.060	0.02 ~ 0.20	—	0.040	0.70
	B	0.20	1.00 ~ 1.70	0.55	0.040	0.040	0.02 ~ 0.20	0.015 ~ 0.060	0.02 ~ 0.20	—	0.040	0.70
	C	0.20	1.00 ~ 1.70	0.55	0.035	0.035	0.02 ~ 0.20	0.015 ~ 0.060	0.02 ~ 0.20	0.015	0.040	0.70
	D	0.20	1.00 ~ 1.70	0.55	0.030	0.030	0.02 ~ 0.20	0.015 ~ 0.060	0.02 ~ 0.20	0.015	0.040	0.70
	E	0.20	1.00 ~ 1.70	0.55	0.025	0.025	0.02 ~ 0.20	0.015 ~ 0.060	0.02 ~ 0.20	0.015	0.040	0.70
Q460	C	0.20	1.00 ~ 1.70	0.55	0.035	0.035	0.02 ~ 0.20	0.015 ~ 0.060	0.02 ~ 0.20	0.015	0.70	0.70
	D	0.20	1.00 ~ 1.70	0.55	0.030	0.030	0.02 ~ 0.20	0.015 ~ 0.060	0.02 ~ 0.20	0.015	0.70	0.70
	E	0.20	1.00 ~ 1.70	0.55	0.025	0.025	0.02 ~ 0.20	0.015 ~ 0.060	0.02 ~ 0.20	0.015	0.70	0.70

注:表中的 Al 为全铝含量。当化验酸溶铝时,其质量分数不小于 0.010%。

表 6-4　低合金高强度结构钢的力学性能(GB 1591—2008)

牌号	质量等级	屈服强度 R_r(MPa) 厚度(直径,边长)(mm),不小于				抗拉强度 R_m(MPa)	断后伸长率 A_5(%)	冲击吸收能量 KV_2(J),不小于				180°弯曲试验:d 为弯心直径(mm);a 为试样厚度(mm) 钢材厚度(mm)	
		≤15	16~35	35~50	50~100			+20 ℃	0 ℃	-20 ℃	-40 ℃	≤16	16~100
Q295	A	295	275	255	235	390~570	23	34				$d=2a$	$d=3a$
	B	295	275	255	235	390~570	23					$d=2a$	$d=3a$
Q345	A	345	325	295	275	470~630	21					$d=2a$	$d=3a$
	B	345	325	295	275	470~630	21	34				$d=2a$	$d=3a$
	C	345	325	295	275	470~630	22		34			$d=2a$	$d=3a$
	D	345	325	295	275	470~630	22			34		$d=2a$	$d=3a$
	E	345	325	295	275	470~630	22				27	$d=2a$	$d=3a$
Q390	A	390	370	350	330	490~650	19					$d=2a$	$d=3a$
	B	390	370	350	330	490~650	19	34				$d=2a$	$d=3a$
	C	390	370	350	330	490~650	20		34			$d=2a$	$d=3a$
	D	390	370	350	330	490~650	20			34		$d=2a$	$d=3a$
	E	390	370	350	330	490~650	20				27	$d=2a$	$d=3a$
Q420	A	420	400	380	360	520~680	18					$d=2a$	$d=3a$
	B	420	400	380	360	520~680	18	34				$d=2a$	$d=3a$
	C	420	400	380	360	520~680	19		34			$d=2a$	$d=3a$
	D	420	400	380	360	520~680	19			34		$d=2a$	$d=3a$
	E	420	400	380	360	520~680	19				27	$d=2a$	$d=3a$
Q460	A	460	440	420	400	550~720	17		34			$d=2a$	$d=3a$
	B	460	440	420	400	550~720	17			34		$d=2a$	$d=3a$
	C	460	440	420	400	550~720	17				27		

能与工艺性能应符合表 6-5 的规定。

表 6-5　桥梁用结构钢的力学性能和工艺性能（GB/T 714—2000）

牌号	质量等级	厚度（mm）	屈服点 δ_s（MPa）	抗拉强度 δ_b（MPa）	伸长率 δ_5（%）	V 形冲击功（纵向） 温度（℃）	V 形冲击功（纵向） J	V 形时效冲击（纵向）（J）	180°弯曲试验钢材厚度（mm） ≤16	180°弯曲试验钢材厚度（mm） >16
			不小于						≤16	>16
Q235q	C	≤16	235	390	26	0	27	27	$d=1.5a$	$d=2.5a$
		16～35	225	380						
		35～50	215	375						
		50～100	205	375						
	D	≤16	235	390	26	-20				
		16～35	225	380						
		35～50	215	375						
		50～100	205	375						
Q345q	C	≤16	345	510	21	0	34	34	$d=2a$	$d=3a$
		16～35	325	490	20					
		35～50	315	470	20					
		50～100	305	470	20					
	D	≤16	345	510	21	-20				
		16～35	325	490	20					
		35～50	315	470	20					
		50～100	305	470	20					
	E	≤16	345	510	21	-40				
		16～35	325	490	20					
		35～50	315	470	20					
		50～100	305	470	20					
Q370q	C	≤16	370	530	21	0	41	41	$d=2a$	$d=3a$
		16～35	355	510	20					
		35～50	330	490	20					
		50～100	330	490	20					
	D	≤16	370	530	21	-20				
		16～35	355	510	20					
		35～50	330	490	20					
		50～100	330	490	20					
	E	≤16	370	530	21	-40				
		16～35	355	510	20					
		35～50	330	490	20					
		50～100	330	490	20					

续表 6-5

牌号	质量等级	厚度（mm）	屈服点 δ_s（MPa）	抗拉强度 δ_b（MPa）	伸长率 δ_5（%）	V 形冲击功（纵向）		V 形时效冲击（纵向）（J）	180°弯曲试验钢材厚度（mm）	
						温度（℃）	J			
			不小于						≤16	>16
Q420q	C	≤16	420	570	20	0	47	47	$d=2a$	$d=3a$
		16～35	410	550	19					
		35～50	400	540	19					
		50～100	390	530	19					
	D	≤16	420	570	20	-20				
		16～35	410	550	19					
		35～50	400	540	19					
		50～100	390	530	19					
	E	≤16	420	570	20	-40				
		16～35	410	550	19					
		35～50	400	540	19					
		50～100	390	530	19					

注：1. Q420qE 级钢的 -40 ℃冲击功值由供需双方协议规定。

2. d 为弯心直径，a 为试样厚度（直径）。

三、常用建筑钢材及选用

（一）热轧钢筋

用加热钢坯轧成的条型钢筋，称为热轧钢筋。主要用于钢筋混凝土和预应力钢筋混凝土结构的配筋。热轧钢筋从表面形状可分为光圆钢筋和带肋钢筋，而带肋钢筋又分为月牙肋钢筋和等高肋钢筋。月牙肋钢筋的纵横肋不相交，而等高肋钢筋的纵横肋相交。

（1）热轧光圆钢筋。热轧光圆钢筋的牌号由 HPB 和牌号的屈服强度最小值构成。H、P、B 分别为热轧（Hot-rolled）、光圆（Plain）、钢筋（Bars）三个词的英文首位字母。热轧光圆钢筋分为 HPB235、HPB300 等两个牌号。

（2）热轧带肋钢筋。热轧带肋钢筋的牌号由 HRB 和牌号的屈服强度最小值构成。H、R、B 分别为热轧（Hot-rolled）、带肋（Ribbed）、钢筋（Bars）三个词的英文首位字母。热轧带肋钢筋分为 HRB335、HRB400、HRB500 等三个牌号。

带肋钢筋：指横截面通常为圆形，且表面带肋的混凝土用钢材。

月牙肋钢筋：指横肋的纵截面呈月牙形，且与纵肋不相交的钢筋（与老螺纹钢相比，有诸多优越性：强度高、敏感性小、耐疲劳性好、方便生产）。

纵肋：指平行于钢筋轴线的均匀连续肋。

横肋：指与钢筋轴线不平行的其他肋。

（二）冷轧带肋钢筋

热轧圆盘条经冷轧后，在其表面有沿长度方向均匀分布的三面或两面横肋，即成为冷轧带肋钢筋。《冷轧带肋钢筋》(GB 13788—2000)规定,冷轧带肋钢筋按抗拉强度分为五个牌号,分别为 CRB550、CRB650、CRB800、CRB970 和 CRB1170,C、R、B 分别为冷轧(Cool-rolled)、带肋(Ribbed)、钢筋(Bars)三个词的英文首位字母,数值为抗拉强度的最小值。与拉拔低碳钢丝相比,冷轧带肋钢筋具有强度高、塑性好、与混凝土黏结牢固、节约钢材、质量稳定等优点。CRB550 宜用做普通钢筋混凝土结构,其他牌号宜用于预应力钢筋混凝土结构中。

(三)冷拉钢筋

冷拉钢筋是用热轧钢筋加工而成的。钢筋在常温下经过冷拉可达到除锈、调直、提高强度和节约钢材的目的。

钢筋在经冷加工产生一定塑性变形后,其屈服强度、硬度提高,而塑性和韧性降低,这种现象称为冷加工硬化。

钢筋由于冷加工和时效过程,屈服强度可提高 20% ~30%,可节约钢材 10% ~20%,但伸长率降低,变硬、变脆,容易产生断裂。为了不使冷拉钢筋因脆性过大而容易损坏,冷拉操作的重要问题是控制冷拉率和冷拉应力。

(四)冷轧扭钢筋

冷轧扭钢筋是由普通低碳钢热轧盘圆钢筋经冷轧扭工艺制成的。其表面形状为连续的螺旋形,故它与混凝土的黏结性能很强,同时具有较高的强度和足够的塑性。如用它代替 HPB235 级钢筋,可节约钢材 30% 左右,降低工程成本。冷轧扭钢筋一般用于预应力钢筋混凝土楼板和现浇钢筋混凝土楼板等。

(五)预应力混凝土热处理钢筋

预应力混凝土热处理钢筋是指用热轧中碳低合金钢钢筋经淬火、回火调质处理的钢筋。按其螺纹外形分为纵肋和无纵肋两种。热处理钢筋在预应力混凝土结构中使用,具有与混凝土黏结性能好、应力松弛率低、施工方便等优点。

(六)预应力混凝土用钢丝与钢绞线

1. 预应力混凝土用钢丝

预应力混凝土用钢丝是采用优质碳素钢或其他性能相应的钢种,经冷加工及时效处理或热处理而制得的高强度钢丝。按加工状态可分为冷拉钢丝(代号为 WCD)及消除应力钢丝两种,消除应力钢丝按松弛性能又分为低松弛级钢丝(代号为 WLR)和普通松弛级钢丝(代号为 WNR)。

预应力混凝土用钢丝按外形又可分为光面钢丝(代号为 P)、螺旋肋钢丝(代号为 H)和刻痕钢丝(代号为 I)三种。

按标准规定产品标记应包括预应力钢丝、公称直径、抗拉强度等级、加工状态代号、外形代号、标准号。例如,直径为 4.00 mm、抗拉强度为 1 670 MPa 的冷拉光圆钢丝,其标记为预应力钢丝 4.00—1670—WCD—P—GB/T 5223—2002。

2. 预应力混凝土用钢绞丝

若将两根、三根或七根圆形断面的钢丝捻成一束,形成预应力混凝土用钢绞线(GB/T 5224—2003)。钢绞线的最大负荷随钢丝的根数不同而不同,七根捻制结构的钢绞线,整根钢绞线的最大负荷可达 300 kN,屈服负荷可达 255 kN,伸长率为≤3.5%。1 000 h 应力松弛率≤2.5% ~8%。

钢绞线与其他配筋材料相比,具有强度高、柔性好、松弛率低、抗腐蚀性强、无接头、质量稳定、成盘供应不需接头等优点。适用于做大型建筑、公路或铁路桥梁、大跨度吊车梁等大跨度预应力混凝土构件的预应力钢筋,广泛地应用于大跨度、重荷载的结构工程中。

(七)钢结构用钢材

钢结构构件一般应直接选用各种型钢。型钢之间可直接连接或附加连接钢板进行连接。连接方式可铆接、螺栓连接或焊接。所以,钢结构所用钢材主要是型钢和钢板。型钢有热轧及冷成型两种,钢板也有热轧和冷轧两种。

1. 热轧型钢

常用的热轧型钢有角钢(等边和不等边)、I 字钢、槽钢、T 型钢、H 型钢、Z 型钢等。

钢结构用钢的钢种和钢号主要根据结构与构件的重要性、荷载的性质(静载或动载)、连接方法(焊接、铆接或螺栓连接)、工作条件(环境温度及介质)等因素予以选择。对于承受动荷载的结构和处于低温环境的结构,应选择韧性好、脆性临界温度低、疲劳极限较高的钢材。对于焊接结构,应选择可焊性较好的钢材。

我国建筑用热轧型钢主要采用碳素结构钢和低合金钢。在碳素结构钢中主要采用Q235A[w(C)为0.14% ~0.22%)],其强度较适中,塑性和可焊性较好,而且冶炼容易、成本低廉,适合土木工程使用。在低合金钢中主要采用 Q345 及 Q390,可用于大跨度、承受动荷载的钢结构。

2. 冷弯薄壁型钢

冷弯薄壁型钢通常用 2 ~6 mm 薄钢板冷弯或模压而成,有角钢、槽钢等开口薄壁型钢及方形、矩形等空心薄壁型钢,可用于轻型钢结构。

3. 钢板和压型钢板

用光面轧辊轧制而成的扁平钢材称为钢板。按轧制温度的不同,钢板又可分热轧和冷轧两类。土木工程用钢板的钢种主要是碳素结构钢,大跨度桥梁等也采用低合金钢。

按厚度来分,热轧钢板可分为厚板(厚度大于 4 mm)和薄板(厚度为 0.35 ~4 mm)两种,冷轧钢板只有薄板(厚度为 0.2 ~4 mm)。厚板可用于型钢的连接与焊接,组成钢结构承力构件,薄板可用做屋面或墙面等围护结构,或作为薄壁型钢的原料。

薄钢板经辊压或冷弯可制成截面呈 V 形、U 形、梯形或类似形状的波纹,并可采用有机涂层、镀锌等表面保护层的钢板,称为压型钢板,在建筑上常用做屋面板、楼板、墙板及装饰板等。还可将其与保温材料等复合,制成复合墙板等,用途十分广泛。

路桥工程中钢筋混凝土用钢材和钢结构用钢材,在选用时一般应遵循下面原则:

(1)荷载性质。对于经常承受动力或振动荷载的结构,容易产生应力集中,从而引起疲劳破坏,需要选用材质高的钢材。

(2)使用温度。对于经常处于低温状态的结构,钢材容易发生冷脆断裂,特别是焊接结构更甚,因而要求钢材具有良好的塑性和低温冲击韧性。

(3)连接方式。对于焊接结构,当温度变化和受力性质改变时,焊缝附近的母体金属容易出现冷、热裂纹,促使结构早期破坏。所以,焊接结构对钢材化学成分和机械性能要求应较严。

(4)钢材厚度。钢材的力学性能一般随厚度增大而降低,钢材经多次轧制后,钢的内部结晶组织更为紧密,强度更高,质量更好。故一般结构用的钢材厚度不宜超过 40 mm。

（5）结构重要性。选择钢材要考虑结构使用的重要性，如大跨度结构、重要的建筑物结构，须相应选用质量更好的钢材。

建筑钢材常用的氧气转炉钢或平炉钢，最少应保证具有屈服强度、抗拉强度、伸长率三项机械性能指标和硫、磷的质量分数两项化学成分的合格保证。对于较大型构件、直接承受动力荷载的结构，钢材还应具有冷弯试验的合格保证；对于大、重型结构和直接承受动力荷载的结构，根据冬季工作温度情况，钢材应具有常温或低温冲击韧性的合格保证。

高层建筑结构用钢宜采用 B、C、D 等级的 Q235 碳素结构钢和 B、C、D、E 等级的 Q345 低合金高强度结构钢。抗震结构钢材的屈强比不应小于 1.2，伸长率应大于 20%，且有良好的可焊性。Q235 沸腾钢不宜用于下列结构：重级工作制焊接结构，冬季工作温度≤－20 ℃的轻、中级工作制焊接结构和中级工作制的非焊接结构，冬季工作温度≤－30 ℃的其他承重结构。

四、钢材的锈蚀与防护

钢材表面与其周围介质发生化学反应而遭到的破坏，称为钢材的锈蚀。

（一）钢材锈蚀类型

1. 化学锈蚀

钢材直接与周围介质发生化学反应产生的锈蚀，多数是由氧化作用在钢材表面形成疏松氧化物。

2. 电化学锈蚀

钢材本身组成和杂质的存在，在表面介质的作用下，各成分电极电位不同，形成微电池，铁元素失去了电子成为 Fe^{2+} 进入介质溶液，与溶液中的 OH^- 结合生成 $Fe(OH)_2$，形成电极电位。

锈蚀的结果是在钢材表面形成疏松的氧化物，使钢结构断面减小，降低钢材的性能，因而承载力降低。

（二）钢材的防护

钢材的防护措施主要有改变钢材本身的易腐蚀性、隔离环境中的侵蚀性介质或改变钢材表面的电化学过程等。

（1）采用耐候钢（耐大气腐蚀钢）。

（2）金属覆盖。用电镀或喷镀的方法覆盖在钢材表面。

（3）非金属覆盖。在钢材表面用非金属材料作为保护膜，如喷涂涂料、搪瓷和塑料等。

（4）混凝土用钢筋的防锈。如提高混凝土密实度、增加钢筋混凝土保护层厚度、限制使用含 Cl^- 的外加剂、钢筋涂覆环氧树脂或镀锌。

本章小结

建筑钢材在路桥工程中占有十分重要的地位，作为韧性材料，拉伸是建筑钢材的主要受力形式。为了合理选用建筑钢材，要求重点理解和掌握建筑钢材的主要力学性能、工艺性能及钢材冷加工强化和时效的概念，掌握碳素结构钢和低合金结构钢的性质、技术标准及选用原则，并理解建筑结构用钢和钢筋混凝土用钢的种类、特点和应用。

(1)钢材的冶炼。

(2)钢材的分类:按化学成分分类、按主要质量等级分类、按脱氧程度分类、按用途分类及按压力加工方式分类。

(3)钢材的技术性质:强度、塑性、冲击韧性及硬度。

(4)钢材的组成对其性质的影响。

(5)钢材的工艺性能:钢材的冷加工强化及时效强化,钢材的热处理,钢材的焊接。

(6)建筑钢材的工艺性能:碳素结构钢,低合金高强度结构钢。

(7)建筑钢材的选用原则。

(8)建筑上的钢材应用:热轧钢筋,冷轧带肋钢筋,冷轧扭钢筋,冷拉钢筋,预应力混凝土用热处理钢筋,预压力混凝土用钢丝及钢绞线,钢结构用钢材。

(9)钢材的锈蚀与防护。

复习思考题

1. 低碳钢拉伸过程经历了哪几个阶段?各阶段有何特点?低碳钢拉伸过程的指标如何?

2. 说明下列钢材牌号的含义:Q215—B. b、Q235—B. F、Q255—A。

3. 什么是钢材的冷弯性能?怎样判定钢材的冷弯性能是否合格?对钢材进行冷弯试验的目的是什么?

4. 对钢材进行冷加工和时效处理的目的是什么?

5. 钢中含碳量的高低对钢的性能有何影响?

6. 为什么碳素结构钢中Q235号钢在建筑钢材中得到了广泛的应用?

7. 什么是钢材的锈蚀?钢材产生锈蚀的原因有哪些?防止锈蚀的方法有哪些?

习　题

一、判断题

1. 一般来说,钢材硬度愈高,强度也愈大。(　)

2. 屈强比愈小,钢材受力超过屈服点工作时的可靠性愈大,结构的安全性愈高。(　)

3. 一般来说,钢材的含碳量增加,其塑性也增加。(　)

4. 钢筋混凝土结构主要是利用混凝土受拉、钢筋受压的特点。(　)

二、选择题

1. 钢材抵抗冲击荷载的能力称为(　)。

A. 塑性　　B. 冲击韧性　　C. 弹性　　D. 硬度

2. 钢的含碳量为(　)。

A. 小于2.06%　B. 大于3.0%　C. 大于2.06%　D. 小于1.26%

3. 伸长率是衡量钢材的(　)指标。

A. 弹性　　B. 塑性　　C. 脆性　　D. 耐磨性

4. 普通碳素结构钢随钢号的增加,钢材的(　)。

A. 强度增加、塑性增加　　B. 强度降低、塑性增加

C. 强度降低、塑性降低　　D. 强度增加、塑性降低

5. 在低碳钢的应力应变图中,有线性关系的是(　)阶段。

A. 弹性阶段　　B. 屈服阶段　　C. 强化阶段　　D. 颈缩阶段

三、填空题

1. 按冶炼时脱氧程度分类,钢可以分成________、________、________和特殊镇静钢。

2. 钢材冷弯试验的指标以________和________来表示。

3. 钢按照化学成分分为________和________。

4. 冷轧带肋钢筋按抗拉强度分为__________、__________、__________、__________和__________五个牌号。

四、计算题

一钢材试件,直径为25 mm,原标距为125 mm,做拉伸试验,屈服点荷载为201.0 kN,达到最大荷载为250.3 kN,拉断后测的标距长为138 mm,求该钢筋的屈服点、抗拉强度及拉断后的伸长率。

第七章　石灰、水泥无机结合料及钢材实训

学习目标　通过本章的学习，学生应能够掌握石灰、无机结合料及建筑钢材各技术指标的检测方法、检验规则、检测仪器的操作、试验数据的处理与报告的填写，理解试验原理，并具备对试验成果误差进行分析的技能。

第一节　石灰中有效氧化钙和氧化镁含量试验

一、石灰中有效氧化钙含量的测定

（一）试验目的

石灰是道路路基施工中的主要材料，石灰的质量关键在于氧化钙和氧化镁的含量，这两种成分的含量愈高，则石灰的黏结力愈好。

（二）试验仪器和试剂

1. 试验仪器

(1)烘箱：控制温度的范围应在 50～250 ℃，1 台。

(2)分析天平：万分之一，1 台。

(3)筛子：孔径为 2 mm 和 0.15 mm 各 1 个。

(4)称量瓶：ϕ30 mm×50 mm，10 个。

(5)干燥器：ϕ250 mm，1 个，内盛干燥剂。

(6)玻璃珠：ϕ3 mm，1 袋(0.25 kg)。

(7)滴定管：容积为 50 mL 的酸式滴定管和碱式滴定管各 1 支。

(8)量筒：容积为 1 000 mL、500 mL、250 mL、50 mL 和 10 mL 的量筒各 1 个。

(9)架盘天平：感量 0.1 g，1 台。

(10)具塞三角瓶：容积为 250 mL，20 个。

(11)容量瓶：容积为 500 mL、250 mL。

(12)瓷研钵：ϕ12 mm～ϕ13 mm，1 个。

(13)其他：试剂瓶、滴定台、滴定管夹等。

2. 试剂的配制标定

(1)蔗糖(分析纯)。

(2)酚酞指示剂：称取 0.5 g 酚酞溶于 50 mL 浓度为 95% 的乙醇中。

(3)0.1% 甲基橙水溶液：称取 0.05 g 甲基橙溶于 50 mL 的蒸馏水中。

(4)0.5*M* 盐酸标准溶液：将 42 mL 浓硫酸(相对密度 1.19)稀释至 1 L，并按下述方法标定其物质的量浓度后备用。

称取0.800～1.000 g(精确至0.2 mg)已在180 ℃烘箱中烘干2 h的碳酸钠,置于250 mL锥形瓶中,加100 mL水使其完全溶解;然后加入2～3滴0.1%甲基橙指示剂,用待标定的盐酸标准溶液滴定,至碳酸钠溶液由黄色变成橙红色;将溶液加热至沸腾,并保持3 min,然后放在冷水中冷却至室温,如果此时橙红色变成黄色,则再用盐酸标准液滴定,直至溶液出现稳定橙红色。

盐酸标准溶液物质的量浓度,可按下式进行计算:

$$C_{HCL} = \frac{m}{0.053V} \tag{7-1}$$

式中 C_{HCL}——盐酸标准溶液物质的量浓度,mol/L;

m——碳酸钠的质量,g;

V——滴定时消耗盐酸标准溶液的体积,mL;

0.053——碳酸钠毫克当量。

(三)取样方法

(1)生石灰试样:将生石灰打碎,使颗粒粒径不大于2 mm。拌和均匀用四分法缩减至200 g左右,放入瓷研钵内研细,再缩分至20 g左右。研磨后石灰通过0.10 mm筛,置于烘箱烘干1 h(100 ℃),贮于干燥器内供试验用。

(2)消石灰试样:用四分法将消石灰样品缩减至10 g左右。置于烘箱内(105～110 ℃)烘干1 h,贮于干燥器中供试验用。

(四)试验步骤

(1)称取石灰试样0.5 g(准确至0.000 5 g),置于干燥洁净的250 mL具塞三角瓶中,取5 g蔗糖覆盖其上,投入干玻璃珠15粒。迅速加入新制洁净水50 mL,立即加塞振荡15 min(如有试样结块或黏于瓶壁现象,则应重新取样)。

(2)打开瓶塞,加入2～3滴酚酞指示剂,溶液即呈粉红色,然后置于滴定架上,用0.5M盐酸滴定。

(3)滴定时先记下滴管内盐酸初读数V_1,以2～3滴/s的速度滴定,至溶液的粉红色显著消失并在30 s内不再出现。

(4)读取中和后滴定管内盐酸终读数V_2,计算盐酸消耗量V,即$V_2 - V_1$。

(五)结果整理

(1)有效氧化钙的含量计算:

$$\text{CaO\%} = \frac{0.028VM}{G} \times 100\% \tag{7-2}$$

式中 V——滴定时消耗盐酸标准溶液的体积,mL;

M——盐酸标准溶液物质的量浓度,mol/L;

G——试样质量,g。

(2)对同一石灰样品应取两个试样分别进行测定,并取两次结果的平均值作为测定值。

(六)试验记录

石灰有效CaO含量试验记录见表7-1。

表 7-1　石灰有效 CaO 含量试验记录表

<table>
<tr><td colspan="3">试样编号</td><td colspan="2"></td><td colspan="2">石灰产地</td><td colspan="2"></td></tr>
<tr><td colspan="3">石灰类别</td><td colspan="2"></td><td colspan="2">用途</td><td colspan="2"></td></tr>
<tr><td rowspan="2">试验次数</td><td rowspan="2">瓶号</td><td rowspan="2">石灰质量(g)</td><td rowspan="2">盐酸物质的量浓度(mol/L)</td><td colspan="2">滴定管中盐酸量(mL)</td><td rowspan="2">消耗盐酸数量 V_2-V_1 (mL)</td><td colspan="2">石灰中有效 CaO 含量(%)</td></tr>
<tr><td>初读数 V_1</td><td>终读数 V_2</td><td>单值</td><td>平均值</td></tr>
<tr><td>1</td><td></td><td></td><td></td><td></td><td></td><td></td><td></td><td rowspan="2"></td></tr>
<tr><td>2</td><td></td><td></td><td></td><td></td><td></td><td></td><td></td></tr>
<tr><td colspan="2">结 论</td><td colspan="7"></td></tr>
</table>

试验者:________,日期:________;复核者:________,日期:________。

二、石灰中有效氧化镁含量的测定

(一)试验目的

测定石灰中的有效氧化镁含量,按氧化镁含量可将石灰划分为钙质石灰和镁质石灰。

(二)试验仪器和试剂

1. 试验仪器

(1)电炉:1 500 W,1 个。

(2)石棉网:20 cm×20 cm,1 块。

(3)三角瓶:300 mL、250 mL,各 2 个。

(4)容量瓶:250 mL、1 000 mL,各 1 个。

(5)试剂瓶:250 mL、1 000 mL,各 5 个。

(6)烧杯:50 mL 5 个,250 mL(或 300 mL)10 个。

(7)表面皿:7 cm,10 块。

(8)棕色广口瓶:60 mL 4 个,250 mL 5 个。

(9)滴瓶:60 mL,3 个。

(10)大肚移液管:25 mL、50 mL 各 1 支。

(11)洗耳球:大、小各 1 个。

(12)其他:玻璃棒、药勺、吸水管。

(13)其余同测定氧化钙所用试验仪器。

2. 试剂的配制

(1)浓度为 1:10 的盐酸配制:将 1 体积的盐酸(相对密度 1.19)以 10 倍体积的蒸馏水稀释。

(2)氨水-氯化铵缓冲溶液配制(pH=10):用 67.5 g 氯化铵溶于 300 mL 新煮冷却后的蒸馏水中,加入氨水(相对密度 0.90)570 mL,然后用水稀释至 1 000 mL。

(3)酸性铬蓝 K-萘酚绿 B(1:2.5)指示剂的配制:称取 0.3 g 酸性铬蓝 K 和 0.75 g 萘酚绿 B,与 50 g 已在 105 ℃烘箱中烘干的硝酸钾混合研细,保存于棕色广口瓶内。

(4)Na_2EDTA 标准溶液的配制:将 10 g Na_2EDTA 溶于温热蒸馏水中,待全部溶解并冷却至室温后，用水稀释至1 000 mL。

(5)氧化钙标准溶液的配制：精确称取1.784 8 g在105 ℃烘箱中烘干的碳酸钙(优级纯)，置于250 mL的烧杯中，盖上表面皿。从杯嘴缓慢滴加1∶10盐酸溶液100 mL，加热溶解，待溶液冷却后，倒入1 000 mL的容量瓶中，用新煮沸冷却后的蒸馏水稀释至刻度摇匀，此溶液1 mL相当于1 mg氧化钙。

(6)20%氢氧化钠溶液：将20 g氢氧化钠溶于80 mL蒸馏水中。

(7)钙指示剂：将0.2 g钙试剂羟酸钠和20 g已在105 ℃烘干的硫酸钾混合研细，保存在棕色广口瓶中。

(8)10%酒石酸钾钠溶液：将10 g酒石酸钾钠溶于90 mL蒸馏水中。

(9)三乙醇胺(1∶2)溶液：将1体积三乙醇胺用2体积蒸馏水稀释摇匀。

3. Na_2EDTA标准溶液与氧化钙和氧化镁关系的标定

(1)精确吸取50 mL氧化钙标准溶液放入300 mL三角瓶中，用水稀释至100 mL左右，然后加入钙指示剂约0.1 g，以20%氢氧化钠溶液调整溶液碱度至出现酒红色，再过量加3～4 mL。

(2)以Na_2EDTA标准溶液滴定，直至溶液由酒红色为纯蓝色，记录Na_2EDTA标准溶液消耗量。

Na_2EDTA标准溶液对氧化钙滴定度可按下式计算：

$$T_{CaO} = \frac{CV_1}{V_2} \tag{7-3}$$

式中 T_{CaO}——Na_2EDTA标准溶液对氧化钙滴定度，即1 mL的Na_2EDTA标准溶液相当于氧化钙的毫克数；

C——1 mL氧化钙标准溶液含有氧化钙的毫克数，等于1；

V_1——吸收氧化钙标准溶液的体积，mL；

V_2——消耗Na_2EDTA标准溶液的体积，mL。

Na_2EDTA标准溶液对氧化镁滴定度(T_{MgO})，即1 mL的Na_2EDTA标准溶液相当于氧化镁的毫克数，按下式计算：

$$T_{MgO} = T_{CaO} \times \frac{40.31}{56.08} = 0.72T_{CaO} \tag{7-4}$$

(三)试验步骤

(1)称取约0.5 g(准确至0.000 1 g)试样，放入250 mL烧杯中，用蒸馏水润湿，加30 mL 1∶10盐酸，用表面皿盖住烧杯，加热近沸并保持微沸8～10 min。用水把表面皿洗净，冷却后把烧杯内的沉淀及溶液移入250 mL容量瓶中，用水定容至刻度，摇匀。

(2)待沉淀后，用移液管移取25 mL溶液于250 mL三角瓶中，加50 mL水稀释后，加酒石酸钾钠溶液1 mL、三乙醇胺溶液5 mL，再加入氨水－氯化铵缓冲溶液10 mL、酸性铬蓝K－萘酚绿B指示剂约0.1 g。用Na_2EDTA标准溶液滴定至溶液由酒红色变为纯蓝色时即为滴定终点，记下耗用Na_2EDTA标准溶液体积V_1。

(3)再从同一容量瓶中，用移液管吸取25 mL溶液，置于300 mL三角瓶中，加水150 mL稀释后，加三乙醇胺溶液5 mL及20%氢氧化钠溶液5 mL(此时待测溶液的$pH \geqslant 12$)，放入约0.2 g钙指示剂。用Na_2EDTA标准溶液滴定，至溶液由酒红色变为纯蓝色时即为滴定终点，记下消耗 Na_2EDTA 标准溶液体积 V_2。

（四）结果整理

（1）有效氧化镁的含量按下式计算：

$$MgO\% = \frac{T_{MgO}(V_1 - V_2) \times 10}{G \times 1\ 000} \times 100\% \tag{7-5}$$

式中 T_{MgO}——Na_2EDTA 标准溶液对氧化镁滴定度；

V_1——滴定钙、镁含量消耗 Na_2EDTA 标准溶液体积，mL；

V_2——滴定钙消耗 Na_2EDTA 标准溶液体积，mL；

10——总溶液对分取溶液的体积倍数；

G——试样质量，g。

（2）对同一石灰样品至少应做两个试样分别进行测定，并取两次结果的平均值作为测定值。

（五）试验记录

石灰有效 MgO 含量试验记录见表 7-2。

表 7-2　石灰有效 MgO 含量试验记录表　　试验日期：　　年　　月　　日

试验次数	石灰试样质量 G(g)	Na_2EDTA 标准溶液对氧化镁滴定度 T_{MgO}	滴定钙、镁含量消耗 Na_2EDTA 标准溶液体积 V_1(mL)	滴定钙消耗 Na_2EDTA 标准溶液体积 V_2(mL)	石灰中氧化镁的百分含量(%)	
					单值	平均值
1						
2						

试验者：________，日期：________；复核者：________，日期：________。

第二节　水泥细度、标准稠度用水量、凝结时间和体积安定性试验

一、水泥试验的一般规定

（一）编号和取样

以同一水泥厂、同品种、同强度等级编号和取样。编号根据水泥厂年生产能力规定(具体根据相关水泥标准)，每一编号作为一取样单位。取样可以在水泥输送管道中、袋装水泥堆场和散装水泥卸料处或输送水泥运输机具上进行。取样应有代表性，可连续取，也可从 20 个以上不同部位抽取等量水泥样品，总数不少于 12 kg。

（二）养护与试验条件

养护室温度应为(20 ± 1)℃，相对湿度应大于 90%；实验室温度应为(20 ± 2)℃，相对湿度应大于 50%。

（三）对试验材料的要求

（1）试样要充分拌匀，通过 0.9 mm 方孔筛并记录筛余物的百分数。

(2)实验室用水必须是洁净的饮用水。

(3)水泥试样、标准砂、拌和水及试模等温度均与实验室温度相同。

二、水泥细度试验(80 μm 筛筛析法)

(一)试验目的

水泥细度是水泥的一个重要技术指标,水泥的许多性质都与细度有关，通过试验来检验水泥的粗细程度,作为评定水泥质量的依据之一;学会正确使用仪器与设备,并熟悉其性能。水泥细度检验有比表面积法和筛析法。筛析法可分为负压筛法、水筛法和手工干筛法。三种方法均以过筛后遗留0.080 mm方孔筛上的筛余物的质量百分数来表示水泥样品的细度,鉴定结果发生争议时,以负压筛为准。

(二)试验仪器

(1)负压筛。采用边长为0.080 mm方孔铜筛网和圆形筛框组成,筛框直径为142 mm,高为25 mm(见图7-1),并附有透明的筛盖。

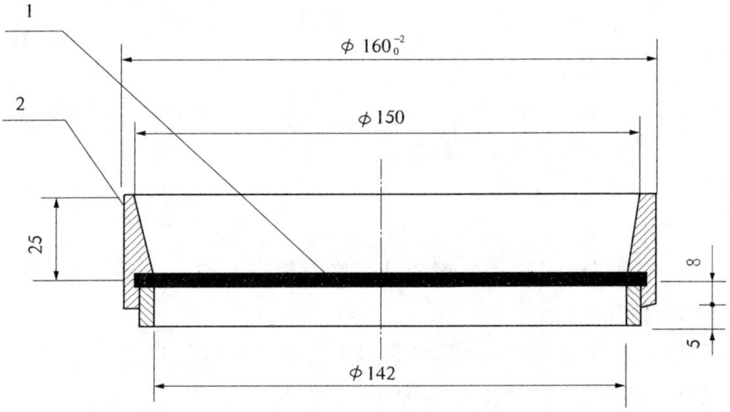

1—筛网;2—筛框

图7-1　负压筛 (单位:mm)

(2)负压筛析仪。它由筛座、负压筛、负压源及收尘器组成,其中筛座由转速为(30±2)r/min的喷气嘴、负压表、控制板、微电机及壳体等构成(见图7-2),负压可调范围为4 000~6 000 Pa,喷气嘴上口平面与筛网之间距离为2~8 mm。

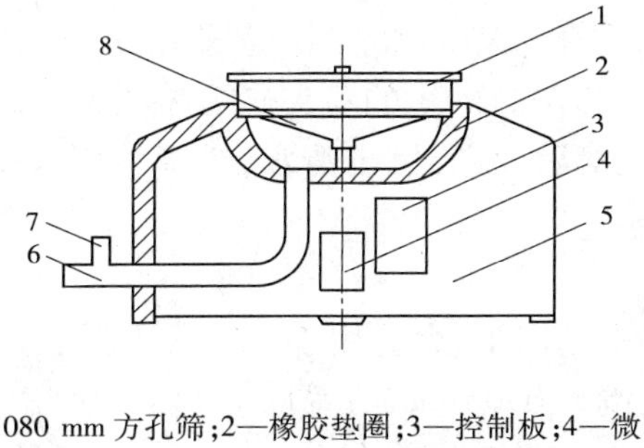

1—0.080 mm方孔筛;2—橡胶垫圈;3—控制板;4—微电机;
5—壳体;6—抽气口;7—风门(调节负压);8—喷气嘴

图7-2　负压筛析仪示意图

(3)天平。最大称量为 200 g,感量 0.05 g。

(4)水筛。由圆形筛框和筛网(结构尺寸见图 7-3)、筛支座(用于支撑筛布,并能带动筛子转动,转速为 50 r/min)、喷头(直径 55 mm,面上均匀分布 90 个孔,孔径为 0.5 ~0.7 mm,喷头底面和筛布之间的距离为 35 ~75 mm)(水筛架和喷头见图 7-4)组成。

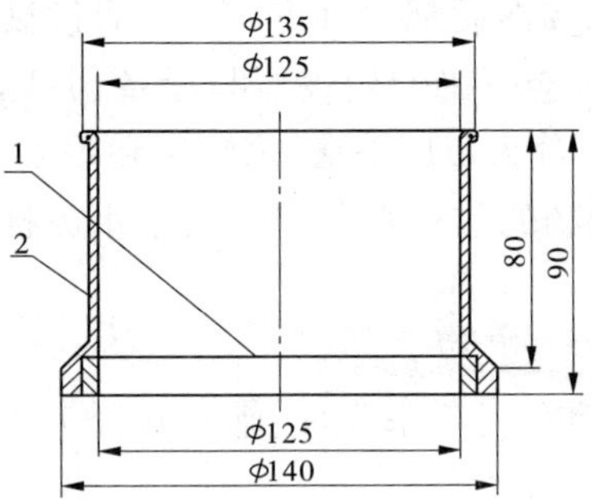

1—筛网;2—筛框

图 7-3　水筛　(单位:mm)

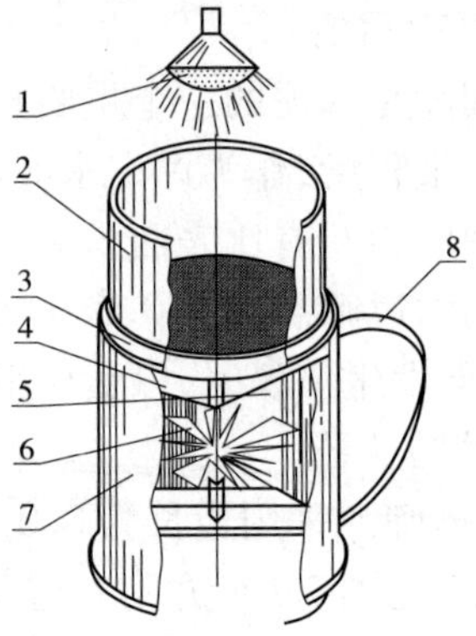

1—喷头;2—标准筛;3—旋转托架;4—集水斗;
5—出水口;6—叶轮;7—外筒;8—把手

图 7-4　水筛法装置系统

(5)其他。烘箱、料勺、搪瓷盘、毛刷等。

(三)试验步骤

1. 负压筛法

(1)筛析试验前,应把负压筛放在筛座上,盖上筛盖,接通电源,检查控制系统,调节负压至 4 000 ~6 000 Pa 范围内。

(2)称取水泥试样 25 g,置于洁净的负压筛中,盖上筛盖,放在筛座上,开动筛析仪连续筛析 2 min,在此期间,若有试样附着在筛盖上,可轻轻地敲击,使试样落下。

(3)筛毕,用天平称量筛余物 R_s(精确到 0.05 g),计算筛余百分数 F,结果精确至 0.1%。

(4)当工作负压小于 4 000 Pa 时,应清理吸尘器内水泥,使负压恢复正常。

2. 水筛法

(1)筛析试验前,应调整好水压及水筛架的位置,使其能正常运转。喷头底面和筛网之间距离为 35 ~75 mm。

(2)称取水泥试样 50 g,置于洁净的水筛中,立即用淡水冲洗至大部分细粉通过后,放在水筛架上,用水压为(0.05 ±0.02)MPa 的喷头连续冲洗 3 min。筛毕,用少量水把筛余物冲至蒸发皿中,等水泥颗粒沉淀后,小心倒出清水,烘干并用天平称量筛余物 R_s,计算筛余百分数 F,结果精确至 0.1%。

3. 手工干筛法

在没有负压筛仪和水筛的情况下,允许用手工干筛法测定。

(1)称取水泥试样 50 g 倒入 0.08 mm 方筛内。

(2)将水泥边筛边拍打,拍打速度每分钟约 120 次,每 40 次向同方向转动 60°,直至每分钟通过的试样量不超过 0.05 g。

(3)称量筛余物 R_s,计算筛余百分数 F,结果精确至 0.1%。

（四）结果整理

水泥试样筛余百分数按下式计算：

$$F = \frac{R_s}{m} \times 100\% \tag{7-6}$$

式中 F——水泥试样的筛余百分数（%）；

R_s——水泥筛余物的质量，g；

m——水泥试样的质量，g。

要求计算精确至0.1%。

（五）试验记录

水泥细度试验记录见表7-3。

表7-3 水泥细度试验记录表 试验日期： 年 月 日

试验次数	试样质量 m(g)	筛余物质量 R_s(g)	筛余率 F(%)	国家标准	结论	备注
1						
2				<10%		计算精度：0.1%
平均筛余率						

试验者：________，日期：________；复核者：________，日期：________。

三、水泥标准稠度用水量试验

（一）试验目的

水泥的凝结时间和安定性都与用水量有关，为了消除试验条件的差异而有利于比较，水泥净浆必须有一个标准的稠度。水泥达到标准稠度的净浆对标准试杆（或试锥）的沉入有一定的阻力。通过试验不同含水量水泥净浆的穿透性，以确定水泥标准稠度的净浆中所加水的量，以便为进行凝结时间和安定性试验做好准备。

（二）试验仪器

1.标准法维卡仪（标准稠度与凝结时间测定仪）

锥体滑动部分的总质量为（300±2）g，金属空心试锥锥底直径40 mm，高50 mm；锥模上口内径60 mm，高75 mm，见图7-5。

维卡仪上附有标准稠度测定用试杆（见图7-5（c）），其有效长度为（50±1）mm，由直径为（10±0.05）mm的圆柱形耐腐蚀金属制成。另有盛装水泥净浆的试模由耐腐蚀并有足够硬度的金属制成。盛装水泥净浆的试模（见图7-5（b））应由耐腐蚀的、有足够硬度的金属制成。试模为深为（40±0.2）mm、顶内径为（65±0.5）mm、底内径为（75±0.5）mm的截顶圆锥体。每只试模应配备1个大于试模、厚度≥2.5 mm的平板玻璃底板。

2.代用法维卡仪

基本同标准法维卡仪，用试锥取代试杆（见图7-5（b））。

3.水泥净浆搅拌机

水泥净浆搅拌机由搅拌叶片、搅拌锅、传动机构和控制系统组成（见图7-6），搅拌叶片作旋转方向相反的公转和自转，控制系统可自动控制或手动控制。

4.量水器

最小刻度0.1 mL，精度1%。

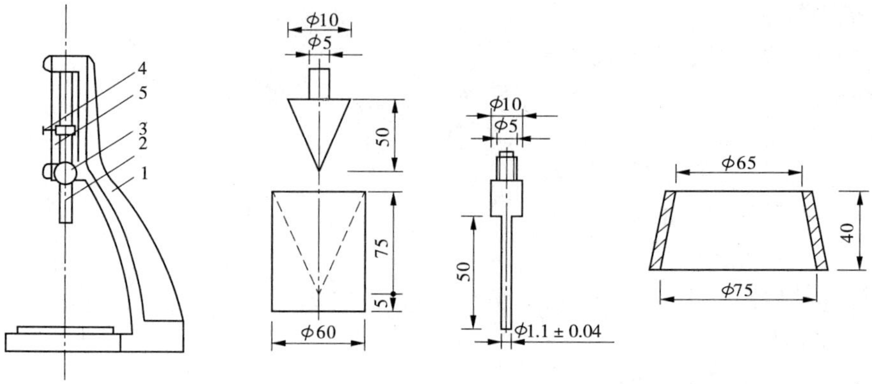

(a)试针支架　　(b)试锥和锥模　　(c)试针和圆模

1—铁座;2—金属圆棒;3—松紧螺丝;4—指针;5—标尺

图 7-5　维卡仪　（单位:mm）

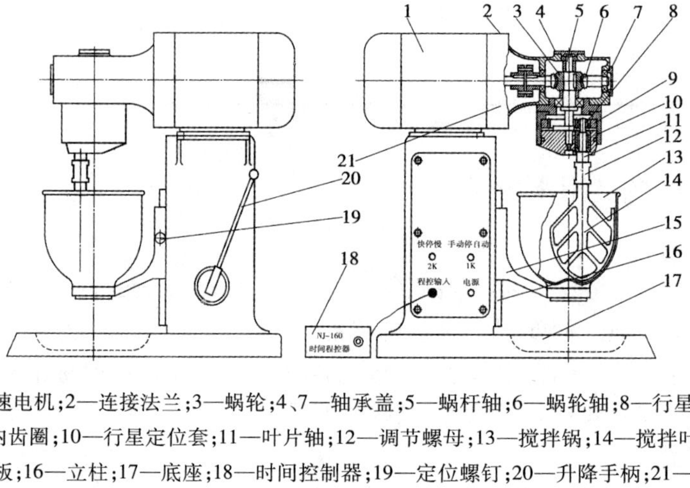

1—双速电机;2—连接法兰;3—蜗轮;4、7—轴承盖;5—蜗杆轴;6—蜗轮轴;8—行星齿轮;9—内齿圈;10—行星定位套;11—叶片轴;12—调节螺母;13—搅拌锅;14—搅拌叶片;15—滑板;16—立柱;17—底座;18—时间控制器;19—定位螺钉;20—升降手柄;21—减速器

图 7-6　水泥净浆搅拌机示意图

5. 天平

最大称量不小于 1 000 g,能准确称量至 1 g。

(三)试验步骤

1. 标准法

(1)试验前检查。仪器金属棒应能自由滑动,调整指至试杆接触玻璃板时,指针应对准标尺的零点,搅拌机运转正常等。

(2)水泥净浆制备。用湿布将搅拌锅和搅拌叶片擦一遍,将拌和用水倒入搅拌锅内,然后在 5 ~ 10 s 内小心将称量好的 500 g 水泥试样加入水中,防止水和水泥溅出;拌和时,先将锅放到搅拌机锅座上,升至搅拌位置,启动搅拌机,慢速搅拌 120 s,停拌 15 s,同时将叶片和锅壁上的水泥浆刮入锅中,接着快速搅拌 120 s 后停机。

(3)标准稠度用水量的测定。拌和完毕,立即将水泥净浆一次装入已置于玻璃板上的圆模内,用小刀插捣、轻轻振动数次,刮去多余净浆;抹平后迅速放到标准维卡仪上,并将其中心定在试杆下，降低试杆直至与水泥净浆表面接触，拧紧螺丝，然后突然放松，让试杆自由沉入净浆中。在试杆停止沉入或放松试杆 30 s 时记录试杆距底板之间的距离，升起试杆后，立即擦净，整个操作过程应在搅拌后 1.5 min 内完成。以试杆沉入净浆并距底板(6 ±1) mm 的水泥净浆为标准稠度净浆。

当试杆距离玻璃板小于 5 mm 时，应适当减水，重复水泥浆的拌制和上述过程；当试杆距离玻璃板大于 7 mm 时，应适当加水，重复水泥浆的拌制和上述过程。

2. 代用法

(1)试验前必须检查测定仪的金属滑杆能否自由滑动，当试锥降至锥模顶面位置时，指针应对准标尺的零点，搅拌机运转正常。

(2)水泥净浆的拌制同标准法。

(3)拌和用水量的确定。

采用代用法测定水泥标准稠度用水量可用调整水量法和固定水量法中任一方法测定。当采用调整水量法时，拌和水量按经验取值；当采用固定水量法时，拌和水量用 142.5 mL，水量准确至 0.5 mL，当有争议时，以调整水量法为准。

(4)标准稠度的测定。

①调整水量法。拌和用水量按经验找水。拌和结束后，立即将拌和好的净浆装入锥模，用小刀插捣、振动数次，刮去多余净浆；抹平后放到试锥下面的固定位置上，调整金属棒使锥尖接触净浆并固定松紧螺丝 1 ~2 s，然后突然放松，让试锥垂直自由地沉入水泥净浆中。当试锥下沉深度为(28 ±2)mm 时的净浆为标准稠度净浆，其拌和用水量即为标准稠度用水量 P，按水泥质量的百分比计。

②固定水量法。拌和用水量为 142.5 mL。拌和结束后，立即将拌和好的净浆装入锥模，用小刀插捣，振动数次，刮去多余净浆；抹平后放到试锥下面的固定位置上，调整金属棒使锥尖接触净浆并固定松紧螺丝 1 ~2 s，然后突然放松，让试锥垂直自由地沉入水泥净浆中。在试锥停止下沉或释放试锥 30 s 时记录试锥下沉深度 S。整个操作应在搅拌后 1.5 min 内完成。

(四)结果整理

1. 标准法

以试杆沉入净浆并距底板(6 ±1)mm 的水泥净浆为标准稠度净浆。其拌和用水量为该水泥的标准稠度用水量 P，以水泥质量的百分比计，按下式计算：

$$P = \frac{W}{500} \times 100\% \tag{7-7}$$

式中 P——水泥的标准稠度用水量(%)；

W——拌和用水量，g。

若超出范围，须另称试样，调整水量，重做试验，直至达到杆沉入净浆并距底板(6 ±1) mm。

2. 代用法

(1)用固定水量方法测定时，根据测得的试锥下沉深度 S(mm)，可从仪器上对应标尺读出标准稠度用水量 P 或按下面的经验公式计算其标准稠度用水量 P(%)。

$$P = 33.4 - 0.185S \tag{7-8}$$

当试锥下沉深度小于 13 mm 时,应改用调整水量方法测定。

(2)用调整水量方法测定时,以试锥下沉深度为(28 ±2)mm 时的净浆为标准稠度净浆,其拌和用水量为该水泥的标准稠度用水量 P(%),以水泥质量百分数计,计算公式同标准法。

若下沉深度超出范围,须另称试样,调整水量,重新试验,直至达到(28 ±2)mm。

(五)试验记录

水泥标准稠度用水量的试验记录见表 7-4。

表 7-4　水泥标准稠度用水量试验记录表　　试验日期:　　年　　月　　日

试验次数	标准法				代用法			
	试样质量(g)	用水量 W(mL)	试杆下沉深度 S(mm)	稠度用水量 P(%)	试样质量(g)	用水量 W(mL)	试锥下沉深度 S(mm)	标准稠度用水量 P(%)
1	500							
2	500							

试验者:________,日期:________;复核者:________,日期:________。

四、水泥凝结时间试验

(一)试验目的

测定水泥加水后至开始凝结(初凝)以及凝结终了(终凝)所用的时间,用以评定水泥性质,并判定它是否符合技术标准要求,能否满足施工要求。

(二)试验仪器

1. 凝结时间维卡仪

与测定标准稠度所用的测定仪相同,但试杆(试锥)应换成初凝用试针(见图 7-7(a))或换成终凝用试针(见图 7-7(b)),试模与测定标准稠度用的试模相同。

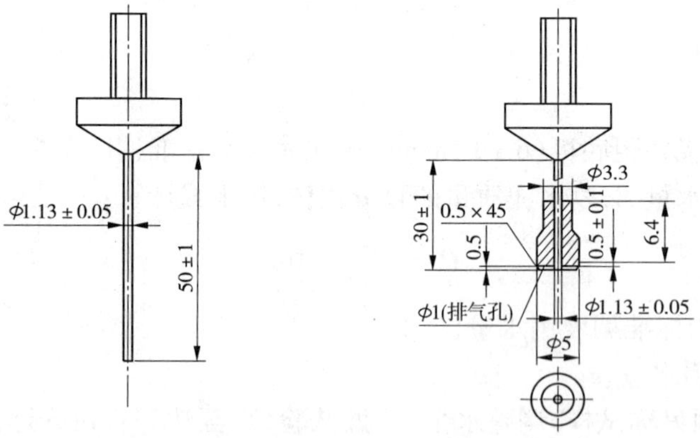

(a)初凝用试针　　(b)终凝用试针

图 7-7　水泥凝结时间测定用试针与试环

2. 水泥净浆搅拌机

与测定标准稠度时所用相同(见图 7-6)。

3. 标准养护箱

温度为(20 ±1)℃,相对湿度不低于 90%。

4. 量水器

最小刻度 0.1 mL,精度 1%。

5. 天平

最大称量不小于 1 000 g,能准确称量至 1 g。

(三)试验步骤

(1)测定前,将圆模放在玻璃板上,在圆模的内侧涂上一层机油,调整凝结时间测定仪的试针接触玻璃板时,指针对准零点。

(2)称取水泥试样 500 g,以标准稠度用水量加水,用水泥净浆搅拌机搅拌水泥净浆,方法同水泥标准稠度用水量试验,记录加水的时间作为凝结时间的起始时间 t_1。拌和结束后,立即将净浆一次装满圆模中,振动数次后刮平,立即放入养护箱中。

(3)试体在养护箱中养护至加水后 30 min 时进行第一次测定。

(4)测定时,从养护箱中取出圆模放到试针下,降低试针与水泥净浆表面接触。拧紧螺丝 1 ~2 s 后,突然放松,试针垂直自由地沉入水泥净浆,观察试针停止下沉或释放试针 30 s 时指针的读数。

(5)当试针沉至距底板(4 ±1)mm 时,记下此时的时间为 t_2,为水泥达到初凝状态,由水泥全部加入水中至初凝状态的时间为水泥初凝时间,用 min 表示。

(6)完成初凝时间测定后,立即将圆模连同浆体以平移的方式从玻璃板取下,翻转 180°,直径大端向上,小端向下放在玻璃板上,再放入养护箱中继续养护,临近终凝时间时每隔 15 min 测定一次,当试针沉入试体 0.5 mm,即环形附件开始不能在试体上留下痕迹时,记下此时的时间为 t_3,为水泥达到终凝状态,由水泥全部加入水中至终凝状态的时间为水泥的终凝时间,用 min 表示。

(四)结果整理

(1)计算时刻 t_1 至时刻 t_2 时所用时间,即初凝时间 $t_{初} = t_2 - t_1$(用 min 表示)。

(2)计算时刻 t_1 至时刻 t_3 时所用时间,即终凝时间 $t_{终} = t_3 - t_1$(用 min 表示)。

(五)试验记录

水泥凝结时间(初凝时间和终凝时间)的试验记录见表 7-5。

表 7-5 水泥凝结时间试验记录表 试验日期: 年 月 日

试验次数	开始加水拌和时间 t_1(h:min)	初凝			终凝		
		试针沉入距底板的高度(mm)	出现初凝现象的时间 t_2(h:min)	初凝时间 $t_{初}$(min)	试针沉入深度(mm)	出现终凝现象的时间 t_3(h:min)	终凝时间 $t_{终}$(min)
1							
2							
结 论							

试验者:________,日期:________;复核者:________,日期:________。

五、水泥体积安定性试验

（一）试验目的

检验水泥浆在硬化过程中体积变化是否均匀，是否因体积变化不均匀而引起膨胀、裂缝或翘曲现象，以决定水泥是否可以使用。水泥安定性试验为沸煮法，用以检验水泥中游离氧化钙过多造成的体积安定性不良。沸煮法又分为雷氏夹法（标准法）和试饼法（代用法），当两者的试验结果发生争议时，以雷氏法为准。雷氏法是观测由两个试针的相对位移所指示的水泥标准稠度净浆体积膨胀的程度，即水泥净浆在雷氏夹中沸煮后的膨胀值。试饼法是观测水泥标准稠度净浆试饼的外形变化程度。

（二）试验仪器

1. 沸煮箱

沸煮箱的内层由不易锈蚀的金属材料制成。箱内能保证试验用水在（30 ± 5）min 由室温升到沸腾，并可始终保持沸腾状态 3 h 以上。整个试验过程无须增添试验水量。箱体有效容积为 410 mm × 240 mm × 310 mm，一次可放雷氏夹试样 36 件或试饼 30 ~ 40 个。篦板与电热管的距离大于 50 mm。箱壁采用保温层，以保证箱内各部位温度一致。

2. 雷氏夹

雷氏夹由铜质材料制成，其结构见图 7-8。当一根指针的根部悬挂在一根金属丝或尼龙丝上，另一根指针的根部再挂上 300 g 质量的砝码时，两根指针的针尖距离增加应在（17.5 ± 2.5）mm范围（见图 7-9 的 $2x$）以内，当去掉砝码后针尖的距离能恢复到挂砝码前的状态。

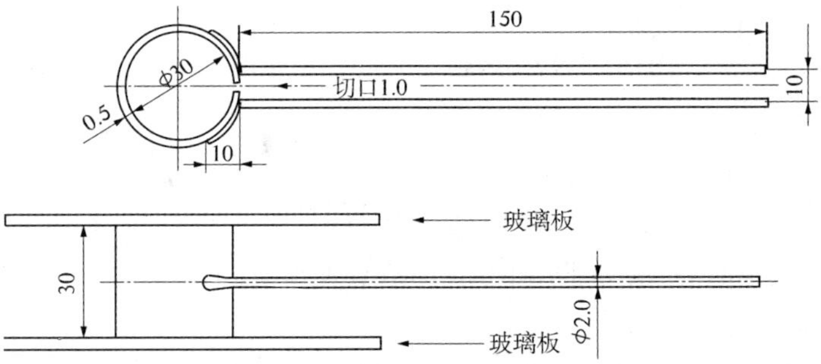

图 7-8　雷氏夹（单位：mm）

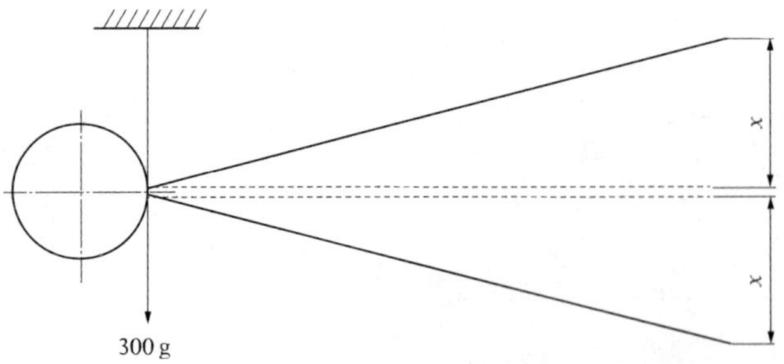

图 7-9　雷氏夹受力示意图

3. 雷氏夹膨胀测定仪

如图 7-10 所示，雷氏夹膨胀测定仪标尺最小刻度为 0.5 mm。

4. 玻璃板

每个雷氏夹需配备质量为 75 ~ 80 g 的玻璃板两块。若采用试饼法（代用法），一个样品需准备两块约 100 mm × 100 mm × 4 mm 的玻璃板。

5. 其他设备

其他设备同标准稠度用水量试验。

（三）试验步骤

1. 水泥标准稠度净浆的制备

称取 500 g 水泥，以标准稠度用水量，用水泥净浆搅拌机搅拌水泥净浆。

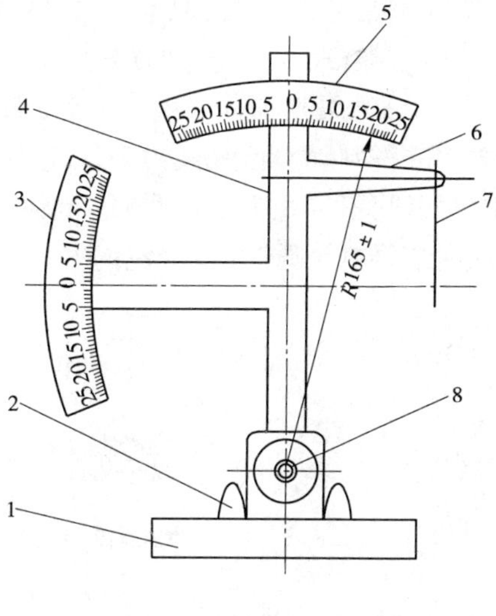

1—底座；2—模子座；3—测弹性标尺；4—立柱；5—膨胀标尺；6—悬臂；7—悬丝；8—弹簧钮

图 7-10　雷氏夹膨胀测定仪

2. 标准法（雷氏法）

（1）每个试样需成型两个试件，每个雷氏夹需配备质量为 75 ~ 85 g 的玻璃板两块，凡与水泥净浆接触的玻璃板和雷氏夹内表面都要稍稍涂上一层油。

（2）将预先准备好的雷氏夹放在已稍擦油的玻璃板上，并立即将已制好的标准稠度净浆一次装满雷氏夹，装浆时一只手扶持雷氏夹，另一只手用宽约 10 mm 的小刀插捣数次，然后抹平，盖上稍涂油的玻璃板，接着立即将试件移至湿气养护箱内养护（24 ± 2）h。

（3）调整好沸煮箱内的水位，使能保证在整个沸煮过程中都超过试件，不需中途添补试验用水，同时能保证在（30 ± 5）min 内升至沸腾。

（4）脱去玻璃板，取下试件，先测量雷氏夹指针尖端间的距离（A），精确到 0.5 mm，接着将试件放入沸煮箱水中的试件架上，指针朝上，然后在（30 ± 5）min 内加热至沸并恒沸（180 ± 5）min。

（5）结果判别。沸煮结束后，立即放掉沸煮箱中的热水，打开箱盖，待箱体冷却至室温，取出试件进行判别。测量雷氏夹指针尖端的距离（C），准确至 0.5 mm。当两试件煮后增加距离 $C-A$ 的平均值不大于 5.0 mm 时，即认为该水泥安定性合格；当两个试件的 $C-A$ 值相差超过 4.0 mm 时，应用同一样品立即重做一次试验。再如此，则认为该水泥为安定性不合格。

3. 代用法（试饼法）

（1）每个样品需要准备两块约 100 mm × 100 mm 的玻璃板，凡与水泥净浆接触的玻璃板都要稍稍涂上一层油。

（2）将制好的标准稠度净浆取出一部分分成两等份，每份约 75 g，使之成球形，放在预先准备好的玻璃板上。

（3）轻轻振动玻璃板并用湿布擦过的小刀由边缘向中央抹，做成直径为 70 ~ 80 mm、中心厚约 10 mm、边缘渐薄、表面光滑的试饼。

（4）接着将试饼放入湿气养护箱内养护（24 ± 2）h。

（5）调整好沸煮箱内的水位，使其能保证在整个沸煮过程中都超过试件，不需中途添补试验用水，同时能保证在（30 ± 5）min 内加热至恒沸。

(6)脱去玻璃板,取下试饼,在试饼无缺陷的情况下,将试饼放在沸煮箱内水中的篦板上,然后在(30 ±5) min 内加热至沸,并恒沸(180 ±5) min。

(7)结果判别。沸煮结束后,即放掉沸煮箱中热水,打开箱盖,待箱体冷却至室温,取出试件进行判别。目测试饼未发现裂缝,用直尺检查也没有弯曲(使钢直尺和试饼底部紧靠,以两者间不透光为不弯曲)的试饼为安定性合格,反之为不合格(见图 7-11)。当两个试饼判别结果有矛盾时,该水泥的安定性也为不合格。安定性不合格的水泥禁止在工程中使用。

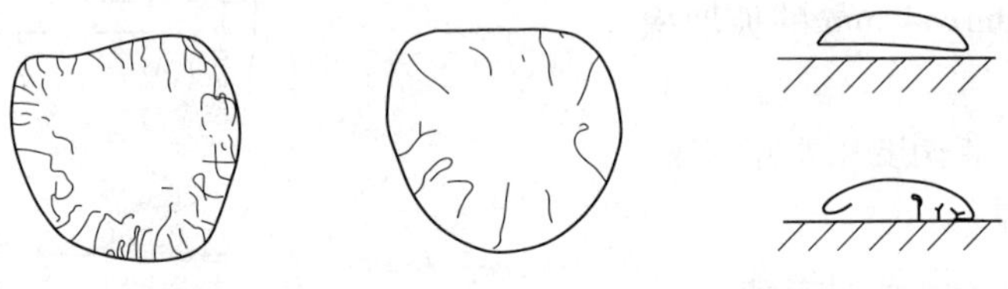

(a)崩溃　　(b)放射性龟裂　　(c)弯曲

图 7-11　安定性不合格的试饼

(四)试验记录

水泥体积安定性的试验记录见表 7-6。

表 7-6　水泥体积安定性试验记录表　　　　试验日期:　　年　　月　　日

试验次数	试验前雷氏夹针尖间距 A(mm)	试验后雷氏夹针尖间距 C(mm)	增加距离 $C-A$(mm)	
1			单值	测定值
2				
结 论				

试验者:________,日期:________;复核者:________,日期:________。

第三节　水泥胶砂强度(ISO)试验

一、试验目的

通过检测不同龄期的抗压强度、抗折强度,确定水泥的强度等级或评定水泥强度是否符合标准要求。

二、试验仪器

(一)行星式水泥胶砂搅拌机

行星式水泥胶砂搅拌机应符合《水泥胶砂强度检验方法(1SO 法)》(GB/T 17671—1999)要求(见图 7-12)。工作时搅拌叶片既绕自身轴线转动,又沿搅拌锅周边公转,运动轨道似行星式的水泥胶砂搅拌机。

(二)胶砂试体成型振实台

胶砂试体成型振实台由可以跳动的台盘和使其跳动的凸轮等组成(见图 7-13)。振实

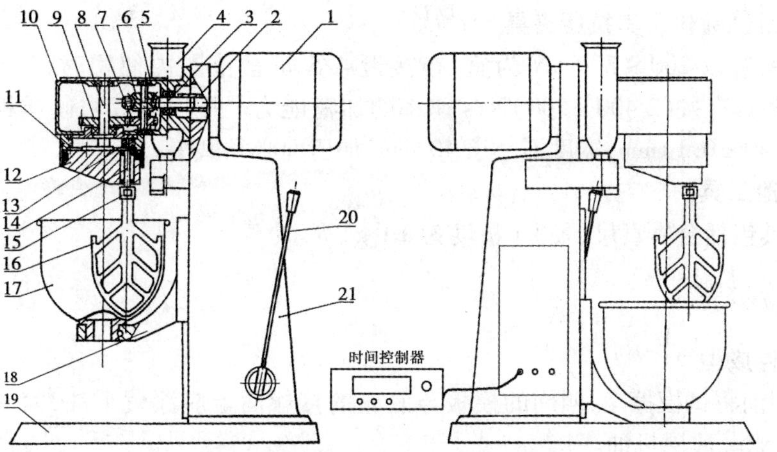

1—电机;2—联轴套;3—蜗杆;4—砂罐;5—传动箱盖;6—蜗轮;7—齿轮Ⅰ;8—主轴;
9—齿轮Ⅱ;10—传动箱;11—内齿轮;12—偏心座;13—行星齿轮;14—搅拌叶轴;
15—调节螺母;16—搅拌叶;17—搅拌锅;18—支座;19—底座;20—手柄;21—立柱

图 7-12　胶砂搅拌机结构示意图

台的振幅为(15 ±0.3)mm,振动频率为 60 次/(60 ±2)s。

(三)试模

试模为可装卸的三联模,由隔板、端板、底板组成(见图 7-14),组装后内壁各接触面应互相垂直。试模可同时成型三条为 40 mm×40 mm×160 mm 的棱形实体。

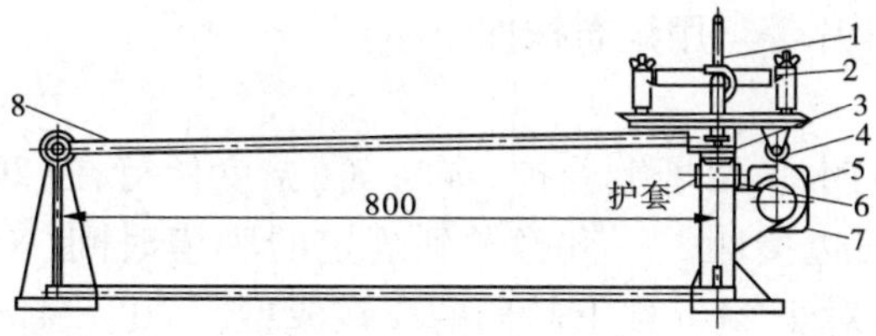

1—卡具;2—模套;3—突头;4—随动轮;
5—凸轮;6—止动器;7—同步电机;8—臂杆

图 7-13　胶砂振动台

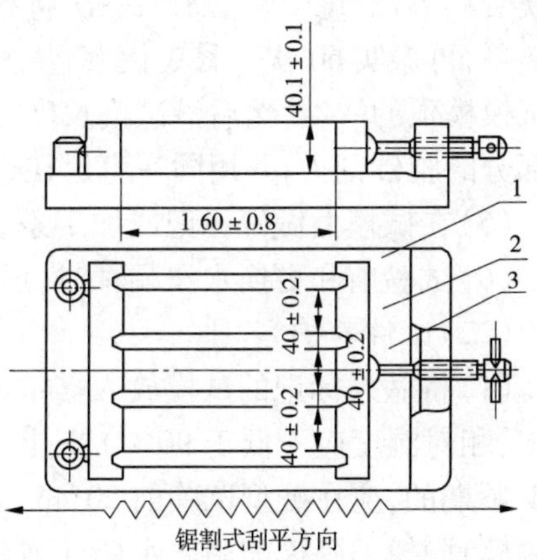

1—隔板;2—端板;3—底板

图 7-14　水泥胶砂强度检验试模

(四)抗折试验机及其抗折夹具

一般采用双杠杆的,抗折强度也可用抗压强度试验机来测定,抗折夹具的加荷与支撑圆柱直径均为(10 ±0.1)mm,两个支撑圆柱中心距为(100 ±0.2)mm。抗折强度试验机应符合《水泥胶砂电动机抗折试验机》(JC/T 724—2005)的要求。

（五）抗压试验机及其抗压夹具

抗压试验机以 200～300 kN 为宜，在接近 4/5 量程范围内使用时，记录的荷载应有 ±1% 精度，并具有按（2 400 ±200）N/s 速率的加荷能力。抗压夹具由硬质钢材制成。上、下压板长为（40 ±0.1）mm，宽度不小于 40 mm，加压面必须磨平。

（六）其他工具

其他工具包括金属直尺、天平（精度为 ±1 g）等。

三、试验步骤

（一）试件成型

（1）成型前将试模擦净，四周的模板与底座的接触面上应涂黄干油，紧密装配，防止漏浆，内壁均匀刷一薄层机油。

（2）按水泥试样、中国标准砂（ISO）、水，以质量计的配合比为 1∶3∶0.5，一次成型三条试体，需称量水泥（450 ±2）g、（ISO）标准砂（1 350 ±5）g、用水量（225 ±1）mL。

（3）使搅拌机处于待工作状态，先将水加入锅里，再加入水泥，把锅放在固定架上，上升至固定位置。然后立即开动机器，低速搅拌 30 s 后，在第二个 30 s 开始的同时均匀地将砂子加入。把机器转至高速再拌 30 s。停拌 90 s，在第一个 15 s 内用一胶皮刮具将叶片和锅壁上的胶砂刮入锅中间。在高速下继续搅拌 60 s。各个搅拌阶段，时间误差应在 ±1 s 以内。停机后，将黏在叶片上的胶砂刮下，取下搅拌锅。

（4）在搅拌胶砂的同时，将试模和模套固定在振实台上。用一个适当的勺子直接从搅拌锅里将胶砂分两层装入试模，装第一层时，每个槽里约放 300 g 胶砂，用大播料器垂直架在模套顶部，沿每个模槽来回一次将料层播平，接着振实 60 次。再装第二层胶砂，用小播料器播平，再振实 60 次。移走模套，从振实台上取下试模，用一金属直尺以近似 90°的角度架在试模模顶的一端，然后沿试模长度方向以横向锯割动作慢慢向另一端移动，一次将超过试模部分的胶砂刮去，并用同一直尺在近乎水平的情况下将试体表面抹平。

（5）在试模上做好标记或加字条表明试件编号和试件相对于振实台的位置。

（6）试验前和更换水泥品种时，搅拌锅、叶片等须用湿布抹擦干净。

（二）试件养护

（1）将做好标记的试模放入雾室或湿箱的水平架子上养护，湿空气（温度保持在（20 ±1）℃，相对湿度应不低于 90%）应能与试模各边接触。一直养护到规定的脱模时间（对于 24 h 龄期的，应在破型试验前 20 min 内脱模，对于 24 h 以上龄期的应在成型后 20～24 h 之间脱模）脱模。脱模前用防水墨汁或颜料笔对试体进行编号和做其他标记，两个龄期以上的试体，在编号时应将同一试模中的三条试体分在两个以上龄期内。

（2）将做好标记的试件立即水平或竖直放在（20 ±1）℃水中养护，水平放置时刮平面应朝上；养护期间试件之间间隔或试体上表面的水深不得小于 5 mm，每个养护池只养护同类型的水泥试件。最初用自来水装满养护池，以后随时加水，保持适当的恒定水位，不允许在养护期间全部换水。

（三）强度试验

试件从水中取出后，在强度试验前应用湿布覆盖，各龄期试样强度测定的时间范围见表 7-7。

表 7-7 各龄期试样强度测定的时间范围

龄期	1 d	2 d	3 d	7 d	28 d
时间范围	24 h ± 15 min	48 h ± 30 min	3 d ± 45 min	7 d ± 2 h	28 d ± 8 h

1. 抗折强度试验

(1)测定前须擦去试样表面的水分和砂粒,消除夹具上圆柱表面黏着的杂物。采用杠杆式抗折试验机进行抗折强度检测,在试样放入之前,应先将游动砝码移至零刻度线,调整平衡砣,使杠杆处于平衡状态。试样放入后,调整夹具,使杠杆有一仰角,从而在试样折断时尽可能地接近平衡位置。然后,启动电机,丝杆转动带动游动砝码给试样加荷;加荷速度为(50 ± 10) N/s。试样折断后从杠杆上可直接读出破坏荷载和抗折强度。

(2)保持两个半截棱柱体处于潮湿状态直至抗压试验。

(3)抗折强度值,可在仪器的标尺上直接读出强度值,也可在标尺上读出破坏荷载值,按下式计算(精确至 0.1 MPa):

$$R_f = \frac{1.5F_fL}{b^3} = 0.002\ 34F_f \tag{7-9}$$

式中 R_f——抗折强度,MPa;

F_f——折断时施加于棱柱体中部的荷载,N;

L——支撑圆柱之间的距离,mm;

b——棱柱体正方形截面的边长,mm。

(4)抗折强度的评定:以一组三个棱柱体抗折强度结果的平均值作为试验结果。当三个强度值中有超出平均值 ±10% 时,应剔除后再取平均值作为抗折强度试验结果。

2. 抗压强度试验

(1)抗折试验后的两个断块应立即进行抗压强度试验,抗压强度试验必须用抗压夹具进行,试验体受压面为 40 mm × 40 mm。试验时以半截棱柱体的侧面作为受压面,试体的底面靠近夹具定位销,并使夹具对准压力机压板中心。

(2)压力机加荷速度应控制在(2 400 ± 200) N/s,均匀地加荷直至破坏。

(3)抗压强度 R_c 按下式计算:

$$R_c = \frac{F_c}{A} = 0.000\ 625F_c \tag{7-10}$$

式中 R_c——抗压强度,MPa;

F_c——破坏时的最大荷载,N;

A——受压部分面积,即 40 mm × 40 mm = 1 600 mm^2。

(4)抗压强度的评定:以一组三个棱柱体上得到的六个抗压强度测定值的算术平均值作为试验结果。如果六个测定值中有一个超出六个平均值的 ±10%,就应剔除这个结果,以剩下五个的平均数为结果,如果五个测定值中再有超过它们平均数 ±10% 的,则此组结果作废。

(四)结果分析及试验记录

将试验及计算所得到的各标准龄期抗折强度值和抗压强度值,对照国家规范所规定的水泥各标准龄期的强度值，来确定或验证水泥强度等级。要求各龄期的强度值均不低于规范所规定的强度值。水泥胶砂强度测定的试验记录见表 7-8。

表 7-8　水泥胶砂强度测定的试验记录表　　　　试验日期：　　年　　月　　日

试件编号	龄期(d)	抗折强度					抗压强度			水泥强度等级
		破坏荷载(N)	支点间距(mm)	试体尺寸 宽度(mm)	试体尺寸 高度(mm)	抗折强度 R_f(MPa)	破坏荷载 F_c(N)	受压面积 A(mm^2)	抗压强度 R_c(MPa)	
①	3									
②										
③										
④	28									
⑤										
⑥										
结论		根据国家标准，该水泥强度等级为：								

试验者：________，日期：________；复核者：________，日期：________。

第四节　钢筋拉伸与冷弯试验

一、钢筋取样与验收规则

（1）钢筋混凝土用热轧钢筋，同一截面尺寸和同一炉罐号组成的钢筋应分批检验和验收，每批质量不大于 60 t。

（2）钢筋应有出厂证明书或试验报告单。验收时应抽样检验，其检验项目主要有拉伸试验与冷弯试验两项；钢筋在使用中当有脆断、焊接性能不良或机械性能显著不正常时，尚应进行化学成分分析，验收时还包括尺寸、表面及质量偏差等检验。

（3）钢筋拉伸与冷弯试验用的试样不允许进行车削加工，试验应在 10 ~ 35 ℃控制条件下进行，否则应在报告中注明。

（4）验收取样时，自每批钢筋中任取 2 根（与每根距端部 500 mm 处各取一套试样）截取拉伸试样 2 根，任取 2 根截取冷弯试样。在拉伸试验的 2 根试件中，若其中有 1 根试件的屈服点、抗拉强度和伸长率等 3 个指标中有 1 个达不到标准中的规定值，或冷弯试验的 2 根试件中有 1 根不符合标准要求，则在同 1 批中再抽取双倍数量的试样进行该不合格项目的复验，复验结果中只要有 1 个指标不合格，则该试验项目判为不合格，整批不得交货。

二、钢筋的拉伸试验

（一）试验目的

了解钢筋拉伸试验的工作原理，掌握钢筋拉伸试验的试验方法。测定钢筋屈服强度、抗拉极限强度、伸长率的技术指标，作为评定钢筋力学性能的技术依据。

（二）试验仪器

（1）万能试验机。其示值误差不大于 1%。量程的选择：试验时达到最大荷载时，指针最好在第三象限（180°～270°）内，或者数显破坏荷载在量程的 50%～75%。

（2）其他。钢筋划线机、游标卡尺（精度为 0.1 mm）、天平等。

（三）试验步骤

1. 试件制作和准备

（1）试件分为比例试件和非比例试件。试件原始标距与原始横截面面积有 $L_0 = K\sqrt{S_0}$ 关系者称为比例试件。国际上使用的比例系数 K 的值为 5.65，原始标距应不小于 15 mm。当试件横截面面积太小，以致采用比例系数 K 为 5.65 的值不能符合这一最小标距要求时，可以采用较高的值（优先采用 11.3 的值）或采用非比例试样。非比例试样的原始标距（L_0）与其原始横截面面积（A_0）无关。

（2）拉伸试验用钢筋试件不得进行车削加工，可以用两个或一系列等分小冲点或细划线标出试件原始标距（标记不应影响试样断裂）。

（3）试件原始尺寸的测定。

①测量标距长度 L_0，精确至 0.1 mm，如图 7-15 所示。

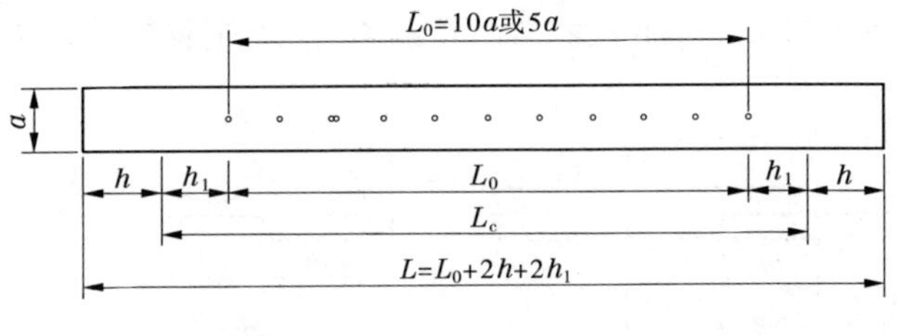

a—试样原始直径；L_0—标距长度；h_1—取（0.5～1）a；h—夹具长

图 7-15　钢筋拉伸试验试件

②圆形试件横断面直径应在标距的两端及中间处两个相互垂直的方向上各测一次，取其算术平均值，选用三处测得的横截面面积中最小值，横截面面积按下式计算：

$$A_0 = \frac{1}{4}\pi d_0^2 \tag{7-11}$$

式中　A_0——试件的横截面面积，mm^2；

d_0——圆形试件原始横断面直径，mm。

③也可以根据公称直径按表 7-9 所示选取公称横截面面积，mm^2。

表 7-9　钢筋的公称横截面面积

公称直径(mm)	公称横截面面积(mm^2)	公称直径(mm)	公称横截面面积(mm^2)
8	50.27	22	380.1
10	78.54	25	490.9
12	113.1	28	615.8
14	153.9	32	804.2
16	201.1	36	1 018
18	254.5	40	1 257
20	314.2	50	1 964

2. 试验操作步骤

将试件上端固定在试验机上夹具内,调整试验机零点,装好描绘器、纸、笔等,再用下夹具固定试件下端。

(1)开动试验机进行拉伸,拉伸速度为:屈服前应力增加速度为 10 MPa/s;屈服后试验机活动夹头在荷载下移动速度不大于 $0.5L_c$/min,直至试件拉断。

(2)拉伸过程中,测力度盘指针停止转动时的恒定荷载,或第一次回转时的最小荷载,即为屈服荷载 F_s(N)。向试件继续加荷直至试件拉断,读出最大荷载 F_b(N)。

(3)测量试件拉断后的标距长度 L_1。将已拉断的试件两端在断裂处对齐,尽量使其轴线位于同一条直线上。

当拉断处距离邻近标距端点大于 $L_0/3$ 时,可用游标卡尺直接量出 L_1。当拉断处距离邻近标距端点小于或等于 $L_0/3$ 时,可按下述移位法确定 L_1:在长段上自断点起,取等于短段格数得 B 点,再取等于长段所余格数(偶数如图 7-16(a)所示)之半得 C 点;或者取所余格数(奇数如图 7-16(b)所示)减 1 与加 1 之半得 C 与 C_1 点。则移位后的 L_1 分别为 $AB+2BC$ 或 $AB+BC+BC_1$。

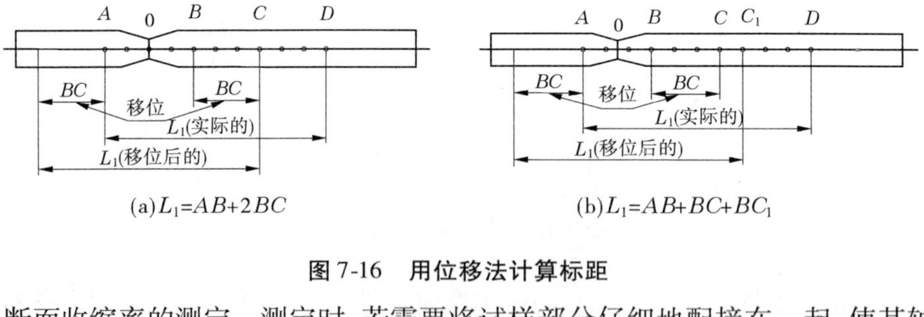

图 7-16　用位移法计算标距

(4)断面收缩率的测定。测定时,若需要将试样部分仔细地配接在一起,使其轴线处于同一直线,对于圆形横截面试样,在缩颈最小处相互垂直方向测量直径,取其算术平均值计算最小横截面面积;对于矩形横截面试样,测量缩颈处的最大宽度和最小厚度,两者之乘积为断后最小横截面面积。原始横截面面积与断后最小横截面面积之差除于原始横截面面积的百分率,得到断面收缩率。

(四)结果评定

(1)钢筋的屈服点 σ_s 和抗拉强度 σ_b 按下式计算:

$$\sigma_s = \frac{F_s}{A_0} \tag{7-12}$$

$$\sigma_b = \frac{F_b}{A_0} \tag{7-13}$$

式中　σ_s、σ_b——钢筋的屈服点和抗拉强度,MPa;

F_s、F_b——钢筋的屈服荷载和最大荷载,N;

A_0——试件的公称横截面面积,mm^2。

当 σ_s、σ_b 大于 1 000 MPa 时,应计算至 10 MPa,按“四舍六入五单双法”修约;当 σ_s、σ_b 为 200 ~ 1 000 MPa 时,计算至 5 MPa,按“二五进位法”修约;当 σ_s、σ_b 小于 200 MPa 时,计算至 1 MPa,小数点数字按“四舍六入五单双法”处理。

(2)钢筋的伸长率按下式计算:

$$\delta_n = \frac{L_1 - L_0}{L_0} \times 100\% \tag{7-14}$$

式中　δ_n——试件的断后伸长率(精确至 1%);

L_1——拉断后标距长度,mm;

L_0——原标距长度,mm,精确至 0.1 mm。

(3)试件断面收缩率按下式计算:

$$\psi = \frac{A_0 - A_1}{A_0} \times 100\% \tag{7-15}$$

式中　ψ——试件的断后收缩率(%);

A_1——横截最大缩减面积,mm^2;

A_0——原始横截面面积,mm^2。

(五)试验记录

钢筋拉伸的试验记录见表 7-10。

表 7-10　钢筋拉伸试验记录表　　　试验日期:　　年　　月　　日

编号	钢材名称	牌号	试件尺寸		原始标距(mm)	荷载		断后标距(mm)	横截缩减面积(mm^2)	强度		伸长率(%)	断后收缩率(%)
			公称尺寸(mm)	公称面积(mm^2)		屈服(kN)	极限(kN)			屈服(MPa)	极限(MPa)		
1													
2													

试验者:________,日期:________;复核者:________,日期:________。

三、钢筋的冷弯试验

(一)试验目的

掌握钢筋冷弯试验的测定方法,检验钢筋承受规定弯曲程度的变形性能,确定其可加工性能,并显示其缺陷。

(二)试验仪器

万能机。附有冷弯支座和弯心,支座和弯心顶端圆柱应有一定的硬度,以免受压变形。

亦可采用特制冷弯试验机。

(三)试验步骤

1. 试件制备

(1)试件的弯曲外表面不得有划痕。

(2)试样加工时,应去除剪切或火焰切割等形成的影响区域。

(3)当钢筋直径小于35 mm时,不需加工,直接试验;当试验机能量允许时,直径不大于50 mm的试件亦可用全截面的试件进行试验。

(4)当钢筋直径大于35 mm时,应加工成直径为25 mm的试件。加工时应保留一侧原表面,弯曲试验时,原表面应位于弯曲的外侧。

(5)弯曲试件长度根据试件直径和弯曲试验装置而定,通常按下式确定试件长度:

$$L = 5d + 150\ \text{mm}$$

2. 调整支辊距离

按图7-17(a)调整两支辊之间的距离,使其距离 $L_1 = a + 2.5d$。

将试件按图7-17(a)安放好后,平稳地加荷,在荷载作用下,钢筋贴着冷弯压头,钢筋弯曲至规定角度(90°或180°)后,停止冷弯,如图7-17(b)和图7-17(c)所示。

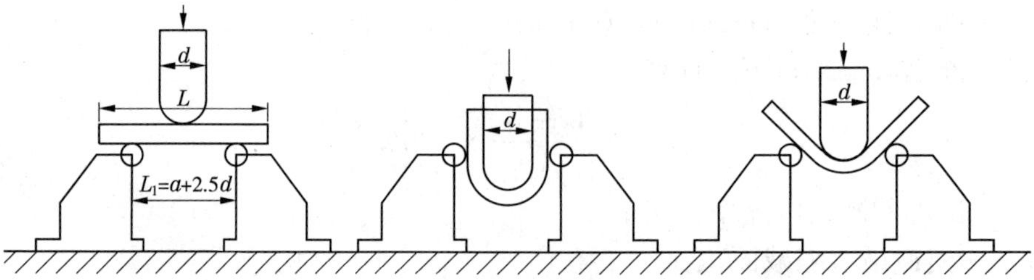

(a)冷弯试件和支座　　(b)弯曲180°　　(c)弯曲90°

图7-17　钢筋冷弯试验装置示意图

(四)结果评定

按以下五种试验结果评定方法进行,若无裂纹、裂缝或裂断,则评定试件合格。

(1)完好。当试件弯曲处的外表面金属基本上无肉眼可见因弯曲变形产生的缺陷时,称为完好。

(2)微裂纹。当试件弯曲外表面金属基本上出现细小裂纹,其长度不大于2 mm,宽度不大于0.2 mm时,称为微裂纹。

(3)裂纹。当试件弯曲外表面金属基本上出现裂纹,其长度大于2 mm,而小于或等于5 mm,宽度大于0.2 mm,而小于或等于0.5 mm时,称为裂纹。

(4)裂缝。当试件弯曲外表面金属基本上出现明显开裂,其长度大于5 mm,宽度大于0.5 mm时,称为裂缝。

(5)裂断。当试件弯曲外表面出现沿宽度贯穿的开裂,其深度超过试件厚度的1/3时,称为裂断。

注:在微裂纹、裂纹、裂缝中规定的长度和宽度,只要有一项达到某规定范围,即应按该级评定。

第八章　水泥混凝土和砂浆试验

学习目标　通过本章的学习，学生应能够掌握水泥混凝土及水泥砂浆的各技术指标的检测方法、检验规则、检测仪器的操作、试验数据的处理与报告的填写，理解试验原理，并具备对试验成果误差进行分析的技能。

第一节　集料的表观密度、堆积密度和空隙率试验

一、粗集料的表观密度、堆积密度和空隙率试验

（一）粗集料表观密度试验

1. 试验目的

测定粗集料的表观密度，即单位表观体积（含实体体积和闭口孔隙）的烘干质量。为水泥混凝土配合比设计提供依据。

2. 试验仪器

（1）天平或浸水天平：可悬挂吊篮测定集料的水中质量，感量1 g。结构如图8-1所示。

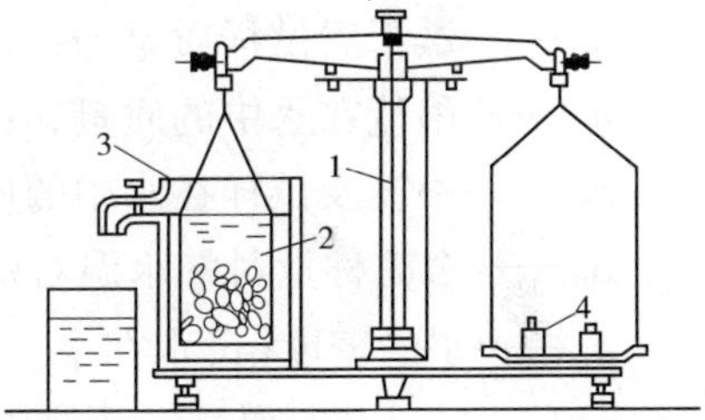

1—天平；2—吊篮；3—盛水容器；4—砝码

图8-1　浸水天平示意图

（2）吊篮。由耐锈蚀材料做成，直径和高度为150 mm左右，四周和底部用1～2 mm的筛网编制或具有密集的孔眼。

（3）溢流水槽。在称量水中质量时能保持水面高度一定。

（4）烘箱。能控温在（105±5）℃。

（5）毛巾。纯棉制，洁净，也可用纯棉布代替。

（6）其他。温度计、标准筛、盛水容器、刷子、搪瓷盘等。

3. 试验准备

（1）将试样用标准筛过筛除去其中的细集料，对较粗的粗集料可用4.75 mm筛过筛，对2.36～4.75 mm的集料，或者在4.75 mm以下石屑中的粗集料，则用2.36 mm标准筛过筛，用四分法或分料器法缩分至要求的质量，分两份备用。

（2）缩分后供测定表观密度的粗集料质量应符合表8-1的规定。

表8-1　测定表观密度所需要的试样最小质量

公称最大粒径（mm）	4.75	9.5	16	19	26.5	31.5	37.5	63	75
每一份试样最小质量（kg）	0.8	1	1	1	1.5	1.5	2	3	3

（3）将每一份集料试样浸泡在水中，并适当搅动，仔细洗去附在集料表面的尘土和石

粉，经多次漂洗干净，直至水完全清澈。清洗过程中不得丧失集料颗粒。

4. 试验步骤

(1)取试样一份装入干净的搪瓷盘中，注入洁净的水，水面至少应高出试样 20 mm，轻轻搅动石料，使附着在石料上的气泡完全逸出，在室温下保持浸水 24 h。

(2)将吊篮挂在天平的吊钩上，浸入溢流水槽中，向溢流水槽中注水，水面高度至水槽的溢流孔，将天平调零。吊篮的筛网应保证集料不会通过筛孔流失。

(3)调节水温在 15 ~25 ℃范围内，将试样移入吊篮中，溢流水槽中的水面由水槽的溢流孔控制，维持不变。称取集料的水中质量(m_2)。

(4)提取吊篮，将试样置于浅盘中，放入(105 ±5)℃的烘箱中烘干至恒重(此时恒重是指相邻两次称量间隔时间大于 3 h 的情况下，其前后两次称量之差小于该项试验所要求的称量精度，以下同)。取出试样放入带盖的容器中冷却至室温后，称出试验质量 m_0。

(5)称量吊篮在同样温度的水中的质量 m_1。称量时的环境要求同水中称集料条件，并且保证加水静置的最后 2 h 起至试验结束，水温之差不超过 2 ℃。

粗集料的表观密度按下式计算：

$$\rho_a = \left(\frac{m_0}{m_0 + m_1 - m_2} - \alpha_T\right)\rho_w \tag{8-1}$$

式中 ρ_a——粗集料的表观密度，g/cm³；

m_0——烘干后试样质量，g；

m_1——吊篮在水中的质量，g；

m_2——吊篮及试样在水中的质量，g；

α_T——考虑称量时的水温对密度影响的修正系数，见表 8-2；

ρ_w——水的密度(设水在 4 ℃时的密度为 1 g/cm³)。

表 8-2 不同水温下水的密度 ρ_w 及水温修正系数 α_T

水温(℃)	15	16	17	18	19	20
修正系数 α_T	0.002	0.003	0.003	0.004	0.004	0.005
水的密度 ρ_w(g/cm³)	0.999 13	0.998 97	0.998 0	0.998 62	0.993 8	0.998 22
水温(℃)	21	22	23	24	25	
修正系数 α_T	0.005	0.006	0.006	0.007	0.007	
水的密度 ρ_w(g/cm³)	0.998 02	0.997 79	0.997 56	0.997 33	0.997 02	

粗集料的表观密度计算准确至小数点后 3 位(g/cm³)。以两次结果的平均值作为试验结果，其偏差不得大于 0.02 g/cm³。超出范围应重新取样进行试验。对颗粒材质不均匀，两次结果超出规定误差，可取 4 次的算术平均值作为试验结果。

(二)粗集料的堆积密度和空隙率试验

1. 试验目的

测定粗集料的堆积密度，包括自然堆积状态、振实堆积状态、捣实堆积状态的堆积密度，以及堆积状态下的空隙率。

2. 试验仪器

(1)天平或台秤:感量不大于称量量的0.1%。

(2)容量筒:适用于粗集料堆积密度测定的容量筒应符合表8-3的要求。

表8-3 容量筒的规格要求

粗集料公称最大粒径(mm)	容量筒容积(L)	容量筒规格(mm)			筒壁厚度(mm)
		内径	净高	底厚	
≤4.75	3	155±2	160±2	5.0	2.5
9.5~26.5	10	205±2	305±2	5.0	2.5
31.5~37.5	15	255±5	295±5	5.0	3.0
≥53	20	355±5	305±5	5.0	3.0

(3)平头铁锹。

(4)烘箱:能控温(105±5)℃。

(5)振动台:频率为3 000次/min,负荷下的振幅为0.35 mm,空载时的振幅为0.5 mm。

(6)捣棒:直径16 mm、长600 mm,一端为圆头的钢棒。

3. 试验准备

按表8-4要求取样,然后进行缩分,质量应满足试验要求,在(105±5)℃的烘箱中烘干,也可以摊在清洁的地面上风干,拌匀后分成两份备用。

表8-4 测定堆积密度所需要的试样最小质量

公称最大粒径(mm)	4.75	9.5	13.2	16	19	26.5	31.5	37.5	53	63	75
每一份试样最小质量(kg)	40	40	40	40	40	40	80	80	100	120	120

4. 试验步骤

1)自然堆积密度

取试样一份,置于平整干净的水泥地(或铁板)上,用平头铁锹铲起试样,使石子自由落入容量筒内。此时,从铁锹的齐口至容量筒上口的距离应保持为50 mm左右,装满容量筒并除去凸出筒口表面的颗粒,并以合适的颗粒填入凹陷空隙,使表面稍凸起部分和凹陷部分的体积大致相等,称取试样和容量筒总质量(m_2)。

2)振实密度

按堆积密度试样步骤,将装满试样的容量筒放在振动台上,振动3 min,或者将试样分三层装入容量筒:装完一层后,在筒底垫放一根直径为25 mm的圆钢筋,将筒按住,左右交替颠击地面各25下;再装入第二层,用同样的方法颠实(但筒底所垫钢筋的方向应与第一层放置方向垂直);然后装入第三层,如上法进行颠实。待三层试样装填完毕后,加料填到试样超出容量筒口,用钢筋沿筒口边缘滚转,刮下高出筒口的颗粒,用合适的颗粒填平凹处,使表面稍凸起部分和凹陷部分的体积大致相等,称取试样和容量筒总质量(m_2)。

3)捣实密度

根据沥青混合料的类型和公称最大粒径,确定起骨架作用的关键性筛孔(通常为4.75

mm 或 2.36 mm 等)。将矿料混合料中此筛孔以上颗粒筛出,作为试样装入符合要求规格容器中达 1/3 的高度,由边缘至中间用捣棒均匀捣实 25 次。再向容器中装入相同高度的试样,用捣棒均匀地捣实 25 次,捣实深度约至下层的表面。然后重复上一步骤,加最后一层,捣实 25 次,使集料与容器口齐平。用合适的集料填充表面的大空隙,用直尺大体刮平,目测估计表面凸起部分与凹陷部分的容积大致相等,称取容量筒与试样的总质量(m_2)。

4)容量筒容积的标定

用水装满容量筒,测量水温,擦干筒外壁的水分,称取容量筒与水的总质量(m_w),并按水的密度对容量筒的容积作校正。

5. 结果处理

(1)容量筒的容积按式(8-2)计算。

$$V = \frac{m_w - m_1}{\rho_w} \tag{8-2}$$

式中 V——容量筒的容积,L;

m_1——容量筒的质量,kg;

m_w——容量筒与水的总质量,kg;

ρ_w——试验温度 T 时水的密度,g/cm³,按表 8-2 选用。

(2)堆积密度(包括自然堆积状态、振实状态、捣实状态)按式(8-3)计算,精确至小数点后 2 位。

$$\rho = \frac{m_2 - m_1}{V} \tag{8-3}$$

式中 ρ——与各种状态相对应的堆积密度,t/m³;

m_1——容量筒的质量,kg;

m_2——容量筒与试样的总质量,kg;

V——容量筒的容积,L。

(3)水泥混凝土用粗集料振实状态下的空隙率按式(8-4)计算。

$$V_c = \left(1 - \frac{\rho}{\rho_a}\right) \times 100\% \tag{8-4}$$

式中 V_c——水泥混凝土用粗集料的空隙率(%);

ρ_a——粗集料的表观密度,t/m³;

ρ——粗集料的堆积表观密度,t/m³。

(4)沥青混合料用粗集料骨架捣实状态下的间隙率按式(8-5)计算。

$$VCA_{DRC} = \left(1 - \frac{\rho}{\rho_b}\right) \times 100\% \tag{8-5}$$

式中 VCA_{DRC}——捣实状态下粗集料骨架间隙率(%);

ρ_b——粗集料的毛体积密度,t/m³;

ρ——按捣实法测定的粗集料的堆积密度,t/m³。

(5)以上试验均取两次平行试验结果的平均值作为测定值。

6. 试验记录

粗集料的表观密度、堆积密度和空隙率试验记录见表 8-5。

表 8-5　粗集料的表观密度、堆积密度和空隙率试验记录表

	试验次数	粗集料试样质量 m_0(g)	试样及吊篮在水中的质量 m_2(g)	吊篮在水中的质量 m_1(g)	粗集料的表观密度 ρ_a(kg/L)	
表观密度	①	②	③	④	⑤ = {②/[② − (③ − ④)] − α_T}ρ_w	⑥ = (ρ_{a1} + ρ_{a2})/2
	1				ρ_{a1} =	
	2				ρ_{a2} =	

	试验次数	容量筒容积 V(L)	容量筒质量 m_1(kg)	试样 + 容量筒质量 m_2(kg)	试样质量 m(kg)	粗集料的堆积密度 ρ(kg/L)	
堆积密度	①	②	③	④	⑤ = ④ − ③	⑥ = ⑤/②	⑦ = (ρ_1 + ρ_2)/2
	1					ρ_1 =	
	2					ρ_2 =	

	试验次数	粗集料的表观密度 ρ_a(kg/L)	粗集料的堆积密度 ρ(kg/L)	粗集料的空隙率 V_c(%)	
空隙率	①	②	③	④ = (1 − ③/②) × 100%	⑤ = (V_{c1} + V_{c2})/2
	1			V_{c1} =	
	2			V_{c2} =	

试验者:________;计算者:________;校核者:________;试验日期:________。

二、细集料的表观密度、堆积密度和空隙率试验

(一)细集料的表观密度

1. 试验目的

用容量瓶法测定细集料(天然砂、石屑、机制砂)在 23 ℃时对水的表观密度。

2. 试验仪器

(1)天平:称量 1 kg,感量不大于 1 g。

(2)容量瓶。

(3)烘箱:能控温在(105 ± 5)℃。

(4)烧杯:500 mL。

(5)洁净水。

(6)其他:干燥器、浅盘、铝制料勺、温度计等。

3. 试验准备

将缩分至 650 g 左右的试样在温度为(105 ± 5)℃的烘箱中烘干至恒重,并在干燥器内冷却至室温,分成两份备用。

4. 试验步骤

(1)称取烘干的试样约300 g(m_0),装入盛有半瓶洁净水的容量瓶中。

(2)摇转容量瓶,使试样在保温至(23 ±1.7)℃的水中充分搅动,以排除气泡,塞紧瓶塞,在恒温条件下静置24 h,然后用滴管添水,使水面与瓶颈刻度线平齐,再塞紧瓶塞,擦干瓶外水分,称其总质量(m_2)。

(3)倒出瓶中的水和试样,将瓶的内外表面洗净,再向瓶内注入同样温度的洁净水(温度不超过2 ℃)至瓶颈刻度线,塞紧瓶塞,擦干瓶外水分,称其总质量(m_1)。

注:在砂的表观密度试验过程中应测量并控制水的温度,试验期间的温差不得超过1 ℃。

5. 结果处理

细集料的表观密度按式(8-6)计算,精确至小数点后3位。

$$\rho_a = \left(\frac{m_0}{m_0 + m_1 - m_2} - \alpha_T\right)\rho_w \tag{8-6}$$

式中 ρ_a——细集料的表观密度,g/cm³;

m_0——试样的烘干质量,g;

m_2——试样、水及容量瓶的总质量,g;

m_1——水及容量瓶的总质量,g;

ρ_w——在4 ℃时的密度,g/cm³;

a_T——试验时水温对水密度的影响修正系数,按表8-2取用。

以两次平行试验结果的算术平均值作为测定值,当两次结果之差值大于0.01 g/cm³时,应重新取样进行试验。

(二)细集料的堆积密度、紧装密度和空隙率试验

1. 试验目的

测定砂自然状态下堆积密度、紧装密度及空隙率。

2. 试验仪器

(1)台秤:称量5 kg,感量5 g。

(2)容量筒:由金属制作,圆筒形,内径为108 mm,净高为109 mm,筒壁厚为2 mm,筒底厚为5 mm,容积约为1 L。

(3)标准漏斗:见图8-2。

(4)烘箱:能控温在(105 ±5)℃。

(5)其他:小勺、直尺、浅盘等。

3. 试验准备

(1)试样准备:用浅盘装试样约5 kg,在温度为(105 ±5)℃的烘箱中烘干至恒重,取出并冷却至室温,分成大致相等的两份备用。

注:试样烘干后若有结块,应在试验前先捏碎。

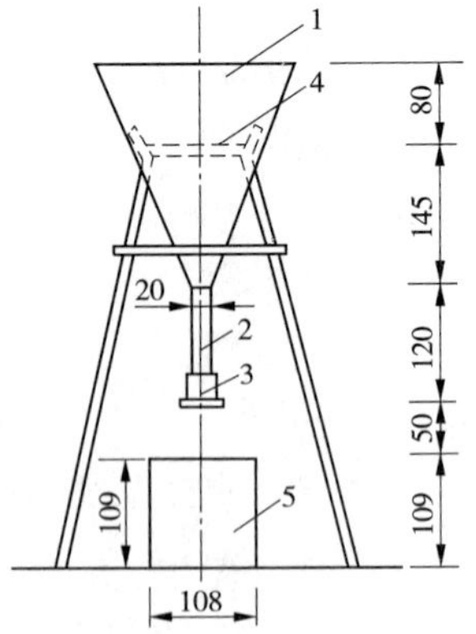

1—漏斗;2—Φ20 mm管子;3—活动门;4—筛;5—金属量筒

图8-2 标准漏斗

(2)容量筒容积的校正:以温度为(20±5)℃的洁净水装满容量筒,用玻璃板沿筒口滑移,使其紧贴水面,玻璃板与水面之间不得有空隙。擦干筒外壁水分,然后称量,用式(8-7)计算筒的容积。

$$V = m_2' - m_1' \tag{8-7}$$

式中 V——容量筒的容积,mL;

m_1'——容量筒和玻璃板的总质量,g;

m_2'——容量筒、玻璃板和水的总质量,g。

4. 试验步骤

(1)堆积密度:将试样装入漏斗中,打开底部的活动门,将砂流入容量筒中,也可直接用小勺向容量筒中装样,但漏斗出料口或料勺距容量筒筒口均应为50 mm左右,试样装满并超出容量筒筒口后,用直尺将多余的试样沿筒口中心线向两个相反方向刮平,称取质量(m_1)。

(2)紧装密度:取试样一份,分两层装入容量筒。装完一层后,在筒底垫放一根直径约为10 mm的钢筋,将筒按住,左右交替颠击地面各25下,然后装入第二层。

第二层装满后用同样方法颠实(但筒底所垫钢筋的方向应与第一层放置方向垂直)。两层装完并颠实后,添加试样超出容量筒筒口,然后用直尺将多余的试样沿筒口中心线向两个相反的方向刮平,称其质量(m_2)。

5. 结果处理

(1)堆积密度及紧装密度分别按式(8-8)和式(8-9)计算,精确至小数点后3位。

$$\rho = \frac{m_1 - m_0}{V} \tag{8-8}$$

$$\rho' = \frac{m_2 - m_0}{V} \tag{8-9}$$

式中 ρ——砂的堆积密度,g/cm³;

ρ'——砂的紧装密度,g/cm³;

m_0——容量筒的质量,g;

m_1——容量筒和堆积砂的总质量,g;

m_2——容量筒和紧装砂的总质量,g;

V——容量筒的容积,mL。

(2)砂的空隙率按式(8-10)计算,精确至0.1%。

$$n = \left(1 - \frac{\rho}{\rho_a}\right) \times 100\% \tag{8-10}$$

式中 n——砂的空隙率(%);

ρ——砂的堆积或紧装密度,g/cm³;

ρ_a——砂的表观密度,g/cm³。

以两次试验结果的算术平均值作为测定值。

6. 试验记录

细集料的表观密度、堆积密度和空隙率试验记录见表8-6。

表 8-6　细集料的表观密度、堆积密度和空隙率试验记录

	试验次数	细集料试样质量 m_0(g)	试样+水+容量瓶的质量 m_2(g)	水+容量瓶的质量 m_1(g)	细集料的表观密度 ρ_a(kg/L)	
表观密度	①	②	③	④	⑤ $=[②/(②+④-③)-\alpha_T]\rho_w$	⑥ $=(\rho_{a1}+\rho_{a2})/2$
	1				$\rho_{a1}=$	
	2				$\rho_{a2}=$	

	试验次数	容量筒容积 V(L)	容量筒质量 m_1(kg)	试样+容量筒质量 m_1(kg)或 m_2(kg)	试样质量 m(kg)	细集料的堆积密度 ρ(kg/L)	
堆积密度	①	②	③	④	⑤=④-③	⑥=⑤/②	⑦ $=(\rho_1+\rho_2)/2$
	1					$\rho_1=$	
	2					$\rho_2=$	

	试验次数	细集料的表观密度 ρ_a(kg/L)	细集料的堆积密度 ρ(kg/L)	细集料的空隙率 n(%)	
空隙率	①	②	③	④=(1-③/②)×100%	⑤ $=(n_1+n_2)/2$
	1			$n_1=$	
	2			$n_2=$	

试验者:________;计算者:________;校核者:________;试验日期:________。

第二节　水泥混凝土粗集料压碎值试验

一、试验目的

集料压碎值用于衡量石料在逐渐增加的荷载下抵抗压碎的能力,是衡量石料力学性质的指标,以评定其在公路工程中的适用性。

二、试验仪器

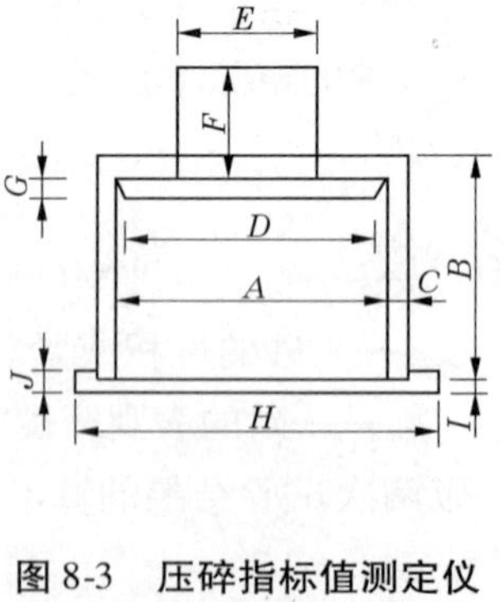

图 8-3　压碎指标值测定仪
(单位:mm)

(1)石料压碎值试验仪:由内径为 150 mm,两端开口的钢制圆形试筒、压柱和底板组成,其形状和尺寸见图 8-3 和表 8-7。试筒内壁、压柱的地面及底板的上表面等与石料接触的表面都应进行热处理,使表面硬化,达到维氏硬度 65°并保持光滑状态。

表 8-7　试筒、压柱和底板尺寸

部位	符号	名称	尺寸(mm)
试筒	A	内径	150 ±0.3
	B	高度	125 ~ 128
	C	壁厚	≥12
压柱	D	压头直径	149 ±0.2
	E	压杆直径	100 ~ 149
	F	压柱总长	100 ~ 110
	G	压头厚度	≥25
底板	H	直径	200 ~ 220
	I	厚度(中间部分)	6.4 ±0.2
	J	边缘厚度	10 ±0.2

(2)金属棒:直径为 10 mm,长为 450 ~ 600 mm,一端加工成半球形。

(3)天平:称量为 2 ~ 3 kg,感量不大于 1 g。

(4)标准筛:筛孔尺寸为 13.2 mm、9.5 mm、2.36 mm 的方孔筛各 1 个。

(5)压力机:500 kN,应能在 10 min 内达到 400 kN。

(6)金属筒:圆柱形,内径为 112.0 mm,高为 179.4 mm,容积为 1 767 cm^3。

三、试验准备

(1)采用风干的石料,用 13.2 mm 和 9.5 mm 标准筛过筛,取 9.5 ~ 13.2 mm 的试样 3 组各 3 000 g,供试验用。当过于潮湿需加热烘干时,烘箱温度不得超过 100 ℃,烘干时间不超过 4 h。试验前,石料应冷却至室温。

(2)每次试验的石料数量应满足按下述方法夯击后石料在试筒内的深度为 100 mm。在金属筒中确定石料数量的方法如下:

将试样分 3 次(每次数量大体相同)均匀装入试模中,每次均将试样表面整平,用金属棒的半球面端从石料表面上均匀捣实 25 次。最后用金属棒作为直刮刀将表面仔细整平。称取量筒中试样的质量(m_0),以相同质量的试样进行压碎值的平行试验。

四、试验步骤

(1)将试筒安放在底板上。

(2)将要求质量的试样分 3 次(每次数量大体相同)均匀装入试模中,每次均将试样表面整平,用金属棒的半球面端从石料表面上均匀捣实 25 次。最后用金属棒作为直刮刀将表面仔细整平。

(3)将装有试样的试模放到压力机上,同时加压头放入试筒内石料表面上,注意使压头摆平,勿挤压试模侧壁。

(4)开动压力机,均匀地施加荷载,在 10 min 左右的时间内达到总荷载 400 kN,稳压 5 s,然后卸载。

(5)将试模从压力机上取下,取出试样。

(6)用 2.36 mm 的标准筛筛分经压碎的全部试样,可分几次筛分,均需筛到在 1 min 内无明显的筛出物为止。

(7)称取通过2.36 mm筛孔的全部细料质量(m_1),准确至1 g。

五、结果处理

石料压碎值按式(8-11)计算,精确至0.1%。

$$Q'_a = \frac{m_1}{m_0} \times 100\% \tag{8-11}$$

式中 m_1——试验后通过2.36 mm筛孔细料质量,g;

m_0——试验前试样质量,g;

Q'_a——石料压碎值(%)。

以三个试样平行试验结果的算术平均值作为压碎值的测定值。

六、试验记录

石料压碎值的试验记录见表8-8。

表8-8 石料压碎值试验记录

<table>
<tr><td rowspan="4">压碎值</td><td>试样编号</td><td>外观描述</td><td>试验前试样质量 m_0(g)</td><td>试验后 <2.36 mm 的质量 m_1(g)</td><td colspan="2">压碎值 Q'_a(%)</td></tr>
<tr><td>①</td><td>②</td><td>③</td><td>④</td><td colspan="2">⑤</td></tr>
<tr><td></td><td rowspan="2"></td><td></td><td></td><td rowspan="2"></td><td></td></tr>
<tr><td></td><td></td><td></td><td></td></tr>
</table>

试验者:________;计算者:________;校核者:________;试验日期:________。

第三节 集料含水率试验

一、粗集料含水率试验

(一)试验目的

测定碎石或砾石等各种粗集料的含水率。

(二)试验仪器

(1)烘箱:能使温度控制在(105±5)℃。

(2)天平:称量5 kg,感量不大于5 g。

(3)容器:如浅盘等。

(三)试验步骤

(1)根据最大粒径,按表8-9的方法取代表性试样,分成两份备用。

表8-9 粗集料含水率测定最小取样质量

公称最大粒径(mm)	4.75	9.5	13.2	16	19	26.5	31.5	37.5	53	63	75
每一份试样最小质量(kg)	2	2	2	2	2	2	3	3	4	4	6

(2)将试样置于干净的容器中，称量试样和容器的总质量(m_2)，并在(105 ±5)℃的烘箱中烘干至恒重。

(3)取出试样，冷却后称取试样与容器的总质量(m_3)。

(四)结果处理

含水率按式(8-12)计算，精确至0.1%。

$$\omega = \frac{m_2 - m_3}{m_3 - m_1} \times 100\% \quad (8\text{-}12)$$

式中 ω——粗集料的含水率(%)；

m_1——容器质量，g；

m_2——烘干前试样与容器总质量，g；

m_3——烘干后试样与容器总质量，g。

以两次平行试验结果的算术平均值作为测定值。

二、细集料含水率试验

(一)试验目的

测定细集料的含水率。

(二)试验仪器

(1)烘箱：能使温度控制在(105 ±5)℃。

(2)天平：称量2 kg，感量不大于2 g。

(3)容器：如浅盘等。

(三)试验步骤

取各约500 g的代表性试样两份，分别放入已知质量(m_1)的干燥容器中称量，记下每盘试样与容器的质量(m_2)，将容器连同试样放入温度为(105 ±5)℃的烘箱中烘干至恒重，称烘干后的试样与容器的总量(m_3)。

(四)结果处理

含水率同式(8-12)计算，精确至0.1%。

以两次平行试验结果的算术平均值作为测定值。

(五)试验记录

粗、细集料含水率试验记录见表8-10。

表8-10 粗、细集料含水率试验记录

试验次数	浅盘质量 m_1(g)	浅盘+试样总质量 m_2(g)	浅盘+烘干试样总质量 m_3(g)	烘干后试样质量(g)	含水质量(g)	含水率(%)	含水率平均值(%)

试验者：________；计算者：________；校核者：________；试验日期：____。

第四节　水泥混凝土拌和物的拌制与工作性试验

一、水泥混凝土拌和物取样及拌制

(一)水泥混凝土拌和物的取样方法

(1)水泥混凝土拌和物试验用料应根据不同的要求,从同一盘或同一车的混凝土中取出。取样应多于试验所需的1.5倍,且宜不小于20 L。

(2)水泥混凝土拌和物取样应具有代表性,宜采用多次采样的方法。一般在同一盘混凝土或同一车混凝土中的约1/4处、1/2处、3/4处之间分别取样,从第一次取样到最后一次取样不宜超过15 min,然后人工拌制均匀。

(3)从取样完毕到开始做各项性能试验不宜超过5 min。

(二)混凝土拌和物试样的制备方法

1.一般规定

(1)在实验室制备混凝土拌和物时,拌和物的原材料应符合有关技术要求,并提前24 h搬进实验室,使材料的温度与实验室温度相同。实验室温度应保持在(20 ±5)℃。

(2)实验室拌和混凝土时,材料用量均以质量计。称量精度:集料为±0.5%,水、水泥、掺合料、外加剂为±0.3%。

(3)砂、石集料用量均以干燥状态下的质量为准。

(4)拌制混凝土所用的各种用具(如搅拌机、拌和钢板和铁铲、抹刀等)应预先用水湿润,使用完毕后必须清洗干净,上面不得有混凝土残留。

2.主要仪器设备

(1)搅拌机:容量为50~100 L,转速为18~22 r/min。

(2)拌和板(盘)尺寸:1.5 m×2 m。

(3)称量设备:磅秤,称量50 kg,感量50 g;天平,称量5 kg,感量1 g。

(4)量筒:200 mL、1 000 mL各1只。

(5)其他:包括拌和铲、盛器、抹布等。

3.拌和方法

1)人工拌和法

(1)按所定的配合比将各种材料称好备用。

(2)干拌。用湿布润湿拌和板及拌和铲,将砂平摊在拌和板上,再倒入水泥,用铲自拌和板一端翻拌至另一端,重复几次直至拌匀;加入石子,再翻拌至少三次直至均匀。

(3)湿拌。在混合均匀的干料堆上做一凹槽,倒入已称量好的水(外加剂一般先溶于水)约一半,翻拌数次,并徐徐加入剩余的水,再仔细翻拌至少六次,直至拌和均匀。

(4)拌和从加水完毕时算起,应在10 min内完成。

2)机械拌和法

(1)按所定的配合比将各种材料称好备用。

(2)预拌。按混凝土配合比取少量水泥、水及砂,在搅拌机中搅拌(涮膛),使水泥浆黏附满搅拌机的膛壁,刮去多余的砂浆。

(3)拌和。向搅拌机内依次加入石子、水泥、砂子、水(外加剂一般先溶于水),开动搅拌机搅动 2 ~ 3 min。

(4)卸出拌和料,在拌和板上人工拌和 2 ~ 3 次,使之均匀。

二、混凝土拌和物工作性测定

(一)试验目的

测定混凝土拌和物的和易性,为混凝土配合比设计、混凝土拌和物质量评定提供依据。

(二)试验仪器

1. 坍落度法试验仪器

(1)坍落度筒:为底部内径为(200 ±2)mm,顶部内径为(100 ±2) mm,高度为(300 ±2) mm 的截圆锥形金属筒,内壁必须光滑,见图 8-4、图 8-5。

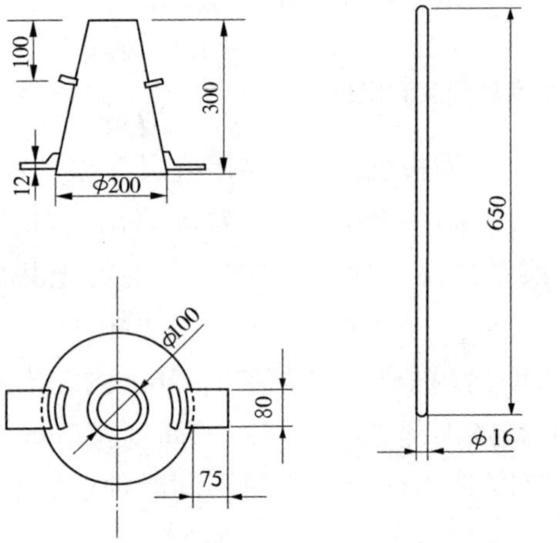

图 8-4 坍落度筒及捣棒 (单位:mm)

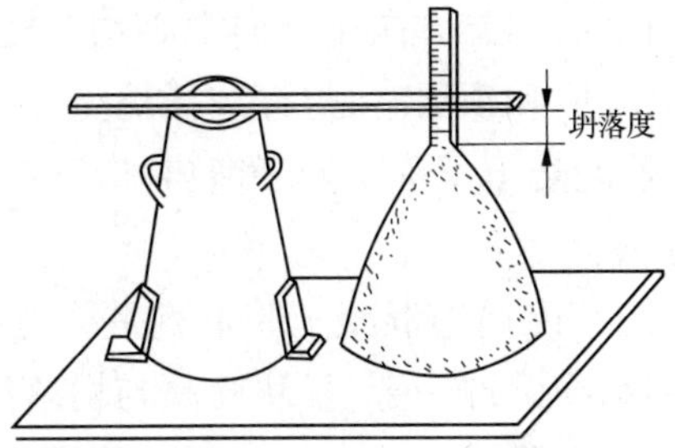

图 8-5 坍落度测定

(2)其他:捣棒为直径 16 mm、长 650 mm 的钢棒,端部应磨圆;直尺、小铲、泥抹及漏斗。

2. 维勃稠度法(V · B 法)试验仪器

(1)V · B 稠度仪:由振动台、容器、坍落度筒、旋转架四部分组成,见图 8-6。

(2)其他:同坍落度法。

(三)试验方法

1. 坍落度法

1)试验目的

坍落度为表示混凝土拌和物稠度的一种指标,测定的目的是判定混凝土稠度是否满足要求,同时为混凝土配合比设计提供依据。本试验适用于集料最大粒径不大于 37.5 mm、坍落度不小于 10 mm 的混凝土。

2)试验步骤

(1)润湿坍落度筒及其他用具,把筒放在不吸水的刚性水平底板上,双脚踩住脚踏板,使坍落度筒在装料时保持位置固定。

(2)用小铲将试样分三层装入筒内,捣实后每层高度为筒高的 1/3 左右。每层用捣棒

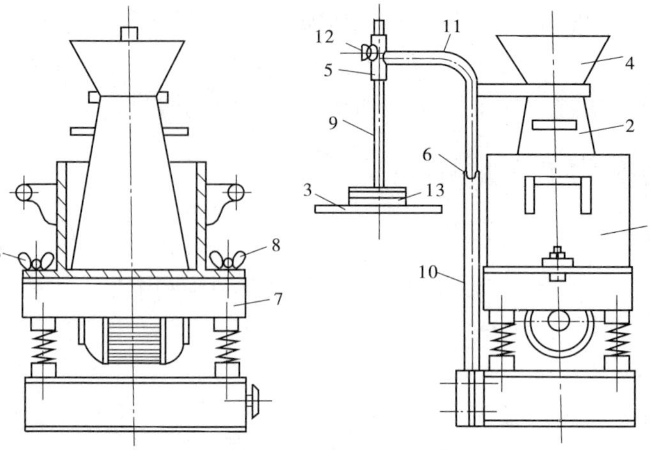

1—容量筒;2—坍落度筒;3—圆盘;4—漏斗;5—套筒;6—定位螺丝;7—振动台;
8—固定螺丝;9—测杆;10—支柱;11—旋转架;12—测杆螺丝;13—荷重块

图 8-6 混凝土拌和物维勃稠度测定仪

在截面上沿螺旋方向由外向中心均匀插捣 25 次。当插捣底层时,捣棒应贯穿整个深度;当插捣第二层和顶层时,捣棒应插捣至下一层 10 ~ 20 mm。顶层装填应灌至高出筒口,插捣过程中,若混凝土沉落至低于筒口,应随时添加。顶层插捣完后,刮去多余的混凝土并用抹刀抹平。

(3)清除筒边混凝土并垂直平稳地提起坍落度筒(提离过程应在 5 ~ 10 s 内完成),将筒放在拌和物试件一旁,量测筒高与坍落后混凝土试体顶部中心点之间的高度差(mm),即为坍落度值,精确至 1 mm。从开始装料至提起坍落度筒的整个过程应不间断地进行,并应在 2 ~ 3 min 内完成。

(4)坍落度筒提离后,若混凝土发生崩坍或一边剪坏现象,则应重新取样再测。若第二次仍出现上述现象,则表示该混凝土和易性不好,应予记录。

(5)观察黏聚性。用捣棒在已坍落的混凝土锥体侧面轻轻敲打,若锥体逐渐下沉,表示黏聚性良好;若锥体倒坍、部分崩裂或出现离析现象,则表示黏聚性不好。

(6)观察保水性。保水性以混凝土拌和物中稀浆析出程度(分多量、少量、无三级)来评定。

多量:指提起坍落筒后,有较多水分从底部析出;少量:指提起坍落筒后,有少量水分从底部析出;无:指提起坍落筒后,没有水分从底部析出。

(7)评判插捣时的棍度(分上、中、下三级),以综和判定黏聚性。

上:表示容易插捣;中:表示插捣时稍有阻滞感觉;下:表示很难插捣。

(8)评定镘刀抹平程度(多、中、少三级),综合判定含砂情况。

多:用镘刀抹混凝土拌和物时,抹 1 ~2 次就可使混凝土表面平整无蜂窝;中:抹 4 ~5 次就可使混凝土表面平整无蜂窝;少:抹面困难,抹 8 ~9 次后混凝土表面仍不能消除蜂窝。

3)结果计算及注意事项

(1)混凝土拌和物坍落度以 mm 计,结果精确至 1 mm。

(2)在测定新拌混凝土工作性时，实测坍落度若与要求坍落度不符，要求调整材料组成，重新拌和，重新测定，直至符合要求，提出基准配合比。

4)试验记录

混凝土拌和物坍落度试验记录见表8-11。

表8-11 水泥混凝土坍落度试验记录

试样编号			试样来源		
试样名称			初拟用途		
试验次数	坍落度	棍度	含砂情况	黏聚性	保水性
1					
2					
3					
结果评定：					

试验者：________；计算者：________；校核者：________；试验日期：________。

2. 维勃稠度法

1)试验目的

本试验是用维勃时间来测定混凝土拌和物稠度的，适用于集料最大粒径不大于37.5 mm、V·B稠度为5~30 s的干硬性混凝土的稠度测定。

2)试验步骤

(1)用湿布润湿容器、坍落度筒等用具。

(2)装试样同测坍落度方法。

(3)提起坍落度筒，将V·B稠度仪上的透明圆盘转至混凝土锥体试样顶面。

(4)开启振动台并启动秒表，在透明圆盘底面被试样布满的瞬间停表计时，关闭振动台。

(5)记录秒表上的时间(精确至1 s)，即为该混凝土拌和物的V·B值。

3)结果处理

路面混凝土的稠度对照分级见表8-12。

表8-12 路面混凝土的稠度对照分级

级别	维勃时间(s)	坍落度(mm)	级别	维勃时间(s)	坍落度(mm)
特干稠	18~32	—	低塑	3~5	25~75
很干稠	10~18	—	塑性	0~3	75~125
干稠	5~10	0~25	液态	—	>125

4)试验记录

水泥混凝土维勃稠度试验记录见表8-13。

表 8-13　水泥混凝土维勃稠度试验记录

试样编号		试样来源	
试样名称		初拟用途	
试验次数	坍落度(mm)	维勃时间(s)	平均值(s)
	(1)	(2)	(3)
1			
2			
3			
结果评定:			

试验者:________;计算者:________;校核者:________;试验日期:________。

第五节　水泥混凝土的力学强度试验

一、水泥混凝土的抗压强度试验

(一)试验目的

测定混凝土立方体抗压强度,评定混凝土的质量。

(二)试验仪器

(1)压力试验机。精度不低于 ±2%,其量程应能使试件的预期破坏荷载值不少于安全值。

(2)试模。由铸铁和钢制成,应具有足够的刚度并便于拆装。试模尺寸应根据集料最大粒径确定。抗压强度试件尺寸及换算系数如表 8-14 所示。

表 8-14　抗压强度试件尺寸及换算系数

集料最大粒径(mm)	试件尺寸(mm × mm × mm)	尺寸换算系数
30	100 × 100 × 100	0.95
40	150 × 150 × 150	1.00
60	200 × 200 × 200	1.05

(3)捣实设备。可选用下列两种之一:①振动台:频率为(50 ±3)Hz,空载时振幅约为 0.5 mm;②捣棒:直径为 16 mm,长为 650 mm,一端为弹头形。

(4)养护室。标准养护室温度应为(20 ±3)℃,相对湿度在 95% 以上。

(三)试验方法

1. 试件成型

(1)制作试件前检查试模,拧紧螺栓并清刷干净。在其内壁涂上一薄层矿物油脂。一般以 3 个试件为一组。

(2)依混凝土设备条件、现场施工方法及混凝土稠度可采用下列两种方法之一进行成型。

①振动台成型(坍落度小于 90 mm):将拌和物一次装入试模,振动应持续到表面呈现水泥浆为止。

②人工插捣(坍落度大于 90 mm):每层装料厚度不应大于 100 mm,用捣棒按螺旋方向从边缘向中心均匀进行插捣。每层插捣次数依试件截面而定,一般每 100 cm 不少于 12 次。

(3)试件成型后,在混凝土初凝前 1 ~ 2 h 需将表面抹平。用湿布或塑料布覆盖,在(20 ± 5)℃室内静置 1 d(不得超过 2 d),然后编号拆模。拆模后的试件应立即送养护室养护,试件之间应保持 10 ~ 20 mm 的距离,并应避免用水直接冲淋试件。

2. 破型

(1)试件从养护地点取出后,应尽快试验,以免试件内部的温度和湿度发生变化。

(2)试压前应先擦拭表面,测量尺寸(精确至 1 mm)并检查其外观。

(3)将试件安放在试验机下压板上,试件中心与下压板中心对准,试件承压面应与成型时的顶面垂直。开动试验机,当上压板与试件接近时,调整球座,均衡接触,以 0.3 ~ 0.5 MPa/s 的速度连续而均匀地加荷,当试件接近破坏而开始迅速变形时,应停止调整油门,直至破坏,然后记录破坏荷载。

(四)结果计算与评定

(1)混凝土立方体抗压强度按式(8-13)计算,精确至 0.1 MPa。

$$f_{cu} = \frac{P}{A} \tag{8-13}$$

式中 P——试件破坏荷载,N;

A——试件受压面积,mm^2。

(2)以 3 个试件测值的算术平均值作为该组试件的抗压强度值。3 个测值中的最大值或最小值,若有一个与中间值的差值超过中间值的 15%,则把最大值及最小值一并舍去,取中间值作为该组试件的抗压强度值。若有两个测值与中间值的差超过中间值的 15%,则该组试件的试验结果无效。

(3)取 150 mm × 150 mm × 150 mm 试件的抗压强度为标准值。用其他尺寸试件测得的强度值均应乘以换算系数。

(4)试验记录。水泥混凝土立方体抗压强度试验记录见表 8-15。

二、混凝土抗折强度试验

(一)试验目的

本试验规定了测定混凝土抗折(抗弯拉)极限强度的方法,以提供设计参数,检查混凝土施工品质和确定抗折弹性模量试验加荷标准,适用于道路混凝土的直角小梁试件。

(二)试验仪器

(1)试验机:50 ~ 300 kN 抗折试验机或万能试验机。

(2)抗折试验装置:即三分点处双点加荷和三点自由支承式混凝土抗折强度与抗折弹性模量试验装置。

表 8-15　水泥混凝土立方体抗压强度试验记录

<table>
<tr><td colspan="2">试样编号</td><td colspan="4"></td><td colspan="2">试样来源</td><td colspan="4"></td></tr>
<tr><td colspan="2">试样名称</td><td colspan="4"></td><td colspan="2">初拟用途</td><td colspan="4"></td></tr>
<tr><td rowspan="2">试件编号</td><td rowspan="2">制备日期</td><td rowspan="2">试验日期</td><td rowspan="2">龄期 t</td><td rowspan="2">最大荷载 F</td><td colspan="2">试件尺寸</td><td rowspan="2">试件截面面积 (mm^2)</td><td colspan="2">抗压强度 f_{cu}</td><td rowspan="2">换算系数 k</td><td rowspan="2">换算后的抗折强度 $f_{cu,k}$</td></tr>
<tr><td>长度 a</td><td>宽度 b</td><td>单个值</td><td>平均值</td></tr>
<tr><td></td><td></td><td></td><td></td><td></td><td></td><td></td><td></td><td></td><td></td><td></td><td></td></tr>
<tr><td></td><td></td><td></td><td></td><td></td><td></td><td></td><td></td><td></td><td></td><td></td><td></td></tr>
<tr><td></td><td></td><td></td><td></td><td></td><td></td><td></td><td></td><td></td><td></td><td></td><td></td></tr>
<tr><td></td><td></td><td></td><td></td><td></td><td></td><td></td><td></td><td></td><td></td><td></td><td></td></tr>
<tr><td></td><td></td><td></td><td></td><td></td><td></td><td></td><td></td><td></td><td></td><td></td><td></td></tr>
<tr><td></td><td></td><td></td><td></td><td></td><td></td><td></td><td></td><td></td><td></td><td></td><td></td></tr>
</table>

试验者:________;计算者:________;校核者:________;试验日期:________。

(三)试验准备

混凝土抗折强度试件为直角棱柱体小梁,标准试件尺寸为 150 mm×150 mm×550 mm,集料粒径应不大于 37.5 mm,若确有必要,容许采用 100 mm×100 mm×400 mm 试件,集料粒径应不大于 26.5 mm。

混凝土抗折强度试件应取同龄期者为一组,每组为同条件制作和养护的试件 3 个。

(四)试验步骤

(1)试验前先检查试件,若试件中部 1/3 长度内有蜂窝(如大于Φ7 mm×2 mm),则该试件应立即作废,否则应在记录中注明。

(2)在试件中部量出其宽度和高度,精确至 1 mm。

(3)调整两个可移动支座,使其与试验机下压头中心距离各为 225 mm,并旋紧两支座,将试件安放在支座上,试件成型时的侧面朝上,内侧对中后,缓缓加一荷载,约 1 kN,而后以 0.5~0.7 MPa/s 的加荷速度,均匀而连续地加荷(低强度等级时用较低速度)。当试件接近破坏而开始迅速变形时,应停止调整试验机油门,直至试件破坏,记下最大荷载。

(五)结果整理

当断面发生在两个加荷点之间时,抗折强度按式(8-14)计算:

$$f_{cf} = \frac{FL}{bh^2} \tag{8-14}$$

式中　f_{cf}——抗折强度,MPa;

F——试件破坏荷载,N;

L——支座间距,mm;

b——试件宽度,mm;

h——试件高度,mm。

当断面位于加荷点外侧时，则该试件的结果无效；当有两根试件的结果无效时，则该组结果作废。

抗折强度测定值的计算及异常数据取舍原则同混凝土抗压强度试验规定一样。结果计算精确至 0.1 MPa。

注：断面位置在试件断块短边一侧的底面中轴线上量得。

采用 100 mm × 100 mm × 400 mm 非标准试件时，在三分点加荷的试验方法同前，但所取得的抗折强度值应乘以尺寸换算系数 0.85。

（六）试验记录

水泥混凝土抗折强度试验记录见表 8-16。

表 8-16　水泥混凝土抗折强度试验记录

<table>
<tr><td colspan="2">试样编号</td><td colspan="4"></td><td colspan="2">试样来源</td><td colspan="4"></td></tr>
<tr><td colspan="2">试样名称</td><td colspan="4"></td><td colspan="2">初拟用途</td><td colspan="4"></td></tr>
<tr><td rowspan="2">试件编号</td><td rowspan="2">制备日期</td><td rowspan="2">试验日期</td><td rowspan="2">龄期 t</td><td colspan="2">试件尺寸</td><td rowspan="2">断面与邻近支点距离 x</td><td rowspan="2">极限荷载</td><td colspan="2">抗折强度 f_{cf}</td><td rowspan="2">换算系数 k</td><td rowspan="2">换算后的抗折强度 $f_{cf,k}$</td></tr>
<tr><td>宽度 a</td><td>高度 b</td><td>个别值</td><td>平均值</td></tr>
<tr><td></td><td></td><td></td><td></td><td></td><td></td><td></td><td></td><td></td><td></td><td></td><td></td></tr>
<tr><td></td><td></td><td></td><td></td><td></td><td></td><td></td><td></td><td></td><td></td><td></td><td></td></tr>
<tr><td></td><td></td><td></td><td></td><td></td><td></td><td></td><td></td><td></td><td></td><td></td><td></td></tr>
<tr><td colspan="12">其他说明（养护条件、试件破坏情况等描述）</td></tr>
</table>

试验者：________；计算者：________；校核者：________；试验日期：________。

第六节　混凝土拌和物表观密度试验

一、试验目的

测定混凝土拌和物的表观密度，计算 1 m^3 混凝土的实际材料用量。同时，作为混凝土实验室配合比计算的依据。

二、试验仪器

（1）容量筒：其容积及尺寸见表 8-17。

表 8-17　容量筒选择

集料粒径（mm）	内径（mm）	高度（mm）	体积（L）
40	186 ± 2	186 ± 2	5
80	267	267	15
150（120）	467	467	80

(2)其他:包括振动台、捣棒、台秤等。

三、试验方法

(1)用湿布擦净筒内外,称出筒重,精确至50 g。

(2)根据拌和物稠度确定装料及捣实方法。当坍落度大于70 mm时,用捣棒捣实为宜。当用5 L容量筒时,分两层装入,每层插捣15次;当用15 L、80 L的容量筒时,每层高度不应大于150 mm,分别为35次、72次。当坍落度不大于70 mm时,以振动台振实为宜。一次将拌和物灌到高出容量筒口,装料时可用捣棒稍加插捣,振动过程中若混凝土沉落到低于筒口,应随时加混凝土,振动直至表面出浆。

(3)用刮刀刮平筒口,表面若有凹陷,应填平。将容量筒外壁擦净,称出混凝土与容量筒总质量,精确至50 g。

四、结果计算

混凝土拌和物在捣实状态下的表观密度按式(8-15)计算,精确至10 kg/m^3。

$$\rho = \frac{m_2 - m_1}{V} \tag{8-15}$$

式中 ρ——混凝土的表观密度,kg/m^3;

m_1——容量筒的质量,kg;

m_2——捣实或振实后混凝土和容量筒的总质量,kg;

V——容量筒的体积,L。

五、试验记录

混凝土拌和物表观密度试验记录见表8-18。

表8-18 混凝土拌和物表观密度试验记录

试验次数	试样筒质量 m_1(kg)	试样筒+混凝土质量 m_2(kg)	量筒体积 V(L)	混凝土密度 (kg/m^3)	平均值

试验者:________;计算者:________;校核者:________;试验日期:________。

第七节 建筑砂浆试验

一、建筑砂浆的取样及试样制备

(一)砂浆的取样

(1)砂浆试验用料应根据不同要求,可从同一盘搅拌机或同一车运送的砂浆中取出,或在实验室用机械或人工单独拌制。

(2)施工中取样进行砂浆试验时,其取样方法和原则按相应的施工验收规范执行。一般应在使用地点的砂浆槽中、运送车内或搅拌机出料口,从不同部位,至少取3处,取样数量应是试验用量的1~2倍。

(3)砂浆拌和物取样后,应尽快进行试验。现场取来的试样,试验前应经人工略翻拌,使其质量均匀。

(二)建筑砂浆试样制备

(1)拌和用的材料应提前运入室内,室温应保持在(20±5)℃(需要模拟施工条件下所用的砂浆时,实验室原材料的温度宜保持与施工现场一致)。

(2)试验用水泥和其他原料应与现场使用材料一致。水泥若有结块,应通过0.9 mm筛过筛。采用中砂为宜,其最大粒径小于5 mm。

(3)材料用量以质量计,称量的精确度:水泥、外加剂等为±0.5%,砂、石灰膏、黏土膏、粉煤灰和磨细生石灰粉为±1%。

(4)应采用机械搅拌,搅拌量不宜少于搅拌机容量的20%。搅拌时间:对于水泥砂浆和水泥混合砂浆,不得小于120 s;对于掺用粉煤灰和外加剂的砂浆,不宜小于180 s。

二、建筑砂浆的稠度试验

(一)试验目的

检验砂浆配合比,评定和易性;施工过程中控制砂浆的稠度,以达到控制用水量的目的。

(二)试验仪器

(1)砂浆稠度测定仪:主要构造有支架、底座、齿条测杆、带滑杆的圆锥体,见图8-7。带滑杆的圆锥体质量为300 g,圆锥体高度为145 mm,锥底直径为75 mm;刻度盘及盛砂浆的圆锥形金属筒,筒高为180 mm,锥底内径为150 mm。

(2)钢制捣棒:直径为10 mm、长为350 mm。

(3)其他:如秒表等。

(三)试验方法

(1)盛浆容器和试锥表面用湿布擦干净,并用少量润滑油轻擦滑杆滑动,使滑杆能自由滑动。

(2)将砂浆拌和物一次装入金属筒内,砂浆表面约低于筒口10 mm。

(3)用捣棒自筒边向中心插捣25次,然后轻轻地将筒摇动和敲击5~6下,使砂浆表面平整,然后将筒移至测定仪底座上。

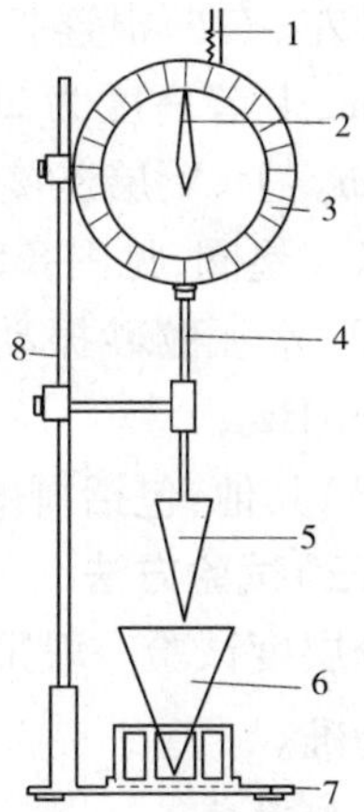

1—齿条测杆;2—指针;3—刻度盘;4—滑杆;5—圆锥体;6—圆锥筒;7—底座;8—支架

图8-7　砂浆稠度测定仪

(4)拧开试锥杆的制动螺丝,向下移动滑杆,当试锥尖端与砂表面接触时,拧紧制动螺丝,使齿条测杆下端刚接触滑杆上端,并将指针对准零点上。

(5)拧开制动螺丝,同时记时间。待10 s后立即固定螺丝,将齿条测杆下端接触滑杆上端,从刻度盘上读出下沉深度(精确至1 mm)即为砂浆稠度值。

(6)圆锥筒内砂浆只允许测定一次稠度,重复测定时应重新取样。当测定的稠度值不符合要求时,可酌情加水或石灰膏,经重新拌和后再测定,直至稠度满足要求,但自拌和加水时算起,不得超过 30 min。

(四)结果处理

(1)取两次试验结果的算术平均值作为该砂浆的稠度,计算精确至 1 mm。

(2)两次试验值之差若大于 10 mm,则应另取砂浆搅拌后重新测定。

(五)试验记录

砂浆稠度试验记录见表 8-19。

表 8-19　砂浆稠度、分层度试验记录

配合比(质量比)					平均值
稠度(mm)	1		2		
分层度(mm)	1		2		

三、建筑砂浆的分层度试验

(一)试验目的

测定砂浆拌和物在运输或停放时内部组分的稳定性,用来评定和易性。

(二)试验仪器

(1)砂浆分层度测定仪。由上、下两层金属圆筒及左、右两根连接螺栓组成。圆筒内径为 150 mm,上节高度为 200 mm,下节带底净高为 100 mm。上、下层连接处需加宽到 3 ~ 5 mm,并设有橡胶垫圈,见图 8-8。

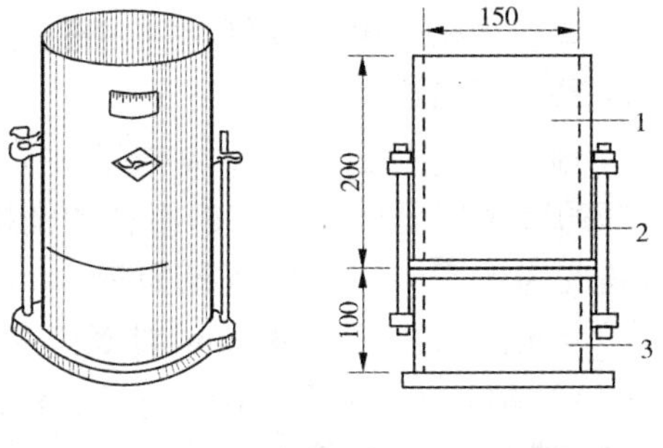

1—无底圆筒;2—连接螺栓;3—有底圆筒

图 8-8　砂浆分层度测定仪　(单位:mm)

(2)水泥胶砂振动台。SI - 085 型,频率为 (50 ±3) Hz。

(3)其他:包括稠度仪、木锤等。

(三)试验方法

分层度试验一般采用标准法(也称为静置法),也可采用快速法,但当有争议时,则以标准法为准。

1. 标准法

(1)首先将砂浆拌和物按稠度试验方法测其稠度(沉入度)K_1。

(2)将砂浆拌和物一次装入分层度筒内,待装满后,用木锤在容器周围距离大致相等的 4 个不同位置分别轻轻敲击 1 ~2 下,若砂浆沉落到低于筒口,则应随时添加,然后刮去多余砂浆并用抹刀抹平。

(3)静置 30 min 后,去掉上节 200 mm 砂浆,将剩余的 100 mm 砂浆倒出放在拌和锅内拌 2 min,按上述稠度测定方法测其稠度 K_2。

2. 快速法

(1)按稠度试验方法测其稠度 K_1。

(2)将分层度筒预先固定在振动台上,砂浆一次装入分层度筒内,振动 20 s。去掉上节

200 mm 砂浆，剩余 100 mm 砂浆倒出放在拌和锅内拌 2 min，再按稠度试验方法测其稠度 K_2。

（四）结果处理

（1）两次测得的稠度之差为砂浆分层度值，以 mm 计，即 $\Delta = K_1 - K_2$。

（2）取两次试验结果的算术平均值作为该砂浆的分层度值。

（3）两次分层度试验值之差如果大于 10 mm，应重做试验。

（五）试验记录

砂浆分层度试验记录见表 8-19。

四、建筑砂浆立方体抗压强度试验

（一）试验目的

通过砂浆的抗压强度试验，检测砂浆配合比和强度等级是否满足设计要求、施工要求。

（二）试验仪器

（1）砂浆试模：尺寸为 70.7 mm × 70.7 mm × 70.7 mm 的带底试模，由铸铁或钢制成，应具有足够的刚度并拆装方便。试模的内表面应机械加工，其不平度应为每 100 mm 不超过 0.05 mm，组装后各相邻面的不垂直度不应超过 ±0.5°。

（2）钢制捣棒：直径为 10 mm，长为 350 mm，端部应磨圆。

（3）压力试验机：精度为 1%，试件破坏荷载应不小于压力机量程的 20%，且不大于全量程的 80%。

（4）垫板：试验机上、下压板及试件之间可垫以钢垫板，垫板的尺寸应大于试件的承压面尺寸，其不平度应为每 100 mm 不超过 0.02 mm。

（5）振动台：空载中台面的垂直振幅应为（0.5 ± 0.05）mm，空载频率应为（50 ± 3）Hz，空载台面振幅均匀度不大于 10%，一次试验至少能固定（或用磁力吸盘）3 个试模。

（三）试验方法

1. 试件制作

（1）采用立方体试件，每组试件 3 个。

（2）应用黄油等密封材料涂抹试模的外接缝，试模内涂刷薄层机油或脱模剂，将拌制好的砂浆一次性装满砂浆试模，成型方法根据稠度而定。当稠度 ≥ 50 mm 时，采用人工振捣成型；当稠度 < 50 mm 时，采用振动台振实成型。

①人工振捣：用捣棒均匀地由边缘向中心按螺旋方式插捣 25 次，插捣过程中若砂浆沉落低于试模口，应随时添加砂浆，可用油灰刀插捣数次，并用手将试模一边抬高 5 ~ 10 mm 各振动 5 次，使砂浆高出试模顶面 6 ~ 8 mm。

②机械振动：将砂浆一次装满试模，放置到振动台上，振动时试模不得跳动，振动 5 ~ 10 s 或持续到表面出浆为止；不得过振。

（3）待表面水分稍干后，将高出试模部分的砂浆沿试模顶面刮去并抹平。

2. 试件养护

（1）试件制作后应在室温为（20 ± 5）℃的环境下静置（24 ± 2）h，当气温较低时，可适当延长时间，但不应超过两昼夜，然后对试件进行编号、拆模。

（2）试件拆模后应立即放入温度为（20 ± 2）℃、相对湿度在 90% 以上的标准养护室中养护。养护期间，试件彼此间隔不小于 10 mm，混合砂浆试件上面应覆盖，以防有水滴在试件上。

3．立方体试件抗压强度试验

（1）试件从养护地点取出后应及时进行试验。试验前将试件表面擦拭干净，测量尺寸，并检查其外观，并据此计算试件的承压面积，若实测尺寸与公称尺寸之差不超过 1 mm，可按公称尺寸进行计算。

（2）将试件安放在试验机的下压板（或下垫板）上，试件的承压面应与成型时的顶面垂直，试件中心应与试验机下压板（或下垫板）中心对准。

（3）开动试验机，当上压板与试件（或上垫板）接近时，调整球座，使接触面均衡受压。承压试验应连续而均匀地加荷，加荷速度应为 0.25 ~ 1.5 kN/s（当砂浆强度不大于 5 MPa 时，宜取下限；当砂浆强度大于 5 MPa 时，宜取上限），当试件接近破坏而开始迅速变形时，停止调整试验机油门，直至试件破坏，然后记录破坏荷载。

（四）结果计算与评定

砂浆立方体抗压强度应按下式计算：

$$f_{m,cu} = \frac{N_u}{A} \tag{8-16}$$

式中 $f_{m,cu}$——砂浆立方体试件抗压强度，MPa，精确至 0.1 MPa；

N_u——破坏荷载，N；

A——试件承压面积，mm^2。

以 3 个试件测值的算术平均值的 1.3 倍作为该组试件的砂浆立方体试件抗压强度平均值（精确至 0.1 MPa）。当 3 个测值的最大值或最小值中有一个与中间值的差值超过中间值的 15% 时，则把最大值及最小值一并舍除，取中间值作为该组试件的抗压强度值；如有两个测值与中间值的差值均超过中间值的 15%，则该组试件的试验结果无效。

（五）试验记录

砂浆立方体试块抗压试验记录见表 8-20。

表 8-20 砂浆立方体试块抗压试验记录

设计强度等级： 养护条件： 龄期：

组别	试块尺寸（边长）（mm）	承压面积 A（mm^2）	破坏荷重 P（N）						抗压强度测定值（MPa）						平均值（MPa）
			1	2	3	4	5	6							
1															
2															
3															

第九章　沥青及沥青混合料试验

学习目标　通过本章的学习，学生应能够掌握沥青、沥青混合料各技术指标的检测方法、检验规则、检测仪器的操作、试验数据的处理与报告的填写，理解试验原理，并具备对试验成果误差进行分析的技能。

第一节　石油沥青的针入度、延度及软化点试验

一、石油沥青的针入度试验

（一）试验目的

（1）沥青的针入度是指在规定的温度和时间内，附加一定质量的标准针垂直贯入试样的深度，以0.1 mm。

（2）非经注明，标准针、针连杆与附加砝码的总质量为(100 ±0.05)g，试验温度为25 ℃，针入度贯入时间为5 s。根据需要，当采用其他试验条件时，应在试验结果中注明。

（3）本方法用于评定沥青黏滞性，确定沥青强度等级，并作为控制施工质量的依据。

（二）试验仪器

（1）针入度仪（见图9-1）。凡能保证针和针连杆在无明显摩擦下垂直运动，并能指示标准针垂直贯入试样深度及准确至0.1 mm的仪器均可使用。针和针连杆组合件总质量为(50 ±0.05)g，另附(50 ±0.05)g砝码一只，以供试验时适合总质量(100 ±0.05)g的需要。仪器设有放置平底玻璃保温皿的平台，并有调节水平的装置，针连杆应与平台相垂直。仪器设有针连杆制动按钮，使针连杆可自由下落。针连杆易于装卸，以便检查其质量。仪器还设有可自由转动与调节距离的悬臂，其端部有一面小镜或聚光灯泡，借以观察针尖与试样表面接触情况。当为自动针入度仪时，基本要求与此项相同。温度采用温度传感器测定，针入度值采用位移计测定，并能自动显示和记录，对附有计时装置的，应对其准确性经常校验，以提高测试精密度。

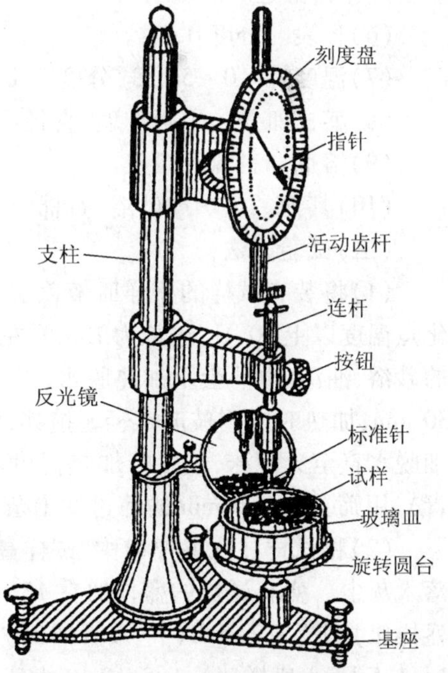

图9-1　沥青针入度仪

（2）标准针。由硬化回火的不锈钢制成，洛氏硬度为54 ~ 60 HRC，表面粗糙度为 R_a 为0.2 ~ 0.3 μm，针及针杆总质量为(2.5 ±0.05)g，针杆上应打印有号码标志。针应设有固定用装置盒(筒)，以免碰撞针尖，每根针必须附有计量部门的检验单，并应定期进行检验，其形状及

尺寸如图9-2所示。

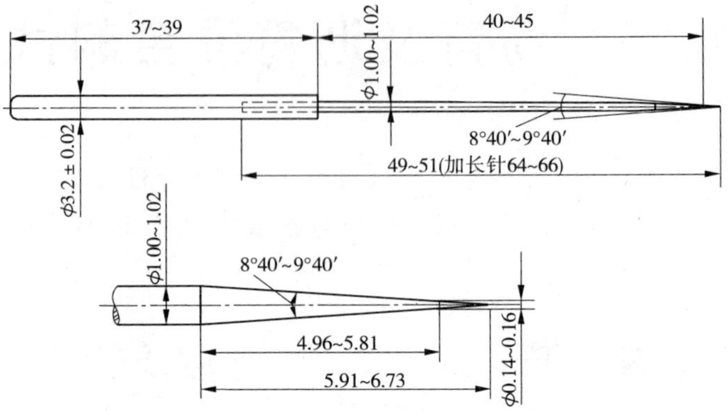

图9-2 针入度试验用标准针

(3)盛样皿。由金属制成,圆柱形平底;小盛样皿的内径为55 mm,深为35 mm(适用于针入度小于200);大盛样皿内径为70 mm,深为45 mm(适用于针入度为200~350);对针入度大于350的试样,需使用特殊盛样皿,其深度不小于60 mm,试样体积不小于125 mL。

(4)恒温水浴。容量不小于10 L,控制温度±0.1 ℃。水中应备有一带孔的搁板(台),位于水面下不小于100 mm,距水浴底不小于50 mm处。

(5)平底玻璃皿。容量不小于1 L,深度不小于80 mm。内设有一个不锈钢三脚支架,能使盛样皿稳定。

(6)秒表。分度0.1 s。

(7)温度计。0~50 ℃,分度0.1 ℃。

(8)盛样皿盖。平板玻璃,直径不小于盛样皿开口尺寸。

(9)溶剂。三氯乙烯等。

(10)其他。电炉或砂浴、石棉网、金属锅或瓷把坩埚等。

(三)试验方法

(1)将装有试样的盛样皿带盖放入恒温烘箱中,若石油沥青中无水分,烘箱温度宜在软化点温度以上90 ℃,通常为135 ℃左右;若石油沥青中含有水分,将盛样皿放在可控制温度的砂浴、油浴、电热套上加热脱水,当采用电炉、煤气炉脱水时,必须加放石棉垫,时间不超过30 min,加热时应用玻璃棒轻轻搅拌,以防局部过热。在沥青温度不超过100 ℃的条件下仔细脱水直至无泡沫,最后的加热温度不超过软化点以上100 ℃(石油沥青)或50 ℃(煤沥青),用筛孔为0.6 mm的筛过滤出杂质。

(2)将试样注入盛样皿中,试样高度应超过预计针入度值10 mm,并遮盖盛样皿,以防落入灰尘。盛有试样的盛样皿在15~30 ℃空气中冷却1~1.5 h(小盛样皿)、1.5~2 h(大盛样皿)或2~2.5 h(特殊盛样皿)后,移入保持规定试验温度±0.1 ℃的恒温水浴中1~1.5 h(小盛样皿)、1.5~2 h(大盛样皿)或2~2.5 h(特殊盛样皿)。

(3)调整针入度仪使之水平,检查针连杆和导轨,以确认无水和其他外来物,无明显摩擦。用三氯乙烯或其他溶剂清洗标准针,并用棉花拭干。将标准针插入针连杆,用螺丝固紧。按试验条件,放好附加砝码。

(4)取出达到恒温的盛样皿,放入水温控制在试验温度±0.1 ℃(可用恒温水浴中的水)的平底玻璃皿中的三脚支架上,试样表面以上的水层深度不少于10 mm。

(5)将盛有试样的平底玻璃皿置于针入度仪的平台上,慢慢放下针连杆,用放置于适当位置的反光镜或灯光反射观察,使针尖恰好与试样表面接触。拉下刻度盘的拉杆,使其与针连杆顶端轻轻接触,调节刻度盘或深度指示器的指针指示为零。

(6)开动秒表,在指针正指5 s的瞬间,用手紧压按钮,使标准针自动下落贯入试样,经规定时间,停压按钮使针停止移动。

注:当采用自动针入度仪时,计时与标准针落下贯入试样同时开始,至5 s时自动停止。

(7)拉下刻度盘拉杆与针连杆顶端接触,读取刻度盘指针或深度指示器的读数,精确至0.5(0.1 mm)。

(8)同一试样平行试验至少做3次,各测试点之间及与盛样皿边缘的距离不应少于10 mm。每次试验后,应将盛有盛样皿的平底玻璃皿放入恒温水浴,使平底玻璃皿中水温保持试验温度。每次试验应换一根干净的标准针或将标准针取下,用蘸有三氯乙烯溶剂的棉花或布洗净,再用干棉花或布擦干。

(9)测定针入度大于200的沥青试样时,至少用3支标准针,每次试验后将针留在试样中,直至3次平行试验完成后,才能把标准针从试样中取出。

(四)结果处理

同一试样3次平行试验结果的最大值和最小值之差在允许偏差范围内时,见表9-1。计算3次试验结果的平均值,取至整数作为针入度试验结果,以0.1 mm为单位。当试验结果不符合表9-1的要求时,应重新进行试验。

表9-1　针入度试验值允许偏差

针入度(0.1 mm)	允许差值(0.1 mm)	针入度(0.1 mm)	允许差值(0.1 mm)
0~49	2	150~249	12
50~149	4	250~500	20

当试验结果小于50(0.1 mm)时,重复性试验精度的允许差为2(0.1 mm),再现性试验精度的允许差为4(0.1 mm)。当试验结果等于或大于50(0.1 mm)时,重复性试验精度的允许差为平均值的4%,再现性试验精度的允许差为平均值的8%。

(五)试验记录

沥青针入度试验记录见表9-2。

二、石油沥青的延度试验

(一)试验目的

沥青的延度是指规定形状的试样在规定温度下,以一定速度拉伸至断开时的长度,以cm表示。本方法适用于测定道路石油沥青、液体沥青蒸馏残留物和乳化沥青蒸发残留物等材料的延度。

试验温度与拉伸速率可根据要求采用,通常采用的试验温度为:重交通(25±0.5)℃,中、轻交通(15±0.5)℃。非经注明,拉伸速度为(5±0.25)cm/min。当低温采用(1±0.05)cm/min拉伸速度时,应在报告中注明。

表 9-2　沥青针入度试验记录表

样品编号	试验温度(℃)	试验时间(s)	试验荷载(标准针质量)(g)	第一次			第二次			第三次			针入度平均值(0.1 mm)
				试针刺入前	试针刺入后	针入度	试针刺入前	试针刺入后	针入度	试针刺入前	试针刺入后	针入度	
1													
2													
3													
准确度													

试验者:________,日期:________;复核者:________,日期:________。

(二)试验仪器

(1)延度仪:将试件浸没于水中,能保持规定的试验温度及按照规定拉伸速度拉伸试件且试验时无明显振动的延度仪均可使用,其形状及组成如图 9-3 所示。

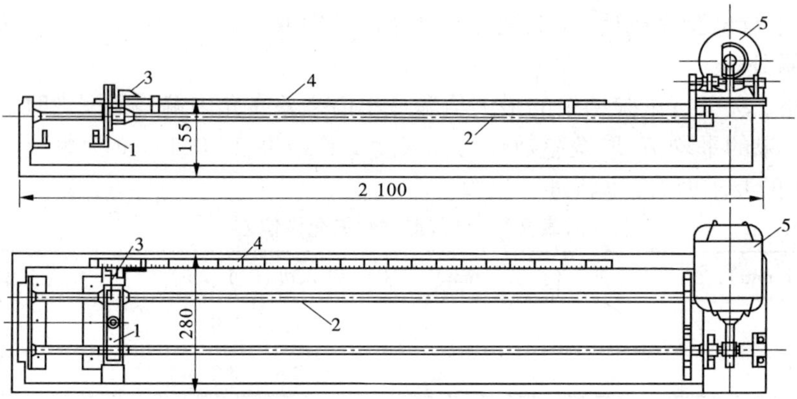

1—滑动器;2—螺旋杆;3—指针;4—标尺;5—电动机

图 9-3　沥青延度仪

(2)试模:黄铜制,由两个端模和两个侧模组成,试模内侧表面粗糙度 R_a0.2 μm,当装配完好后可浇注成表 9-3 尺寸的试件。

(3)试模底板:玻璃板或磨光的铜板、不锈钢板(表面粗糙度 R_a0.2 μm)。

(4)恒温水浴:容量不少于 10 L,控制温度的准确度为 0.1 ℃,水浴中设有带孔搁架,搁架距水浴底不得少于 50 mm,试件浸入水中的深度不小于 100 mm。

(5)砂浴或其他加热炉具。

(6)温度计:0 ~ 50 ℃,分度 0.1 ℃。

(7)甘油滑石粉隔离剂(甘油与滑石粉的质量比 2∶1)。

(8)其他:平刮刀、石棉网、酒精、食盐等。

(三)试验方法

(1)将隔离剂拌和均匀,涂于清洁干燥的试模底板和两个侧模的内侧表面,并将试模在试模底板上装妥,沥青延度试模见图 9-4。

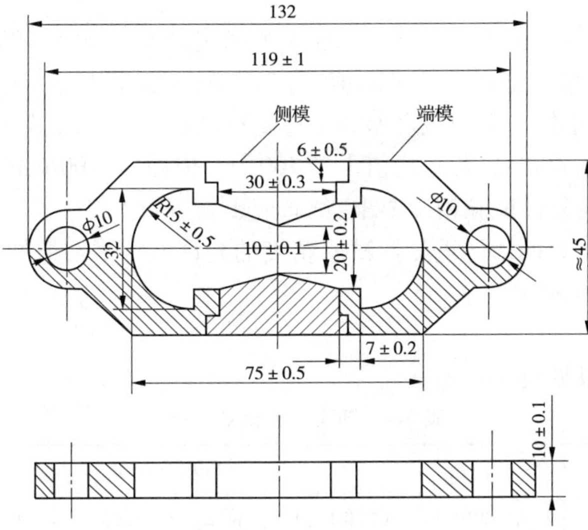

图 9-4　沥青延度试模

(2)将沥青试样仔细地自模的一端至另一端往返数次缓缓注入模中,最后略高出试模、灌模时应注意勿使气泡混入。

(3)试件在室温中冷却 30 ~40 min,然后置于规定试验温度 ±0.1 ℃的恒温水浴中;保持 30 min 后取出,用热刮刀刮除高出试模的沥青,使沥青面与试模面齐平。沥青的刮法应自试模的中间刮向两端,且表面应刮得平滑。将试模连同底板再浸入规定试验温度的水浴中 1 ~1.5 h。

(4)检查延度仪延伸速度是否符合规定要求,然后移动滑板,使其指针正对标尺的零点。将延度仪注水,并保温达试验温度 ±0.5 ℃。

(5)将保温后的试件连同底板移入延度仪的水槽中,然后将盛有试样的试模自玻璃板或不锈钢板上取下,将试模两端的孔分别套在滑板及槽端的金属柱上,并取下侧模,水面距试件表面应不小于 25 mm。

(6)开动延度仪,并注意观察试样的延伸情况。此时应注意,在试验过程中,水温应始终保持在试验温度规定范围内,且仪器不得有振动,水面不得有晃动。当水槽采用循环水时,应暂时中断循环,停止水流。

在测定时,当发现沥青细丝浮于水面或沉入槽底时,则应在水中加入酒精或食盐,调整水的密度至与试样相近后,重新试验。

(7)试件拉断时,读取指针所指标尺上的读数,以 cm 表示。在正常情况下,试件延伸时应成锥尖状,拉断时实际断面接近于零。若不能得到这种结果,则应在报告中注明。

表 9-3　延度试样尺寸　(单位:mm)

总长	74.5 ~75.5	最小横断面宽	9.9 ~10.1
中间颈部长度	29.7 ~30.3	厚度(全部)	9.9 ~10.1
端部开始缩颈处宽度	19.7 ~20.3		

（四）结果处理

同一试样，每次平行试验不少于 3 个，若 3 个测定结果均大于 100 cm，试验结果记做“ >100 cm”；特殊需要也可分别记录实测值，若 3 个测定结果中有 1 个以上的测定值小于 100 cm，且最大值或最小值与平均值之差满足重复性试验精度要求，则取 3 个测定结果的平均值的整数作为延度试验结果；若平均值大于 100 cm，记做“ >100 cm”；若最大值或最小值与平均值之差不符合重复性试验精度要求，试验应重新进行。

当试验结果小于 100 cm 时，重复性试验精度的允许差为平均值的 20%，再现性试验精度的允许差为平均值的 30%。

（五）试验记录

沥青延度试验记录见表 9-4。

表 9-4　沥青延度试验记录

样品编号	试验温度（℃）	试验速度（ cm/min ）	延度（ cm ）				拉伸情况描述
			试样 1	试样 2	试样 3	平均值	
①	②	③	④	⑤	⑥	⑦	⑧
1							
2							
3							
准确度校核							

试验者：________，日期：________；复核者：________，日期：________。

三、石油沥青的软化点试验

（一）试验目的

沥青的软化点是试样在规定尺寸的金属环内，上置规定尺寸和质量的钢球，放于水（或甘油）中，以（5 ±0.5）℃/min 的速度加热，至钢球下沉达规定距离（25.4 mm）时的温度，以℃表示。本方法适用于测定道路石油沥青、煤沥青、液体石油沥青和乳化沥青蒸发后残留物等材料的软化点，以确定沥青的稳定性。

（二）试验仪器

（1）沥青环与球软化点试验仪（见图 9-5），由下列附件组成：

①钢球：直径 9.53 mm，质量（3.5 ±0.05）g。

②试样环：黄铜或不锈钢等制成，形状和尺寸如图 9-6 所示

③钢球定位环：黄铜或不锈钢制成，形状和尺寸如图 9-7 所示。

④金属支架：由两根主杆和三层平行的金属板组成。上层为一圆盘，直径略大于烧杯直径。中间有一圆孔，用以插放温度计。中层板形状尺寸见图 9-8，板上有两个孔，以供放置金属环，中间有一小孔可支持温度计的测温端部。一侧立杆距环上面 51 mm 处刻有水高标记。环下面距下层底板为 25.4 mm，而下底板距烧杯底不小于 12.7 mm，也不得大于 19 mm。三层金属板和两个主杆由两螺母固定在一起。

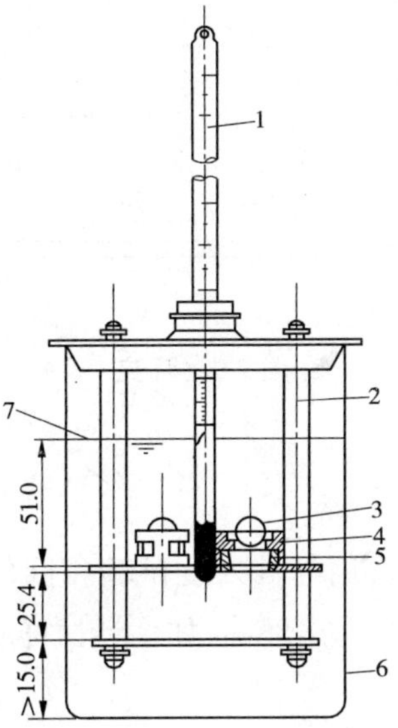

1—温度计;2—立杆;3—钢球;

4—钢球定位环;5—金属环;6—烧杯

图 9-5　软化点试验仪　(单位:mm)

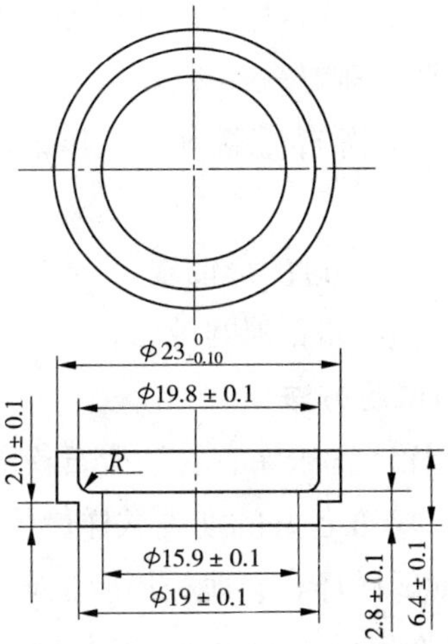

图 9-6　试样环　(单位:mm)

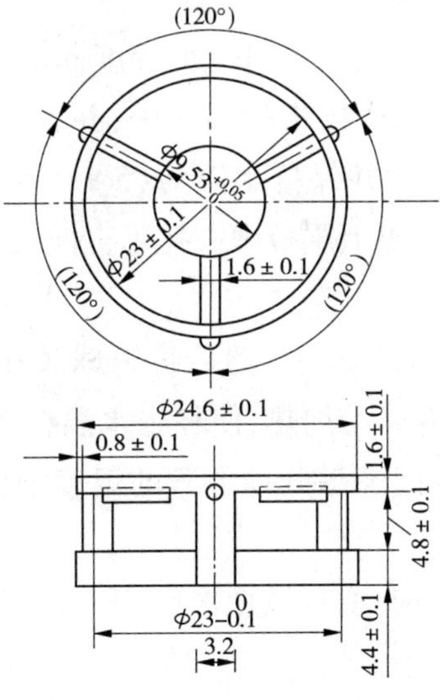

图 9-7　钢球定位环　(单位:mm)

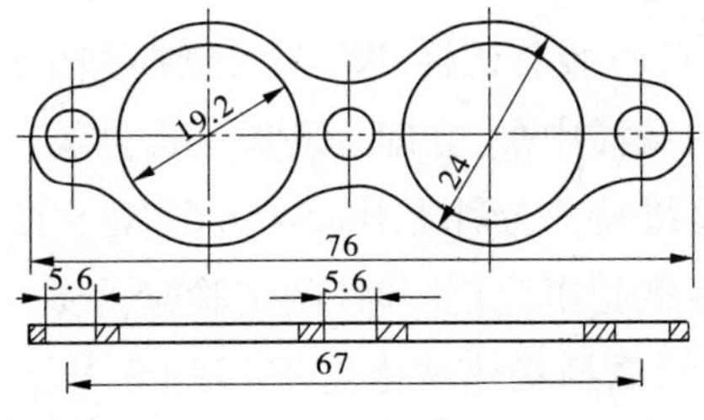

图 9-8　中层板　(单位:mm)

⑤烧杯:容量为(800～1 000)mL,直径不小于 86 mm,高度不小于 120 mm。

⑥温度计:0～80 ℃,分度 0.5 ℃。

(2)环夹:由薄钢条制成,用以夹持金属环,以便刮平表面(见图 9-9)。

(3)装有温度调节器的电炉或其他加热炉具:应采用带有振荡搅拌器的加热电炉,振荡子置于烧杯底部。

(4)试样底板：金属板（表面粗糙度应达 R_a0.8 μm）或玻璃板。

(5)恒温水槽：控温的准确度为0.5 ℃。

(6)平直刮刀。

(7)甘油滑石粉隔离剂（甘油与滑石粉的比例为质量比2∶1）。

(8)新煮沸过的蒸馏水。

(9)其他：如石棉网等。

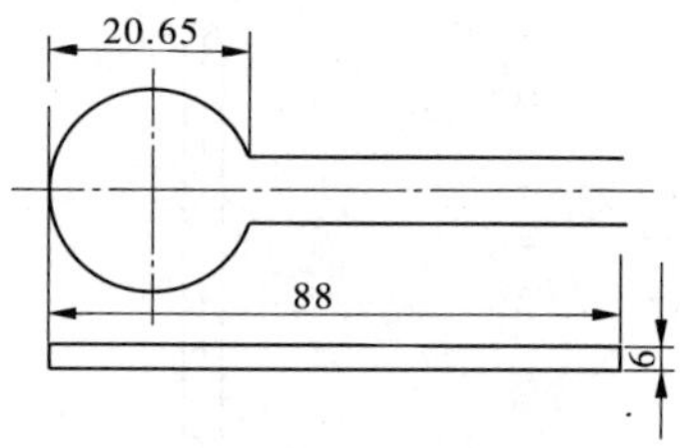

图9-9 环夹 （单位：mm）

（三）试验方法

将试样环置于涂有甘油滑石粉隔离剂的试样底板上，用与针入度试验相同的方法制备沥青试样，将准备好的沥青试样徐徐注入试样环内直至略高出环面，如估计试样软化点高于120 ℃，则试样环和金属板均应预热至80～100 ℃。

试样在室温冷却30 min后，用环夹夹着试样环并用热刮刀刮去高出环面上的试样，使之与环面齐平。

1. 试样软化点在80 ℃以下

(1)将装有试样的试样环连同试样底板置于装有(5±0.5)℃的恒温水槽水中至少15 min，同时将金属支架、钢球、钢球定位环等也置于相同水槽中。

(2)烧杯内注入新煮沸并冷却至5 ℃的蒸馏水，水面略低于立杆上的深度标记。

(3)从恒温水槽中取出盛有试样的试样环放置在支架中层板的圆孔中，并套上钢球定位环，然后将整个环架放入烧杯中，调整水面至深度标记，并保持水温为(5±0.5)℃。注意，环架上任何部分不得附有气泡。将0～80 ℃的温度计由上层板中心孔垂直插入，使水银球底部与试样环下面齐平。

(4)将装有试样和环架的烧杯移至放有石棉网的加热炉具上，然后将钢球放在定位环中间的试样中央，立即开动振荡搅拌器，使水微微振荡，并开始加热，使杯中水温在3 min内调节至维持每分钟上升(5±0.5)℃。在加热过程中，应记录每分钟上升的温度值，当温度上升速度超出此范围时，则试验应重做。

(5)试样受热软化逐渐下坠，至与下层底板表面接触时，立即读取温度，准确至0.5 ℃。

2. 试样软化点在80 ℃以上

(1)将装有试样的试样环连同试样底板置于装有(32±1)℃甘油的恒温槽中至少15 min，同时将金属支架、钢球、钢球定位环等也置于甘油中。

(2)在烧杯内注入预先加热至32 ℃的甘油，其液面略低于立杆上的深度标记。

(3)从恒温槽中取出装有试样的试样环按试样软化点在80 ℃以下时的方法进行测定，准确至1 ℃。

（四）结果处理

同一试样平行试验两次，当两次测定值的差值符合重复性试验精度要求时，取其平均值作为软化点试验结果,准确至0.5 ℃。

当试样软化点小于80 ℃时,重复性试验精度的允许差为1 ℃,再现性试验精度的允许差为4 ℃。当试样软化点等于或大于80 ℃时,重复性试验精度的允许差为2 ℃,再现性试验精度的允许差为8 ℃。

(五)试验记录

沥青软化点试验记录见表9-5。

表9-5　沥青软化点试验记录

试验次数	室内温度(℃)	烧杯内液体名称	开始加热时间(s)	开始加热液体温度(℃)	烧杯中液体在下列各分钟末温度上升记录(℃)														软化点(℃)
					1	2	3	4	5	6	7	8	9	10	11	12	13	试样下垂与下层底板接触时温度(℃)	
1																			
2																			
准确度校核																			

试验者:________,日期:________;复核者:________,日期:________。

第二节　岩石的抗压强度试验

一、试验目的

测定岩石标准试件吸水饱和后,在单向受压状态下,用破坏时的极限强度与磨耗试验结果共同确定岩石等级及适用性。

二、试验仪器

(1)压力机(或万能试验机):加载范围通常为300~2 000 kN。加荷速度应可调至0.5~1.0 MPa/s。压力机(或万能试验机)吨位的选择可根据岩石试件破坏荷重而定,一般试件破坏荷载应不小于压力机最大吨位的30%,且不大于80%。

(2)承压板:圆盘形钢板,硬度不低于洛氏硬度53HRC,承压板直径应大于试件直径2 mm,承压板厚度不小于15 mm,圆盘表面应磨光,其平整度应优于0.005 mm。两承压板之一应是球面座。

(3)岩石加工全套设备:包括锯石机、钻石机、磨平机等。

(4)游标卡尺(分度值0.1 mm)及角尺。

(5)岩石吸水饱和使用的有关设备。

三、试验方法

(1)用锯石机(或钻石机)从岩石试样(或岩芯)中制取边长为(50 ±0.5)mm 的正立方体或直径与高均为(50 ±0.5)mm 的圆柱形试件,每6个试件作为一组。对有显著层理的岩石,应取两组试件(即12个)以分别测定其垂直于层理和平行于层理的抗压强度值。试件与压力机接触的两面,应用磨平机磨平,并保证两面互相平行。试件形状须用角尺及游标卡尺检查是否符合下述要求:试件端面平整度应为0.02 mm,试件轴线垂直度不应超过0.25°。

(2)用游标卡尺量取试件尺寸(精确到0.1 mm),对于立方体试件,在顶面和底面上各量取其边长,以各个面上相互平行的两个边长的算术平均值作为宽或高,按此计算面积;对于圆柱体试体在顶面和底面上各量取相互正交的两个直径,以其算术平均值计算面积;取顶面和底面面积的算术平均值作为计算抗压强度所用的截面面积。

(3)按吸水率试验方法对试件进行饱水处理,最后一次加水深度应使水面高出试件至少20 mm。

(4)试件自由浸水48 h后取出,擦干表面,放在压力机上进行试验。将试件置于两承压板间,球面座应在试件上端面,并用矿物油稍加润滑,以致在滑块自重下仍能闭锁,试件、压板和球座要精确地彼此对中,并与加载机器设备对中,球座曲率中心与试件端面中心相重合。试验时施加应力速率在0.5 ~1 MPa/s 的限度内。抗压试件的最大荷载记录以 N 为单位,精度1% 。

四、结果处理

石料的抗压强度按式(9-1)计算:

$$R = \frac{P}{A} \tag{9-1}$$

式中 R——石料抗压强度,MPa;

P——试件破坏时的荷载,N;

A——试件的截面面积,mm^2。

岩石抗压强度计算至1 MPa。

取6个试件的算术平均值作为试验结果,若其中任意2个与其余4个的强度平均值相差3倍以上,则取试验结果相近的4个试件的算术平均值作为试验结果。对具有显著层理的岩石,取垂直于层理以及平行于层理的试件强度的平均值作为试验结果。

五、试验记录

岩石抗压强度试验记录见表9-6。

表 9-6　岩石抗压强度试验记录

试验次数	试件处理情况	试件尺寸(mm)				试件截面面积 A(mm^2)	极限荷载 P(N)	抗压强度 $R=P/A$(MPa)	
		长	宽	直径	高			个别值	平均值
1									
2									
3									
4									
5									
6									

试验者:________,日期:________;复核者:________,日期:________。

第三节　粗集料磨耗试验(洛杉矶法)

一、试验目的

测定标准条件下粗集料抵抗摩擦、撞击和边缘剪切等联合作用的性能,与单轴抗压强度试验结果共同确定岩石的等级和适用性。本方法适用于各种规格集料的磨耗试验。

二、试验仪器

(1)洛杉矶式磨耗试验机:结构如图 9-10 所示。圆筒内径(710 ±5)mm,内侧长(510 ±5)mm,两端封闭,投料口的钢盖通过紧固螺栓和橡胶垫与钢筒紧闭密封。钢筒的回转速率为 30 ~33 r/min。

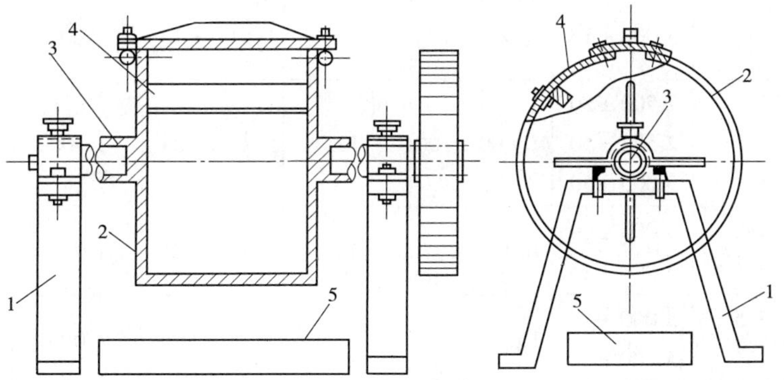

1—支架;2—钢筒;3—筒轴;4—搁板;5—盛器

图 9-10　洛杉矶式磨耗试验机

(2)钢球:直径约为 46.8 mm,质量为 390 ~445 g,大小稍有不同,以便按要求组合成符合要求的总质量。

(3)标准筛:符合要求的标准筛系列,以及筛孔为 1.7 mm 的方孔筛一个。

(4)烘箱:能使温度控制在(105 ±5) ℃范围内。

(5)台秤:感量5 g。

(6)容器:搪瓷盘等。

三、试验方法

(1)将不同规格的集料用水冲洗干净,置于烘箱中烘干至恒重。

(2)对所使用的集料,根据实际情况按照表9-7选择最近的粒级类别,确定相应的试验条件,按规定的粒级组成备料、筛分。其中水泥混凝土用集料宜采用A级粒度:沥青路面及各种基层、底基层的粗集料,表9-7中的16 mm筛孔也可用13.2 mm筛孔代替。对非规格材料,应根据材料的实际粒度,从表9-7中选择最接近的粒级类别及试验条件。

表9-7 粗集料洛杉矶试验条件(仅适用于水泥混凝土集料)

粒度类别	粒级组成(方孔筛)(mm)	试样质量(g)	试样总质量(g)	钢球数量(个)	钢球总质量(g)	转动次数(转)	适用的粗集料	
							规格	公称粒级
A	26.5~37.5 19.0~26.5 16.0~19.0 9.5~16.0	1 250±25 1 250±25 1 250±10 1 250±10	5 000±10	12	5 000±25	500		
B	19.0~26.5 16.0~19.0	2 500±10 2 500±10	5 000±10	11	4 850±25	500	S6 S7 S8	15~30 10~30 10~25
C	9.5~16.0 4.75~9.5	2 500±10 2 500±10	5 000±10	8	3 330±20	500	S9 S10 S11 S12	10~20 10~15 5~15 5~10
D	2.36~4.75	5 000±10	5 000±10	6	2 500±15	500	S13 S14	3~10 3~5
E	63~75 53~63 37.5~53	2 500±50 2 500±50 5 000±50	10 000±100	12	5 000±25	1 000	S1 S2	40~75 40~60
F	37.5~53 26.5~37.5	5 000±50 5 000±25	10 000±75	12	5 000±25	1 000	S3 S4	30~60 25~50
G	26.5~37.5 19~26.5	5 000±25 5 000±25	10 000±50	12	5 000±25	1 000	S5	20~40

注:1. 表中16 mm也可用13.2 mm代替。

2. A级适用于未筛碎石混合料及水泥混凝土用集料。

3. C级中S12可全部采用4.75~9.5 mm颗粒5 000 g,S9及S10可全部采用9.5~16 mm颗粒5 000 g。

4. E级中S2中缺63~75 mm颗粒可用53~63 mm颗粒代替。

(3)分级称量(准确至5 g),称取总质量(m_1),装入磨耗机的圆筒中。

(4)选择钢球,使钢球的数量及总质量符合表9-7中规定。将钢球加入钢筒中,盖好筒盖,紧固密封。

(5)将计数器调整到零位，设定要求的回转次数，对于水泥混凝土集料，回转次数为500转；对于沥青混合料集料，回转次数应符合表9-7的要求。开动磨耗机，以30～33 r/min的转速转动至要求的回转次数为止。

(6)取出钢球，将经过磨耗后的试样从投料口倒入接受容器中。

(7)将试样用1.7 mm的方孔筛过筛，筛去试样中被撞击磨碎的细屑。

(8)用水冲干净留在筛上的碎石，置于(105±5)℃的烘箱中烘干至恒重(通常不少于4 h)，准确称量(m_2)。

四、结果处理

按式(9-2)计算粗集料洛杉矶磨耗损失，准确至0.1%。

$$Q = \frac{m_1 - m_2}{m_1} \times 100\% \tag{9-2}$$

式中 Q——洛杉矶磨耗损失(%)；

m_1——装入圆筒中试样质量，g；

m_2——试验后在1.7 mm方孔筛上的洗净烘干的试样质量，g。

粗集料的磨耗损失取两次平均试验结果的算术平均值作为测定值，两次试验的差值应不大于2%，否则需重做试验。

五、试验记录

粗集料磨耗试验(洛杉矶法)记录见表9-8。

表9-8 粗集料磨耗试验(洛杉矶法)记录

试验次数	试验前试样质量 m_1(g)	试验后过筛干质量 m_2(g)	磨耗率 Q(%)	平均值(%)
①	②	③	④	⑤
1				
2				
3				
结论				

试验者：________，日期：________；复核者：________，日期：________。

第四节 沥青的黏附性试验

一、试验目的

沥青黏附性试验是根据沥青黏附在粗集料表面的薄膜，在一定温度下，受水的作用产生剥离的程度，以判断沥青与集料表面的黏附性能。根据沥青混合料的最大集料粒径，对于大于13.2 mm及小于(或等于)13.2 mm的集料分别选用水煮法或水浸法进行试验。当同一种料源既有大于13.2 mm又有小于13.2 mm不同粒径的集料时，以取大于13.2 mm水煮法试验为标准;对细粒式沥青混合料,以水浸法试验为标准。

二、试验仪器

(1)天平:称量 500 g,感量不大于 0.01 g。
(2)恒温水槽:能保持温度(80 ±1)℃。
(3)拌和用小型容器(500 mL)。
(4)烧杯(1 000 mL)。
(5)试验架。
(6)细线:如尼龙线或棉线、铜丝线。
(7)铁丝网。
(8)标准筛:9.5 mm、13.2 mm、19 mm 各 1 个。
(9)烘箱:装有自动温度调节器。
(10)电炉、燃气炉。
(11)搪瓷盘:300 mm ×400 mm 左右。
(12)玻璃板:200 mm ×200 mm 左右。
(13)其他:拌和铲、石棉网、纱布、手套等。

三、试验方法

(一)水煮法(适用于大于 13.2 mm 粗集料的试验方法)

(1)将集料过 13.2 mm、19 mm 的筛,取粒径为 13.2 ~19 mm、形状接近立方体的规则集料 5 个,用洁净水洗净,置于温度为(105 ±5)℃的烘箱中烘干,然后放在干燥器中备用。

(2)将大烧杯盛水,并置于加热炉的石棉网上煮沸。

(3)将集料逐个用细线在中部系牢,再置入(105 ±5)℃烘箱内 1 h。

(4)逐个取出加热的矿料颗粒用线提起,浸入预先加热的沥青(石油沥青 130 ~150 ℃,煤沥青 100 ~110 ℃)试样中 45 s 后,轻轻拿出,使集料颗粒完全为沥青膜所裹覆。

(5)将裹覆沥青的集料颗粒悬挂于试验架上,下面垫一张纸,使多余的沥青流掉,并在室温下冷却 15 min。

(6)待集料颗粒冷却后,逐个用线提起,浸入盛有沸水的大烧杯中央,调整加热炉,使烧杯中的水保持微沸状态,但不允许有沸开的泡沫。

(7)浸煮 3 min 后,将集料从水中取出,观察矿料颗粒上沥青膜的剥落程度,并按表 9-9 评定其黏附性等级。

表 9-9 沥青与集料的黏附性等级

试验后石料表面上沥青膜剥落情况	黏附性等级
沥青膜完全保存,剥离面积百分率接近于 0	5
沥青膜少部为水所移动,厚度不均匀,剥离面积百分率少于 10%	4
沥青膜局部明显地为水所移动,基本保留在石料表面上,剥离面积百分率少于 30%	3
沥青膜大部为水所移动,局部保留在石料表面上,剥离面积百分率大于 30%	2
沥青膜完全为水所移动,石料基本裸露,沥青全浮于水面上	1

(8)同一试样应平行试验5个集料颗粒,并由两名以上经验丰富的试验人员分别评定后,取平均等级作为试验结果。

(二)水浸法(适用于小于13.2 mm粗集料的试验方法)

(1)将集料用9.5 mm、13.2 mm过筛,取粒径为9.5~13.2 mm形状规则的集料200 g用洁净水洗净,并置于温度为(105±5)℃的烘箱中烘干,然后放在干燥器中备用。

(2)将煮沸过的热水注入恒温水浴中,维持(80±1)℃恒温。

(3)按四分法称取集料颗粒(9.5~13.2 mm)100 g置于搪瓷盘中,连同搪瓷盘一起放入已升温至沥青拌和温度以上5 ℃的烘箱中持续加热1 h。

(4)按每100 g矿料加入沥青(5.5±0.2)g的比例称取沥青,准确至0.1 g,放入小型拌和容器中,一起置入同一烘箱中加热15 min。

(5)将搪瓷盘中的集料倒入拌和容器的沥青中后,从烘箱中取出拌和容器,立即用金属铲均匀拌和1~1.5 min,使集料完全被沥青薄膜裹覆。然后,立即将裹有沥青的集料取20个,用小铲移至玻璃板上摊开,并置于室温下冷却1 h。

(6)将放有集料的玻璃板浸入温度为(80±1)℃的恒温水浴中,保持30 min,并将剥离及浮于水面的沥青用纸片捞出。

(7)从水中小心取出玻璃板,浸入水槽内的冷水中,仔细观察裹覆集料的沥青薄膜的剥离情况。由两名以上经验丰富的试验人员分别目测,评定剥离面积的百分率,评定后取平均值表示。

(8)由剥离面积百分率按表9-9评定沥青与集料黏附性的等级。

四、试验记录

沥青的黏附性试验记录见表9-10。

表9-10　沥青黏附性试验记录

沥青膜在沸水中的剥落情况	等级	性能

试验者:________,日期:________;复核者:________,日期:________。

第五节　粗、细集料的筛分试验

一、粗集料的筛分试验

(一)试验目的

测定粗集料(碎石、砾石、矿渣等)的颗粒组成,对于水泥混凝土,用粗集料可采用干筛法筛分;对于沥青混合料及基层,用粗集料必须采用水洗法试验。

(二)试验仪器

(1)试验筛:根据需要选用规定的标准筛。

(2)天平或台秤:感量不大于试样质量的0.1%。

(3)其他:盘子、铲子、毛刷等。

(三)试验方法

将来料用四分法缩分至表9-11要求的试样所需量,风干后备用。每种试样准备两份,分别供水洗法和干筛法筛分使用。根据需要可按要求的最大粒径的筛孔尺寸过筛,除去超粒径部分颗粒后,再进行筛分。对于水泥混凝土用粗集料,如果没有要求,也可不进行水洗,只进行干筛筛分。

表9-11　粗集料筛分析试验所需试样的最少质量

公称最大粒径(mm)	75	63	37.5	31.5	26.5	19	9.5	4.75
试样质量不少于(kg)	10	8	5	4	2.5	2	1	0.5

1.干筛法

(1)取试样一份置于(105±5)℃烘箱中烘干至恒重,称取干燥试样的总质量(m_0),准确至0.1%。

(2)用搪瓷盘作筛分容器,按筛孔大小排列顺序逐个将集料过筛,人工筛分时,需使集料在筛面上同时有水平方向及上下方向的不停顿运动,使小于筛孔的集料通过筛孔,直至1 min内通过筛孔的质量小于筛上残余量的0.1%。当采用摇筛机筛分时,应在摇筛机筛分后再逐个由人工补筛。将筛出通过的颗粒并入下一号筛,和下一号筛中的试样一起过筛,顺序进行,直至各号筛全部筛完为止。应确认1 min内通过筛孔的质量确实小于筛上残余量的0.1%为止。

(3)如果某个筛上的集料过多,影响筛分作业时,可以分两次筛分。当筛余颗粒的粒径大于19 mm时,筛分过程中允许用手指轻轻拨动颗粒,但不得逐颗塞过筛孔。

(4)称取每个筛上的筛余量,准确至总质量的0.1%。各筛分计筛余质量及筛底存量的总和m_3与筛分前试样的总质量m_0相比,其相差不得超过m_0的0.5%。

2.水洗法

(1)取一份试样,将试样置于(105±5)℃烘箱中烘干至恒重,称取干燥试样的总质量(m_1),准确至0.1%。

(2)将试样置一洁净容器中,加入足够数量的洁净水,将集料全部淹没。

(3)用搅棒充分搅动集料,使集料表面洗涤干净,使细粉悬浮于水中,但不得破碎集料或有集料从水中溅出。

(4)根据集料粒径大小选择组成一组套筛,其底部为0.075 mm标准套筛,上部为2.36 mm或4.75 mm筛。仔细将容器中混有细粉的悬浮液倒出,经过套筛流入另一容器中,尽量不将粗集料倒出,以免损坏标准筛筛面。

(5)重复以上步骤,直至倒出的水洁净为止。

(6)将套筛每个筛子上的集料和容器中的集料全部回收在一个搪瓷盘中,容器上不得有黏附的集料颗粒。

注:黏附在0.075 mm筛面上的细粉很难回收入搪瓷盘,此时需将筛子倒扣在搪瓷盘上用少量的水并助以毛刷将细粉刷落入搪瓷盘,并注意不要散失。

(7)在确保细粉不散失的前提下，小心泌去搪瓷盘中的积水，将搪瓷盘连同集料一起置于(105 ±5)℃烘箱中烘干至恒重，称取干燥试样的总质量(m_2)，准确至0.1%。以m_1和m_2之差作为0.075 mm的筛下部分。

(8)将回收的干燥集料按干筛法筛分出0.075 mm筛以上各筛的筛余量，此时0.075 mm筛下部分应为0，如果尚能筛出，则应将其并入水洗得到的0.075 mm的筛下部分，且表示洗得不干净。

(四)结果处理

1. 干筛法筛分结果的计算

(1)分计筛余百分率。各号筛上的分计筛余百分率按式(9-3)计算，但0.075 mm筛不计算分计筛余，准确至0.1%。

$$a_i = \frac{m_i}{m} \times 100\% \tag{9-3}$$

式中 a_i——各号筛上的分计筛余百分率(%)；

m_i——各号筛上的分计筛余，g；

m——用于干筛的干燥集料总质量，g；

i——0.15 mm、0.3 mm、0.6 mm…至集料最大粒径。

(2)累计筛余百分率。各号筛的累计筛余百分率为该号筛及大于该号筛的各号筛的分计筛余百分率之和。

(3)各号筛的质量通过百分率。各号筛的质量通过百分率等于100减去该号筛累计筛余百分率，准确至0.1%。

(4)根据需要，绘制集料筛分曲线。

2. 水洗法筛分结果的计算

(1)集料中通过0.075的含量按式(9-4)计算，准确至0.1%。

$$P_{0.075} = \frac{m_1 - m_2}{m_1} \times 100\% \tag{9-4}$$

式中 $P_{0.075}$——集料中小于0.075 mm的含量(通过率)(%)；

m_1——用于水洗后的干燥集料的总质量，g；

m_2——集料水洗后的干燥质量，g。

(2)其他各筛的分计筛余百分率、累计筛余百分率、质量通过百分率，计算方法与干筛法相同。

(五)试验记录

粗集料筛分试验记录见表9-12。

二、细集料的筛分试验

(一)试验目的

测定细集料(天然砂、人工砂、石屑)的颗粒级配及粗细程度。对于水泥混凝土，用细集料可采用干筛法，如果需要，也可采用水洗法筛分；对于沥青混合料及基层，用细集料必须用水洗法筛分。

(二)试验仪器

(1)标准筛。

表 9-12　粗集料筛分试验记录

筛孔尺寸 (mm)	各筛存留质量(g)			分计筛余 (%)	累计筛余 (%)	通过百分率 (%)
	1	2	平均			
①	②	③	④	⑤	⑥	⑦
Σ						

试验者:________,日期:________;复核者:________,日期:________。

(2)天平:称量 1 000 g,感量不大于 0.5 g。

(3)烘箱:能控温在(105 ±5)℃。

(4)摇筛机。

(5)其他:浅盘和硬、软毛刷等。

(三)试验方法

根据样品中最大粒径的大小,选用适宜的标准筛,通常为 9.5 mm(水泥混凝土用天然砂)或 4.75 mm 筛(沥青路面及基层用天然砂、石屑、机制砂等),筛除其中的超粒径材料,然后在潮湿状态下充分拌匀,用四分法缩分至每份不少于 550 g 的试样两份,在(105 ±5)℃的烘箱中烘干至恒重,冷却至室温后备用。

1. 干筛法

(1)准确称取烘干试样约 500 g(m_1),准确至 0.5 g,置于套筛的最上面一只,即 4.75 mm 筛上,将套筛装入摇筛机,摇筛约 10 min,然后取出套筛,再按筛孔大小顺序,从最大的筛号开始,在清洁的浅盘上逐个进行手筛,直到每分钟的筛出量不超过筛上剩余量的0.1%,将筛出通过的颗粒并入下一号筛,和下一号筛中的试样一起过筛,以此顺序进行,直到各号筛全部筛完。

(2)称量各筛筛余试样的质量,精确至 0.5 g。所有各筛的分计筛余量和底盘中剩余量的总量与筛分前的试样总量相比,其相差不得超过 1%。

2. 水筛法

(1)准确称取烘干试样约 500 g(m_1),准确至 0.5 g。

(2)将试样置于一洁净容器中,加入足够数量的洁净水,将集料全部淹没。

(3)用搅棒充分搅动集料,将集料表面洗涤干净,使细粉悬浮于水中,但不得有集料从水中溅出。

(4)用1.18 mm筛和0.075 mm筛组成套筛。仔细地将容器中混有细粉的悬浮液徐徐倒出,经过套筛流入另一容器中,但不得将集料倒出。

(5)重复以上步骤,直至倒出的水洁净。

(6)将容器中的集料倒入搪瓷盘中,用少量水冲洗,使容器上黏附的集料颗粒全部进入搪瓷盘中,将筛子反扣过来,用少量的水将筛上的集料冲入搪瓷盘中。操作过程中不得有集料散失。

(7)将搪瓷盘连同集料一起置于(105 ±5)℃烘箱中烘干至恒重,称取干燥试样的总质量(m_2),准确至0.1%。m_1与m_2之差即为通过0.075 mm筛的部分。

(8)将全部要求筛孔组成套筛(但不需0.075 mm筛),将已经洗去小于0.075 mm部分的干燥集料置于套筛上(一般为4.75 mm筛),将套筛装入摇筛机,摇筛大约10 min,然后取出套筛,再按筛孔大小顺序,从最大的筛号开始,在清洁的浅盘上逐个进行手筛,直到每分钟的筛出量不超过筛上剩余量的0.1%,将筛出通过的颗粒并入下一号筛,和下一号筛中的试样一起过筛,这样顺序进行,直到各号筛全部筛完。

(9)称量各筛筛余试样的质量,精确至0.5 g。所有各筛的分计筛余量和底盘中剩余量的总质量与筛分前的试样总量m_2相比,其相差不得超过1%。

(四)结果处理

(1)分计筛余百分率。各号筛的分计筛余百分率为各号筛上的筛余量除以试样总量(m_1)的百分率,准确至0.1%。对沥青路面细集料而言,0.15 mm筛下部分即为0.075 mm的分计筛余,由上述步骤(7)所测得的m_1与m_2之差即为小于0.075 mm的筛底部分。

(2)累计筛余百分率。各号筛的累计筛余百分率为该号筛及大于该号筛的各号筛的分计筛余百分率之和,准确至0.1%。

(3)质量通过百分率。各号筛的质量通过百分率等于100%减去该号筛累计筛余百分率,准确至0.1%。

(4)根据各筛的累计筛余百分率或通过百分率,绘制级配曲线。

(5)天然砂的细度模数按式(9-5)计算:

$$M_x = \frac{(A_{0.15} + A_{0.3} + A_{0.6} + A_{1.18} + A_{2.36}) - 5A_{4.75}}{100 - A_{4.75}} \tag{9-5}$$

式中 M_x——砂的细度模数;

$A_{0.15}$、$A_{0.3}$、…、$A_{4.75}$——0.15 mm、0.3 mm、…、4.75 mm各筛上的累计筛余百分率(%)。

(6)筛分试验应进行两次平行试验,以其试验结果的算术平均值作为测定值。当两次试验所得的细度模数之差大于0.2时,应重新进行试验。

(五)试验记录

细集料筛分试验记录见表9-13。

三、矿粉筛分试验

(一)试验目的

测定矿粉的颗粒级配,并为沥青混合料组成设计提供必要的数据。

表 9-13 细集料筛分试验记录

筛孔尺寸(mm)	各筛存留质量(g)			分计筛余百分率(%)	累计筛余百分率(%)	通过百分率(%)
	1	2	平均			
①	②	③	④	⑤	⑥	⑦
Σ						

试验者:________,日期:________;复核者:________,日期:________。

(二)试验仪器

(1)标准筛:孔径为0.6 mm、0.3 mm、0.15 mm、0.075 mm。

(2)天平:感量不大于0.1 g。

(3)搪瓷盘。

(4)烘箱:能控温在(105 ±5)℃。

(5)橡皮头研杵。

(三)试验方法

(1)将矿粉试样放入(105 ±5)℃的烘箱中烘干至恒重,冷却,称取100 g,准确至0.1 g。若有矿粉团粒存在,可用橡皮头研杵轻轻研磨粉碎。

(2)将0.075 mm筛装在筛底上,仔细倒入矿粉,盖上筛盖。手工轻轻筛分,直至大体上筛不下去,存留在筛底上的小于0.075 mm的部分可弃去。

(3)除去筛盖和筛底,按筛孔大小顺序套成套筛。将存留在0.075 mm筛上的矿粉倒回0.6 mm筛上,在自来水龙头下方接一胶管,打开自来水,用胶管的水轻轻冲洗矿粉过筛,0.075 mm筛下部分任其流失,直至流出的水色清澈。水洗过程中,可以适当用手扰动试样,加速矿粉过筛,待上层冲洗干净后,取下0.6 mm筛,接着从0.3 mm筛或0.15 mm筛上冲洗,但不得直接冲洗0.075 mm筛。

(4)分别将各筛上的筛余反过来用细水流仔细冲洗入各个搪瓷盘中,待筛余沉淀后,稍稍倾斜,仔细除去清水,放入105 ℃烘箱中烘干至恒重。称取各号筛上的筛余量,准确至0.1 g。

(四)结果处理

各号筛上的筛余量除以试样总量的百分率,即为各号筛的分计筛余百分率,准确至0.1%。用100%减去0.6 mm、0.3 mm、0.15 mm、0.075 mm各筛的分计筛余百分率,即为通过0.075 mm筛的通过百分率,加上0.075 mm的分计筛余百分率即为0.15 mm筛的通过百分率。以次类推,计算出各号筛的通过百分率,准确至0.1%。

以两次平行试验结果的平均值作为试验结果。各号筛的通过百分率相差不得大于2%。

(五)试验记录

矿粉筛分试验记录见表9-14。

表9-14 矿粉筛分试验记录

筛孔尺寸(mm)	各筛存留质量(g)			分计筛余百分率(%)	累计筛余百分率(%)	通过百分率(%)
	1	2	平均			
①	②	③	④	⑤	⑥	⑦

试验者:________,日期:________;复核者:________,日期:________。

第六节 沥青混合料的组成设计

【题目】 试设计一级公路沥青路面面层用细粒式沥青混凝土混合料配合组成。

【原始资料】

(1)道路等级:一级公路。

(2)路面类型:沥青混凝土。

(3)结构层位:两层式沥青混凝土路面的上面层。

(4)气候条件:气候分区为2-2区。

(5)材料性能:

①沥青材料。可供应90号沥青,经检验三大技术指标分别为针入度________(实测),延度________(实测),软化点________(实测)。其他指标符合技术要求。

②粗集料。石灰石轧制碎石,饱水抗压强度________(实测),洛杉矶磨耗率________(实测),黏附性(水煮法)________级(实测),表观密度为2.70 g/cm³。

③细集料。洁净河砂,粗度属中砂,含泥量小于1%,表观密度为2.65 g/cm³。

④矿粉。石灰石粉,粒度范围符合要求,无团粒结块,表观密度为2.58 g/cm³。

根据集料和矿粉级配组成经筛分试验,结果见表9-15(将第五节试验中的筛分结果填入表9-15中)。

【设计要求】

(1)根据道路等级、路面类型和结构层次确定沥青混凝土的类型和矿质混合料的级配范围。根据现有各种矿质材料的筛析结果,用图解法确定各种矿质材料的配合比。

(2)根据规范推荐的相应沥青混凝土类型的沥青用量范围,通过马歇尔试验的物理力学指标,确定沥青最佳用量。

(3)马歇尔试验结果汇总见表9-16(将第七节试验、第八节试验、第九节试验结果填入

表 9-16 中)。

表 9-15　粗、细集料与矿粉级配组成筛分试验结果

材料名称	不同筛孔尺寸(mm)的通过百分率(%)								
	13.2	9.5	4.75	2.36	1.18	0.6	0.3	0.15	0.075
碎石									
砂									
矿粉									

表 9-16　马歇尔试验物理—力学指标测定结果汇总表

试样组号 NO.	沥青用量 (%)	技术性质				
		表观密度 ρ_s(g/cm^3)	空隙率 *VV*(%)	沥青饱和度 *VFA*(%)	稳定度 *MS*(kN)	流值 (0.1 mm)

(4)根据一级公路路面用沥青混合料要求,对矿质混合料的级配进行调整,并对沥青最佳用量按水稳性检验和抗车辙能力校核(完成第九节试验)。

第七节　沥青混合料的制备

一、试验目的

本方法规定了用标准击实法或大型击实法制作沥青混合料试样的方法,以供实验室进行沥青混合料物理力学性质试验使用。根据沥青混合料的力学指标(稳定度和流值)以及物理指标和饱和度,可以确定沥青混合料的配合组成(即沥青最佳用量)。

二、试验仪器

(1)击实仪:由击实锤、直径为 98.5 mm 的平圆形压实头及带手柄的导向棒组成。用人工或机械将压实锤举起从(457.2 ±1.5)mm 高度沿导向棒自由落下击实,标准击实锤质量为(4 536 ±9)g。

大型击实仪:由击实锤、直径为 149.5 mm 平圆形压实头及带手柄的导向棒(直径 15.9 mm)组成。用机械将压实锤举起从(457.2 ±2.5)mm 的高度沿导向棒自由落下击实,大型击实锤质量为(10 210 ±10)g。

(2)标准击实台:用以固定试模,在 200 mm ×200 mm ×457 mm 的硬木墩上面有一块

305 mm×305 mm×25 mm 的钢板,木墩用 4 根型钢固定在下面的水泥混凝土板上。木墩采用青冈杆、松或其他干密度为 0.673 ~ 0.77 g/cm^3 的硬木制成。人工击实或机械击实必须有此标准击实台。

自动击实仪是将标准击实锤及标准击实台安装成一体,并用电力驱动使击实锤连续击实试件且可自动记数的设备,击实速度为(60 ±5)次/min。大型击实法电动击实的功率不小于 250 W。

(3)实验室用沥青混合料拌和机:能保证拌和温度并充分拌和均匀,可控制拌和时间,容量不少于 10 L,搅拌叶自转速度为 70 ~80 r/min,公转速度为 40 ~50 r/min。

(4)脱模器:电动或手动,可无破损地推出圆柱体试件,备有标准圆柱体试件及大型圆柱体试件尺寸的推出环。

(5)试模:由高碳钢或工具钢制成,每组包括内径(101.6 ±0.2)mm,高约 87 mm 的圆柱形金属筒、底座(直径约 120.6 mm)和套筒(内径 101.6 mm,高约 70 mm)各 1 个。大型圆柱体试件的试模与套筒:套筒外径 165.1 mm,内径(155.6 ±0.3)mm,总高 83 mm。试模内径(152.4 ±0.2)mm,总高 115 mm,底座板厚 12.7 mm,直径 172 mm。

(6)烘箱:大、中型各一台,装有温度调节器。

(7)天平或电子秤:用于称量矿料的感量不大于 0.5 g,用于称量沥青的感量不大于 0.1 g。

(8)沥青运动黏度测定设备:毛细管黏度计、赛波特重油黏度计或布洛克菲尔德黏度计。

(9)插刀或大螺丝刀。

(10)温度计:分度为 1 ℃,宜采用有金属插杆的热电偶沥青温度计,金属插杆的长度不小于 300 mm,量程为 0 ~300 ℃。

(11)其他:电炉或煤气炉、沥青熔化锅、拌和铲、标准筛、滤纸(或普通纸)、胶布、秒表、卡尺、棉纱、粉笔等。

三、试验方法

(1)确定制作沥青混合料试件的拌和与压实温度。

①用毛细管黏度计测定沥青的黏度,绘制黏温曲线,当使用石油沥青(含改性沥青)时,以运动黏度为(170 ±20)mm^2/s 时的温度为拌和温度,以(280 ±30)mm^2/s 时的温度为压实温度。亦可用赛氏黏度计测定赛波特黏度,以(85 ±10)s 时的温度为拌和温度,以(140 ±15)s 时的温度为压实温度。

②当缺乏运动黏度测定条件时,试件的拌和与压实温度可按表 9-17 选用,并根据沥青品种和标号作适当调整。针入度小、稠度大的沥青取高限,针入度大、稠度小的沥青取低限,一般取中值。

表 9-17　沥青混合料的拌和与压实温度

沥青种类	拌和温度(℃)	压实温度(℃)	沥青种类	拌和温度(℃)	压实温度(℃)
石油沥青	130 ~160	120 ~150	改性沥青	160 ~175	140 ~170
煤沥青	90 ~120	80 ~110			

③常温沥青混合料的拌和及压实在常温下进行。

(2)将各种规格的矿料置于(105 ±5)℃的烘箱中烘干至恒重(一般不少于4 ~6 h)。根据需要,粗集料可先用水冲洗干净后烘干,也可将粗细集料过筛后,用水冲洗再烘干备用。

(3)按规定试验方法分别测定不同粒径粗、细集料规格及填料(矿粉)的各种密度,并测定沥青的密度。

(4)将烘干分级的粗细集料,按每个试件设计级配要求称其质量,在一金属盘中混合均匀,矿粉单独加热,置烘箱中预热至沥青拌和温度以上约 15 ℃(石油沥青通常为 163 ℃,改性沥青通常为 180 ℃)备用。一般按一组试件(每组 4 ~6 个)备料,但进行配合比设计时宜对每个试件分别备料。当采用替代法时,对粗集料中粒径大于 26.5 mm 的部分,以 13.2 ~26.5 mm 粗集料等量代替。常温沥青混合料的矿料不应加热。

(5)将沥青试样用恒温烘箱或电热套熔化,加热至规定的沥青混合料拌和温度备用,但不得超过 175 ℃。当不得已采用燃气炉或电炉直接加热进行脱水时,必须使用石棉垫隔开。

(6)用蘸有少许黄油的棉纱擦净试模、套筒及击实座等,置于 100 ℃左右烘箱中加热 1 h 备用。常温沥青混合料的试模不加热。

四、沥青混合料拌制

(1)将沥青混合料拌和机预热至拌和温度以上 10 ℃左右备用。

(2)将每个试件预热的粗细集料置于拌和机中,用小铲子适当混合,然后加入需要数量的已加热至拌和温度的沥青,开动拌和机,一边搅拌一边将拌和叶片插入混合料中拌和 1 ~1.5 min,然后暂停拌和,加入单独加热的矿粉,继续拌和直至均匀,并使沥青混合料保持在要求的拌和温度范围内,标准的总拌和时间为 3 min。

五、试件成型

马歇尔标准击实法的成型步骤如下:

(1)将拌好的沥青混合料均匀称取一个试件所需的用量(标准试件约 1 200 g,大型试件约 4 050 g)。当已知沥青混合料的密度时,可根据试件的标准尺寸计算并乘以 1.03 得到要求的混合料数量。当一次拌和几个试件时,宜将其倒入经预热的金属盘中,用小铲拌和均匀分成几份,分别取用。试件制作过程中,为防止混合料温度下降,应连盘放于烘箱中保温。

(2)从烘箱中取出预热的试模及套筒,用蘸有少许黄油的棉纱擦拭套筒、底座及击实锤底面,将试模装在底座上,垫一张圆形的吸油性小的纸,按四分法从四个方向用小铲将混合料铲入试模中,用插刀沿周边插捣 15 次,中间 10 次。插捣后将沥青混合料表面整平成凸圆弧面。对大型马歇尔试件,混合料分两次加入,每次插捣次数同上。

(3)插入温度计,至混合料中心附近,检查混合料温度。

(4)待混合料温度符合要求的压实温度后,将试模连同底座一起放于击实台上固定,在装好的混合料上面垫一张吸油性小的圆纸,再将装有击实锤及导向棒的压实头插入试模中,然后开启电动机(或人工)将击实锤从 457 mm 的高度自由落下击实规定的次数(75 次、50 次或 35 次)。对大型马歇尔试件,击实次数为 75 次(相应于标准击实 50 次的情况)或 112

次(相应于标准击实 75 次的情况)。

(5)试件击实一面后,取下套筒,将试模掉头,装上套筒,然后用同样的方式和次数击实另一面。

(6)试件击实结束后,应立即用镊子取掉上下面的纸,用卡尺量取试件离试模上口的高度并由此计算试件高度,当高度不符合要求时,试件应作废,并按式(9-6)调整试件的混合料数量,使高度符合(63.5 ±1.3)mm(标准试件)或(95.3 ±2.5)mm(大型试件)的要求。

$$q = q_0 \times \frac{63.5}{h_0} \tag{9-6}$$

式中 q———调整后沥青混合料用量,g;

q_0———原用混合料用量,g;

h_0———所得试件的高度,mm。

(7)卸去套筒的底座,将装有试件的试模横向放置冷却至室温后(不少于 12 h),置于脱模机上脱出试件。将试件仔细置于干燥洁净的平面上,供试验用。

第八节　沥青混合料物理指标的测定

一、试验目的

测定压实沥青混合料试件的毛体积相对密度和毛体积密度(表干法),并按组成材料原始数据计算其空隙率,沥青体积百分率,矿料间隙率和沥青饱和度等物理指标,结合稳定度、流值,根据沥青混合料技术标准确定沥青最佳用量。

二、试验仪器

(1)浸水天平或电子秤,当最大称量在 3 kg 以下时,感量不大于 0.1 g;当最大称量 3 kg 以上时,感量不大于 0.5 g;最大称量 10 kg 以上时,感量不大于 5 g,应有测量水中重的挂钩。

(2)网篮。

(3)溢流水箱,如图 9-11 所示,使用洁净水,有水位溢流装置,保持试件和网篮浸入水中后的水位一定。试验时的水温为室温。

(4)试件悬吊装置:是指天平下方悬吊网篮及试件的装置,吊线应采用不吸水的细尼龙线,并有足够的长度,对轮碾成型机成型的板块状试件可用铁丝悬挂。

(5)秒表、毛巾、电扇或烘箱。

三、试验方法

(1)选择适宜的浸水天平(或电子秤),最大称量应不小于试件质量的 1.25 倍,且不大于试件质量的 5 倍。

(2)除去试件表面的浮粒,称取干燥试件在空气中的质量(m_a),根据选择天平的感量读数,准确至 0.1 g、0.5 g 或 5 g。

(3)挂上网篮浸入溢流水箱的水中,调节水位,将天平调平或复零,把试件置于网篮中

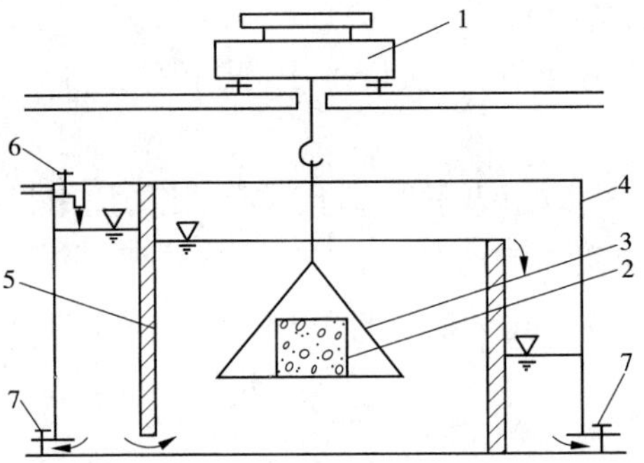

1—浸水天平或电子秤;2—试件; 3—网篮;4—溢流水箱;

5—水位搁板;6—注入口;7—放水阀门

图 9-11 溢流水箱及下挂法水中称量方法示意图

(注意:不要使水晃动)浸水 3 ~5 min,待天平稳定后称取水中质量(m_w)。

(4)从水中取出试件,用洁净柔软且拧干的湿毛巾轻轻擦去试件的表面水,称取试件的表干质量(m_f)。

(5)对从路上钻取的非干燥试件,可先称取水中质量(m_w),然后用电风扇将试件吹干至恒重(一般不少于 12 h,当不需进行其他试验时,也可用(60 ±5)℃的烘箱烘干至恒重),再称取试件在空气中的质量(m_a)。

四、结果处理

(1)计算试件的毛体积相对密度和毛体积密度,取三位小数。

密实的(吸水率 <2%)沥青混合料试件的毛体积相对密度和毛体积密度分别按式(9-7)和式(9-8)计算,取 3 位小数。

$$r_f = \frac{m_a}{m_f - m_w} \tag{9-7}$$

$$\rho_f = \frac{m_a}{m_f - m_w}\rho_w \tag{9-8}$$

式中 r_f——试件的毛体积相对密度,无量纲;

ρ_f——试件的毛体积密度,g/cm^3;

m_a——干燥试件在空气中的质量,g;

m_w——试件在水中的质量,g;

m_f——试件的表干质量,g;

ρ_w——常温水的密度,取 1 g/cm^3。

(2)理论密度。

当已知试件的油石比 P_a 时,试件的理论最大密度 ρ_t 按式(9-9)计算,取 3 位小数。

$$\rho_t = \frac{100 + P_a}{\frac{P_1}{\gamma_1} + \frac{P_2}{\gamma_2} + \cdots + \frac{P_n}{\gamma_n} + \frac{P_a}{\gamma_a}}\rho_w \tag{9-9}$$

当已知试件的沥青含量 P_b 时，试件的理论最大密度 ρ_t 按式(9-10)计算。在稳定度仪上测定其稳定度和流值，以这两项指标来表征其高温时的稳定性和抗变形能力。

$$\rho_t = \frac{100 + P_b}{\frac{P'_1}{\gamma_1} + \frac{P'_2}{\gamma_2} + \cdots + \frac{P'_n}{\gamma_n} + \frac{P_b}{\gamma_a}}\rho_w \tag{9-10}$$

式中 ρ_t——试件的理论最大密度，g/cm^3；

$P_1, \cdots, P_n$——各种矿料的配合比（矿料总和为 $\sum_1^n P_i = 100$）；

$P'_1, \cdots, P'_n$——各种矿料的配合比（矿料与沥青之和为 $\sum_1^n P'_i + P_b = 100$）；

$\gamma_1, \cdots, \gamma_n$——各种矿料与水的相对密度；

P_a——油石比（沥青与矿料的质量比）（%）；

P_b——沥青含量（沥青质量占沥青混合料总质量的百分率）（%）；

γ_a——沥青的相对密度$\left(\gamma_a = \frac{m_a}{m_a - m_w}\right.$，无量纲$\left.\right)$。

(3)空隙率。试件的空隙率按式(9-11)计算，取1位小数。

$$VV = \left(1 - \frac{r_f}{r_t}\right) \times 100\% \tag{9-11}$$

式中 VV——试件的空隙率（%）；

r_f——试件的毛体积相对密度，无量纲；

r_t——实测沥青混合料的最大相对密度，无量纲。

(4)沥青体积百分率。

试件中沥青的体积百分率按式(9-12)或式(9-13)计算，取1位小数。

$$VA = \frac{P_b r_f}{\gamma_a} \tag{9-12}$$

或

$$VA = \frac{100 P_a r_f}{(100 + P_a)\gamma_a} \tag{9-13}$$

式中 VA——沥青混合料试件的体积百分率（%）。

(5)矿料间隙率。试件的矿料间隙率按式(9-14)计算，取1位小数。

$$VMA = VA + VV \tag{9-14}$$

式中 VMA——沥青混合料试件的矿料间隙率（%）。

(6)沥青饱和度。沥青混合料试件饱和度按式(9-15)计算，取1位小数。

$$VFA = \frac{VA}{VA + VV} \times 100\% \tag{9-15}$$

式中 VFA——沥青混合料试件的沥青饱和度（%）。

五、试验记录

沥青混合料物理指标的试验结果记录于表9-18中。

表 9-18　沥青混合料密度试验记录

混合料用途		矿料品种				矿粉密度(g/cm^3)				
混合料类型		粗集料表观密度(g/cm^3)				沥青品种				
混合料配比		细集料表观密度(g/cm^3)				沥青密度 ρ(g/cm^3)				
试件编号	沥青用量 q_a(%)	干燥试样质量 m_a(g)	试件在水中质量 m_w(g)	试件表干质量 m_f(g)	试件实测密度 ρ(g/cm^3)	试件理论密度 ρ_t(g/cm^3)	沥青体积百分率 *VA*(%)	试件空隙率 *VV*(%)	矿料间隙率 *VMA*(%)	沥青饱和度 *VFA*(%)

试验者________;计算者________;校核者________;试验日期________。

第九节　沥青混合料的马歇尔稳定度试验

一、试验目的

沥青混合料稳定度试验是将沥青混合料制成标准的马歇尔试件或大型马歇尔试件,在稳定度仪上测定其稳定度和流值,以这两项指标来表征其高温时的稳定性和抗变形能力。根据沥青混合料的力学指标(稳定度和流值)和物理常数(密度、空隙率和沥青饱和度等),以及水稳性(残留稳定度)和抗车辙(动稳定度)检验,即可确定沥青混合料的配合组成。

二、试验仪器

(1)沥青混合料马歇尔试验仪。符合国家标准《沥青混合料马歇尔试验仪》(GB/T 11823)技术要求的产品,对用于高速公路和一级公路的沥青混合料宜采用自动马歇尔试验仪,用计算机或 X－Y 记录仪记录荷载—位移曲线,并具有自动测定荷载与试件垂直变形的传感器、位移计,能自动显示和打印试验结果。对ϕ63.5 mm 的标准马歇尔试件,试验仪最大荷载不小于 25 kN,读数准确度为 100 N,加荷速率应保持在(50 ±5)mm/min。钢球直径为 16 mm,上下压头曲率半径为 50.8 mm。当采用ϕ152.4 mm 的大型马歇尔试件时,试验仪最大荷载不得小于 50 kN,读数准确度为 100 N。上下压头曲率内径为(152.4 ±0.2)mm,上下压头间距为(19.05 ±0.1)mm。

(2)恒温水槽:控温准确度为 1 ℃,深度不少于 150 mm。

(3)真空饱水容器:由真空泵和真空干燥器组成。

(4)烘箱。

(5)天平:感量不大于 0.1 g。

(6)温度计:分度为 1 ℃。

(7)卡尺。

(8)其他:黄油、棉纱。

三、试验方法

(一)标准马歇尔试验方法

(1)将测定密度后的试件置于(60 ±1)℃(黏稠石油沥青混合料)或(33.8 ±1)℃(煤沥青混合料)的恒温水槽中,保温时间对标准的马歇尔试件需 30 ~40 min,对大型的马歇尔试件需 45 ~60 min。试件之间应有间隔,底部应架起,离水槽底部不小于 5 cm。

(2)将马歇尔试验仪的上、下压头放入水槽或烘箱中达到同样温度。将上、下压头从水槽或烘箱中取出擦拭干净内表面。为使上、下压头滑动自如,可在上、下压头的导棒上涂少许黄油。再将试件取出置于下压头上,盖上上压头,然后装在加载设备上。

(3)在上压头的球座上放妥钢球,并对准荷载测定装置的压头。

(4)当采用自动马歇尔试验仪时,将自动马歇尔试验仪的压力传感器、位移传感器与计算机或 X - Y 记录仪正确连接,调整好适宜的放大比例。调整好计算机程序或将 X - Y 记录仪的记录笔对准原点。

(5)当采用压力环和流值计时,将流值计安装在导棒上,使导向套管轻轻压住上压头,同时将流值计读数调零。调整压力环中的百分表,对零。

(6)启动加载设备,使试件承受荷载,加载速度为(50 ±5)mm/min。计算机或 X - Y 记录仪自动记录传感器压力和试件变形曲线并将数据自动存入计算机。

(7)当试验荷载达到最大值的瞬间,取下流值计,同时读取应力环中百分表或荷载传感器读数及流值计的流值读数。

(8)从恒温水槽中取出试件至测出最大荷载值的时间,不得超过 30 s。

(二)浸水马歇尔试验方法

浸水马歇尔试验方法是将沥青混合料试件,在规定温度的恒温水槽中保温 48 h,然后测定其稳定度,其余方法与标准马歇尔试验方法相同。

四、结果计算

(1)当采用自动马歇尔试验仪时,将计算机采集的数据绘制成压力和试件变形曲线,或由 X - Y 记录仪自动记录的荷载—变形曲线,按图 9-12 所示的方法在切线方向延长曲线与横坐标相交于 O_1,将 O_1 作为修正原点,从 O_1 起量取相应于荷载最大值时的变形作为流值(*FL*),以 mm 计,准确至 0.1 mm。最大荷载即为稳定度(*MS*),以 kN 计,准确至 0.01 kN。

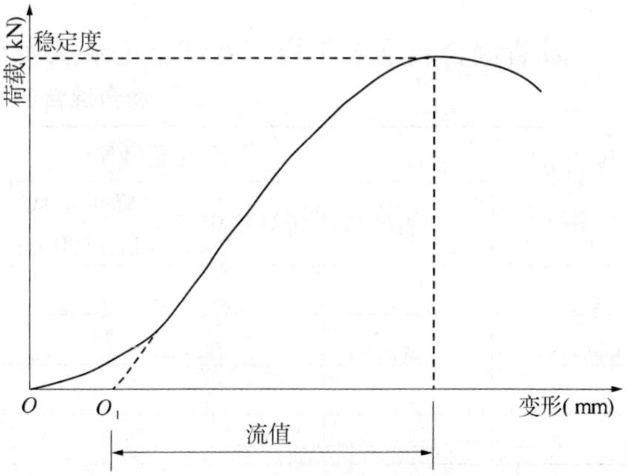

图 9-12　马歇尔试验结果的修正方法

(2)当用应力环和流值计测定时,根据压力环标定曲线,将压力环中百分表的读数换算为荷载值,或由荷载测定装置读取的最大值即为试件的稳定度(*MS*),以 kN 计,准确至 0.01

kN。由流值计及位移传感器试测定装置读取的试件垂直变形，即为试件的流值（FL），以 mm 计，准确至 0.1 mm。

（3）根据试验所得结果与不同沥青用量（每隔 0.5%）绘制下列关系曲线：

①密度与沥青用量。

②稳定度与沥青用量。

③流值与沥青用量。

④空隙率与沥青用量。

⑤饱和度与沥青用量。

按上述关系曲线图，对照规范要求确定最佳沥青用量。

⑥根据试件的浸水马歇尔稳定度和标准马歇尔稳定度，按式（9-16）计算试件的马歇尔模数：

$$T = \frac{MS}{FL} \tag{9-16}$$

式中 T——试件的马歇尔模数，kN/mm；

MS——试件按标准试验方法的稳定度，kN；

FL——试件的流值，mm。

按式（9-17）计算试件的浸水残留稳定度：

$$MS_0 = \frac{MS_1}{MS} \times 100\% \tag{9-17}$$

式中 MS_0——试件的浸水残留稳定度（%）；

MS_1——试件浸水 48 h 后的稳定度，kN；

MS——试件按标准试验方法的稳定度，kN。

根据浸水马歇尔试验结果，检验其残留稳定度是否合格，以确定沥青混合料的沥青最佳用量。

五、试验记录

沥青混合料马歇尔稳定度试验记录见表 9-19。

表 9-19 沥青混合料马歇尔稳定度试验记录

试样编号	稳定度（kN）				流值 FL（kN/mm）	马歇尔模数 T（kN/mm）	备注
	百分表读数	折算稳定度	修正系数 k（kN/100 mm）	稳定度 MS（kN）			

试验者：________；计算者________；校核者________；试验日期________。

第十节　沥青混合料的车辙试验（选做）

一、车辙试验用试件的制作

（一）试验目的

制备尺寸为 300 mm × 300 mm × 50 mm 的板块状试件，以供车辙试验用。

（二）试验仪器

（1）轮碾成型机。轮碾成型机具有圆弧形碾压轮，轮宽 300 mm，压实线荷载为 300 N/cm，碾压行程等于试件的长度，碾压后试件可达到马歇尔试验标准击实密度的 100% ± 1%。当无轮碾成型机时，可用手动碾代替，手动碾轮与试件同宽，备有 10 kg 砝码各 5 个，以调整载重。

（2）实验室用沥青混合料拌和机，能保证拌和温度并充分拌和均匀，可控制拌和时间。宜采用容量大于 30 L 的大型沥青混合料拌和机，也可采用容量小于 10 L 的小型拌和机。

（3）试模。由高碳钢或工具钢制成（见图 9-13），内部平面尺寸为 300 mm × 300 mm，高为 50 mm。根据需要，试模深度及平面尺寸可以调节，以制备不同尺寸的板块状试件。

（4）手动碾压成型车辙试件的试模框架由钢板制作，内部尺寸为 300 mm × 300 mm × 50 mm，平面能与试模边缘平齐。

（5）烘箱。大、中型各 1 台，装有温度调节器。

（6）台秤。天平或电子秤，称量 5 kg 以上时感量不大于 1 g；称量 5 kg 以下时，用于称量矿料的感量不大于 0.5 g，用于称量沥青的感量不大于 0.1 g。

（7）沥青运动黏度测定设备。毛细管黏度计或赛波特黏度计。

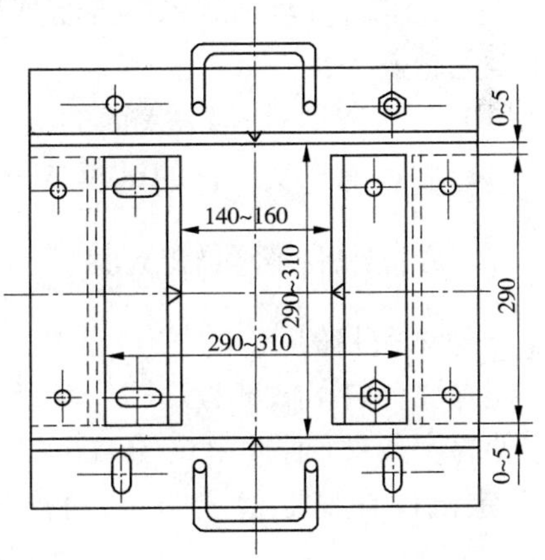

图 9-13　标准试模

（8）小型击实锤。钢制端部断面为 80 mm × 80 mm，厚为 10 mm，带手柄，总质量 0.5 kg 左右。

（9）温度计。分度值为 1 ℃。宜采用有金属插杆的热电偶沥青温度计，金属插杆的长度不小于 300 mm，量程 0 ~ 300 ℃。

（10）其他。电炉或煤气炉、沥青熔化锅、拌和炉、标准筛、胶布、滤纸、秒表、卡尺、垫木、粉笔、棉纱等。

（三）试验方法

（1）按第九节试验马歇尔稳定度试件成型方法，确定沥青混合料的拌和温度和压实温度。

（2）将金属试模及小型击实锤等置于约 100 ℃的烘箱中加热 1 h 备用。

（3）称取制作一块试件所需要的各种材料的用量。先按一块试件体积（V）乘以马歇尔标准击实密度（ρ_s）再乘以系数 1.03，即得材料总用量（$m = V\rho_s \times 1.03$），再按配合比计算出各种材料用量，分别将各种材料放入烘箱中预热备用。

(4)将预热的试模从烘箱中取出,装上试模框架,在试模中铺好一张裁好的普通纸(可用报纸),使底面及侧面均被纸隔离,将拌和好的全部沥青混合料,用小铲稍加拌和后均匀地沿试模由边至中央按顺序装入试模,中部要略高于四周。

(5)取下试模框架,用预热的小型击实锤由边缘至中间压实一遍,整平成凸圆弧形。

(6)插入温度计,待混合料冷却至规定的压实温度(为使冷却均匀,试模底部可用垫木支起)时,在表面铺一张裁好的普通纸。

(7)当用轮碾机碾压时,宜先将碾压轮预热至 100 ℃左右(如不加热,应铺牛皮纸)。然后,将盛有沥青混合料的试模置于轮碾机的平台上,轻轻放下碾压轮,调整总荷载为 9 kN(线荷载为 300 N/cm)。

(8)启动碾压机,先在一个方向碾压 2 个来回(4 次),卸荷,再抬起碾压轮,将试件掉转方向,再加相同的荷载碾压直至马歇尔标准密实度为 100% ±1%。试件正式压实前,应经试压,决定碾压次数,一般 12 个来回(24 次)左右可达到要求。如试件厚度大于 100 mm 时必须分层碾压。

(9)当用手动碾碾压时,先用空碾碾压,然后逐渐增加砝码荷载,直至将 5 个砝码全部加上,进行压实,直至马歇尔标准密实度为 100% ±1%,碾压方法与次数也应由试压决定,并压至无轮迹为止。

(10)压实成型后,揭去表面的纸,用粉笔在试件表面上标明碾压方向。

(11)将盛有压实试件的试模,置室温下冷却,至少 12 h 后方可脱模。

二、沥青混合料车辙试验

(一)试验目的

沥青混合料车辙试验是用一块经碾压成型的板块试件(300 mm × 300 mm × 50 mm),在规定的温度条件(通常为 60 ℃)下,以一个轮压力 0.7 MPa 的实心橡胶轮胎在其上往返行走,测定试件在变形稳定期时,每产生 1 mm 变形需要行走的次数,即称为动稳定度,以次/mm表示。

动稳定度是评价沥青混凝土路面高温稳定性的一个指标,也是沥青混合料配合比设计时的一个辅助性检验指标。

(二)试验仪器

(1)车辙试验机,主要由以下部分组成:

①试件台:可牢固地安装两种宽度(300 mm 及 150 mm)的规定尺寸试件的试模。

②试验轮:橡胶制的实心轮胎。外径为 220 mm,轮宽为 50 mm,橡胶层厚为 15 mm。橡胶硬度(国际标准硬度)20 ℃时为 84 ±4;60 ℃时为 78 ±2,试验轮行走距离为(230 ±10)mm,往返碾压速度为(42 ±1)次/min(21 次往返/min),允许采用曲柄连杆驱动试验台运动(试验轮不移动)或链驱动试验轮运动(试验台不动)的任一种方式。

③加载装置:使试验轮与试件的接触压强在 60 ℃时为(0.7 ±0.05)MPa,施加的总荷重为 78 kg 左右,根据需要可以调整。

④试模:由钢板制成,由底板及侧板组成,试模内侧尺寸长为 300 mm,宽为 300 mm,厚为 50 mm。

⑤变形测量装置:自动检测车辙变形并记录曲线的装置,通常用 LVDT、电测百分表或

非接触位移计。

⑥温度检测装置：自动检测并记录试件表面及恒温室内温度的温度传感器、温度计（精密度0.5 ℃）。

（2）恒温室。车辙试验机必须整机安放在恒温室内，装有加热器、气流循环装置及装有自动温度控制设备，能保持恒温室温度在（60 ±1）℃（试件内部温度（60 ±0.5）℃），根据需要亦可为其他需要的温度。用于保温试件并进行检验。温度应能自动连续记录。

（3）台秤。称量15 kg，感量不大于5 g。

（三）试验方法

（1）试验轮接地压强测定（应符合（0.7 ±0.05）MPa），将试件装于原试模中。

（2）将试件连同试模一起，置于达到试验温度（60 ±1）℃的恒温室中，保温不少于5 h，也不得多于24 h，在试件的试验轮不行走的部位上，粘贴一个热电偶温度计，控制试件温度稳定在（60 ±0.5）℃。

（3）将试件连同试模移置于车辙试验机的试验台上，试验轮在试件的中央部位，其行走方向须与试件碾压方向或行车方向一致。开动车辙变形自动记录仪，然后启动试验机，使试验轮往返行走，时间约1 h，或最大变形达到25 mm为止。试验时，记录仪自动记录变形曲线（见图9-14）及试件温度。

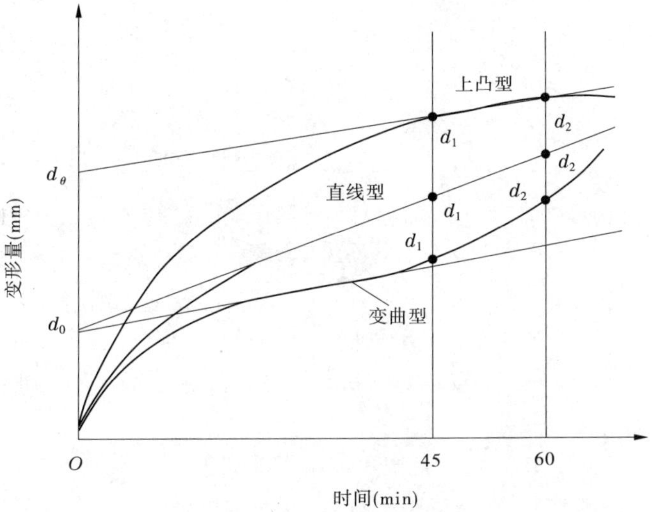

图9-14　车辙试验变形曲线

（四）结果处理

（1）从图9-14上读取45 min（t_1）及60 min（t_2）时的车辙变形d_1及d_2，精确至0.01 mm，如变形过大，在未到60 min变形已达到25 mm时，则以达到25 mm（d_2）时的时间为t_2，将其前15 min为t_1，此时的变形量为d_1。

（2）沥青混合料试件的动稳定度按式（9-18）计算：

$$DS = \frac{(t_2 - t_1)N}{d_2 - d_1}C_1C_2 \tag{9-18}$$

式中　*DS*——沥青混合料的动稳定度，次/mm；

d_1——时间 t_1(一般为45 min)的变形量,mm;

d_2——时间 t_2(一般为60 min)的变形量,mm;

C_1——试验机类型修正系数,曲柄连杆驱动试件的变速行走方式为1.0,链驱动试验轮的等速方式为1.5;

C_2——试件系数,实验室制备的宽300 mm的试件为1.0,从路面切割的宽150 mm的试件为0.8;

N——试验轮往返碾压速度,通常为42次/min。

同一沥青混合料或同一路段的路面,至少平行试验3个试件,当3个试件动稳定度变异系数小于20%时,取其平均值作为试验结果。当变异系数大于20%时,应分析原因,并追加试验。当计算动稳定值大于6 000次/mm时,记做>6 000次/mm。

(五)试验记录

试验记录应注明试验温度、试验轮接地压强、试件密度、空隙率及试件制作方法等。重复性试验动稳定度变异系数的允许差为20%。

参 考 文 献

[1] 孙凌,吴辰龙.道路建筑材料[M].北京:机械工业出版社,2006.
[2] 姜志青.道路建筑材料[M].北京:人民交通出版社,2009.
[3] 傅凌云.建筑材料[M].北京:中国水利水电出版社,2005.
[4] 韩冰玉,尹红莲.道路建筑材料[M].郑州:黄河水利出版社,2008.
[5] 田文玉,江利民.道路建筑材料[M].北京:人民交通出版社,2004.
[6] 李继业,郭玉起.道路建筑材料[M].北京:科学出版社,2004.
[7] 蒋玲.道路建筑材料[M].北京:机械工业出版社,2007.
[8] 中国建筑工业出版社.现行建筑材料规范大全(增订本)[M].北京:中国建筑工业出版社,2006.
[9] 伍必庆.道路建筑材料试验[M].北京:人民交通出版社,2007.
[10] 中华人民共和国行业标准.JTG E42—2005 公路工程集料试验规程[S].北京:人民交通出版社,2005.
[11] 廖克俭,从玉凤.道路沥青生产与应用技术[M].北京:化学工业出版社,2004.
[12] 中华人民共和国行业标准.JTG F40—2004 公路沥青路面施工技术规范[S].北京:人民交通出版社,2004.
[13] 中华人民共和国行业标准.JTJ 052—2000 公路工程沥青及沥青混合料试验规程[S].北京:人民交通出版社,2004.
[14] 中华人民共和国标准.GB 50092—96 沥青路面施工及验收规范[S].北京:中国计划出版社,2006.
[15] 张超,等.路基路面试验检测技术[M].北京:人民交通出版社,2004.
[16] 交通运输部公路科学研究院.JTG E20—2011 公路工程沥青及沥青混合料试验规程[S].北京:人民交通出版社,2011.
[17] 中交公路规划设计院.JTG D50—2006 公路沥青路面设计规范[S].北京:人民交通出版社,2006.
[18] 交通部公路科学研究所.JTG F40—2004 公路沥青路面施工技术规范[S].北京:人民交通出版社,2004.
[19] 交通部公路科学研究院.JTG E30—2005 公路工程水泥及水泥混凝土试验规程[S].北京:人民交通出版社,2011.